W0469440

Alister E. McGrath JOHANN CALVIN

Alister E. McGrath

JOHANN CALVIN

Eine Biographie

Aus dem Englischen von
Gabriele Burkhardt

Benziger

Die englische Originalausgabe
erschien 1990 unter dem Titel
*A Life of John Calvin. A Study
in the Shaping of Western Culture*
bci Basil Blackwell
Copyright © 1990 Alister E. McGrath

Alle Rechte der Verbreitung, auch durch Film,
Funk und Fernsehen, fotomechanische Wiedergabe,
Tonträger jeder Art und auszugsweisen Nachdruck,
sind vorbehalten.
Für die deutsche Ausgabe:
© 1991 Benziger Verlag AG Zürich

ISBN 3 545 34095 3

Inhaltsverzeichnis

Vorwort

Der Versuch, einen neuen, allgemeinen Überblick über das Leben und die Zeit Johann Calvins zu geben, bedarf keiner Rechtfertigung. Die religiösen, sozialen, wirtschaftlichen und kulturellen Fragen, die sich mit dieser bemerkenswerten Persönlichkeit verbinden, bleiben von weitreichender und unerschöpflicher Bedeutung. Calvin war für die europäische Geschichte zukunftsweisend. Durch ihn veränderte sich der Horizont der Menschen und Institutionen zu Beginn der Neuzeit, als die westliche Zivilisation ihre charakteristische Form annahm. Unsere Kenntnisse und unser Verständnis der europäischen Reformation im allgemeinen und Calvins im besonderen haben sich in den letzten Jahren erheblich vertieft und erlauben uns somit neue Einblicke in Calvins Welt und die Rolle, die er darin spielte.

Es ist längst nicht mehr zeitgemäß, Geschichte nur im Zusammenhang mit »Biographien großer Männer« zu sehen. Dennoch hatten bestimmte Persönlichkeiten wie Calvin, Marx und Lenin genügend Einfluß auf den Lauf der Geschichte, um ihrer Theorie zum Durchbruch zu verhelfen. Die von Calvin entwickelten Gedanken, Anschauungen und Strukturen setzten eine Entwicklung in Gang, die über die Grenzen seiner geschichtlichen Stellung und seiner Persönlichkeit hinausgingen. Seine Bedeutung liegt vor allem, aber keineswegs ausschließlich, in seiner Eigenschaft als religiöser Denker. Ihn als »Theologen« zu bezeichnen, ist zwar richtig, in Anbetracht des modernen Umgangs mit diesem Begriff jedoch irreführend. Heute wird ein Theologe, den Kirche und Lehre gleichermaßen marginalisieren, allgemein als bedeutungslos betrachtet und ignoriert. Sein Publikum beschränkt sich auf einen kleinen Kreis von Kollegen, und seine Ideen und Methoden lassen sich generell von anderen Geisteswissenschaften ableiten. Einzigartigkeit, Macht und Einfluß der religiösen Ideen Calvins verbieten es uns, ihn lediglich als »Theologen« zu betrachten – obwohl er das sicher war –, so wie es nicht genügt, in Lenin nur den politischen Theoretiker zu sehen. Seine erstaunliche Fähigkeit, mit Sprachen, Medien und Ideen umzugehen, sein Verständnis für die Wichtigkeit von Organisation und sozialen Strukturen und sein Gespür für die religiösen Bedürfnisse und Möglichkeiten seiner Zeit versetzten Calvin in die Lage, Glaube und Handeln miteinander zu verbinden, was den Calvinismus zu seiner Zeit so einzigartig machte.

Um die religiöse, soziale und wirtschaftliche Entwicklung Westeuropas und Nordamerikas im 16. und 17. Jahrhundert wenigstens einigermaßen zu verstehen, ist es notwendig, sich mit den Ideen dieses Denkers und ihrer Auslegung und Verbreitung in den Schriften seiner frühen Anhänger auseinanderzusetzen. Aufgrund der außergewöhnlichen Dynamik und Brillanz seiner Kollegen, Stellvertreter und Nachfolger wurde Calvins Gedankengut zu einer mächtigen geistigen Kraft in der Geschichte, die im Hinblick auf ihren Einfluß und ihre Ausbreitung mit dem Marxismus vergleichbar ist. Der deutsche Religionssoziologe Ernst Troeltsch wies darauf hin, daß es dem Christentum bislang nur zweimal gelungen sei, die menschliche Kultur und Zivilisation entscheidend zu verändern: im Mittelalter durch die scholastische Synthese des Thomas von Aquin und in der frühen Neuzeit durch den Calvinismus. Die Beschäftigung mit Calvin und seinem Erbe schließt demzufolge die Auseinandersetzung mit einem der seltenen großen Augenblicke in der modernen Geschichte mit ein, wo der christliche Glaube die Gesellschaft formte, anstatt sich ihr anzupassen.

Obwohl der Calvinismus im Kern eindeutig religiös ist, ist er doch keineswegs eine rein religiöse Bewegung: Wie eine Lawine, die einen Abhang hinunterrollt, sammelte der Calvinismus zusätzliches Material und nahm es in sich auf, wobei vielleicht etwas von seiner ursprünglichen Substanz verlorenging und sich als

Folge davon seine Gestalt und Form veränderte. Auch heute haben diese Ideen noch einen weitgehend unbemerkten Einfluß auf die westliche Kultur. Da sich der westliche Kapitalismus letztlich zumindest teilweise auf den Calvinismus gründet, darf man vernünftigerweise behaupten, daß selbst der Marxismus gezwungen sein könnte, mit dem Genfer Vermächtnis des Westens in Dialog zu treten.

Wer von Calvin sprechen will, muß auch von Genf sprechen. Obwohl die Bezeichnung »Calvins Genf« möglicherweise irreführend ist und vielleicht zu Mißverständnissen bezüglich der Stellung des Reformators und des Umfangs seiner Handlungsfreiheit in Genf führt, ist sie doch insoweit hilfreich, als sie die enge Beziehung zwischen Calvin und der Stadt hervorhebt. Calvins Einfluß auf den Ruhm und das Schicksal Genfs, der so weit ging, daß sich eine Mythologie entwickelte, in deren Zentrum eben diese Stadt stand,[1] ist zu einem Gemeinplatz der Geschichte geworden. Aber wenn Calvin Genf geformt hat, dann hat auch Genf Calvin geformt. Der Einfluß der Stadt auf den Mann ist fein und nuanciert, umgekehrt ist der Einfluß des Mannes auf die Stadt wohl eher gering. Trotzdem existiert dieser Einfluß und unterliegt daher historischen Untersuchungen und theologischen Bewertungen. Calvins Behauptung, der christliche Glaube habe nichts mit abstrakter Theorie zu tun, sondern befasse sich unmittelbar mit sozialen und politischen Realitäten, wirft zwangsläufig die Frage auf, ob die Situation in Genf für Calvins Theorien einen normativen Status angenommen hat. In gewisser Hinsicht war Genf wohl Calvins Musterbeispiel für das Reich Gottes. In Anbetracht der Bedeutung dieser Möglichkeit zielt die vorliegende Arbeit darauf ab, den fast unmerklichen Einfluß bestehender wirtschaftlicher und politischer Interessen und Voraussetzungen in Genf auf die Denkweise des führenden Reformators der Stadt nachzuzeichnen. Gewisse zentrale Aspekte der Ideen Calvins spiegeln letztlich die damals in Genf herrschenden sozialen Vorgänge, Praktiken und Voraussetzungen wider.

Es ist eine Freude, ein solches Buch in dem Bewußtsein schreiben zu können, daß die Dämonisierungen der Vergangenheit, wie inständig zu hoffen ist, letztlich aussterben. Die Klischees, die Calvin als blutrünstigen Diktator und den Calvinismus als geistlose Sittenstrenge darstellen, liegen hinter uns – trotz gelegentlicher Wiederbelebungsversuche in polemischen Schriften. Es ist unausweichlich, daß sich ein solches Werk auch mit einer Reihe von Mythen befassen muß, die sich um Calvin und sein Vermächtnis ranken. Zweifellos werden diese Mythen von denen bewahrt, die daran Gefallen finden. So mangelt es beispielsweise Stefan Zweigs maßgeblicher Darstellung Calvins als des großen Diktators von Genf, *un homme sans cœur et sans entrailles,* der über diese bedauernswerte Stadt mit eiserner Faust regiert haben soll, weitgehend an fundierten historischen Grundlagen. Diese Darstellung steht im Widerspruch zu den historischen Tatsachen und basiert auf einem unzureichenden Verständnis für Genfer Machtstrukturen und Entscheidungsprozesse.

Ebenso ist es weitgehend den polemischen Strategien seiner zeitgenössischen Gegner zuzuschreiben, daß der Calvinismus oder seine Manifestierung im englischen Puritanismus als störend betrachtet wurde. Die Gegner des Calvinismus waren verständlicherweise bestrebt, die Bewegung in Verruf zu bringen. Die äußerst negative Darstellung des Calvinismus durch die konservative anglikanische Hochkirche ist kaum mehr als eine Abwehr gegenüber dieser Bewegung, die als große Gefahr für den politischen und religiösen Status quo angesehen wurde – mit Recht, wie der englische Bürgerkrieg zeigte, der in einem militärischen Sieg der Calvinisten gipfelte. Der Calvinismus mit seiner glaubwürdigen politischen Vision vom Reich Gottes erwies sich als Angriff auf maßgebliche Kreise innerhalb von Kirche und Staat im England des 17. Jahrhunderts. Die konservativ-anglikanische, klischeehafte Darstellung des Calvinismus, die auf ziemlich fadenscheinigen historischen Grundlagen beruht, übt nach wie vor einen unverdienten Einfluß auf seine Kritiker aus. Edmund Morgan schreibt in seiner meisterhaften Studie über die Puritaner:

> Entgegen der weitverbreiteten Ansicht war der Puritaner kein Asket. Auch wenn er fortwährend vor der Eitelkeit der Geschöpfe warnte, die von gefallenen Menschen mißbraucht

wird, pries er doch nie härene Hemden oder trockene Brotrinden. Er liebte gute Speisen und Getränke und häuslichen Komfort. Und während er über Moskitos lachte, bedeutete es für ihn ein echtes Unglück, Wasser trinken zu müssen, wenn kein Bier mehr da war.[2]

Der Calvinismus stellte sich auch nicht gegen den geistigen Fortschritt. In den letzten hundert Jahren gab Calvins Einstellung zu Kopernikus' heliozentrischer Theorie des Sonnensystems stets Anlaß zu Spott. In seiner überaus polemischen *Geschichte der Fehde zwischen Wissenschaft und Theologie* schrieb Andrew Dickson White 1896:

> Calvin übernahm die Führung in seinem *Kommentar der Genesis*, indem er alle verdammte, die behaupteten, die Erde sei nicht der Mittelpunkt des Weltalls. Er klammerte sich an anderer Stelle an den ersten Vers des 39. Psalms und fragte: »Wer will die Autorität von Kopernikus über die des Heiligen Geistes zu stellen wagen?«

Diese Behauptung wird von nahezu allen Autoren sklavisch wiederholt, die sich mit dem Thema »Religion und Wissenschaft« beschäftigt haben, wie etwa von Bertrand Russell in seiner *Philosophie des Abendlandes.* Dabei läßt sich mit Bestimmtheit sagen, daß Calvin in keiner seiner bekannten Schriften etwas Derartiges geschrieben oder solche Ansichten geäußert hat. Diese Behauptung taucht zuerst, typischerweise ohne jede Begründung, im 19. Jahrhundert in den Schriften des Dekans von Canterbury, Frederick William Farrar (1831-1903), auf.[3] Neuere Abhandlungen über das Thema »Calvin und die Wissenschaft« wurden jedoch auch von dieser Fiktion beherrscht. Es bleibt abzuwarten, wie viele solcher Mythen noch zu einem festen Bestandteil unserer Vorstellung von Calvin geworden sind. Tatsache ist leider, daß Calvin völlig falsch dargestellt wurde und die Ansicht immer noch weit verbreitet ist, Calvin, und nachfolgend der Calvinismus, stünden der »neuen Gelehrsamkeit« der Naturwissenschaften äußerst feindselig gegenüber.

Im vorliegenden Buch geht es nicht darum, Calvin oder sein kulturelles Erbe zu rühmen oder zu verdammen, sondern in erster Linie sollen Art und Umfang dieses Erbes dargestellt werden. Es ist ein Versuch, die Energie dieses erstaunlichen Mannes aufzuzeigen und die Entwicklung und Struktur seiner Ideen und ihren Einfluß auf die westliche Kultur nachzuzeichnen. Das Buch wurde nicht in dem Bewußtsein geschrieben, daß Calvin ein Heiliger oder Schurke sei. Vielmehr liegt ihm die Überzeugung zugrunde, daß er das Interesse eines jeden verdient, der sich mit der Entstehung der modernen Welt im allgemeinen und der westlichen Kultur im besonderen befaßt. Als Hilfsmittel dient ein Glossar mit Fachausdrücken und historischen Begriffen, deren häufiger Gebrauch in einem Werk wie diesem unausweichlich ist. Da es oft nicht möglich ist, diese Begriffe im Text zu erklären, wird der Leser auf das Glossar verwiesen.

Die vorliegende Arbeit schuldet vielen Dank. Mein Dank gilt der British Academy für ein großzügiges Forschungsstipendium, das es mir ermöglichte, mich eingehend mit der frühen Schweizer Reformation zu beschäftigen; der Universität Oxford für das Stipendium des Denyer und Johnson Travelling Fellowship, das mir Nachforschungen in mehreren europäischen Zentren über die späte Renaissance und die frühe Reformation erlaubte; sowie Wycliffe Hall, Oxford, für die Zeit der Befreiung von meinen akademischen Pflichten, in der diese Untersuchung abgeschlossen wurde. Folgenden Einrichtungen bin ich für ihre Gastfreundschaft und die kostenlose Benutzung ihrer beneidenswerten Bestände besonders dankbar: der Biblioteca Nazionale Centrale, der Biblioteca della Facoltà di Lettre e Filosofia und der Biblioteca Medicea Laurenziana in Florenz; den Archives d'Etat, der Bibliothèque Publique et Universitaire und dem Institut d'Histoire de la Réformation in Genf; dem Institute of Historical Research in London; der Bodleian Library in Oxford; den Archives Nationales, den Archives de l'Université, der Bibliothèque Nationale und dem Musée de l'Histoire de France in Paris; der Stiftsbibliothek Vadiana in St. Gallen; dem Archive et Bibliothèque de la Ville und der Bibliothèque Nationale et Universitaire in Straßburg; der Österreichischen Nationalbibliothek und der Universitätsbibliothek in Wien; dem Institut für schweizerische Reformationsgeschichte, dem Staatsarchiv und der Zentralbibliothek in Zürich. Besonderer Dank gebührt auch Professor Francis Higman, dem Leiter des Institut d'Histoire de la Réformation in Genf, für seine unschätzbare Kritik an einem frühen Entwurf dieses Textes. Für allfällige, noch verbliebene falsche Fakten und Deutungen bin ich allein verantwortlich.

1

Einleitung

Hoch droben in den Schweizer Alpen entspringt dem Rhonegletscher ein reißender Bach, der schließlich zu einem der größten Ströme Europas anschwillt. Bevor die Rhone sich gen Süden wendet und dem Mittelmeer zustrebt, fließt sie durch einen See, an dessen westlichem Ufer zu Zeiten der Römer ein Handelszentrum errichtet wurde. Römische Siedler, die Richtung Norden nach Deutschland zogen, nannten den See *lacus lemanus* und das Handelszentrum *Genava.* Anfänglich hatte Genava den Status eines Marktfleckens (*vicus*) und gehörte zu Vienne, der Hauptstadt des weitverzweigten Gebiets der Allobroger.[1] Im Zuge der Verwaltungsreformen Diokletians gegen Ende des 2. Jahrhunderts erhielt Genava innerhalb der Provinz Gallia Narbonensis Stadtrechte (*civitas*) und gab ihren Namen, der sich mittlerweile zu Genf gewandelt hatte, einer großen mittelalterlichen Diözese. Aufgrund der Bemühungen des Bischofs Ardutus erhielt Genf im Jahr 1153 den begehrten Status einer Freien Reichsstadt. Auch in jüngerer Zeit hat Genf eine bedeutende Stellung in der Welt erlangt. Im Jahr 1864 wurde dort das Internationale Komitee des Roten Kreuzes gegründet, das für sein bekanntes Symbol die Farben der Schweizer Nationalflagge einfach umkehrte. Die Genfer Konventionen fügten der modernen Kriegsführung ein humanitäres Element hinzu. Viele internationale Organisationen haben ihren Sitz in Genf. Dank ihres weltweiten Rufs gilt die Stadt heute als der selbstverständliche Schauplatz für Abrüstungskonferenzen. Die Hoffnungen auf internationale Stabilität, die so oft zunichte gemacht wurden und ebenso oft wiederauflebten, liegen auf dieser Stadt.

Das war im 16. Jahrhundert anders. Genf wurde damals zum Zentrum einer internationalen Bewegung, die die bestehende Ordnung Westeuropas zu stören und zu schwächen drohte, und die später in Nordamerika eine vollkommen neue Sozialordnung schaffen sollte. Die Stadt wurde zum Symbol religiöser und politischer Subversion. Die Ideen, die von Genf ausgingen, übten auf Generationen von Europäern eine seltsame Faszination aus, und auch heute haben diese Ideen noch einiges von ihrer Kraft bewahrt. So wie das Wort »Moskau« während des kalten Krieges eindrucksvolle Bilder von einer sozialen, politischen und wirtschaftlichen Ordnung wachrief, die die westliche Zivilisation zu zerstören oder zu überrollen drohte, so beschwor einst das Wort »Genf« das Bild eines Mannes und einer Bewegung, die das Gesicht Europas im 16. Jahrhundert verändern und über Zeiten und Grenzen hinweg beeinflussen sollten. Dieser Mann war Johann Calvin und die Bewegung der internationale Calvinismus.

Unsere Geschichte beginnt im Europa des 16. Jahrhunderts. Dieses Europa darf allerdings nicht mit dem heutigen Europa verwechselt werden. Das moderne Europa entstand im 18. Jahrhundert mit der Schaffung unabhängiger politischer Territorien auf der Basis einander ausschließender verschiedener Nationalitäten. Staaten galten als verschiedenartige und völlig unabhängige Gebilde, die von ihren Bewohnern Loyalität auf der Grundlage einer gemeinsamen nationalen Identität verlangten.[2] Das Europa des 16. Jahrhunderts war ganz anders. Die nationalen Grenzen waren nicht eindeutig gezogen und wurden durch greifbarere und relevantere Barrieren sprachlicher, kultureller und klassenspezifischer Art ergänzt. Ein Gefühl nationaler Identität fehlte allgemein. Der einzelne neigte dazu, sich mit einer Stadt oder Gegend zu identifizieren anstatt mit der Nation, der er angehörte. Es war ohne weiteres möglich, diese nicht eindeutig festgelegten nationalen Grenzen zu überschreiten. Studenten zogen ohne Paß oder Visum von einer Universität zur anderen. Kaufleute benutzten ohne große Formalitäten die überregionalen Handelswege. Auch im 20. Jahrhundert haben sich gewisse Institutionen wie die großen multinationalen Konzerne nicht um die Existenz nationaler Grenzen gekümmert. Im Mittelalter war die weitaus bedeutendste Institution dieser Art die westliche Kirche, deren Organisation und Einfluß sich über die ganze Region erstreckten. Diese Institution sollte im 16. Jahrhundert tiefgreifende Veränderungen erfahren – und diese Veränderungen spiegeln die Umgestaltung Europas wider. Wohl eher durch Zufall als mit Absicht – oder vielleicht auch aus purer Erschöpfung nach dem Hundertjährigen Krieg – war im späten Mittelalter in Europa allmählich ein Kräftegleichgewicht entstanden, bei dessen Erhalt die Kirche eine zentrale Rolle spielte. Das Gleichgewicht war allerdings nicht stabil: Jede Störung des heiklen Zusammenspiels der Beteiligten konnte es erschüttern oder womöglich gar zerstören. Die Reformierung der westlichen Kirche mit all ihren Konsequenzen bedeutete potentiell auch die Umstrukturierung Westeuropas.

Als das 15. Jahrhundert langsam dem 16. Jahrhundert Platz machte, war das Bedürfnis nach einer Erneuerung der Kirche überall offenkundig. Die westliche Kirche vermittelte den Eindruck, als sei sie erschöpft von den Anforderungen des Mittelalters, in dem die politische Macht der Kirche, und insbesondere das Papsttum, nie gekannte Höhen erreicht hatte. Der administrative, rechtliche, finanzielle und diplomatische Apparat der Kirche funktionierte einwandfrei. Es traf sicherlich zu, daß die Renaissance-Päpste in einer Zeit moralischer Degeneration, finanzieller Intrigen und besonders erfolgloser Machtpolitik herrschten, was die Glaubwürdigkeit der Kirche als geistiges und moralisches Leitbild ernstlich in Frage stellte. Doch als Institution vermittelte die Kirche in Westeuropa jederzeit den Eindruck von Stabilität und Beständigkeit. Trotzdem gab es Anzeichen der Mattigkeit und des Verfalls. In Westeuropa waren viele überzeugt, daß die Kirche ihren Orientierungssinn verloren hatte. Was, so wurde immer häufiger gefragt, hatte der Prunk des Renaissance-Papsttums mit der bescheidenen Gestalt des Jesus von Nazareth zu tun?

Alle Untersuchungen über die Kirche im Westeuropa des

Spätmittelalters bestätigen ihr sanftes Abgleiten in einen Zustand der Degeneration.[3] Überall herrschte Unzufriedenheit über die mangelnde Präsenz von Geistlichen und Bischöfen in ihren Pfarreien und Diözesen, über die zweifelhafte Moral der Kleriker, über ihr niedriges Bildungsniveau, über die scheinbare Gleichgültigkeit der Kirche gegenüber den wirtschaftlichen und sozialen Bedingungen des frühen 16. Jahrhunderts und über die offensichtliche geistliche Orientierungslosigkeit innerhalb der Kirche. Die geistlichen Wege waren verschlossen, weil sich die Kirche nach weitverbreiteter Auffassung zu sehr mit weltlichen Dingen beschäftigte. Obwohl sich die Kirche selbst zur Verwalterin der Werte des Reiches Gottes erklärte, zeigte sie sich verstrickt in die Bedürfnisse, Bestrebungen, Wünsche, Vergnügungen und das Besitzdenken der weltlichen Ordnung.

Der Ruf nach Reformen

Eine Reihe von Faktoren, die zu Beginn des 16. Jahrhunderts zunehmend an Einfluß gewannen, führten zu einer wachsenden Unzufriedenheit mit der Kirche. Diese Faktoren beziehen sich allerdings nicht nur auf die Religion, sondern schließen auch soziale, politische und wirtschaftliche Fragen ein. Will man die Reformation und insbesondere die entscheidende Rolle Johann Calvins in diesem Drama verstehen, muß man ihre verschiedenartige Wirkung auf die Menschen Westeuropas zu Beginn des 16. Jahrhunderts, vor allem in Frankreich, richtig einschätzen.

Die zunehmende Bildung unter den Erwachsenen

Zu Beginn des 16. Jahrhunderts wurde die Bildung unter den Erwachsenen immer selbstverständlicher. Die Entwicklung des Buchdrucks, die Ausdehnung der Papierindustrie und der wachsende Einfluß des Humanismus machten dies möglich. Im frühen Mittelalter gehörten fast ausschließlich Geistliche zum Kreis der Gebildeten. Schriftliches lag nur in Form von Manuskripten vor, die sorgfältig von Hand abgeschrieben werden mußten und wegen ihres Seltenheitswerts im allgemeinen auf die Bibliotheken von Klöstern beschränkt waren. Um wertvolles Pergament zu sparen, wurden Worte einfach abgekürzt, so daß die Manuskripte schwer zu entziffern waren. Der Humanismus jedoch machte die Bildung der Erwachsenen zu einer sozialen Errungenschaft, einer Fähigkeit, die Wege zu Kultiviertheit und sozialem Aufstieg eröffnete. Die elegante und lesbare Renaissance-Handschrift stand in krassem Gegensatz zu dem unleserlichen Gekritzel der gotischen Schrift, wie sie die Scholastiker bevorzugten. Mit dem Aufkommen des Buchdrucks und der Entwicklung neuer papierherstellender Betriebe wurde es für einen gebildeten Laien möglich, Werke zu erwerben und zu verstehen, die bislang ausschließlich Geistlichen vorbehalten waren. Als die neu entstandenen höheren Berufsstände in den Städten an Einfluß gewannen und den alten Patrizierfamilien allmählich die Kontrolle entrissen, legten sie bei der Handhabung und Auslegung des christlichen Glaubens denselben kritischen Scharfsinn und dieselbe Perfektion an den Tag wie bei ihren weltlichen Geschäften. Damit war das Bildungsmonopol des Klerus endgültig gebrochen.[4] Diese Entwicklung machte den Weg frei für eine zunehmend kritische Einschätzung der Fähigkeiten des Klerus und ein wachsendes Selbstvertrauen in religiösen Fragen auf seiten der Laien.

Eine Studie über die Privatbibliotheken französischer Bürger im 16. Jahrhundert liefert sowohl den Beweis für die Wichtigkeit des neuen Bewußtseins der Laien für religiöse Dinge als auch für die zunehmende Bildung und läßt auf die Abhängigkeit des ersteren von letzterem schließen. Im 15. Jahrhundert besaßen die meisten Patrizierfamilien in Florenz Abschriften des Neuen Testaments. Lefèvres französische Übersetzung des Neuen Testaments aus dem Jahr 1523, die »à tous les chrestiens et chrestiennes« gerichtet war, sowie sein französischer Psalter aus dem Jahr 1524 wurden in ganz Frankreich gelesen und sogar kostenlos in der Diözese Meaux verteilt.[5] Exemplare dieser Werke finden neben Kommentaren von Erasmus, Philipp Melanchthon und Lefèvre zum Neuen Testament häufig ihren Platz in den bürgerlichen Bibliotheken.[6]

Das neue Selbstbewußtsein der Laien spiegelt sich in der Aufmerksamkeit wider, die Erasmus' im Jahr 1503 erschienenes *Enchiridion* oder »Handbüchlein eines christlichen Streiters« zuteil wurde.[7] Dieses Werk wurde 1509 nachgedruckt und ging 1515 in seine dritte Auflage. Von diesem Zeitpunkt an wurde es zu einem Kultbuch und erlebte in den folgenden sechs Jahren 23 Auflagen. Es wurde von gebildeten Laien in ganz Westeuropa regelrecht verschlungen. Erasmus' Werk entwickelt die radikale und – für Laien – reizvolle Idee, daß die Kirche von Laien reformiert und erneuert werden könne. Der Klerus dürfe den Laien in ihrem Glaubensverständnis zwar beistehen, aber er nehme keine übergeordnete Stellung ein. Religion sei eine innere, geistige Angelegenheit, wobei der Gläubige seine Gotteserkenntnis durch das Lesen der Heiligen Schrift zu vertiefen suche. Bezeichnenderweise wird im *Enchiridion* die Rolle der Kirche als Institution heruntergespielt, um die Wichtigkeit des einzelnen Gläubigen hervorzuheben.

Heute ist bekannt, daß es im 15. Jahrhundert keineswegs einen Glaubensverfall gab, sondern daß die Volksfrömmigkeit vielmehr einen beachtlichen Aufschwung erlebte. Die wachsende Zahl der Schriften am Ende des 15. und zu Beginn des 16. Jahrhunderts, in denen Beschwerden über die Kirche aufgeführt wurden[8] – früher als nachlassender Einfluß der Religion auf die Zeit gedeutet –, wird heute als zunehmende Fähigkeit und Bereitschaft der Laien interpretiert, Kritik an der Kirche zu üben, um sie zu reformieren. In dem Zeitraum zwischen 1450 und 1520 erlebte beispielsweise die Religion in Deutschland einen beträchtlichen Aufschwung. Nahezu jedes denkbar objektive Kriterium – die Anzahl der abgehaltenen Messen, der Brauch, Glaubensgemeinschaften zu gründen, die Zuwendungen an religiöse Einrichtungen, der Bau neuer Kirchen, die Anzahl der unternommenen Wallfahrten und der Zuwachs an religiöser Literatur – weist auf ein wachsendes Interesse an der Religion hin.[9]

Seit dem letzten Jahrzehnt des 15. Jahrhunderts ist auch bei gebildeteren Leuten ein neu erwachtes Interesse am christlichen

Glauben festzustellen. Die Erkenntnis verbreitete sich, daß der Glaube umgestaltet und erneuert werden muß, wenn er seine alte Vitalität wiedererlangen soll. Die katholische Kirche Spaniens unter Kardinal Ximénez de Cisneiros hatte Reformen eingeleitet, die zu einem neuen Interesse an religiöser Erziehung und einer Wiedererweckung religiöser Berufungen führten. Sie machte sich die Dynamik zunutze, die durch die sehr rasche (und immer noch weitgehend ungeklärte) Entwicklung des spanischen Mystizismus in den neunziger Jahren des 15. Jahrhunderts entfesselt worden war. Die Universität von Alcalá und die Complutensische Bibel (eine mehrsprachige Bibelausgabe) waren vielleicht die greifbarsten Ergebnisse dieser Reformen. In humanistischen Kreisen Italiens erwachte wieder das Interesse an den Schriften des heiligen Paulus und des Augustinus. Darin spiegelte sich der Wunsch der Humanisten nach der Rückkehr zu den Ursprüngen (*ad fontes*) des christlichen Glaubens, um direkt aus der sprudelnden Quelle der christlichen Tradition zu trinken, anstatt sich mit dem schmutzigen, abgestandenen Wasser des späten Mittelalters zu begnügen. Ein Fluß ist an seiner Quelle am saubersten: Warum sollte jemand das Neue Testament durch einen Filter bildungsfeindlicher mittelalterlicher Kommentatoren lesen, wenn er es auch im Original lesen konnte?

Das Phänomen der persönlichen Religion

Das wachsende Bewußtsein des einzelnen – vielleicht einer der wichtigsten Beiträge der italienischen Renaissance zur Selbsterkenntnis in Westeuropa zu Beginn des 16. Jahrhunderts – war der Anlaß für neue Bemühungen, den christlichen Glauben mit den Bedürfnissen des einzelnen zu verbinden. Ein rein institutioneller Glaube, der sich mit oberflächlichen, festgelegten Begriffen definieren ließ (Besuch des Gottesdienstes, formelle Annahme kirchlicher Lehren und so weiter), war für diese neue Zeit ungeeignet. Es fand eine der schwierigsten und bedeutendsten Entwicklungen im Selbstverständnis des Christentums statt, da eine Religion, die sich gewöhnlich in Äußerlichkeiten ausdrückte und darstellte, nun ihre Wirkung auf das Bewußtsein wiederentdeckte. Die christlichen Autoren der Renaissance erkannten die Notwendigkeit, das Evangelium fest in der Erfahrungswelt des einzelnen zu verankern. Der einzelne konnte und sollte es sich persönlich und innerlich aneignen. Die uralte Wirkung von Paulus und Augustinus auf die innere Wahrnehmung des einzelnen[10] führte dazu, daß in diesen Autoren wieder neues Interesse für Petrarcas Sonette oder die neuen religiösen Schriften der Theologen, Prediger und Bibelkommentatoren der Renaissance erwachte.[11]

Am Vorabend der Reformation stellte sich eine ganze Generation von Denkern der Herausforderung. In Paris untersuchte Lefèvre d'Etaples die Bedeutung von Paulus' Glaubensverständnis für den einzelnen Menschen. In Oxford hob John Colet die Bedeutung einer persönlichen Begegnung mit dem auferstandenen Christus im Leben eines Christen hervor. In den Niederlanden gewann Erasmus Herz und Verstand der gebildeten Oberschicht Europas mit dem im *Enchiridion* entworfenen Reformprogramm, das auf einen persönlich gewonnenen, inneren Glauben Wert legt, den Erasmus in strengem Kontrast zu der für die bestehende Kirche charakteristischen Vorliebe für Äußerlichkeiten sieht. In Italien konnte sich die Bewegung, die oft als »katholischer Evangelikalismus« oder »Evangelismus« bezeichnet wurde, wobei die Betonung auf der Frage des persönlichen Heils lag, innerhalb der Kirche fest etablieren und sogar tief in die Hierarchie vordringen, ohne daß sie in irgendeiner Weise als ketzerisch betrachtet wurde.

Die Ursprünge dieser Bewegungen gehen jedoch nicht auf Luther zurück. Während Luther noch immer ein unbekannter Mönch war und vor einer kleinen Zuhörerschaft an einer der unbedeutendsten Universitäten Europas geduldig Vorlesungen hielt, atmeten die berühmten und großen Männer wieder die frische Luft des Neuen Testaments. Eine neue, weitverbreitete Betonung persönlicher Frömmigkeit und ein neu erwachtes Interesse an den Schriften des Paulus und Augustinus scheinen für viele einflußreiche Gruppen und Personen in den beiden ersten Jahrzehnten des 16. Jahrhunderts kennzeichnend zu sein. Später haftete dem Namen Martin Luther ein solcher Makel an, daß Ähnlichkeiten zwischen den Ideen dieser Gruppen und Personen und denen Luthers als Beweis der Ketzerei seitens der ersteren statt als Orthodoxie seitens des letzteren betrachtet wurden. Lefèvre in Paris, Guillaume Briçonnet in Meaux und die *alumbrados* (eine Gruppe mystischer Schriftsteller) in Spanien wurden erst der Ketzerei verdächtigt, als Luthers Ansichten bekannt wurden. Wie positiv Luthers Beitrag zur Reformation auch immer einzuschätzen ist, so ist ihm doch die allgemein negative Wirkung anzulasten, daß wirklich umfassende und orthodoxe Ansichten, die möglicherweise in eine ermattete Kirche neuen Schwung bringen konnten, nun als ketzerisch galten. Indem Luther ein Klima des Mißtrauens schuf, erwies er seiner Zeit einen schlechten Dienst.

Dieses Wiederaufleben der individuellen und kollektiven Frömmigkeit ist wohl kaum der Kirche zu verdanken, die sich zwar das Phänomen der Laienreligion verstärkt zunutze machte, aber keinen Beitrag dazu leistete. Volksfrömmigkeit beispielsweise konzentrierte sich auf die Belange ländlicher Gemeinden und spiegelte den Lebensrhythmus und die Jahreszeiten wider. Die Erfordernisse der Landwirtschaft – wie das Heumachen und die Ernte – waren fest im religiösen Brauchtum verankert. In der französischen Diözese Meaux trifft man auf religiöse Bräuche, bei denen die Heiligen angerufen werden, um Tiere und Kinder vor Krankheiten zu bewahren, Pest und Augenleiden abzuwehren oder sicherzustellen, daß junge Frauen den richtigen Mann finden.[12] Das vielleicht wichtigste Element spätmittelalterlicher Volksfrömmigkeit waren Anschauungen und Bräuche, die den Tod betrafen, wobei die Mitwirkung eines Priesters unbedingt erforderlich war.[13] Die Aufwendungen für solche Totenkulte waren beträchtlich, was sich in dem Zuwachs an Bruderschaften widerspiegelt, die sich um angemessene Totenfeiern für ihre Mitglieder kümmerten. In Zeiten wirtschaftlicher Not war eine antiklerikale Stimmung unausweichlich, da es so aussah, als ziehe der Klerus aus der Sorge der Armen um ihre toten Verwandten Nutzen.

In Deutschland betrachtete Luther den Ablaßhandel als moralisch verabscheuungswürdige und theologisch fragwürdige Ausnutzung der natürlichen Zuneigung der einfachen Leute für ihre Toten. Mit seinen 95 Thesen (31. Oktober 1517) übte Luther unmittelbare Kritik an denjenigen, die behaupteten, die Seele eines Toten könne sogleich aus dem Fegefeuer erlöst werden, wenn einem autorisierten Kirchenmann eine angemessene Summe ausbezahlt werde. Schlimmer noch: das von den Deutschen gezahlte Geld gelangte schließlich nach Italien, wo es dazu benutzt wurde, die Ausschweifungen des Renaissance-Papsttums zu finanzieren. Luther nahm insbesondere Anstoß an dem von Johann Tetzel verfaßten Werbezettel für den Ablaßhandel:

> Sobald das Geld im Kasten klingt,
> Die Seele aus dem Fegfeuer springt.

Luthers Lehre von der Rechtfertigung durch den Glauben beugte der Notwendigkeit des Fegefeuers und des Ablasses vor: die Toten konnten aufgrund ihres Glaubens, der sie mit Gott versöhnte, in Frieden ruhen, und nicht aufgrund der Zahlung von Bußgeldern an die Kirche.[14] In Frankreich wurde von Leo X. und Franz I. im Jahr 1515 ebenfalls eine Ablaßkampagne zur Finanzierung eines Kreuzzugs gestartet. Im Jahr 1518 protestierte jedoch die theologische Fakultät in Paris gegen einige der abergläubischen Vorstellungen, die die Kampagne hervorrief. Sie verdammte die Lehre, daß »jeder, der einen Teston oder den Gegenwert einer Seele im Fegefeuer für den Kreuzzug gibt, diese Seele sofort erlöst, worauf diese dann für immer ins Paradies eingeht«, als »falsch und skandalös«.[15]

Ebenso führte die Verbreitung evangelischer Ansichten – ganz gleich ob sie nun von Erasmus oder von Mönchen stammten – zu der Anschauung, die Kirche sei reaktionär, stehe der neuen Gelehrsamkeit feindselig gegenüber und werde durch den Fortschritt und die Betonung des persönlichen Glaubens bedroht. In den zwanziger Jahren des 16. Jahrhunderts erschienen Schriften, die die Ansicht vertraten, die Geistlichen hätten ein persönliches Interesse daran, die alte, lockere Lebensart beizubehalten, die ihnen als Lehrern, geistlichen Beratern oder Vermittlern moralischer Vorbilder nur wenig abverlangte. Rabelais war nicht der einzige, der die Mißstände in Klöstern offenlegte und verspottete, so wie Erasmus nicht der einzige war, der die Nüchternheit der Scholastik und die Unzulänglichkeit des Klerus kritisierte.

Der zunehmende Antiklerikalismus

Wichtiger für unsere Kenntnisse der Hintergründe der Reformation ist die neue Geringschätzung, die von den nun gebildeteren und sprachgewandteren Laien dem Klerus entgegengebracht wurde. Das Phänomen des Antiklerikalismus war weit verbreitet und nicht nur auf einen Teil Europas beschränkt. Teilweise spiegelt das Phänomen die Primitivität des einfachen Klerus wider. Im Italien der Renaissance war es normal, daß Geistliche praktisch keine Ausbildung hatten. Ihre geringen Kenntnisse erwarben sie sich durch Beobachten, Helfen und Nachahmen. Bei Visitationen in den Diözesen wurden regelmäßig Priester entdeckt, die weder lesen noch schreiben konnten oder die anscheinend ständig ihre Breviere verlegt hatten. Die schlechte Ausbildung der Priester zeigte sich auch in ihrem niederen sozialen Status: Zu Beginn des 16. Jahrhunderts verdiente ein Kaplan in Mailand weniger als ein ungelernter Arbeiter. Viele verlegten sich auf Pferde- und Viehhandel, um mit den Einkünften einigermaßen auszukommen.[16] Zur gleichen Zeit genoß in Frankreich der niedere Klerus auf dem Land annähernd denselben Status wie ein Vagabund. Abgesehen davon, daß die Priester von der Besteuerung, der Strafverfolgung durch Zivilgerichte und der allgemeinen Wehrpflicht ausgenommen waren, unterschieden sie sich im Grunde nicht von den damals umherziehenden Bettlern.[17]

Vor allem in Zeiten wirtschaftlicher Krisen waren die Steuerprivilegien des Klerus ein Ärgernis. In der französischen Diözese Meaux, die zwischen 1521 und 1546 im Mittelpunkt reformerischer Aktivitäten stand, war der Klerus von sämtlichen Steuern befreit, einschließlich der Kosten für den Unterhalt und die Versorgung der Truppen – was unter der Bevölkerung großen Unmut hervorrief. In der Diözese Rouen ging ein Aufschrei der Empörung durchs Volk, weil die Kirche in einer Zeit großen Mangels Getreide verkaufte und damit Profit machte.[18] Die zivilrechtliche Immunität des Klerus drängte ihn noch weiter in die Isolation. In Frankreich trug die Existenzkrise in den zwanziger Jahren des 16. Jahrhunderts entscheidend dazu bei, daß sich die antiklerikale Haltung verstärkte. In seiner berühmten Studie über das Languedoc wies Le Roy Ladurie darauf hin, daß in den zwanziger Jahren des 16. Jahrhunderts die wirtschaftliche Expansion und Erneuerung, die für die beiden Generationen seit dem Ende des Hundertjährigen Krieges kennzeichnend gewesen sei, einen Umschwung erlebt habe.[19] Von dem Zeitpunkt an kam es zu einer Krise: Es gab Seuchen und Hungersnöte, und die ländliche Bevölkerung wanderte auf der Suche nach Nahrung und Arbeit in die Städte ab. Ähnlich sah es zu der Zeit auch in den meisten Gegenden nördlich der Loire aus.[20] Aufgrund dieser Krise richtete sich die allgemeine Aufmerksamkeit auf die Ungleichheit des Schicksals von Unterschicht, Adel und Kirche.

In der Spätrenaissance war die große Mehrheit der Bischöfe in Frankreich adliger Herkunft,[21] ein Trend, der sich von Diözese zu Diözese fortsetzte. In Meaux stammten die höheren Geistlichen aus Patrizierfamilien, ebenso wie der höhere Klerus in der ganzen Brie.[22] Ähnlich verhielt es sich in Rouen[23] und in Johann Calvins Geburtsort Noyon, wo die Familie de Hangest das kirchliche Leben bestimmte. Sie übte die Patronatsgewalt aus und stellte über ein Vierteljahrhundert die meisten Bischöfe der Diözese.[24] In der Provinz Languedoc waren die höheren Geistlichen allgemein Außenstehende adliger Herkunft, denen die Diözesen durch königliche Ämterverteilung zugefallen waren. Die Geistlichen waren nur selten in ihren Diözesen anzutreffen. Sie sahen in dem geistlichen und weltlichen Amt kaum mehr als eine zusätzliche Einnahmequelle, die ihren politischen Ambitionen anderswo förderlich sein konnte. Aufgrund ihrer adligen Herkunft und ihrer Stellung distanzierten sich die Bischöfe und höheren Geistlichen von Handwerkern und Bauern und bekamen nichts von der wirtschaftlichen Krise der zwanziger Jahre des 16. Jahrhunderts zu spüren. Diese wachsende Spannung zwischen dem höheren Klerus – der zum größten Teil aus den Städten kam – und der ländlichen Bevölkerung bildet den Hintergrund für die beginnende Reformation in Frankreich.[25]

Eine Autoritätskrise innerhalb der Kirche

Wer von einer »Autoritätskrise« innerhalb der spätmittelalterlichen Kirche spricht,[26] scheint der Tendenz zu erliegen, auf veraltete und überholte Klischees zurückzugreifen. Aber der Begriff ist hier bewußt gewählt: Er bezeichnet präzise einen Aspekt der Gesellschaft und insbesondere des religiösen Lebens im Spätmittelalter, der anfangs entscheidend die Reformation vorantrieb und später wirksame Maßnahmen gegen die Reformation verhinderte. In dieser Krise sind zwei wesentliche Faktoren erkennbar. Erstens war keineswegs klar, wer die Autorität besaß, für die Kirche zu sprechen. Und zweitens war die Kirche aufgrund einer unglücklichen Verschmelzung von theologischem Unverständnis, politischer Verwirrung und militärischer Schwäche nicht in der Lage, der Orthodoxie Geltung zu verschaffen (vorausgesetzt, man einigte sich darüber, was »Orthodoxie« überhaupt bedeutete. Wer sollte entscheiden, ob eine neu entwickelte theologische Auffassung mit den Lehren der Kirche übereinstimmte?).

Die rasche Entwicklung der Universitäten in ganz Westeuropa im späten 14. und im 15. Jahrhundert führte zu einer Vermehrung der theologischen Fakultäten und einem entsprechenden Zuwachs an theologischen Abhandlungen. Damals wie heute waren Theologen gezwungen, ihre Existenz zu rechtfertigen. In ihren Arbeiten beschäftigten sie sich häufig mit neuen Ideen. Aber welchen Status hatten diese Ideen? Das allgemeine Versäumnis, eindeutig zwischen theologischen Anschauungen und kirchlicher Lehre, Privatmeinung und allgemeinverbindlicher Lehre zu unterscheiden, stiftete erhebliche Verwirrung. Es ist durchaus möglich, daß Martin Luther eine theologische Anschauung mit der offiziellen Lehre der Kirche verwechselte und sein Reformprogramm auf diesem Mißverständnis aufbaute. Der Historiker mag ihn wegen dieses Verständnisfehlers tadeln. Doch offensichtlich stand der Reformator aus Sachsen stellvertretend für die vielen, die die Weite des spätmittelalterlichen theologischen Panoramas verwirrte. Und wer sollte zwischen Meinung und Lehre unterscheiden? Der Papst? Ein ökumenischer Rat? Ein Theologieprofessor? Das Versäumnis, derart entscheidende Fragen zu klären, trug in nicht geringem Umfang zur Autoritätskrise in der spätmittelalterlichen Kirche bei. In Frankreich, wie anderswo in Europa, setzte eine »lange Periode gewaltiger religiöser Anarchie« ein (Lucien Febvre).

Die Verwirrung über die offizielle Lehre der Kirche trug in erheblichem Maße zur Ausarbeitung von Luthers Reformprogramm in Deutschland bei. Für Luther war die Rechtfertigungslehre von zentraler Bedeutung – die Frage, wie ein Mensch mit Gott in Beziehung tritt.[27] Die bekannteste maßgebliche Äußerung seitens eines anerkannten kirchlichen Gremiums zu dieser Lehre stammte aus dem Jahr 418 – über ein Jahrtausend vor der Reformation –, und diese verworrenen und veralteten Erklärungen vermochten die Position der Kirche zu diesem Thema im Jahr 1518 kaum zu verdeutlichen. Luther hatte den Eindruck, als sei die Kirche seiner Zeit in den Pelagianismus zurückgefallen – eine unannehmbare Auffassung darüber, wie ein Mensch mit Gott in Beziehung tritt. Die Kirche, so meinte er, lehre, daß der Mensch vor Gott Wohlwollen und Anerkennung finde aufgrund seiner persönlichen Leistungen und seines Standes, und damit verleugne sie den Gnadengedanken. Luthers Einschätzung mag falsch gewesen sein – aber damals herrschte innerhalb der Kirche so große Verwirrung, daß ihn keiner über den offiziellen Standpunkt der Kirche zu dieser Frage belehren konnte. Selbst innerhalb der päpstlichen Enklave in Avignon herrschte ein Wirrwarr an Ideen. »Jeder hat seine eigene Meinung«, schrieb Bonifatius Amerbach, der in den zwanziger Jahren des 16. Jahrhunderts das Chaos noch vergrößerte, indem er die Ideen des »exzellenten Doktor Martin« innerhalb dieses päpstlichen Bollwerks unterstützte.

Bedeutsamer war jedoch für die Reformation, soweit sie Calvin betrifft, die zunehmende Unfähigkeit der Kirche, die offizielle Lehre durchzusetzen. Zu der Zeit, als Luthers Ansichten Aufmerksamkeit erregten, wurde auf den Diözesan- und Provinzialsynoden in Deutschland – deren Aufgabe in der Aufdeckung und Unterdrückung von Ketzerei bestand – keine Einigkeit erzielt, geschweige denn entscheidende Schritte unternommen. Der Versuch der französischen Behörden im Frühjahr 1487, die Waldenser (*Vaudois*) zu vertreiben, war nicht besonders erfolgreich, da die angeblichen Ketzer nur zerstreut, aber nicht ausgemerzt wurden.

Die größte Bedrohung ging jedoch vom Buchdruck aus. Mit den herkömmlichen mittelalterlichen Verboten war dem gedruckten Wort nicht beizukommen. Die Verbreitung unorthodoxer Bücher zu unterbinden, war eine Sache; die Bücher aufzuspüren und zu verhindern, daß sie gelesen wurden, eine andere. Da die französischen Behörden immer strengere Maßnahmen ergriffen, um die Einfuhr aufrührerischer Schriften aus dem Ausland zu verhindern, verbargen die Herausgeber geschickt die Herkunft ihrer Ware. In Genf gedruckte Bücher (die deshalb in Frankreich streng verboten waren) wurden dadurch unkenntlich gemacht, daß sie mit falschen Adressen ihrer Drucker versehen oder in einer Schrift gedruckt wurden, die von französischen Druckern benutzt wurde.[28]

Der dramatische Sieg Franz' I. über die päpstlichen und Schweizer Truppen bei Marignano im September 1515 verhalf ihm im Hinblick auf Italien zu nicht unerheblicher Macht und stärkte seinen Einfluß auf die französische Kirche. Das nachfolgende Konkordat von Bologna (1516) gestand Franz das Recht zu, den gesamten höheren Klerus der französischen Kirche zu ernennen, und schränkte damit die direkte Kontrolle des Papstes ein. Franz' allmähliche Hinwendung zum Absolutismus führte, nur unterbrochen durch seine Niederlage in der Schlacht von Pavia (1525) und die darauffolgende Gefangenschaft in Madrid, zu einer Beschneidung des päpstlichen Einflusses auf französische Angelegenheiten, ganz gleich ob sie den Staat oder die Kirche betrafen. Die Folge war, daß Reformbestrebungen innerhalb Frankreichs eher in Zusammenhang mit Franz I. als mit dem Papst gesehen wurden. Hätte sich der Papst in die Angelegenheiten der französischen Kirche einmischen wollen, wäre er auf eine ganze Reihe diplomatischer und rechtlicher Hindernisse gestoßen. Nach seinem Sieg über die päpstlichen Truppen war Franz kaum daran gelegen, die Interessen des Papstes in Frankreich zu verteidigen, außer wenn sie sich zufällig mit denen der französischen Monarchie deckten.

Das Konkordat von Bologna deutet auf einen grundlegenden Unterschied zwischen der kirchlichen Situation in Deutschland und in Frankreich am Vorabend der Reformation hin. Wie aus den kirchlichen Beschwerdeschriften zu ersehen ist, war in Deutschland ein starkes Ressentiment gegen den Papst zu spüren. Zum Teil spiegelte sich darin ein beginnender deutscher Nationalismus wider, der von einem Haß auf alles Italienische gekennzeichnet war. Außerdem machte sich darin die allgemeine Verärgerung Luft, daß kirchliche Einnahmen (einschließlich des Erlöses aus dem Ablaßhandel) für Rom und zur Finanzierung des extravaganten Lebensstils, der Bauvorhaben und der politischen Abenteuer der Renaissance-Päpste bestimmt waren. Die herrschenden Klassen in Deutschland waren darüber erbost, wie ihre politische Autorität durch die Einmischung des Papstes in kirchliche und politische Angelegenheiten unterminiert wurde. In vielerlei Hinsicht appellierte Luthers Reformprogramm (wenn er es nicht sogar offen ausbeutete) an das Nationalgefühl der Deutschen und an die Gegner des Papsttums und ermöglichte so der Reformation, auf einer Welle allgemeiner Papstfeindlichkeit zu schwimmen. Das Konkordat von Bologna entschärfte jedoch weitgehend die papstfeindliche Stimmung in Frankreich. Die Zentralisierung politischer und kirchlicher Autorität in der Person des französischen Monarchen – ein grundlegendes Programm absolutistischer Machtpolitik, das von Franz I. und seinen unmittelbaren Nachfolgern verfolgt wurde – schaffte eine Machtstruktur, in der der Papst völlig fehlte. Wenn die Papstfeindlichkeit die Reformation in Deutschland anheizte, dann mußte sich ihr französisches Gegenstück auf andere Ursachen stützen.

Das sind einige der Kräfte, die innerhalb der Kirche und Gesellschaft in Westeuropa zu Beginn des 16. Jahrhunderts am Werk waren. Im nachhinein haben Historiker die Periode »Europa am Vorabend der Reformation« genannt. Natürlich war diese Einsicht den damaligen Menschen weitgehend verwehrt, da sie sich nicht einmal als Europäer fühlten, geschweige denn glaubten, am Beginn einer Reformation zu stehen. In der Tat sind in zeitgenössischen Schriften kaum Hinweise dafür zu finden, daß man sich damals trotz regelmäßiger Prophezeiungen des bevorstehenden sozialen, politischen und religiösen Umbruchs tatsächlich bewußt war.

In diese Welt wurde der zweite Sohn Gérard Cauvins am 10. Juli 1509 hineingeboren. Ein paar Tage später wurde er in der Kirche Sainte-Godeberte auf den Namen Jehan getauft, obwohl über die Zeremonie kein Bericht vorliegt. Bei uns ist Jean Cauvin unter dem Namen Johann Calvin bekannt – eine Version der latinisierten Form Johannes Calvinus. Über seine Kindheit wissen wir im Grunde nichts Genaues, trotz der Sorgfalt der Biographen zu Beginn des 17. Jahrhunderts, die die Register der Kathedrale von Noyon und des Domkapitels nach seinem Namen durchforschten und Einwohner von Noyon befragten in der Hoffnung, sie würden sich an etwas aus der Vergangenheit erinnern, das mit Gérard Cauvins Sohn in Zusammenhang stand. Der historische Gehalt solcher Erinnerungen beschränkt sich wahrscheinlich lediglich auf Phrasen – »ein kluger Junge, dieser Jean Cauvin«.[29] Was die Persönlichkeit Calvins betrifft, stoßen wir hier, wie auch im Laufe der Geschichte seines Werdegangs, immer wieder auf seltsames Schweigen. Von dem geistigen Ansporn, den er der Geschichte gab, wissen wir eine Menge, doch von der historischen Gestalt, die diese Ideen entwickelte, wissen wir herzlich wenig. Als Mensch bleibt Calvin ein Rätsel.

Die Entstehung eines Rätsels

Die Behauptung, Calvin sei so etwas wie ein historisches Rätsel, mag zunächst absurd erscheinen. Wissen wir über ihn nicht mehr als über viele andere Gestalten des 16. Jahrhunderts? Bevor wir die historische Analyse und Rekonstruktion der erstaunlichen Karriere Calvins beginnen, müssen wir die Tatsache bedenken, daß wir vor allem über seine Anfangszeit weniger wissen, als uns lieb ist. Sein größtes Vermächtnis an die westliche Zivilisation waren seine Ideen und die literarischen Formen, mit denen sie dargelegt wurden. In der Tat hat mehr als ein Historiker Parallelen zwischen Calvin und Lenin gezogen, da beide einen bemerkenswerten theoretischen Weitblick und Organisationstalent besaßen.[30] Beide lieferten die theoretischen Grundlagen für revolutionäre Bewegungen, deren Organisation, Richtung und Erfolg von eben solchen Grundlagen abhing. Aber Calvin selbst, der Mensch aus Fleisch und Blut, der hinter diesen Ideen steht, bleibt schwer faßbar. Die Gründe hierfür sind leicht zu erkennen, und vielleicht versteht man sie am besten, wenn man Calvin mit dem großen sächsischen Reformator Martin Luther vergleicht.

Zunächst einmal besitzen wir eine Fülle von Material aus Luthers eigener Feder, das noch aus der Zeit vor seinem Auftreten als großer Reformator stammt. Seine Karriere als Reformator beginnt mit den 95 Thesen zum Ablaßhandel (31. Oktober 1517), der Leipziger Disputation vom Juni/Juli 1519 und den drei Reformationsschriften von 1520. Im Jahr 1520 war Luther bereits fest als charismatischer Reformator etabliert. Dieser Berufung lagen allerdings eine Reihe religiöser Ideen zugrunde, die er schon vor seiner öffentlichen Tätigkeit entwickelt hatte. Zwischen 1513 und 1517 hielt Luther an der Universität in Wittenberg theologische Vorlesungen, und während dieser Zeit kämpfte er mit den Ideen, die auf die nachfolgenden Ereignisse so großen Einfluß haben sollten. In der einen oder anderen Form besitzen wir die meisten seiner Schriften aus diesen entscheidenden Jahren. Daher sind wir in der Lage, die ideengeschichtliche Entwicklung nachzuzeichnen.

Im Falle Calvins gibt es jedoch für die entscheidenden Jahre fast keine schriftlichen Zeugnisse aus seiner eigenen Feder. Seine Karriere als Reformator beginnt Ende 1533/Anfang 1534; der Zeitpunkt ist nicht genau festzulegen. Sein im April 1532 erschienener Kommentar zu Senecas *De Clementia* verrät, bis auf seine Gelehrsamkeit und mögliche jugendliche Ambitionen zum humanistischen Gelehrten, wenig über den Verfasser. Der Grund für den Mangel an Material ist unschwer zu erkennen. In den frühen dreißiger Jahren des 16. Jahrhunderts hatte sich das Verhältnis zwischen französischer Krone und evangelischen Aktivisten stetig verschlechtert. Am 18. Oktober 1534 brach mit der *Affaire des placards* schließlich das Unwetter los, das schon seit einiger Zeit gedroht hatte.[31] An bekannten Plätzen in ganz Frankreich, ja sogar im Vorzimmer des königlichen Schlafgemachs in Amboise, wurden Anschläge angebracht, auf denen die katholischen Bräuche aufs heftigste angeprangert wurden. Der Verfasser hieß Antoine Marcourt.

Aufgrund dieser Vorkommnisse sah sich Franz I. veranlaßt, eine Reihe repressiver Maßnahmen gegen die Anhänger des evangelischen Glaubens in Frankreich zu ergreifen.[32] Daher war es für reformerische Geister nicht ratsam, auf sich aufmerksam zu machen. Johann Calvin war bereits im November 1533 zu diesem Schluß gelangt. Am Tage nach Nicolas Cops aufrührerischer Rede zu Allerheiligen an der Universität von Paris, zu deren Rektor er gewählt worden war, flüchtete Calvin in das relativ sichere Angoulême. Wie sich noch zeigen wird, stieß Cops Rede, in der er evangelische Ansichten vertrat, auf heftigen Widerstand von seiten konservativerer Elemente. Calvin, der möglicherweise verdächtigt wurde, die Rede verfaßt zu haben, hielt es für klug, Paris so rasch wie möglich zu verlassen. Dies erwies sich angesichts der nachfolgenden Ereignisse als gerechtfertigt. Wie seine Biographen betonen, entkam er der Verhaftung nur mit knapper Not.[33] Schon eine Stunde nach seiner Flucht durchsuchte die Polizei seine Wohnung und beschlagnahmte seine persönlichen Unterlagen. Diese Unterlagen, die zweifellos Licht in die Entwicklung von Calvins Gedanken in dieser wichtigen Phase gebracht hätten, wurden nie wiedergefunden. Deshalb bleiben seine entscheidenden Jahre für uns ein Rätsel. Da man sich jedoch nur ungern von fehlenden Beweisen hemmen läßt, sind einige Verfasser von Berichten über Calvins frühe Jahre der Versuchung erlegen, historische Schlußfolgerungen als historische Tatsachen zu präsentieren. Selbst Doumergue, der mit Recht bemerkt, daß Calvins Werdegang zumindest teilweise »une énigme chronologique«

darstellt,[34] neigt dazu, den Schlußfolgerungen seiner historischen Quellen zu glauben, anstatt sie kritisch zu beleuchten.

Im Gegensatz zu Calvin ist Luther außergewöhnlich großzügig mit autobiographischen Hinweisen, die in seinem gesamten Werk verstreut sind. Am bekanntesten ist wohl das »autobiographische Fragment« aus dem Jahr 1545, das er ein Jahr vor seinem Tod schrieb. Die Schrift dient als Einleitung zur ersten Ausgabe von Luthers gesammelten lateinischen Werken. Er stellt sich darin seinen Lesern selbst vor. Er beschreibt im Detail seinen persönlichen Hintergrund, die Entwicklung seiner religiösen Ideen und wie es zu der Krise kam, die zur Entstehung der lutherischen Reformation führte. Während die persönlichen Erinnerungen alter Menschen bekannterweise unzuverlässig sind, scheinen Luthers historische Erinnerungen, soweit es sich feststellen läßt, offenbar zutreffend zu sein. Die Schilderung der Entwicklung seiner religiösen Ideen (auf denen sein Reformprogramm beruht) kann auch mit seinen Schriften aus der entscheidenden Phase seiner Entwicklung verglichen werden.[35] Calvin hingegen scheute sich wohl eher davor, in seinen Schriften zur eigenen Person Stellung zu nehmen. Möglicherweise ist die Stelle in Calvins *Antwort an Sadolet* (1539), wo ein evangelischer Sprecher seinen Bruch mit der mittelalterlichen Kirche beschreibt, autobiographisch,[36] obwohl Calvin das nie behauptet hat. Der eindeutig autobiographische Abschnitt in dem Vorwort zum »Psalmenkommentar«[37] aus dem Jahr 1557 ist auffallend kurz und teilweise schwer zu deuten. In seinen Predigten spricht Calvin oft in der ersten Person – aber daraus kann nicht notwendigerweise gefolgert werden, daß er bei dieser Gelegenheit viel von sich preisgab.[38] Seine persönliche Bescheidenheit hielt ihn von Betrachtungen und Erinnerungen ab, auf die so viele historische Rekonstruktionen angewiesen sind.

Die historische Rekonstruktion von Calvins komplexer Persönlichkeit wurde durch das Festhalten an der höchst feindseligen Darstellung des Reformators durch Jerôme Bolsec, mit dem Calvin 1551 die Klingen kreuzte, erheblich behindert. Aus Verärgerung über den Vorfall veröffentlichte Bolsec im Juni 1577 in Lyon sein Buch *Vie de Calvin.* Laut Bolsec war Calvin hoffnungslos langweilig, boshaft, blutrünstig und frustriert. Er betrachtete seine eigenen Worte als Wort Gottes und ließ sich wie Gott verehren. Nicht genug damit, daß er häufig seinen homosexuellen Neigungen erlag, nein, obendrein hatte er auch noch die Angewohnheit, sich mit jeder Frau einzulassen, die ihm über den Weg lief. Bolsec zufolge verzichtete Calvin auf seine Pfründe in Noyon, weil seine homosexuellen Aktivitäten öffentlich bekannt wurden. Obwohl Bolsecs Biographie viel interessanter ist als die Theodor Bezas oder Nicolas Colladons, stützt sich sein Werk weitgehend auf unbegründete, anonyme mündliche Berichte »vertrauenswürdiger Personen« (*personnes digne de foy*), die von der modernen Forschung angezweifelt wurden. Trotzdem hat Bolsecs Rekonstruktion Calvins in viele weniger sympathische, moderne Darstellungen des Lebens und Werks des Reformators Eingang gefunden, wobei die Trennungslinie zwischen Realität und Fiktion zunehmend verschwimmt. Bolsecs Mythos lebt wie so viele andere Mythen, die sich um Calvin ranken, aufgrund unkritischer Wiederholung als unantastbare Tradition weiter,[39] obwohl ihm offensichtlich die historische Grundlage fehlt.

Trotz allem darf man sicher mit Recht behaupten, daß Calvin keine besonders anziehende Persönlichkeit war, da es ihm an Witz, Humor und Wärme mangelte, Eigenschaften, die Luther auf Gesellschaften so beliebt machten. Wie aus seinen Schriften ersichtlich wird, ist Calvin ein wenig kühl und distanziert. Als sich sein Gesundheitszustand verschlechtert, wird er zunehmend gereizt und neigt dazu, diejenigen, mit denen er nicht einer Meinung ist, persönlich zu beleidigen, anstatt sich in erster Linie mit ihren Ideen auseinanderzusetzen. In seinem Todesjahr schilderte er den Ärzten von Montpellier in Briefen die Symptome der Krankheiten, die an seinen Kräften zehrten. Bezeichnenderweise gehen einige der Krankheiten mit Migräne und einer Darmreizung einher – beides anerkannte Symptome von Streß. Es ist unmöglich zu entscheiden, ob die außerordentlich anstrengenden Situationen, denen Calvin vor allem in den frühen fünfziger Jahren des 16. Jahrhunderts ausgesetzt war, zu diesem Zustand beigetragen haben oder ob er von Natur aus für Streß besonders anfällig war. Obwohl er nur ungern von sich selbst sprach, war er sicherlich ein unglücklicher Mensch, für den der moderne Leser nur schwer Sympathie empfinden kann. Man neigt sehr leicht dazu, ihm gegenüber eine ablehnende Haltung einzunehmen.

Warum hat Calvin sich nur so ungern in den Vordergrund gerückt? Der Schlüssel zu seiner komplexen Persönlichkeit liegt in seinem Verständnis seiner Berufung. In einem seltenen Moment persönlicher Offenbarung bekannte er sich zu der festen Überzeugung, daß Gott ihn für eine bestimmte Aufgabe ausersehen habe. Wenn er über seine Karriere nachdachte, glaubte er die unsichtbare Hand Gottes zu erkennen, die ihn in entscheidenden Momenten seines Lebens leitete. Er war der Meinung, Gott habe ihn trotz seiner Nichtswürdigkeit berufen, seinem Leben eine neue Richtung gegeben, ihn nach Genf geführt und ihm das Amt eines Pfarrers und Predigers des Evangeliums übertragen.[40] Welche Autorität Calvin auch immer besaß, er betrachtete sie als Geschenk Gottes und nicht als Folge eigener angeborener Talente und Fähigkeiten. Er war nur ein Werkzeug in der Hand Gottes. Calvin teilt also die in der Reformation weitverbreitete Betonung der Sündhaftigkeit und Nichtsnutzigkeit der gefallenen Menschheit, die in der lutherischen Lehre von der Rechtfertigung durch den Glauben und der reformierten Lehre von der Erwählung ohne Berücksichtigung vorhersehbarer Verdienste (*ante praevisa merita*) zum Ausdruck kommt. Calvins Erwählung durch Gott war ein Zeichen von Gottes Gnade und Großzügigkeit und hatte nichts mit seinen Verdiensten oder persönlichen Qualitäten zu tun. Die Annahme, Calvins Vorstellung von göttlicher Berufung spiegele seine Überheblichkeit wider, deutet auf eine mangelnde Vertrautheit mit dem Geist der Reformation hin.

Dieses Verständnis seiner Berufung untermauert das offensichtlich gespannte Verhältnis, das wir zu Calvins Persönlichkeit haben. Obwohl schüchtern und introvertiert, war er zu einem Mut fähig, der an Starrsinn grenzte. Er zeigte sich kompromißlos, wenn er meinte, der Wille Gottes stehe auf dem Spiel. Calvin ließ sich als Mensch bereitwillig verspotten (obwohl er deswegen oft zutiefst verletzt war), aber er wollte nicht zulassen, daß der Spott von ihm als Individuum auf die Sache und den Gott übertragen wurde, dem er zu dienen glaubte. Vor allem war er davon überzeugt, nur Sprachrohr und Werkzeug Gottes zu sein, durch das dieser handeln und sprechen konnte. Er betrachtete seine Persönlichkeit als mögliches Hindernis für diese göttlichen Aufgaben; wohl deswegen hat er eine persönliche Bescheidenheit entwickelt.

Der Leser muß sich daher von Anfang an der Schwierigkeiten bewußt sein, die mit jeder historischen Rekonstruktion von Calvins Leben und Persönlichkeit verbunden sind, und er muß die natürliche – und vollkommen verständliche – Tendenz erkennen, gegenüber Calvin eine ablehnende Haltung einzunehmen. Im folgenden werden wir die Quellen benutzen, die den Historikern heute zur Spätrenaissance zur Verfügung stehen, um die religiösen, sozialen, politischen und intellektuellen Kräfte, die die Welt Calvins formten und nachfolgend veränderten, möglichst glaubhaft darzustellen. Unser Wissen weist allerdings erhebliche Lücken auf. Calvin war ein zutiefst verschlossener Mensch, der sich der historischen Dokumentation, die Licht in seine Geschichte gebracht hätte, lieber entzog.[41] Deshalb ist es unausweichlich, daß er eine eher farblose Gestalt bleibt, ein Mann, der seine geheimsten Gedanken, Ansichten und Ambitionen weitgehend verborgen hält. Einige Historiker, die mit der eintönigen Skizze unzufrieden waren, sind der ständigen Versuchung erlegen, die knappe Geschichte auszuwalzen. Obwohl ein derartiges Verhalten verständlich ist, müssen auch die Gefahren gesehen werden: Das Porträt kann geheime Vermutungen eines voreingenommenen Historikers widerspiegeln, dessen getrübter Blick uns sogar den Zugang zum historischen Calvin versperren kann.[42]

Calvins Platz in der Geschichte gründet sich weitgehend auf seinen Ideen. Deshalb ist es wichtig, nicht nur auf diese Ideen hinzuweisen, sondern dem Leser auch Zugang zu den geistigen Traditionen zu verschaffen, die bei der Entwicklung dieser Ideen eine Rolle spielten. Die beiden folgenden Kapitel beschäftigen sich mit diesen geistigen Traditionen – mit den Texten, Methoden und Ideen, auf die Calvin sich bei der Entwicklung seiner neuen Sicht der Welt stützte. Folglich müssen wir auch die Geschichte dreier Städte und ihrer Universitäten erzählen: Paris, Orléans und Bourges.

2

Paris: Die geistige Entwicklung

In Paris ist man gegenüber Calvins Verbindungen zu dieser Stadt seltsam zurückhaltend. Dies läßt auf eine gewisse Ambivalenz hinsichtlich der Verdienste seines Wirkens auf die französische Geschichte schließen. Zu den wenigen greifbaren Zeugnissen dieser Verbindung zählt eine Inschrift auf der Vorderseite der Bibliothèque Sainte-Geneviève gegenüber dem Panthéon. Auf einer Liste, die führende Männer aus Geistesgeschichte und Kultur, wie Erasmus und Rabelais, vereint, taucht auch der Name des französischen Reformators auf. Die Bibliothek steht heute an der Stelle, wo sich im Mittelalter das Collège de Montaigu befand, das während der Französischen Revolution geschlossen und kurz darauf zerstört wurde. Inmitten des dichten Pariser Verkehrs wird das Andenken an diese längst verschwundene Lehranstalt und ihre berühmten akademischen Zöglinge bewahrt.

Unklarheiten hinsichtlich Calvins Pariser Zeit

Nach allgemeiner Überlieferung der Calvin-Forschung ging Calvin 1523 im Alter von vierzehn Jahren zum ersten Mal an die Universität von Paris, nachdem er zuerst das Collège de La Marche besucht hatte und anschließend zum Collège de Montaigu übergewechselt war.[1] Cyprianus von Karthago, ein Autor aus dem 3. Jahrhundert, weist jedoch darauf hin, daß alte Traditionen auch falsch sein können. Leider muß die Behauptung der Calvin-Biographen – die fast schon eine unantastbare Tradition ist – bezüglich des Zeitpunkts seiner Ankunft in Paris und der Schule, die er zuerst besuchte, höchstwahrscheinlich als erhebliche Fehlinterpretation der Tatsachen angezweifelt werden.

Die ungerechtfertigte Behauptung der großen Mehrheit der Calvin-Biographen, wonach er mit vierzehn nach Paris gegangen sei, basiert letztlich auf einem kurzen Bericht, den der Historiker Jacques Desmay 1621 das erste Mal veröffentlichte. Desmay entdeckte einen Eintrag im Register des Domkapitels von Noyon, datiert vom 5. August 1523, demzufolge Gérard Cauvin die Erlaubnis erhalten hatte, seinen Sohn Johann – wir werden fortan die moderne Version seines Namens benutzen – bis 1. Oktober desselben Jahres aus Noyon fortzuschicken.[2] Hier ist weder von Paris noch von der Universität die Rede. Es ist der ausdrückliche Wunsch des Vaters, daß sein Sohn Johann Noyon verläßt, damit er der Pest entgeht, die damals die Stadt heimsuchte. Desmay folgert daraus, daß dies für Calvin der geeignete Zeitpunkt war, um in Paris sein Studium aufzunehmen. Der Registereintrag an sich läßt jedoch noch keine derartige Schlußfolgerung zu. Wenn Calvin tatsächlich auch nur annähernd so intelligent war, wie ihn seine Biographen schildern, hätte er wahrscheinlich schon mit zwölf die Universität besuchen können, falls sein Latein gut genug war: Nach damaligen Maßstäben war ein Vierzehnjähriger möglicherweise schon etwas zu alt, um mit einer solchen Ausbildung zu beginnen.[3] Im Jahr 1598 sah sich die Fakultät der Freien Künste in Paris, vermutlich als Reaktion auf eine unwillkommene Flut von frühreifen jungen Studenten, veranlaßt, das Mindestalter für den Studienbeginn auf zehn Jahre festzusetzen. Tatsache ist jedoch, daß wir einfach nicht mit Sicherheit wissen, wann Calvin nach Paris gegangen ist.

Natürlich gibt es andere Möglichkeiten. Am 19. Mai 1521 berichtete Jacques Regnard, der Sekretär des Bischofs von Noyon, dem Domkapitel, Calvin habe nach dem Abschied Michel Courtins eine Kaplanspfründe am Gesinenaltar erhalten.[4] Im Jahr 1529 verzichtete Calvin auf die Pfründe, nahm sie aber 1531 wieder an. Im Mai 1534 verzichtete er schließlich ganz auf das Amt. Pierre Imbart de la Tour behauptete, die Verleihung der Kaplanspfründe sei die grundlegende Voraussetzung für ein Universitätsstudium – ähnlich wie ein Stipendium –, und so sei Calvin noch im selben Jahr mit elf oder zwölf nach Paris gegangen. Aber auch hier ist es möglich, daß die Tatsachen falsch gedeutet wurden. Das zeigt jedoch, wie wenig uns urkundliche Beweise über Calvins frühe Jahre verraten.

Es gibt auch keine eindeutigen Belege dafür, daß Calvin je Mitglied des Collège de La Marche war, ehe er an das Collège de Montaigu überwechselte. In der Erstausgabe seiner *Vie de Calvin* (1564) erwähnt Theodor Beza in einer kurzen Schilderung von Calvins Pariser Zeit das Collège de La Marche nicht. In derselben Biographie nennt Beza jedoch den berühmten Pädagogen Mathurin Cordier, dessen erzieherische Fähigkeiten Calvin sehr bewunderte, »seinen Studienleiter am Collège de Sainte-Barbe in Paris«.[5] Obwohl das nicht unbedingt bedeutet, daß Calvin das Collège de Sainte-Barbe besucht hat, bevor er ans Collège de Montaigu wechselte, weist dies auf die Existenz einer frühen Tradition innerhalb des Calvinschen Kreises, die statt des Collège de La Marche das Collège de Sainte-Barbe nennt. Bezas Aussage könnte einfach so gedeutet werden, daß Calvin Mathurins Unterricht besuchte, als jener Lehrer in Sainte-Barbe war (das heißt, nicht Calvin, sondern Cordier wird mit Sainte-Barbe in Verbindung gebracht). Man darf allerdings nicht vergessen, daß Beza seine Calvin-Biographie in aller Eile verfaßte[6] – aus Angst, von anderer Seite könnten weniger respektvolle Darstellungen der Ereignisse verbreitet werden, wenn er nicht rasch handelte. Dennoch gibt es Hinweise dafür, daß seine Biographie zumindest teilweise auf persönliche Erinnerungen Calvins zurückgeht.

Ein Jahr später erschien eine zweite Calvin-Biographie, verfaßt von dem Anwalt Nicolas Colladon. Diese Biographie enthielt mehr Einzelheiten über Calvins Aufenthalt in Paris und ergänzte Bezas etwas dürftige Schilderung. Hier wird zum ersten Mal behauptet, Calvin habe zuerst das Collège de La Marche besucht.[7] Die Identität und Zuverlässigkeit von Colladons Quellen läßt sich jedoch nur schwer feststellen. Wie auch immer seine großen Verdienste ausgesehen haben mögen, als Calvin-Biograph hat er sich wohl nicht gerade hervorgetan, vor allem was das Rätsel um

Calvins Leben vor 1534 betrifft. Colladon erklärt, Calvin habe seinen Kommentar zu Senecas *De Clementia* verfaßt, »als er erst vierundzwanzig war«.[8] In Wirklichkeit erschien das Werk im April 1532, als Calvin zweiundzwanzig war. Trotzdem wird Colladons Schilderung der Pariser Jahre Calvins aus letztlich unerfindlichen Gründen als maßgebend erachtet. Als Beza zehn Jahre später seine Calvin-Biographie überarbeitete, ließ er seinen früheren Hinweis auf das Collège de Sainte-Barbe weg und glich seine Schilderung der Pariser Jahre Colladons Aussage hinsichtlich des Collège de La Marche an.[9] So entstand die endgültige und offizielle Version von Calvins Zugehörigkeit zur Pariser Universität.

Von Calvin selbst liegen keinerlei Aussagen darüber vor, welches Pariser Kolleg er vor Montaigu besuchte – wenn er überhaupt eines besuchte. Die frühen Biographien lassen eindeutig den Schluß zu, daß das Collège de Montaigu die erste Schule war, die Calvin in Paris besuchte. Die Behauptung, Calvin habe eine Zeitlang das Collège de Sainte-Barbe oder das Collège de La Marche besucht und sei anschließend zum Collège de Montaigu übergewechselt, läßt sich im Rahmen der uns bekannten Gepflogenheiten der Pariser Universität nur schwer erklären. Calvin erwähnt jedoch ausdrücklich, daß Cordier während der Zeit in Paris sein Lehrer gewesen sei, ohne ihn mit einer bestimmten Schule in Verbindung zu bringen. Wir wissen, daß Cordier an etwa einem halben Dutzend *collèges de plein exercice* lehrte. In seinen persönlichen Erinnerungen an seine Pariser Zeit, die am 6. Februar 1564 veröffentlicht wurden (mit anderen Worten: vor Calvins Tod und vor dem Erscheinen der Biographien Bezas und Colladons), nannte Cordier unter anderem die Kollegien in Reims, Lisieux und Navarre sowie La Marche und Sainte-Barbe.[10] Zu Beginn des 16. Jahrhunderts war es in Paris nicht ungewöhnlich, wenn Mitglieder des Lehrkörpers mehreren Schulen angehörten. Alexis de Rantilly beispielsweise war 1512 *bursarius* der Theologie am Collège de Navarre, Lehrer der freien Künste am Collège de Bourgogne und Pensionär am Collège de Tréguier. Deshalb ist es viel schwerer als angenommen, denen zu widersprechen, die behaupten, Calvin habe zu Beginn seiner Pariser Jahre eine Zeitlang in Sainte-Barbe studiert.[11] Wie sich noch zeigen wird, ist es viel wahrscheinlicher, daß die Verwirrung über Calvins Hinweis auf Cordier zu der Annahme führte, Calvin habe vor Montaigu eine andere Schule besucht.

Zu Beginn des 16. Jahrhunderts war es nicht ungewöhnlich, wenn Studenten von einem Pariser Kolleg zu einem anderen wechselten. Soweit dies nachprüfbar ist, geschah dies ausnahmslos aus zwei Gründen. Erstens konnte der Student eines Kollegs an einem anderen ein Stipendium (oder eine ähnliche akademische Auszeichnung oder Förderung) erhalten. Es ist bekannt, daß etwa zwanzig Kollegien, darunter auch Montaigu, an Theologiestudenten Stipendien vergeben haben. Das Collège de la Sorbonne konnten Studenten für eine Probezeit gegen Bezahlung als *hospites* besuchen. Sobald sie Fortschritte machten, konnten sie zu Stipendiaten (*socii*) gewählt werden und erhielten freie Kost und Logis. Ein Student an einem kleineren Kolleg (wie La Marche) konnte an ein größeres (wie Sorbonne, Navarre oder Harcourt) wechseln und dort ein Stipendium annehmen.[12] Demnach hätte Calvin sein Studium in La Marche oder Sainte-Barbe beginnen können, um später in Montaigu ein Stipendium zu erhalten. Sainte-Barbe, ein relativ junges Kolleg, konnte erst 1525 Stipendien vergeben, als es seinem Rektor Diogo de Gouevia gelang, den König von Portugal zu überreden, für portugiesische Studenten Stipendien zur Verfügung zu stellen. Leider liegen uns über die finanziellen Vereinbarungen im Zusammenhang mit Calvins Studium in Paris keine zuverlässigen Informationen vor. Vermutlich kam Calvins Vater mit Unterstützung der Diözese für die Ausbildung seines Sohnes auf. Wie wir sehen werden, besteht Grund zu der Annahme, daß Calvin in Montaigu ein *caméríste* war, da er finanziell unabhängig war. Als *boursier* (oder *bursarius,* um den lateinischen Ausdruck zu verwenden) hätte er das Recht gehabt, im Kolleg zu wohnen. Die frühen Biographien enthalten jedoch keinen Hinweis darauf, daß er in Montaigu ein Stipendium erhielt (oder daß er finanzielle Unterstützung brauchte) oder daß er zum *socius* gewählt wurde. Beides wäre aus der Sicht seiner wohlwollenden frühen Biographen erwähnenswert gewesen, um nicht nur den angeblichen Schulwechsel zu erklären, sondern auch Calvins geistige Fähigkeiten hervorzuheben.

Der zweite Grund für einen Schulwechsel betraf den Übertritt von der Fakultät der Freien Künste (worunter allgemein die »Philosophie« verstanden wurde) an eine der drei höheren Fakultäten wie etwa Theologie (die beiden anderen waren Medizin und Rechtswissenschaft), wofür das vier- oder fünfjährige Philosophiestudium als Vorbereitung diente. Ein Student konnte an einem Kolleg seinen Abschluß in Philosophie machen und dann die Schule wechseln, um Theologie zu studieren. Die heutige Gepflogenheit, an der Universität sofort mit dem Theologiestudium zu beginnen, war im 16. Jahrhundert in Paris unbekannt. Calvin hätte ohne das erforderliche vier- bis fünfjährige Vorstudium an der Philosophischen Fakultät kein Theologiestudium beginnen können. Aus einer Reihe von Kolleg-Unterlagen aus dem 16. Jahrhundert geht hervor, daß der Wechsel von der Philosophie zu einem Fach der höheren Fakultät oft als passender Zeitpunkt erachtet wurde, um auch das Kolleg zu wechseln. Noël Bédier bildete eine Ausnahme, weil er Philosophie und Theologie am selben Kolleg (Montaigu) studierte. Typischere Beispiele waren John Mair, der in Sainte-Barbe Philosophie und in Navarre Theologie studierte, oder Jean Gillain (er studierte in Montaigu Philosophie und in Harcourt Theologie).

In neueren Calvin-Biographien wird Rashdalls Behauptung nachgebetet, Theologie sei – abgesehen von den verschiedenen Ordenshäusern – lediglich an der Sorbonne und am Collège de Navarre unterrichtet worden. Diese Behauptung stützt sich auf eine unzuverlässige Quelle aus dem 17. Jahrhundert – auf das Notizbuch von Philippe Bouvot.[13] Obwohl dieses Dokument eine Menge nützliches Material enthält, das in der Hauptsache aus verlorengegangenen Quellen des 16. Jahrhunderts über diese beiden Kollegien besteht, ist es als Informationsquelle über den Unterricht an anderen damaligen Schulen ziemlich unzuverlässig. Material über die Absolventen und den Lehrbetrieb an anderen Kollegien fehlt völlig, weil Bouvot kein Interesse daran hatte. Die alte Rivalität zwischen der Sorbonne und Navarre bestimmte seine Arbeit und diente im Hinblick auf das Material der Originalquellen als Filter. Noch vorhandene Quellen aus dem 16. Jahrhundert weisen allerdings darauf hin, daß an einer ganzen Reihe von Schulen, darunter auch Montaigu, Theologie unterrichtet und studiert wurde. Zum Beispiel hielten zwischen 1512 und 1515 mehrere Doktoren, darunter auch John Mair, in Montaigu Theologievorlesungen.[14] Somit konnte ein Student in La Marche Philosophie studieren und anschließend zum Theologiestudium nach Montaigu überwechseln.

Aus den vorliegenden Tatsachen geht jedoch nicht schlüssig hervor, daß Calvin in Paris tatsächlich mit dem Theologiestudium begonnen hat. Sollte er 1523 nach Paris gegangen sein, könnte er das fünfjährige Vorstudium 1527 oder 1528 abgeschlossen haben. Zu diesem Zeitpunkt hätte er das Studium der Theologie,[15] der Rechtswissenschaft oder der Medizin aufnehmen können. Doch offenbar hat Calvins Vater seinen Sohn angewiesen, statt Theologie Rechtswissenschaft zu studieren, und so erfolgte der Wechsel nach Orléans. Vermutlich hatte Calvin zu diesem Zeitpunkt bereits sein Vorstudium abgeschlossen, um in Orléans Rechtswissenschaft zu studieren. Es gibt also keinerlei Beweise dafür, daß Calvin jemals an der Theologischen Fakultät der Pariser Universität formell ein Studium aufgenommen hat, obwohl vieles dafür spricht, daß er es, vermutlich auf Anraten seines Vaters, *anfänglich vorhatte.*[16]

Colladons Behauptung, Calvin habe vor Montaigu das Collège de La Marche besucht, ist also fragwürdig. Die Beweise hierfür in Calvins Lebensbeschreibung sind dürftig. Dennoch dürfen die wesentlichen Gesichtspunkte von Bezas Aussage bezüglich Sainte-Barbe nicht übersehen werden, wie spärlich sie auch sein mögen. Der angebliche Wechsel von La Marche nach Montaigu läßt sich nicht hinreichend mit unserem Verständnis der internen Vorgänge an der Pariser Universität zu Beginn des 16. Jahrhunderts in Einklang bringen. Deshalb gehen wir davon aus, daß Colladons Behauptung bezüglich La Marche auf einem Mißverständnis beruht und möglicherweise eine unbewußte historische Schlußfolgerung darstellt, die als historische Tatsache angesehen und präsentiert wird. Es ist zum Beispiel möglich, daß Calvin von Mathurin Cordier in lateinischer Grammatik unterrichtet wurde, als Cordier am Collège de La Marche (oder vielleicht auch in Sainte-Barbe) lehrte, ohne daß Calvin einer der beiden Schulen formell angehörte. Ein Studienanfänger in den freien Künsten hätte sich wahrscheinlich mit Angabe der »Nation« – in Calvins Fall Frankreich – eingeschrieben und sich einen Lehrer ausgesucht, der ihn auf seine Vorprüfung vorbereitete. Calvins Verbindung zu Cordier entspricht zweifellos diesem generellen Schema. Die Aufnahme an ein Kolleg erfolgte erst *nach* dem erfolgreichen Abschluß des lateinischen Grammatikkurses. Diese Tatsache spricht nachdrücklich dafür, daß Calvin zu dem Zeitpunkt in das Collège de Montaigu eintrat und dort die nächsten fünf Jahre blieb. Aufgrund der vorliegenden Hinweise zu Calvins Aufenthalt in Paris läßt sich mit einiger Sicherheit folgendes sagen:

1. Calvin wurde von Mathurin Cordier in lateinischer Grammatik unterrichtet.
2. Anschließend wurde er formell am Collège de Montaigu aufgenommen.
3. Er studierte die »sieben freien Künste« (Philosophie), um nach einem erfolgreichen Abschluß mit dem Theologiestudium zu beginnen.
4. Hinweise auf Sainte-Barbe und La Marche in frühen Biographien beruhen wohl letztlich auf falschen Schlußfolgerungen oder Mißverständnissen seitens der Biographen. Vermutlich besuchte Calvin unter Cordiers Aufsicht den Lateinunterricht am Collège de La Marche oder in Sainte-Barbe, ohne daß der junge Franzose in dieser Anfangsphase an einem der Kollegien formell eingeschrieben war.

Das Collège de Montaigu

Das Collège de Montaigu wurde zu Beginn des 14. Jahrhunderts von einem menschenfreundlichen Erzbischof von Rouen gegründet,[17] dem der Kummer erspart blieb, den dramatischen Verfall des Kollegs im 15. Jahrhundert miterleben zu müssen.

Daß einer Verschlimmerung der Situation gegen Ende des Jahrhunderts Einhalt geboten wurde, ist im Grunde einzig und allein der enormen Energie und Hingabe eines Mannes zu verdanken: Jan Standonck.[18] Standonck hatte unter Anleitung der Brüder vom Gemeinsamen Leben studiert, eine von den Niederlanden ausgehende Mönchsbewegung, die sich zum Ziel gesetzt hatte, mit Hilfe von gesunden Erziehungsmethoden das klösterliche Leben zu reformieren. Die von Standonck eingeführte strenge Disziplin wurde allgemein dem Einfluß dieser Bewegung zugeschrieben,[19] obwohl die Verläßlichkeit dieses Urteils zweifelhaft ist.[20] Es gibt Hinweise dafür, daß sich gegen Ende des 15. Jahrhunderts zwischen den Brüdern vom Gemeinsamen Leben und der *via moderna* eine feste Beziehung zu entwickeln begann. Gabriel Biel und Wendelin Steinbach, die führenden Vertreter der *via moderna* in Deutschland, gehörten zum Beispiel dem Tübinger Bruderhaus an. Im Falle von Montaigu wurde die Verbindung zur *via moderna* unter Noël Bédier noch gefestigt. Im zweiten Jahrzehnt des 16. Jahrhunderts machte er das Kolleg zu einem Bollwerk der *via moderna* in Paris.[21]

Erasmus hatte das Pech, in den neunziger Jahren des 15. Jahrhunderts einige Zeit in Montaigu verbringen zu müssen. Unter der Leitung Jan Standoncks hatte das Kolleg seine Tore auch Studenten geöffnet, die nicht genug Geld hatten, um ihr Studium zu bezahlen. Erasmus war gezwungen, sich an diesem *collegium pauperum* einzuschreiben, womit die Verpflichtung verbunden war, im Küchendienst mitzuhelfen. Seine Eindrücke von der Schule und dem Lehrpersonal schilderte er in seinen *Gesprächen*. Montaigu entpuppt sich dort als verlauster, baufälliger und unmenschlicher Ort, der nach Latrine stinkt und von Tyrannen bevölkert wird:

ERSTER SPRECHER: Aus welchem Gefängnis oder Stall kommst du denn?

ZWEITER SPRECHER: Aus dem Collège de Montaigu.

ERSTER SPRECHER: Dann bist du sicher voller Weisheit?

ZWEITER SPRECHER: Nein, nur voller Läuse.

Ein Leser mit historischem Einfühlungsvermögen würde sicherlich gerne einmal durch die Räume der modernen Bibliothèque Sainte-Geneviève wandern und sich dabei einen verlausten Erasmus vorstellen, wie er vor fünf Jahrhunderten in seinem verwahrlosten Zimmer neben den Latrinen vor Kälte zitterte.

Eine beiläufige Bemerkung Colladons deutet an, daß es Calvin in Montaigu etwas besser ging. Die Studenten wurden in fünf Kategorien eingeteilt. Da gab es die *boursiers,* denen Unterkünfte zur Verfügung gestellt wurden, die *portionnistes,* die für Kost und Logis bezahlten, die *caméristes,* die sich selbst Zimmer mieteten und die Verpflegung bezahlten, die *martinets,* die in Wohngebäuden für Studenten wohnten und nur den Unterricht bezahlten, und die *pauvres,* die sich ihren Unterhalt mit Hausarbeit verdienten und nur die Vorlesungen besuchten, an denen sie teilnehmen durften. Während Erasmus zu den *pauvres* zählte, gehörte Calvin anscheinend zu den *riches,* oder genauer gesagt, zu den *caméristes,* die außerhalb des Kollegs wohnten.[22] Das Collège de Montaigu befand sich im Quartier Latin, einem Labyrinth sich kreuzender schmutziger, enger Gassen, mit Schulen, Klöstern, Kirchen, Kapellen, Gasthäusern und verschiedenen anderen Einrichtungen, die die Bedürfnisse der Studenten befriedigten (wozu neben Buchläden auch Bordelle gehörten, daher mußten Theologiestudenten jeweils zu zweit ausgehen, um das Risiko geistiger und körperlicher Ansteckung durch die Außenwelt möglichst gering zu halten). Der Stadtplan von Truschet und Hoyau aus dem Jahr 1552 vermittelt zwar einen Eindruck von dem miserablen Zustand des Viertels, aber nicht von der Enge der Gassen. Schätzungen der Studentenzahlen schwanken etwas: Ausgehend von einer Gesamteinwohnerzahl von 300 000 erscheint eine Zahl von 4000 bis 5000 angemessen.[23] Zur damaligen Zeit mußten offenbar alle Studenten, unabhängig von ihrem geistlichen Stand, eine Art Talar tragen.[24] Wegen ihres grauen Talars erhielten die Studenten von Montaigu den Spitznamen *Capettes.*

Da das Quartier Latin fast völlig saniert wurde, kann man sich kaum vorstellen, welch erbärmlicher Anblick sich Calvin Tag für Tag bot. Anhand von Archivmaterial ist es jedoch möglich, die

Hauptmerkmale dieser Gegend teilweise zu rekonstruieren.[25] Der Haupteingang von Montaigu befand sich auf der Ostseite des viereckigen Gebäudekomplexes an der Rue des Sept Voies, an deren Südende der Zugang zur Abtei von Sainte-Geneviève und die kleinere Kirche Saint-Etienne-du-Mont mit ihrem Friedhof lagen. Wandte sich Calvin damals nach links, gelangte er zur berüchtigten Rue des Chiens, die zwischen Montaigu und dem benachbarten Collège de Sainte-Barbe verlief. Auf Stadtplänen aus dem 17. Jahrhundert heißt die Straße Rue Saint-Symphorien, nach der Kirche an ihrem westlichen Ende. Obwohl die Kapelle eine Zeitlang ziemlich heruntergekommen war, wurde dort alljährlich am 22. August das Fest ihres Schutzpatrons gefeiert. Die Straße war kaum mehr als eine Latrine für Menschen und Hunde. Obwohl sie in der Regel Rue des Chiens genannt wurde (wegen der Hunde), war sie landläufig unter dem Namen Rue des Chiers bekannt (wegen des Unrats, den die Hunde hinterließen; dies verstärkt den Eindruck, daß Montaigu die Straße als öffentliche Kloake benutzte). Bei Nacht trieben sich dort Lüstlinge und anderes Gelichter herum. Für Montaigu war das ein spezielles Problem, da das Kolleg zu beiden Seiten der Straße Grundeigentum besaß.

Um 1500[26] erhielt Montaigu schließlich die Erlaubnis, einen schmalen, überdachten Steg über die Straße zu bauen, damit die Angehörigen des Kollegs in den *jardin des pauvres* gelangen konnten, ohne die Rue des Chiens betreten zu müssen. Dieser Laufsteg über die Straße wurde am 26. November 1500 fertiggestellt. Eine zweite Verbesserung wurde ungefähr eine Woche später in die Tat umgesetzt. Am 4. Dezember wurde an der Einmündung zur Rue des Sept Voies eine Schranke errichtet. Diese Schranke war nachts geschlossen, wohl um auf diese Weise Straßenräuber fernzuhalten. Im Jahr 1522 wurde die Straße gepflastert, und das Abwasser von Montaigu floß nicht mehr direkt auf die Straße, sondern wurde durch einen unterirdischen Kanal in eine Senkgrube auf der Seite von Sainte-Barbe geleitet.

Direkt gegenüber der Rue des Chiens lag das Collège de Fortet, wo Calvin laut Colladon kurz vor Cops verhängnisvoller Rektoratsrede im Oktober 1533 logierte. Ein Stück weiter die Rue

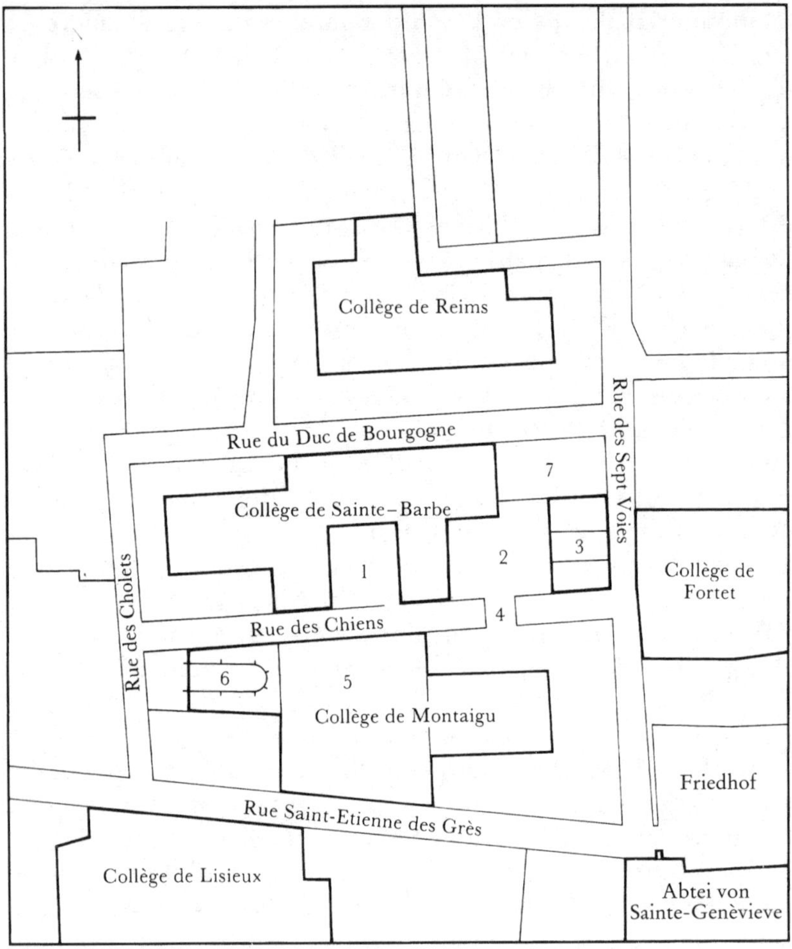

Lageplan des Collège de Montaigu um 1510

1 Garten im Besitz des Collège de Montaigu
2 Garten im Besitz des Collège de Montaigu
3 Häuser im Besitz des Collège de Montaigu
4 Brücke, die das Collège de Montaigu mit dem Garten verbindet
5 Hôtel du Grand Vézelay
6 Kapelle von Saint-Symphorien
7 Garten im Besitz des Collège de Reims

des Sept Voies hinunter befand sich das Collège de Reims. Wandte sich Calvin beim Verlassen des Collège de Montaigu nach rechts, ging er ein Stück die Rue des Sept Voies entlang, kam an einem Friedhof vorbei, und bog dann nach rechts in die Rue Saint-Etienne des Grès ein. Ehe die Straße in die Grande Rue Saint-Jacques mündete, führte sein Weg vorbei am Collège de Lisieux zur Linken und an der Rue des Cholets zur Rechten. Die Rue Saint-Jacques, an deren Stelle heute eine Straße gleichen Namens verläuft, verband den Petit Pont der Ile de la Cité mit der Porte Saint-Jacques im Süden der Stadt. Zu beiden Seiten der Straße standen hohe Giebelhäuser. Die Rückseite des Collège de la Sorbonne beherrschte die eine Straßenseite, obgleich die Vorderseite zur Rue de la Sorbonne lag, die parallel und westlich von der Rue Saint-Jacques verlief. Neben der Sorbonne befand sich das Collège de Calvin, das oft »la petite Sorbonne« genannt wurde (die beiden Schulen hatten einen gemeinsamen Gönner, aber es bestand keine offenkundige Beziehung zu dem Reformator, der dem Kolleg später seinen Namen gab).

Montaigu selbst war ein viereckiger Gebäudekomplex, der im Norden an die Rue des Chiens, im Osten an die Rue des Sept Voies, im Westen an die Rue des Cholets und die Kapelle von Saint-Symphorien und im Süden an die Rue Saint-Etienne des Grès grenzte. Die meisten Kollegien dieser Zeit bestanden aus einer Reihe aneinandergrenzender großer (*hôtels*) und kleiner (*maisons*) Häuser. Montaigu folgte diesem Muster, obwohl sein größtes Gebäude, das Hôtel du Grand Vézelay, im Jahr 1517 nur über die Abtei desselben Namens erreicht werden konnte.[27] Auf der Westseite lag das Hôtel du Petit Vézelay, während sich im oberen Stock auf der Nordseite eine kleine Kapelle und ein Lesesaal befanden. Das *logis des pauvres,* das einst durch Erasmus' Anwesenheit Ansehen erlangte, befand sich in einem Teil des Erdgeschosses des Hauptgebäudes an der Rue Saint-Etienne des Grès. Zu Montaigu gehörten auch zwei Gärten, die an das Collège de Sainte-Barbe grenzten. In dem kleineren der beiden Gärten, der den Theologen vorbehalten war, befand sich eine Senkgrube (die so schlecht funktionierte, daß es deswegen zwischen Sainte-Barbe und Montaigu Reibereien gab), während der größere, der von Lateinschülern und Philosophiestudenten benutzt wurde, an die beiden Häuser grenzte, die zu Montaigu gehörten. Der größere Garten war über den überdachten Laufsteg zu erreichen.

Calvins Studium in Paris

Warum schickte Calvins Vater seinen Sohn auf die Universität? Anhand der Immatrikulationslisten der Universität von Avignon aus dem 15. Jahrhundert stellte Jacques Verger fest, daß damals die große Mehrheit der Studenten aus Adelsfamilien oder dem aufstrebenden Bürgertum kamen.[28] Die Motivation zum Studium war unterschiedlich: Während einige sich zweifellos Kenntnisse in Rechtswissenschaft aneignen wollten, betrachteten viele ein Studium als Mittel, soziale Erwartungen zu erfüllen und sich ein standesgemäßes Fortkommen zu sichern. Die Ausbildung wurde nur selten als Mittel zur Selbstverwirklichung verstanden, außer im engeren, materiellen Sinn einer Verbesserung der Berufsaussichten. Wir besitzen keine umfassenden Immatrikulationslisten der Universität Paris aus dem frühen 16. Jahrhundert. Wo jedoch solche Aufzeichnungen existieren, ist es offensichtlich, daß eine große Mehrheit der Studenten, die im ersten Viertel des Jahrhunderts in Paris immatrikuliert waren, aus der sogenannten *grande bourgeoisie* kam (obwohl Angaben über soziale Unterschiede aus dem 16. Jahrhundert bekanntlich ungenau sind). Auch wenn im Spätmittelalter die Universitäten in Frankreich vor allem als Bildungszentren allgemein im Niedergang begriffen waren,[29] betrachtete Calvins Vater ein Universitätsstudium eindeutig als ausgezeichnetes und sicheres Mittel zum sozialen Aufstieg seines Sohnes, der die bedeutende Entwicklung der Familie in der letzten Generation untermauern sollte.

Nach Aussagen Calvins sollte er auf Wunsch seines Vaters zuerst in Paris Theologie studieren.[30] Der Grund dafür ist einleuchtend: Gérard Cauvin unterhielt gute Beziehungen zum Bischof und zum Domkapitel von Noyon, und damit bot sich seinem Sohn die Möglichkeit eines raschen Aufstiegs. Cauvin selbst hatte seine Familie zu erheblichem Ansehen geführt (sein Vater war in Pont-l'Evêque entweder Fischer oder Küfer gewesen), und vermutlich hoffte er, daß sein Sohn das Ansehen noch mehrte. Außerdem war die persönliche Beziehung zu den einflußreichen Montmors (und daher auch indirekt zur Familie de Hangest) – beides bekannte Familien in Noyon – für Calvins Karriere sicher förderlich. Was hätte geschehen können, wenn Calvin sein Theologiestudium in Paris fortgesetzt und sich nicht den Anhängern des evangelischen Glaubens angeschlossen hätte, läßt sich aus der Tatsache ablesen, daß Jean de Hangest – ein Cousin der Brüder Montmor – 1532 Bischof von Noyon wurde und in der Diözese und darüber hinaus beträchtliche Macht besaß, auch wenn er darin aufgrund eines langwierigen und würdelosen Streits mit dem Domkapitel ein wenig Schaden genommen hatte. Die vorliegenden Tatsachen lassen keineswegs den Schluß zu, daß Calvin tatsächlich das Theologiestudium aufnahm. Es ist so gut wie sicher, daß er nie über das Studium der freien Künste (mit anderen Worten: der Philosophie) hinausgekommen ist.[31] Jedenfalls beorderte ihn sein Vater irgendwann zwischen 1527 und 1528 aus Paris zurück, damit er in Orléans Zivilrecht studierte. Nach Calvins Ansicht waren es rein finanzielle Beweggründe, die seinen Vater veranlaßten, einen Wechsel des Studienfachs und des Studienorts vorzuschlagen: die Rechtswissenschaft war allenthalben einträglicher. (Es sollte noch erwähnt werden, daß in Paris kein Zivilrecht gelehrt wurde: Die rechtswissenschaftliche Fakultät war ganz auf das Studium des kanonischen Rechts – das heißt des Kirchenrechts – ausgerichtet.) Dunkle Hinweise auf zutage getretene finanzielle Unregelmäßigkeiten im Zusammenhang mit Gérard Cauvin in Noyon hätten natürlich eine kirchliche Karriere Calvins zu diesem Zeitpunkt etwas problematisch gestaltet. Was den normalen Lehrplan angehender Theologen in Paris betrifft, gibt es genügend Anhaltspunkte, die darauf schließen lassen, was Calvin während dieser Zeit an der Universität erwartet hätte.

Wie bereits erwähnt, bestand die Universität Paris aus mehreren Kollegien, ähnlich den Colleges, die damals (und heute) zu den Universitäten Oxford und Cambridge gehörten.[32] Zu Beginn des 16. Jahrhunderts wurden mehr als 50 Kollegien unter einen Hut zusammengefaßt.[33] An der Universität Paris gab es vier Fachbereiche: Theologie, Rechtswissenschaft, Medizin und Philosophie. Ein Student mußte erst ein Vorstudium absolvieren, bevor er das Studium an den sogenannten »höheren« Fakultäten aufnehmen konnte. Ein Student, der einem Orden angehörte, mußte aufgrund einer jahrhundertealten Feindschaft zwischen der Universität und den geistlichen Orden in seinem Kloster unterrichtet werden. Die Universität wollte auf keinen Fall von einer Flut von Bettelmönchen überschwemmt werden. Andere Studenten wie Calvin konnten mit dem Studium der freien Künste beginnen, sobald sie lesen und schreiben konnten und Latein beherrschten, die Sprache, in der sie unterrichtet und geprüft wurden. In seiner zweiten Calvin-Biographie (1575) schreibt Beza, Calvins Lateinkenntnisse seien so gut gewesen, daß er schon vorzeitig mit dem Philosophiestudium habe beginnen können.[34]

Zu diesem Zeitpunkt brauchten sich die Studenten noch nicht formell zu immatrikulieren. Sie mußten sich nur in die Liste einer der »Nationen« an der Universität eintragen lassen.[35] In Paris gab es vier solche »Nationen«: Frankreich, die Pikardie, die Normandie und Deutschland. An anderen mittelalterlichen Universitäten herrschte ein ähnliches Prinzip: in Prag wurden Böhmen, Bayern, Sachsen und Polen als »Nationen« anerkannt, und in Wien Österreich, das Rheinland, Ungarn und Sachsen. Die *honoranda natio gallicana* in Paris war so groß, daß sie in fünf Provinzen unterteilt wurde: Bourges, Paris, Reims, Sens und Tours. Jede »Nation« mußte früher einmal für ihre Studenten mitten im Quartier Latin Schulen unterhalten. Doch zu Beginn des 16. Jahrhunderts wurde diese Gepflogenheit mit der Übertragung der Lehrbefugnisse auf die etwa vierzig Kollegien der Universität fallengelassen. Offenbar übte das Collège de Montaigu auf angehende Theologen eine besondere Anziehungskraft aus: Zwischen 1500 und 1524 erhielt über ein Viertel (25,4 Prozent) aller Theologiestudenten, die keinem geistlichen Orden angehörten, seine Ausbildung in den freien Künsten an dieser Schule.[36] Montaigus schärfster Konkurrent war das Collège de

Sainte-Barbe (14,6 Prozent), gefolgt vom Collège de Navarre (9,1 Prozent). Die übrigen Kollegien, an denen in dieser Zeit Studenten auf das Theologiestudium vorbereitet wurden, lockten kaum mehr als sieben Prozent der Studenten an. Außerdem stützte sich Montaigu im Hinblick auf seine Theologiestudenten stark auf die Provinz Reims (zu der auch die Diözese Noyon gehörte): Zwischen 1490 und 1512 kamen 35 Prozent der Studenten aus dieser Provinz. Interessanterweise gehörte damals keiner der sieben Theologiestudenten aus der Diözese Noyon, die in Montaigu ihr Studium absolvierten, einem geistlichen Orden an. Calvins Verbindung zu Montaigu deutet darauf hin, daß er damals die feste Absicht hatte, Theologie zu studieren.

Was hat Calvin in Paris wirklich studiert? Detaillierte Beschreibungen des Philosophiestudiums und der empfohlenen Themen im Paris der ersten Hälfte des 16. Jahrhunderts lassen Rückschlüsse darüber zu, was Calvin damals vermutlich studiert hat. Von besonderer Bedeutung ist Robert Goulets *Compendium*, ein Dokument aus dem Jahr 1517, das Einzelheiten über den Pariser Universitätsalltag wenige Jahre vor Calvins Ankunft verrät.[37] Philosophiestudenten wurden dem Jahrgang entsprechend in drei Gruppen eingeteilt: in Summulisten, Logiker und Physiker.[38] Die beiden ersten Studienjahre waren der Logik gewidmet. In seinem ersten Jahr als Summulist mußte Calvin die *Summulae logicales* des Petrus Hispanus studieren, ein etwas weitschweifiges Werk, das zu seiner Zeit mehr als 170 Auflagen erlebte. In der Regel wurde es in Verbindung mit Kommentaren gelesen. Goulet greift drei besonders geschätzte Kommentare heraus: die von Georg von Brüssel, Jacques Lefèvre d'Etaples und John Mair.[39]

Hatten sich die Studenten erst einmal die Grundkenntnisse der Logik angeeignet, konnten sie sich der aristotelischen *Logik* in ihrer Gesamtheit zuwenden.[40] Wieder erfolgte die Lektüre der vorgeschriebenen Texte in Verbindung mit Kommentaren. Wie schon John Mairs Kommentar zu den *Summulae* sehr geschätzt wurde, so galt sein Kommentar zur aristotelischen *Logik* als der beste.[41] In beiden Kommentaren vertrat Mair einen nominalistischen Standpunkt. In seinem letzten Studienjahr befaßte sich Calvin vermutlich mit Aristoteles' *Physica*, wobei er vielleicht neuere Werke zu Hilfe nahm, die sich mit Naturwissenschaften beschäftigten, wie zum Beispiel Pierre d'Aillys *De sphaera*.

Offensichtlich bewahrte die artistische Fakultät in Paris selbst auf dem Gebiet der Wissenschaft gegenüber Aristoteles eine positive konservative Haltung. Anderswo in Europa stießen Aristoteles' Lehren zunehmend auf Kritik und Skepsis.[42] Pietro Pomponazzi, vielleicht der bekannteste Aristoteliker der späten italienischen Renaissance, verwarf bedenkenlos Aristoteles' Ansichten, wo diese durch die Flut geographischer und naturwissenschaftlicher Entdeckungen, die das Zeitalter in Atem hielten, in Zweifel gezogen wurden. In seinen Vorlesungen in Bologna im Studienjahr 1522/23 stellte Pomponazzi Aristoteles' Ansichten hinsichtlich der Unbewohnbarkeit der südlichen Tropen in Frage:

> Lassen Sie mich Ihnen von den Briefen eines Freundes erzählen. Darin teilt er mir mit, daß der König von Spanien drei Schiffe nach Süden jenseits des 25. Breitengrades geschickt hat. Die Seeleute kamen durch tropische Gebiete, entdeckten viele Inseln und stellten fest, daß sie bewohnt waren. Nachdem sie die Säulen des Herakles [Gibraltar] passiert hatten, segelten sie drei Monate mit günstigem Wind. Demnach ist alles, was Aristoteles hierüber gesagt hat, falsch.[43]

Derlei moderne Ansichten waren noch nicht bis Paris vorgedrungen, wo man an der aristotelischen Philosophie festhielt. Die fortschrittliche und radikale Geisteshaltung, die den Reformator Calvin auszeichnet, hat ihren Ursprung offenbar nicht in Paris.

Zudem scheint Calvin, trotz seiner späteren Abneigung gegen mittelalterliche Scholastik im allgemeinen, viel von der aristotelischen Naturphilosophie bewahrt zu haben, mit der er sich in Paris beschäftigte. In seinem Kommentar zu Senecas *De Clementia* (1532) sowie in der Erstausgabe der *Institutio* (1536) finden sich nur gelegentlich Hinweise auf die aristotelische Meteorologie, während seine Werke aus den fünfziger Jahren des 16. Jahrhunderts oft mit Erörterungen über die aristotelische Kosmologie gespickt sind.[44] Anscheinend kannte und akzeptierte Calvin die

Grundprinzipien der aristotelischen Naturphilosophie, insbesondere seine Physik, Astronomie und Meteorologie. Daß Calvin schon 1532 auf derlei Ansichten verweist, deutet darauf hin, daß er bereits während des Vorstudiums in Paris damit in Berührung kam. (Calvins spätere Bindung an den Humanismus mit seiner typischen Betonung der Rückkehr zum Ursprünglichen verschloß ihm deshalb den Zugang zu den Feinheiten und der Kritik an der aristotelischen Naturphilosophie im späten Mittelalter.)

Wie viele Stunden hat Calvin wohl am Tag studiert? Goulet nimmt diese Frage vorweg: »Es ist sinnlos, bei Dialektikern in Stunden zu rechnen. Der Tag reicht dafür kaum aus! Ständig werden Disputationen veranstaltet, an Sonn- und Feiertagen wird erbittert über Spitzfindigkeiten gestritten, dreimal die Woche finden Repetitionen statt, und sonnabends wird nochmals repetiert und debattiert.«[45] Aufgrund der strengen Disziplin, die den Studenten von ihren Schulen auferlegt wurde, erwartete man, daß sie sich sowohl öffentlich als auch privat an Streitgesprächen über Logik und Philosophie beteiligten: vor, während und nach den Mahlzeiten, jederzeit und überall. In jedem Bericht über das studentische Leben in Paris werden die Anforderungen, die in diesem Stadium der Ausbildung an die jungen Leute gestellt wurden, besonders hervorgehoben. Doch am Ende läßt sich nicht mit Bestimmheit sagen, womit sich Calvin in Montaigu tatsächlich beschäftigte. Wir wissen nicht, bei wem er studierte (abgesehen von Cordier) oder welche Vorlesungen er besuchte. Wir wissen nicht einmal, welche Bücher er las. Wir kennen zwar die Primärtexte, mit denen er sich vermutlich beschäftigt hat, aber sie sind nur der Ausgangspunkt für Deutungen und Ergänzungen durch Kommentatoren. Welchen der drei großen zeitgenössischen Kommentare zu den *Summulae* hat er benutzt, wenn überhaupt? Und welchen Kommentar zu Aristoteles' *Logik* hat er verwendet? Möglicherweise könnten einige vage Bemerkungen über Spanier in frühen Biographien[46] als Anspielungen auf den berühmten Dialektiker Antonio Coronel gedeutet werden, dessen *Rosarium logices* im Jahre 1510 in Paris veröffentlicht wurde und der in den zwanziger Jahren dem Collège de Montaigu angehörte.

Die meiste Aufmerksamkeit konzentrierte sich jedoch auf John Mair (oder Major), der in Sainte-Barbe Philosophie und in Navarre Theologie studiert hatte, bevor er von 1525 bis 1531 in Montaigu lehrte. In einer bedeutenden Untersuchung aus dem Jahr 1963 schrieb Karl Reuter, Calvin habe während seiner Zeit in Paris bei Mair studiert, und dieser berühmte schottische Theologe habe die geistige Entwicklung des jungen Mannes entscheidend beeinflußt.[47] Vor allem, so behauptete Reuter, habe Mair Calvin zu einem »neuen Verständnis antipelagianischer und scotistischer Theologie und einem wiederbelebten Augustinismus« hingeführt, und Calvins Positivismus in bezug auf die Bibel sei ebenfalls Mairs Einfluß zu verdanken. Auch Torrance verwies im Zusammenhang mit ihren Erkenntnistheorien auf gewisse Ähnlichkeiten zwischen Mair und Calvin.[48] Reuters Position stellte eine bedeutende Entwicklung früherer Auffassungen von Mairs Beziehung zu Calvin dar. Wendel erklärte, durch Mair habe Calvin die *Vier Bücher der Sentenzen* des mittelalterlichen Theologen Petrus Lombardus und deren ockhamistische Auslegung näher kennengelernt.[49] W. F. Dankbaar zufolge hat Mair lediglich den Anstoß zu Calvins theologischem Denken gegeben, ohne es entscheidend zu prägen, und ihn möglichwerweise mit den Kirchenvätern vertraut gemacht.[50]

Im Zusammenhang mit Reuters Theorie gibt es einige Probleme. Zum Beispiel steht nicht eindeutig fest, daß Calvin zuerst bei Mair studiert hat. Wir wissen nicht, ob sich die beiden Männer überhaupt am Collège de Montaigu begegnet sind, weil hinsichtlich des genauen Zeitpunkts von Calvins Aufenthalt in Paris Zweifel bestehen. Alexandre Ganoczy kritisiert an Reuters These hauptsächlich zwei Dinge:

1. Obwohl Ganoczy einräumt, daß Calvin vermutlich zwischen 1540 und 1559 Mairs *Kommentar zu den Sentenzen* gelesen hat und daß sich in der Ausgabe der *Institutio* von 1559 Ansichten finden lassen, die denen Mairs ähnlich sind (wenn auch nicht ausschließlich), enthält doch der Text der Erstausgabe der *Institutio* aus dem Jahr 1536 nichts, was den Schluß zuließe, daß Calvin das Werk vor 1536 gelesen hat. Wie Ga-

noczy richtig bemerkt, sollte Mairs Einfluß in der Kontinuität der Quellen in Calvins frühen Werken und weniger in der Ähnlichkeit von Ideen in seinem Spätwerk aufgezeigt werden.

2. In der Erstausgabe der *Institutio* neigt Calvin dazu, scholastische Theologie mit Gratian und Petrus Lombardus gleichzusetzen.[51] Zum Beispiel enthält diese Ausgabe allein fünfunddreißig Hinweise auf Petrus Lombardus, während Theologen des Spätmittelalters überhaupt nicht erwähnt werden, geschweige denn Mair.

Als Antwort auf Ganoczy muß jedoch betont werden, daß Reuters Hypothese aufgrund der vorgelegten Beweise nicht einfach zurückgewiesen werden kann. Reuter zählt sechs Aspekte der Theologie Calvins auf, die durchaus die in den zwanziger Jahren des 16. Jahrhunderts in Montaigu vorherrschenden geistigen Strömungen widerspiegeln könnten.[52] Zuvor hatte Goumaz den Stil veranschaulicht, der Calvin vertraut ist und den er gelegentlich sogar benutzt, nämlich den begrifflich sehr zugespitzten theologischen Jargon des Spätmittelalters.[53] Fest steht, daß Calvin in gewisser Weise und in mancher Hinsicht von Denkweisen beeinflußt wurde, die mit Montaigu in Zusammenhang stehen. Vielleicht hat Reuter die Tatsachen falsch interpretiert, indem er diesen Einfluß speziell John Mair zuschrieb, aber irgendein Einfluß ist vorhanden, wie er auch immer zu erklären ist. Das Fehlen ausdrücklicher Hinweise auf Schriftsteller wie Gregor von Rimini, John Mair und Wilhelm von Ockham in Calvins *Institutio* von 1536 kann nicht als Beweis dafür angesehen werden, daß ihre Ideen – ob Calvin nun direkt oder indirekt mit ihnen in Berührung kam – keinen Eingang in sein Denken gefunden haben.

Ein schwerwiegenderer Einwand gegen Ganoczys Kritik an Reuter betrifft die Form der *Institutio* von 1536, und insbesondere Calvins Polemik. Dies läßt sich anhand der unterschiedlichen Situation Luthers und Calvins veranschaulichen. Luther verfaßte seine Schriften zwanzig Jahre früher in der Anfangsphase der Reformation, und deshalb mußte er die Ideen, die seiner Ansicht nach der Reformbewegung entgegenstanden, direkt attackieren. Für Luther waren dies die in Universitätskreisen vorherrschenden religiösen Lehren der Scholastiker, die er aus erster Hand kannte. So erklärt er 1517 in seiner *Disputation gegen die scholastische Theologie* die Lehre einer scholastischen Schule (der *via moderna*) als unvereinbar mit dem Evangelium. Luthers Reformprogramm (so wie er es verstand) forderte die Auseinandersetzung mit den Vertretern und den Lehren der Scholastik. Sein Reformprogramm ist ursprünglich akademischer Natur und zielt auf die Neugestaltung des theologischen Lehrplans an einer kleinen deutschen Universität. Ab 1520 wird dieses Programm in seiner Form wesentlich verallgemeinert, da es nun die Neugestaltung von Leben und Lehre der zeitgenössischen Kirche und Gesellschaft zum Ziel hat.

Calvin hingegen sah sich einer völlig anderen Situation gegenüber, als er 1536 seine *Institutio* verfaßte und sie im Laufe des nächsten Vierteljahrhunderts immer wieder überarbeitete. Zum einen war die Scholastik für seine Situation vollkommen irrelevant: Calvin ging es nicht um die Neugestaltung eines theologischen Lehrplans – in den großen freien Städten Straßburg und Genf hießen die Hauptgegner Gleichgültigkeit und Ignoranz, was ein breites Vorgehen bei der Vorstellung neuer Ideen und keine Auseinandersetzung mit den Feinheiten der Scholastik verlangte. Calvins Strategie sah vor, die Scholastik völlig außer acht zu lassen, anstatt mit ihr in kritischen Dialog zu treten – in dieser Hinsicht greift Calvin zu einer Taktik, die schon Erasmus und Zwingli mit beträchtlichem Erfolg anwandten. Calvins Entscheidung, sich nicht mit mittelalterlichen Theologen (wie Ockham, Mair und Scotus) auseinanderzusetzen, bedeutet nicht, daß er ihre Ideen nicht kannte oder sie sich nicht zu eigen gemacht hätte. Es war seine polemische Strategie, die 1536 seine Haltung gegenüber mittelalterlichen Autoren bestimmte, nicht seine persönlichen theologischen Verpflichtungen.

Zum anderen hatte sich zwischen 1517 und 1536 das Schlachtfeld verlagert. Bei der lutherischen Reformation in Wittenberg drehte sich die Auseinandersetzung mit dem römischen Katholizismus um die Frage, wie der einzelne in Gemeinschaft mit Gott tritt – die berühmte Lehre der Rechtfertigung durch den Glauben. Diese Frage beschäftigte die lutherische Partei noch einige Zeit. Weiter südlich ging es um eine andere Frage. Zwingli interessierte sich kaum für die Rechtfertigungslehre. Statt dessen konzentrierte er sich auf die Umgestaltung von Kirche und Gesellschaft nach dem Vorbild der Heiligen Schrift. Die Frage nach der Kirchenverfassung verdrängte immer mehr die Frage nach dem individuellen Heil, da das Problem der Identität und des Charakters der wahren Kirche als dringender und wichtiger erachtet wurde als die Frage, wie man in Gemeinschaft zu Gott tritt.

In den dreißiger Jahren des 16. Jahrhunderts – und in zunehmendem Maße auch in den Jahren danach – erlangte die Lehre von der Kirche neue Bedeutung. Calvin erkannte die Wichtigkeit dieses Problems und sprach es in seiner *Institutio* von 1536 direkt an. Um die römisch-katholischen Lehren von der Kirche in Mißkredit zu bringen, greift er unmittelbar die Ursprünge dieser Lehren an, die seiner Ansicht nach bei den mittelalterlichen Schriftstellern Gratian und Petrus Lombardus zu finden sind. Es ist nicht nötig, daß Calvin in dieser Frage mit Theologen des Spätmittelalters in einen kritischen Dialog tritt: Seine Strategie lautet, mittelalterliche Kirchenlehren dadurch in Mißkredit zu bringen, daß man ihre *fons et origo* angreift. Calvins Anspielungen auf Petrus Lombardus' *Sentenzen* beziehen sich ohne Ausnahme auf das vierte Buch, das sich mit der Lehre von der Kirche und den Sakramenten befaßt.

Vor allem in seiner späteren Periode neigte Calvin dazu, sich mit deutlicher Polemik Dingen zuzuwenden, die innerhalb der protestantischen Kirchen für Kontroversen sorgten und nicht Gegenstand der Auseinandersetzung mit der römisch-katholischen Kirche waren. Der Osiandrische Streit ist ein ausgezeichnetes Beispiel für diese Tendenz, obwohl die wachsende Bedrohung durch die radikale Reformation und das zunehmend gespannte Verhältnis zum Luthertum Calvins spätere Schriften entscheidend geprägt haben. Es war wichtiger, daß sich Calvin mit den lebendigen und aktiven protestantischen Gegnern auseinandersetzte statt mit den längst verhallten Stimmen der Scholastik, deren fernes Echo in Straßburg oder Genf keine Resonanz fand.

Aufgrund dieser Überlegungen wird deutlich, daß für Calvin keine Veranlassung bestand, sich in der *Institutio* von 1536 – oder in einer der anderen Ausgaben – mit Autoren des Spätmittelalters auseinanderzusetzen. Das Fehlen ausdrücklicher Hinweise auf Schriftsteller wie Gregor von Rimini, Wilhelm von Ockham oder John Mair spiegelt Calvins apologetische und polemische Strategie wider und steht in keinem unmittelbaren Zusammenhang mit seiner direkten oder indirekten Kenntnis ihrer Ideen. Eine verläßlichere Methode, Montaigus Einfluß auf Calvins geistige Entwicklung zu beurteilen, wäre, die in den zwanziger Jahren des 16. Jahrhunderts in Montaigu vorherrschenden geistigen Strömungen zu bestimmen und zu fragen, in welchem Umfang solche Ideen in seinen Schriften ihren Niederschlag gefunden haben.

Geistige Strömungen in Paris

Die Scholastik gehört wahrscheinlich zu den am meisten verachteten Denkrichtungen der Menschheitsgeschichte. So leitet sich das englische Wort »dunce« (Dummkopf) von dem Namen eines der bekanntesten scholastischen Schriftsteller ab, von Duns Scotus. Die Scholastik ist eine mittelalterliche Denkschule, deren Blütezeit zwischen 1250 und 1500 lag und die großen Wert auf die rationale Rechtfertigung des religiösen Glaubens legte. Es geht um den Beweis der Rationalität der christlichen Theologie mit Hilfe der Philosophie und um die Darlegung ihrer völligen Stimmigkeit anhand der sorgfältigen Untersuchung des Verhältnisses ihrer einzelnen Elemente zueinander. Scholastische Schriften waren meist recht ausführlich und argumentativ, und häufig stützten sie sich auf bis ins kleinste dargestellte Unterschiede. Aber welches philosophische System eignete sich am besten für die rationale Verteidigung des christlichen Glaubens? Um 1270 galt Aristoteles als »der Philosoph« schlechthin. Vor allem in Paris beherrschten seine Ideen das theologische Denken trotz heftigen Widerstands der damaligen konservativeren Kreise. Zu Beginn des 16. Jahrhunderts war in Paris die gründliche Kenntnis der aristotelischen Logik und Metaphysik für das Theologiestudium unbedingt erforderlich. Obwohl sich andere Universitäten nunmehr von dem verderblichen Einfluß des Aristoteles befreiten, hielt Paris an seinen Ideen und Methoden fest.

Scholastiker werden oft so dargestellt, als erörterten sie ernsthaft, wenn auch völlig sinnlos, die Frage, wie viele Engel auf einer Nadelspitze tanzen könnten. Obwohl eine derartige Debatte, so interessant das Ergebnis zweifellos gewesen wäre, in Wirklichkeit nie stattgefunden hat, wird daran deutlich, wie die Humanisten die Scholastik zu Beginn des 16. Jahrhunderts einschätzten: als eine nutzlose, trocken-geistige Betrachtung von Trivialem.[54] Die Universität von Paris galt weltweit als Zentrum dieser vielgeschmähten Bewegung.

Neben seinen Erinnerungen an das Pariser Studentenleben hat uns Erasmus auch seine Eindrücke von den theologischen Debatten überliefert, die die Gemüter der *théologastres* in Montaigu erregten. Hätte Gott statt ein Mensch auch eine Gurke werden können? Oder konnte Gott die Vergangenheit ungeschehen machen, indem er zum Beispiel aus einer Hure eine Jungfrau machte?[55] Wenn solche Fragen auch eine ernste Seite hatten,[56] dann sorgte Erasmus' bissiger Spott dafür, daß diese übersehen wurde. Konnten Kreise zu Quadraten werden? Hatte etwa Jesus mit den Gelehrten im Tempel über derlei Dinge gesprochen? Warum sich damit abgeben?[57]

Es mag hilfreich sein, den Unterschied zwischen Realismus und Nominalismus zu erläutern.[58] Nehmen wir als Beispiel zwei weiße Steine. Dem Realismus zufolge gibt es einen allgemeinen Begriff »Weiß«, den diese beiden Steine verkörpern. Diese einzelnen weißen Steine besitzen das allgemeine Merkmal »Weiß«. Während die weißen Steine zeitlich und räumlich existieren, trifft dies für den Begriff »Weiß« nicht zu. Dem Nominalismus zufolge bedarf es keines allgemeinen Begriffs »Weiß«. Statt dessen wird argumentiert, man solle sich auf Einzelheiten konzentrieren. Da sind diese beiden weißen Steine – und es besteht kein Grund, auf einen »allgemeinen Begriff ›Weiß‹« zurückzugehen.

Im zweiten Drittel des 14. Jahrhunderts wurde die *via antiqua,* mit der sich große Denker wie Thomas von Aquin und Duns Scotus verbanden und die durch ihren Realismus gekennzeichnet ist, zunehmend von dem rivalisierenden Nominalismus der *via moderna,* der Schriftsteller wie Wilhelm von Ockham, Johannes Buridan, Gregor von Rimini und Marsilius von Inghen angehörten, bedrängt. Die Fakultät der freien Künste in Paris fühlte sich durch diese Bewegung bedroht und versuchte sie auszumerzen. Am 29. Dezember 1340 trat ein Statut in Kraft, das die *errores Ockhanicorum* verdammte. Fortan mußte jeder Kandidat, der in Paris den Titel eines Magisters der freien Künste erwerben wollte, schwören, die Statuten der artistischen Fakultät *contra scientiam Okamicam* zu beachten und es zu unterlassen, seinen Schülern derartiges Gedankengut zu vermitteln. Die brillante Karriere Pierre d'Aillys, eines bekannten Vertreters der *via moderna,* ist ein Beweis für die allgemeine Wirkungslosigkeit dieser Maßnahme. Im Jahr 1384 wurde er zum Rektor des Collège de Navarre ernannt. Eine seiner ersten Amtshandlungen bestand darin, sicherzustellen, daß die Theologen des Kollegs genügend Wein hatten. Kurz nach seiner Ernennung zum Rektor wurde er zum Kanzler der Universität gewählt (1389). Die Universität Köln, die 1425 die Lehre der *via moderna* gegenüber Skeptikern verteidigte, erklärte, in Paris werde der Nominalismus jetzt hochgeschätzt.

Im späten 15. Jahrhundert verstärkte sich jedoch in Paris die feindselige Haltung gegenüber der *via moderna.* Am 1. März 1474 erließ der König von Frankreich ein weiteres Dekret gegen die Nominalisten, um den wachsenden Einfluß von *Guilelmus Okam et consimiles* zu stoppen. Hauptsächlich sollten durch dieses Dekret viele Pariser Studenten und Lehrer, die mit dieser Denkschule sympathisierten, veranlaßt werden, unverzüglich an deutsche Universitäten überzuwechseln, wo ihre Ansichten willkommener waren.[59] Da sich das Dekret als nutzlos und engstirnig erwies, wurde es 1481 aufgehoben, womit der Weg für die Wiederbelebung der *via moderna* in Paris frei wurde. Offenbar übernahm das Collège de Montaigu in den ersten Jahrzehnten des 16. Jahrhunderts bei der Wiederbelebung des Nominalismus eine Vorreiterrolle. Calvin besuchte demnach eine Schule, wo der Einfluß der *via moderna* unbestritten war.

Der gründliche Unterricht in nominalistischer Logik und Dialektik, den Calvin in Paris erhielt, scheint bei ihm seine Spuren hinterlassen zu haben, wenn auch die Art und das genaue Ausmaß dieses Einflusses umstritten bleiben.[60] Zum Beispiel beruht Calvins Dialektik zwischen Gottheit und Menschheit – wie sie in der *Institutio* von 1559 großartig als Grundprinzip genutzt wird – vermutlich auf nominalistischen Grundlagen. Offensichtlich beherrschte die zentrale epistemologische Frage des Nominalismus – nämlich das Verhältnis zwischen dem Begriff von einem Objekt und dem Objekt selbst – Calvins spätere Auffassung von Gott. Wie können menschliche Begriffe von Gott mit Gott selbst verbunden sein? Wie kann der Begriff »Gott« mit der von ihm bezeichneten externen Realität in Beziehung gesetzt werden? Calvins reiferen Ansichten liegt die Frage zugrunde, wie sich menschliche Begriffe entwickeln – eine Frage von großer theologischer Bedeutung, wenn der strittige Begriff »Gott« heißt. Dennoch lassen sich viele Aspekte von Calvins Denken, das angeblich aus dem Einfluß seiner nominalistischen Lehrer in Paris resultiert, auch als Folge der Einflüsse erklären, denen er später ausgesetzt war, insbesondere dem Humanismus.

Interessanter ist der mögliche Einfluß einer anderen geistigen Strömung auf die Entwicklung des jungen Calvin.[61] In vielen älteren Schriften zur Reformation ist von einer Konfrontation zwischen »Nominalismus« und »Augustinismus« am Vorabend der Reformation die Rede, und die Reformation wird als Sieg des Augustinismus über den Nominalismus gedeutet. In jüngster Zeit zeigt sich jedoch im Verständnis des Wesens der spätmittelalterlichen Scholastik ein erheblicher Fortschritt. Heute sieht es so aus, als habe es *zwei* verschiedene nominalistische Richtungen gegeben, deren einziges gemeinsames Merkmal der Anti-Realismus war. Diese Meinungsströmungen sind heute unter den Begriffen »moderne Richtung« (*via moderna*) und »moderne augustinische Schule« (*schola Augustiniana moderna*) bekannt. Beide Schulen vertraten in Fragen der Logik und der Erkenntnistheorie einen nominalistischen Standpunkt – aber ihre theologischen Standpunkte zur Heilsfrage waren von Grund auf verschieden. Genaugenommen bezog sich der Begriff »Nominalismus« auf die Frage nach den Allgemeinbegriffen und bezeichnete keinen bestimmten theologischen Standpunkt. Beide Schulen lehnten die Notwendigkeit von Allgemeinbegriffen ab, gingen aber das Problem der Erlösung der Menschheit ganz verschieden an. Die eine Schule zeigte sich hinsichtlich der menschlichen Fähigkeiten äußerst optimistisch, während die andere weitaus pessimistischer war.

Die Rechtfertigungslehre, die im Rahmen der lutherischen Reformation besondere Bedeutung erlangte, beschäftigt sich, wie bereits erwähnt, mit der Frage, wie der Mensch in Beziehung zu Gott tritt. Wie kann ein Sünder von einem gerechten Gott angenommen werden? Was muß der einzelne tun, damit Gott ihn annimmt? Dieselbe Frage war zu Beginn des 5. Jahrhunderts während der Auseinandersetzung zwischen Augustinus und Pelagius (»pelagianische Kontroverse«) intensiv erörtert worden.[62] In vielerlei Hinsicht wiederholte sich diese Debatte im Mittelalter, wobei die *via moderna* zum pelagianischen und die *schola Augustiniana moderna* zum augustinischen Standpunkt tendierte.

Für Augustinus ist die Menschheit in ihrer eigenen Situation gefangen und kann sich nicht selbst befreien. Aus eigenen Kräften können die Menschen unmöglich in Beziehung zu Gott treten. Es gelingt ihnen nicht, sich aus der Verstrickung der Sünde zu befreien. Um ein Bild zu benutzen, das Augustinus in der Realität glücklicherweise nie gekannt hat: Das Ganze erinnert an einen Drogenabhängigen, der versucht, vom Heroin oder Kokain loszukommen. Die Situation kann nicht von innen verändert werden – wenn also eine Veränderung stattfinden soll, dann muß sie von außen kommen. Augustinus zufolge greift Gott in das menschliche Dilemma ein. Er muß es nicht tun, aber aus Liebe zur schuldig gewordenen Menschheit nimmt er in Jesus Christus menschliche Gestalt an, um sie zu erlösen.

Augustinus legt so viel Nachdruck auf die »Gnade«, daß er oftmals als *doctor gratiae* (»Gnadendoktor«) bezeichnet wird. Die »Gnade« ist das unverdiente Geschenk Gottes, durch das Gott die Menschen freiwillig aus der Gewalt der Sünde befreit. Erlösung ist nur als Gottesgeschenk möglich. Sie ist etwas, das wir nicht aus eigener Kraft erreichen können, sondern das für uns getan werden muß. Der Weg zum Heil, so betont Augustinus, ist nicht bei den Menschen zu finden, sondern bei Gott. Gott ist es, der den Heilsprozeß in Gang setzt, nicht die Menschen. Für Pelagius hingegen führt der Weg zum Heil über die Menschen. Einzelne Menschen besitzen die Fähigkeit, sich selbst zu retten. Sie befinden sich nicht in der Gewalt der Sünde, sondern können alles Notwendige tun, um gerettet zu werden. Heil ist etwas, das durch gute Taten erlangt wird, die Gott gegenüber den Menschen verpflichten. Pelagius hält den Gnadengedanken für unwesentlich. Er versteht die Gnade – wie die Zehn Gebote – als Forderung an den Menschen zur Erlangung des Heils. Der Grundgedanke des Pelagianismus könnte lauten: »Erlösung durch eigene Anstrengung«, während Augustinus »Erlösung durch göttliche Gnade« lehrte.

Es ist offensichtlich, daß diese beiden Theologien sehr unterschiedliche Auffassungen von der menschlichen Natur haben. In Augustinus' Augen ist der Mensch schwach, verdorben und hilflos. Für Pelagius hingegen ist er autonom und nicht auf fremde Hilfe angewiesen. Nach Augustinus hängt die Erlösung von Gott ab. Pelagius zufolge zeigt Gott nur auf, was für die Erlösung getan werden muß, und überläßt die Menschen sich selbst. Für Augustinus ist die Erlösung ein unverdientes Geschenk; für Pelagius ist Erlösung eine zu Recht erworbene Belohnung.

Bei der darauffolgenden Kontroverse innerhalb der westlichen Kirche wurde Augustinus' Standpunkt als wirklich christlich anerkannt, während Pelagius' Ansichten als ketzerisch verurteilt wurden. Zwei wichtige Synoden nahmen Augustinus' Ansichten als Richtschnur: das Konzil von Karthago (418) und das 2. Konzil von Orange (529). Die Bezeichnung »pelagianisch« wurde seither sowohl abschätzig als auch erläuternd gebraucht und bedeutete soviel wie »übermäßiges Vertrauen in menschliche Fähigkeiten und unzureichendes Vertrauen auf die Gnade Gottes«. Zur Zeit der Reformation war Luther überzeugt, daß die meisten westlichen Kirchen in den Pelagianismus verfallen waren, sofern sie die »Gnade Gottes« aus den Augen verloren und sich auf die Selbstherrlichkeit des Menschen verlassen hatten.

Die »moderne augustinische Schule« vereinigte einen philosophischen Nominalismus mit einem theologischen Augustinismus. Wie die *via moderna* hatte die augustinische Schule nichts übrig für den Begriffsrealismus eines Thomas von Aquin oder Duns Scotus. Dennoch entwickelte sie eine Heilslehre, die den Einfluß des Augustinus widerspiegelt und die der Lehre der »modernen Richtung« genau entgegengesetzt ist. Betont werden vor allem die absolute Notwendigkeit der Gnade, die Verdorbenheit und Sündhaftigkeit des Menschen, die göttliche Initiative bei der Rechtfertigung und die Auserwählung durch Gott. Erlösung wird von Anfang bis Ende *vollständig* als Werk Gottes verstanden. Wo die *via moderna* erklärte, der Mensch könne seine Rechtfertigung erreichen, indem er »sein Bestes tue«, beharrte die *schola Augustiniana moderna* darauf, daß die Rechtfertigung nur von Gott ausgehen könne. Während die *via moderna* behauptete, alle Heilsmöglichkeiten seien *im* Menschen zu finden, erklärte die moderne augustinische Schule, diese Möglichkeiten befänden sich ausschließlich *außerhalb* der menschlichen Natur. Das sind offensichtlich zwei völlig unterschiedliche Auffassungen von der Rolle, die Mensch und Gott bei der Rechtfertigung spielen.

Die Hauptmerkmale der Erkenntnistheorie und Theologie der *schola Augustiniana moderna* in der Darstellung durch Gregor von Rimini lassen sich wie folgt zusammenfassen (den unvermeidlichen theologischen Jargon bitte ich zu entschuldigen):

1. Ein strenger epistemologischer »Nominalismus«.
2. Ein im Gegensatz zur intellektualistischen Richtung voluntaristisches Verständnis der Grundlagen des menschlichen Verdienstes und des Verdienstes Jesu Christi.
3. Die umfassende Benutzung der augustinischen Schriften, insbesondere seiner anti-pelagianischen Werke, die sich mit der Gnadenlehre befassen.
4. Eine überaus pessimistische Auffassung von der Erbsünde,

wobei der Sündenfall als Wendepunkt in der Heilsgeschichte verstanden wird.

5. Eine starke Betonung der Priorität Gottes bei der Erlösung der Menschheit.
6. Eine radikale Lehre von der absoluten, doppelten Prädestination.
7. Die Ablehnung kirchlich bereitgestellter Gnadenmittel bei Rechtfertigung oder Verdienst (diese wurde von Theologen des frühen Mittelalters als notwendiges Zwischenglied betrachtet).

Alle sieben grundlegenden Merkmale der modernen augustinischen Schule werden wortgetreu in den Schriften Calvins wiedergegeben. Der zweite Punkt sollte an dieser Stelle vielleicht eingehender erörtert werden.

Reuters These, daß Calvin in Paris »eine neue Auffassung anti-pelagianischer und scotistischer Theologie« bekommen und mit einem »wiederbelebten Augustinismus« Bekanntschaft gemacht habe, läßt sich wohl besser mit dem Einfluß einer allgemeinen spätmittelalterlichen theologischen Strömung erklären als mit dem Einfluß eines einzelnen (wie etwa John Mair). Die spätmittelalterliche Tradition als Ganzes (einschließlich der *via moderna* und der *schola Augustiniana moderna*) hatte eine äußerst voluntaristische Einstellung zur Grundlage des Verdiensts.[63] Das heißt, der Wert einer menschlichen Tat beruht nicht auf ihrem Wert an sich, sondern gründet sich einzig und allein auf den Wert, den Gott ihr beimißt. Dieser Grundsatz ist in der Maxime von Duns Scotus (der normalerweise, wenn auch nicht ganz zu Recht, als Urheber des Trends zum Voluntarismus im spätmittelalterlichen Denken gilt) so zusammengefaßt, daß der Wert einer Opfergabe einzig und allein von Gott bestimmt wird und nicht in der ihr innewohnenden Qualität liegt.[64] In seiner *Institutio* vertritt Calvin im Hinblick auf Christi Verdienst denselben Standpunkt. Obwohl sich bereits in früheren Ausgaben Hinweise dafür finden lassen, wird diese Ansicht erst in der Ausgabe von 1559 offen dargelegt, nachdem Calvin mit Lelio Sozzini über dieses Thema korrespondiert hatte.[65]

Im Jahr 1555 antwortete Calvin auf Fragen Sozzinis zu Christi Verdienst und zur Gewißheit des Glaubens, und er scheint diese Antworten in seine *Institutio* von 1559 aufgenommen zu haben, ohne sie wesentlich zu verändern. Im Laufe dieser Korrespondenz wird Calvins stark voluntaristische Betrachtungsweise der *ratio meriti Christi* – der Grundlage des Verdiensts Christi – offensichtlich. Er macht deutlich, daß Christi Verdienst nicht darin liegt, daß er sich selbst opferte (was einem intellektualistischen Verständnis der *ratio meriti Christi* entspräche), sondern in der göttlichen Entscheidung, ein solches Opfer als ausreichendes Verdienst für die Erlösung der Menschheit anzuerkennen (was der voluntaristischen Betrachtungsweise entspricht). Nach Calvins Ansicht »vermochte uns Christus nur aus Gottes Wohlgefallen ein Verdienst zu erwerben« (*nam Christus nonnisi ex Dei beneplacito quidquam mereri potuit*).[66] Die Kontinuität zwischen Calvin und der voluntaristischen Tradition des Spätmittelalters ist offenkundig.

In der Vergangenheit wurde die Ähnlichkeit zwischen Calvin und Scotus dazu benutzt, um auf den direkten Einfluß von Scotus auf Calvin oder auf einen indirekten Einfluß durch Sozzini hinzuweisen. So erklärte Alexander Gordon, Calvin nehme gegenüber der *ratio meriti Christi* eine scotistische Haltung ein, und von der Voraussetzung ausgehend, daß der Scotismus die Grundlage des Sozzinianismus darstelle, verfolgte er die fortlaufende Entwicklung dieser Bewegung von Scotus bis Calvin.[67] In Wirklichkeit aber scheint Calvin an der voluntaristischen Tradition des Spätmittelalters festzuhalten, die von Wilhelm von Ockham und Gregor von Rimini ausging; diesbezüglich stellt Scotus nur einen Übergang dar. Für das Verdienst, als das Christi Opfer erscheint, gibt es keinen Grund, außer daß Gott es wohlwollend als solches annahm. Calvins Festhalten an dieser späteren Tradition ist offenkundig, wie immer es auch zu erklären sein mag.

Die genannten sieben Merkmale der *schola Augustiniana moderna* beinhalten eindeutig die Aspekte von Calvins Denken, die Reuter dem Einfluß John Mairs zuschrieb.[68] Es ist wohl bezeichnend, daß Mair im Vorwort zum ersten Buch seines *Kommentars zu den Sentenzen* offen zugibt, daß er drei Theologen Dank schulde: Scotus, Wilhelm von Ockham und Gregor von Rimini.[69] Daher wäre es, gelinde gesagt, wohl ein erstaunlicher Zufall, wenn Calvin ausgerechnet die Hauptmerkmale eines akademischen Augustinismus, der sich an der von ihm besuchten Universität entwickelte, wiedergeben sollte, ohne mit derartigen theologischen Strömungen überhaupt vertraut zu sein. Er muß auch in theologischen Vorlesungen nicht mit diesen Ansichten in Berührung gekommen sein. Gregors *Kommentar* erlebte in Paris drei Auflagen (1482, 1487 und 1520); die letzte erschien kurz vor Calvins Ankunft.[70] Wenn Calvin so belesen war, wie uns seine Zeitgenossen glauben machen wollen, dann ist es nicht ausgeschlossen, daß dieses Werk – ein Standardwerk der Logik und Theologie von einem der beiden anerkannten Lehrer der *via nominalium* in Paris[71] – seine Aufmerksamkeit erregte. In der Tat wurde darauf hingewiesen, daß Calvin seine theologischen Kenntnisse größtenteils durch Selbststudium während seiner Pariser Zeit erworben habe.[72] Reuter hat seine These natürlich aufgestellt, bevor die *schola Augustiniana moderna* identifiziert und charakterisiert worden war, und seine Theorie ist durch unnötige ergänzende Hypothesen (wie etwa den persönlichen Kontakt zu Mair) erheblich geschwächt worden. Daher verdient die Möglichkeit Beachtung, daß die wichtigsten Themen von Calvins Heilstheologie vielleicht geistige Strömungen widerspiegeln, mit denen er in Paris in Berührung kam. Diese Möglichkeit kann allerdings aufgrund unserer bruchstückhaften Kenntnisse von Calvins Pariser Zeit nicht so gründlich untersucht werden, wie das zu ihrer Bestätigung notwendig wäre. Dennoch ist diese These bestechend und mahnt uns daran, daß Calvin, weit davon entfernt, ganz mit der mittelalterlichen Tradition zu brechen, im Grunde viele theologische und philosophische Standpunkte vertritt, die unstreitig aus dem Mittelalter stammen.

Im Jahr 1523 mußten die Mitglieder der theologischen Fakultät hunderteinmal zusammenkommen, weit über die etwa dreißig Sitzungen hinaus, die normalerweise abgehalten wurden. Der Grund für diese zusätzlichen Sitzungen war ein weitgehend unbekannter Mann – Martin Luther –, dessen Ideen Stadt, Universität und Kirche im Sturm zu erobern drohten. In der Tat begann das Luthertum das städtische und akademische Leben zu beherrschen, und für jeden gebildeten Menschen in der Stadt war es unvermeidlich, mit diesen Ideen in Berührung zu kommen. Wie Zeitgenossen überschwenglich bezeugen, fanden Martin Luthers Werke bereits 1519 bei der Pariser geistigen Elite eine begeisterte und kundige Leserschaft. Darstellungen dieser Ideen aus zweiter Hand, die häufig durch gutgemeintes, aber sensationsgieriges, religiöses Gerede verdreht und übertrieben dargestellt wurden, zogen noch weitere Kreise.

Ein Ereignis nach dem anderen, sowohl in der Stadt als auch an der Universität, deutete auf das allgemeine Interesse an den neuen Ideen hin, die bald als Ketzerei gebrandmarkt werden sollten. Auf der seit Jahren meistbesuchten Versammlung der theologischen Fakultät am 14. Juli 1523 prangerte Pierre Lizet im Namen des Königs die Übel des Luthertums an.[73] Drei Wochen später wurde der Augustinermönch Jean Vallière bei lebendigem Leib verbrannt, weil er Luthers Schriften gelesen und kommentiert hatte. Am 4. Dezember 1526 zogen sieben Männer, als Teufel verkleidet, mit einer Frau auf einem Pferd durch die Straßen von Paris. Sie waren umringt von Männern, die als Doktoren der Theologie verkleidet waren und auf ihrer Kleidung vorne und hinten das Wort »Lutheraner« trugen.[74]

Der Beginn dieses Interesses für das Luthertum geht auf das Jahr 1519 zurück, nach der Leipziger Disputation zwischen Luther und Johannes Eck, wo Luther wichtige Aspekte der katholischen Lehre in Frage stellte. Beide waren übereingekommen, daß ihre unterschiedlichen Standpunkte den Universitäten Erfurt und Paris zur Bewertung vorgetragen werden sollten. Erfurt gab zu verstehen, daß es nicht bereit sei, sich an dem Verfahren zu beteiligen. Aus Paris kam anfangs keine Antwort, was zu der Vermutung Anlaß gab, daß man dort letzten Endes eine Beteiligung ablehnen werde. Paris war ein Zentrum des Gallikanismus – eine Bewegung, die auf der mehr oder weniger völligen Unabhängigkeit der französischen Kirche von der geistlichen Autorität des Papstes bestand. In weiten Kreisen herrschte die Ansicht, das Konkordat von Bologna (1516) unterstütze sowohl den Standpunkt des französischen Königs als auch den des Papstes zum Nachteil der hochgeschätzten *libertés de l'église gallicane* (der Freiheiten der französischen Kirche), während es gleichzeitig die Unabhängigkeit der Universität und des *parlement* von Paris bedrohe. Die Universität lehnte es ab, Abschriften des Konkordats drucken oder verteilen zu lassen. Dies hatte zur Folge, daß 1518 die Frage der päpstlichen Autorität in Universitätskreisen umstritten war. Da die päpstliche Autorität eines der Hauptthemen war, die in Leipzig diskutiert wurden, befand sich die Universität Paris in einer schwierigen Lage. Wenn sie Luther kritisierte, weil er die Autorität des Papstes in Frage stellte, hätte man glauben können, sie setze die jahrhundertealte gallikanische Tradition der Universität aufs Spiel.[75] In zeitgenössischen Berichten ist von einer Reihe schwieriger Fakultätssitzungen im Jahr 1520 die Rede.[76] Die internen Probleme der Universität wurden durch die Veröffentlichung der drei reformatorischen Abhandlungen von 1520, die die Universität eindeutig als unannehmbar erachtete, von Luther unwissentlich selbst beseitigt.

Am 15. April 1521 wurde einer umfassenden Verurteilung von 104 Thesen Luthers zugestimmt, die heute allgemein als Pariser *Determinatio* bekannt ist.[77] Dieses Dokument erklärt, Luther habe sich in das Heer der Ketzer vom Schlage eines Marcion, Arius und Wycliffe eingereiht. Nicht genug, daß er ihre alten Ketzereien habe wiederaufleben lassen, nein, er habe auch noch die Frechheit besessen, neue zu erfinden. Mit Hilfe dieser polemischen Strategie wollte die theologische Fakultät Luther, wo immer es ging, mit älteren Ketzereien in Verbindung bringen, um sein historisches und theologisches Festhalten an bereits zweifelhaften Standpunkten aufzuzeigen.[78] Es ist jedoch sehr bezeichnend (und vollkommen verständlich), daß in der *Determinatio* das Problem des päpstlichen Primats – ein zentrales Thema der Leipziger Disputation – nicht angesprochen wird.

Die *Determinatio* stieß auf breites Interesse. Sie wurde 1524 neunmal in lateinischer Sprache nachgedruckt und auch ins Holländische und Deutsche übersetzt. Aufgrund dieser Verurteilung fanden Luthers Ansichten in Paris zunehmend Beachtung. Während Calvins Aufenthalt in Paris beherrschte die lutherische Frage das Geschehen an der theologischen Fakultät und zwang diese zu ausgedehnten Sitzungen. Deren Verlauf war oft ermüdend und von Haß gezeichnet, und mindestens fünfzehn Fakultätsmitglieder (es waren nie mehr als achtzig) wurden öffentlich der Ketzerei verdächtigt. Trotz allem konnte die Fakultät angesichts der Bedrohung durch Luther zumindest den Anschein der Eintracht wahren, wenn auch Art und Bedeutung dieser Bedrohung kaum verstanden wurden. Luthers Name war in konservativen Kirchenkreisen mit einem derartigen Makel belegt, daß Ähnlichkeiten zwischen seinen Ideen und denen der Humanisten oder des nach Reformen strebenden französischen Klerus letzteren als Ketzerei angekreidet anstatt als Orthodoxie Luthers begriffen wurden.[79] Anfangs neigte Franz I. dazu, den Humanismus gegen seine Kritiker zu verteidigen, aber allmählich sah er die Stabilität seines Reiches durch das Luthertum bedroht. Obwohl diese Haltung erst im Gefolge der *Affaire des placards* (Oktober 1534) in praktischen Maßnahmen zum Ausdruck kommt, reicht ihr Ursprung möglicherweise bis in Calvins Studienzeit in Paris zurück.

Trotz allem scheinen Luthers Ideen in weiten Kreisen der Pariser Universität Gehör gefunden zu haben, ganz gleich, welch feindselige Reaktionen sie innerhalb der theologischen Fakultät hervorriefen. Als Student in Paris mußte der junge Calvin mit dem Luthertum in Berührung kommen, schwerlich konnte er Spekulationen und Gerüchten über den geheimnisvollen Mann aus Sachsen, der dies alles verursacht hatte, aus dem Weg gehen. Öffentliche Bußprozessionen oder Protestkundgebungen, öffentliche Hinrichtungen wegen Ketzerei und antilutherische Polemik innerhalb der Universität von Paris (die sich keineswegs auf die theologische Fakultät beschränkte) lassen die Vermutung zu, daß der junge Pikarde zumindest mit einigen grundlegenden Ideen dieser fremden Ketzerlehre, in welcher Form auch immer, Bekanntschaft gemacht hat. Sicherlich hat er sowohl das allgemeine Interesse als auch die Feindseligkeit innerhalb konservativer Universitätskreise zu spüren bekommen. Doch wieder einmal müssen wir zugeben, daß wir nicht wissen, wann und wie Calvin zum ersten Mal mit lutherischen Ideen konfrontiert wurde.

»Unsicherheit« ist ein Wort, das uns bei der Darstellung von Calvins Pariser Zeit sowohl hinsichtlich der Chronologie als auch der Bedeutung für unser Verständnis seines Werdegangs und der Entwicklung seiner Ideen immer wieder begegnet. Allzuoft ist der Historiker gezwungen, sich in die gefährliche Gewohnheit der Verallgemeinerung zu flüchten in der Hoffnung, Calvin lasse sich in ein Schema einordnen. Glücklicherweise besteht jedoch Grund zu der Annahme, daß seine Zeit an der Pariser Universität für die Entwicklung seiner Ideen nicht von entscheidender Bedeutung war. Wenn man nach Calvins späteren – zugegebenermaßen spärlichen – Erinnerungen gehen darf, war Paris für ihn wohl lediglich der Ort, an dem er Latein gelernt hat. Eine plausiblere Analyse legt nahe, daß Calvins logisches Denken und Urteilsvermögen auf die strenge Ausbildung unter dem Einfluß seiner nominalistischen Lehrer zurückzuführen ist. Sicherlich hat er auch gewisse eindeutig bestimmbare logische und philosophische Gedanken aufgenommen, die in Paris verbreitet waren. Diese Gedanken waren jedoch geprägt von der konventionellen, zeitgenössischen Gelehrsamkeit, und ihnen fehlte die Radikalität des reifen Calvin. Wenden wir nun unsere Aufmerksamkeit den Städten Orléans und Bourges zu, wo Calvin vermutlich eine ganz andere geistige Umgebung antraf. Viele Historiker vermuten, daß Calvin während dieser Zeit auf Personen, Methoden und Ideen gestoßen ist, die ihn formten und schließlich auf die Idee der Reformation brachten.

3

Die Wanderjahre: Orléans und die Begegnung mit dem Humanismus

Irgendwann Ende der zwanziger Jahre, möglicherweise zwischen 1526 und 1528, verließ Calvin als junger *licencié en arts* Paris, um in Orléans bei Pierre de l'Estoile, dem »Fürsten unter den französischen Rechtsgelehrten«, Zivilrecht zu studieren.[1] Es ist nicht ganz klar, warum Calvin sich zum Jurastudium entschloß. Seine frühen Biographen nennen mehrere mögliche Gründe für diesen grundlegenden Sinneswandel: der Einfluß seines Vaters oder des künftigen Reformators Pierre Olivétan, eine zunehmende Ernüchterung über die Theologie oder ein erwachendes Bewußtsein für das Wesen der »wahren Religion«.[2] Wie wenig wir Calvins Beweggründe, nach Orléans zu gehen, auch verstehen mögen, über die neue geistige Umgebung, die ihn dort erwartete, ist immerhin einiges bekannt. In Orléans und danach in Bourges machte er Bekanntschaft mit einem Humanismus, der ihn ganz gefangennahm und den er später für seine eigenen Zwecke nutzte.

Orléans unterschied sich in mancherlei Hinsicht von Paris. Die Universität bestand nicht aus verschiedenen Kollegien, sie war 1512 grundlegend reformiert worden und sie hatte nur eine Fakultät – die der Rechtswissenschaft, wobei das Zivilrecht Vorrang vor dem kanonischen Recht hatte. Erasmus hatte im Jahr 1500 sechs Monate in Orléans studiert und erinnerte sich nur ungern an diese Zeit. Accursius und Bartolus hätten ihm das Leben schwergemacht, erklärte er. Anstatt den klassischen Text des römischen Rechts, die *Institutionen* des Justinian, zu studieren, mußte er sich mit den langweiligen Spitzfindigkeiten späterer

Kommentatoren befassen. Die Kommentatoren des Mittelalters nahmen ihre Arbeit sehr ernst und kritzelten ihre Bemerkungen überall an den Rand und zwischen die Textzeilen. Glossatoren wie Accursius und Bartolus trieben es mit der Kunst der Marginal- und Interlinearglossen so weit, daß die Glossen wichtiger wurden als der Text, auf den sie sich ursprünglich bezogen.

Eine ähnliche Entwicklung vollzog sich im Bereich der Theologie. Es gab immer genügend Bibelkommentatoren, die bereit waren, dem Bibeltext ihre eigenen Interpretationen und Erklärungen hinzuzufügen. Seit dem späten Mittelalter wurde das Glossieren von Bibeltexten zunehmend systematisiert, da die gesammelten Kommentare, Anmerkungen und Abschweifungen von Generationen von Glossatoren eigenes Gewicht bekamen und praktisch unabhängig von dem Bibeltext wurden, auf den sie sich ursprünglich bezogen.[3] Die Glossen überdeckten sich wie Farbschichten. Bibelkommentare gaben oft nur den Inhalt herkömmlicher Glossen wieder. Mit dem Erwachen des Humanismus änderte sich das jedoch.

Das Wesen des Humanismus

Im 20. Jahrhundert versteht man unter dem Begriff »Humanismus« eine Philosophie oder Lebensanschauung, die die Würde des Menschen hervorhebt, ohne auf Gott zu verweisen. Der Begriff »Humanismus« hat einen stark säkularen, wenn nicht sogar atheistischen Beigeschmack erhalten. Von dem »Erwachen des Humanismus« zur Zeit der Reformation zu sprechen, könnte daher auf eine Konfrontation von Religion und Atheismus schließen lassen. Doch diese Konfrontation mit all ihren Auswirkungen hat nie stattgefunden. Die Renaissance war nicht die Aufklärung. Wenn überhaupt, dann entsprechen nur recht wenige Humanisten des 14., 15. oder 16. Jahrhunderts unserem modernen Verständnis von »Humanismus«. Tatsächlich waren sie im allgemeinen erstaunlich religiös, und wenn überhaupt, dann befaßten sie sich mit der *Erneuerung*, nicht aber mit der *Abschaffung* des christlichen Glaubens und der Kirche.[4]

Der Begriff »Humanismus« wurde 1808 von dem deutschen Pädagogen F. J. Niethammer geprägt und bezeichnete ein Bildungsideal, das besonderen Wert auf die griechischen und lateinischen Klassiker legte. Niethammer war beunruhigt wegen der zunehmenden Betonung der Naturwissenschaft und Technologie an den höheren Schulen in Deutschland, und er glaubte, die möglichen entmenschlichenden Folgen dieses Vorrangs nur durch das vertiefte Studium der klassischen Literatur mildern zu können. Interessanterweise wurde der Begriff in der Renaissance selbst nicht benutzt, obwohl das italienische Wort *umanista* häufig auftaucht. Dieses Wort bezeichnet einen Hochschullehrer der *studia humanitatis* – »der Geisteswissenschaften« oder »freien Künste«, wie Dichtkunst, Grammatik und Rhetorik. In allen Studien bekannter humanistischer Autoren über die italienische Renaissance zeigt sich ein gemeinsames, grundlegendes Interesse für Rhetorik. Wenn humanistische Schriften etwas gemeinsam haben, dann ist es das Bedürfnis, die Beredsamkeit in Wort und Schrift zu fördern, wobei Griechisch und Latein als Modell und Hilfsmittel für dieses ehrgeizige ästhetische Programm dienen.

Die wachsende humanistische Bildung, die für die italienische Renaissance so bezeichnend ist, spiegelt dieses neue Interesse an der Wiederentdeckung der kulturellen Werte und Normen der Antike wider. Klassische Kultur und Zivilisation galten als zeitgenössische Inspirationsquelle. Griechische und lateinische Werke wurden im Original gelesen, als *Mittel zum Zweck*, nicht als *Selbstzweck*. Die Humanisten nahmen die Klassiker als Beispiele schriftlichen Stils, um sich inspirieren und anleiten zu lassen. Humanistische Bildung und philologische Kompetenz bildeten das Rüstzeug, um aus den Quellen der Antike zu schöpfen. Wie oft gezeigt wurde, übertrafen die Werke der Humanisten, die sich der Förderung der Beredsamkeit in Wort oder Schrift widmeten, in Qualität und Umfang bei weitem die Schriften, die sich mit humanistischer Bildung oder Philologie beschäftigten.

Die Erkenntnis, daß bei den Humanisten eher Einigkeit darüber bestand, wie man Ideen erwarb, als über die Ideen selbst, hilft uns, die ansonsten beunruhigende und störende Tatsache zu begreifen, daß der »Humanismus« bemerkenswert heterogen war. Zum Beispiel waren viele humanistische Autoren Platoniker, während andere wiederum die aristotelische Philosophie bevorzugten. Das beharrliche Festhalten am Aristotelismus (zum Beispiel an der Universität von Padua) in der Renaissance bereitet denjenigen ernste Schwierigkeiten, die den Humanismus als philosophisch homogen betrachten.[5] Einige italienische Humanisten legten eine scheinbar religionsfeindliche Haltung an den Tag, während andere wiederum äußerst fromm waren. Manche Humanisten waren Republikaner, andere hingegen Anhänger der Monarchie. Neuere Untersuchungen beschäftigen sich auch mit einer weniger angenehmen Seite des Humanismus – der Besessenheit mancher Humanisten von Magie und Aberglaube –, die mit der konventionellen Auffassung von der Bewegung nur schwer in Einklang zu bringen ist. Offenbar fehlte dem »Humanismus« eine einheitliche oder unverwechselbare Philosophie. Nicht eine einzige religiöse, philosophische oder politische Idee beherrschte oder charakterisierte die Bewegung. Einen Autor als »Humanisten« zu bezeichnen, birgt somit die Gefahr in sich, keine grundlegende Information hinsichtlich seiner philosophischen, politischen oder religiösen Ansichten zu vermitteln. Vielmehr weist es erstens auf eine Beschäftigung mit der Klassik hin, um moderne Ideen zu erzeugen, und zweitens auf eine Anerkennung der klassischen Stilregeln zum Ausdruck dieser Ideen.

Kurzum: Der Humanismus befaßte sich mehr damit, *wie Ideen erworben und ausgedrückt wurden,* als mit der Beschaffenheit der Ideen selbst. Ein Humanist konnte ein Platoniker oder ein Aristoteliker sein – aber in beiden Fällen hatten die Ideen ihren Ursprung in der Antike. Ein Humanist konnte ein Atheist oder ein Gläubiger sein – die Antike rechtfertigte beide Haltungen. Die Ideenvielfalt, die für den Renaissance-Humanismus so bezeichnend ist, basiert auf der übereinstimmenden Meinung darüber, *wie diese Ideen erworben und ausgedrückt werden sollen.*

Obwohl der Humanismus seinen Ursprung in Italien hatte, erwies er sich als bemerkenswert mobil. Es wird immer deutlicher, daß der Humanismus in Nordeuropa in jeder Phase seiner Entwicklung entscheidend vom italienischen Humanismus beeinflußt wurde. Auch wenn es in Nordeuropa eigenständige humanistische Bewegungen gab, die unabhängig von ihrem italienischen Gegenstück entstanden, deuten die Tatsachen darauf hin, daß diese Bewegungen in der Folge entscheidend vom italienischen Humanismus beeinflußt wurden. In der Hauptsache gibt es drei Wege der Verbreitung der Methoden und Ideale der italienischen Renaissance in Nordeuropa.[6] Erstens durch gebildete Leute aus Nordeuropa, die es in den Süden nach Italien zog, um vielleicht an einer italienischen Universität zu studieren oder weil sie zu einer diplomatischen Mission gehörten. Bei der Rückkehr in ihre Heimat brachten sie dann den Geist der Renaissance mit. Zweitens durch die umfangreiche Korrespondenz italienischer Humanisten mit dem Ausland, die sich bis in weite Teile Nordeuropas erstreckte. Der Humanismus beschäftigte sich mit der Förderung der Beredsamkeit, und das Briefeschreiben wurde als Möglichkeit betrachtet, die Ideale der Renaissance darzustellen und zu verbreiten. Und drittens durch gedruckte Werke, wie beispielsweise die Aldinen des Aldus Manutius in Venedig. Diese Werke wurden oft von nordeuropäischen Druckereien nachgedruckt, insbesondere von denen in Basel.[7] Italienische Humanisten widmeten ihre Werke oftmals Gönnern aus Nordeuropa, um sicherzustellen, daß sie in den richtigen Kreisen Beachtung und Verbreitung fanden.

Das Grundprinzip des Renaissance-Humanismus läßt sich unter dem Motto *ad fontes*, »zurück zu den Ursprüngen«, zusammenfassen. Durch die Rückkehr zum eigentlichen Ursprung konnte man die geistige Stagnation und Verderbtheit des Mittelalters umgehen und sich direkt der kulturellen Blüte der Antike zuwenden. Anstatt sich mit dem begrifflichen Wirrwarr und der literarischen Schwerfälligkeit mittelalterlicher Bibelkommentare abzumühen, sollte man sich wieder den Bibeltexten selbst widmen und ihre Frische und Lebendigkeit neu entdekken. Die Verwirklichung dieses Ideals rückte immer mehr in Reichweite der Spätrenaisssance, da die humanistische Gelehrsamkeit die dafür erforderlichen Mittel bereitstellte. In dieser Hinsicht ist Erasmus von Rotterdams *Enchiridion* oder »Handbüchlein eines christlichen Streiters«[8] von besonderer Bedeutung. Obwohl das Werk 1503 zum ersten Mal veröffentlicht und 1509 neu aufgelegt wurde, brachte erst die dritte Auflage von 1515 den Durchbruch. Von diesem Moment an wurde das Buch ein Kultbuch und erlebte in den folgenden sechs Jahren dreiundzwanzig Auflagen. Erasmus wandte sich damit an gebildete Laien beiderlei Geschlechts, die er als den wahren Schatz der Kirche betrachtete. Die erstaunliche Popularität des Werks in den Jahren nach 1515 deutet auf eine radikale Veränderung der Erwartungen und des Selbstbewußtseins der gebildeten Laien hin – und es ist kaum zu übersehen, daß, kurz nachdem das *Enchiridion* ein Bestseller geworden war, in Zürich (1519) und Wittenberg (1517) die Reformation in Gang kam. Erasmus' Erfolg unterstrich auch die Bedeutung des Buchdrucks als Mittel zur Verbreitung völlig neuer Ideen – ein Punkt, den Calvin im Auge behielt, als er seinerseits derlei Ideen zu verbreiten gedachte.

In seinem *Enchiridion* entwickelte Erasmus die außerordentlich reizvolle These, daß die Kirche durch eine allgemeine Rückkehr zu den Werken der Väter und der Heiligen Schrift reformiert werden könne und solle. Die regelmäßige Lektüre der Heiligen Schrift wird als Schlüssel zur Erneuerung und Reformierung der Kirche betrachtet. Erasmus verstand sein Werk als Bibelführer für Laien, der eine einfache, aber dennoch wissenschaftliche Darstellung der »Philosophie Christi« lieferte. Dank seiner Bemühungen konnte man das abgestandene Wasser der mittelalterlichen Kommentatoren vergessen, denn nun konnte jeder direkt aus der Quelle das frische Wasser trinken. Das erforderte jedoch Sprachkenntnisse – im Falle der Klassiker Latein und Griechisch, und für das Studium des Alten Testaments zusätzlich noch Hebräisch – und außerdem den Zugang zu den grundlegenden Schriften des christlichen Glaubens im Original.

Als Antwort auf diesen Markterfolg brachten humanistische Pädagogen gewerbsmäßig Grammatiken und Lexika heraus, die oft in einem Band zusammengefaßt waren, um das wachsende Verlangen nach klassischer Bildung zu befriedigen. Calvin gehörte zu den vielen, die von solchen Hilfsmitteln Gebrauch machten, da er in Orléans insgeheim unter Anleitung seines

Freundes Melchior Wolmar Griechisch lernte. Erasmus von Rotterdam hat als Herausgeber Bemerkenswertes geleistet, denn er veröffentlichte eine Reihe patristischer Texte, die die Bewunderung des Jahrhunderts fanden. Obwohl seine Ausgabe der augustinischen Schriften nur schwer mit der großen elfbändigen Amerbach-Ausgabe von 1506 zu vergleichen ist, galt seine Ausgabe der Werke des Hieronymus weithin als geistiges Weltwunder. Am bedeutendsten war jedoch Erasmus' Veröffentlichung des Neuen Testaments in griechischer Sprache im Jahr 1516.[9] Zum ersten Mal hatten Theologen die Möglichkeit, den griechischen Urtext des Neuen Testaments mit der späteren lateinischen Übersetzung der Vulgata zu vergleichen. Ein wichtiges Resultat dieses Vergleichs war ein allgemeiner Vertrauensverlust hinsichtlich der Zuverlässigkeit der Vulgata, der »offiziellen« lateinischen Übersetzung der Bibel.

Wenn ein mittelalterlicher Theologe auf die »Schrift« verweist, meint er fast immer den *textus vulgatus,* den »allgemein verbreiteten Text«. Die Standardausgabe dieses Textes war das Ergebnis eines gemeinsamen Spekulationsgeschäfts einiger Pariser Theologen und Buchhändler im Jahr 1226, die »Pariser Version« der Vulgata. Damals galt Paris in Europa als führendes Zentrum der Theologie, was unausweichlich zur Folge hatte, daß die »Pariser Version« der Vulgata – trotz des Versuchs, ihre offensichtlichen Fehler und Mängel zu korrigieren – als Richtschnur genommen wurde. Diese Version wurde von keiner kirchlichen Persönlichkeit in Auftrag gegeben oder gefördert: Offensichtlich handelte es sich um ein rein kommerzielles Unternehmen. Mittelalterliche Theologen, die sich mit ihrer Theologie auf die Heilige Schrift zu stützen suchten, waren also gezwungen, die »Schrift« mit einer ziemlich schlechten kommerziellen Ausgabe einer bereits schlechten lateinischen Übersetzung der Bibel gleichzusetzen. Die Entwicklung humanistischer Methoden in bezug auf Text und Sprache ließ die erschreckende Diskrepanz zwischen der Vulgata und den übersetzten Texten zutage treten – und damit wurde der Weg frei für eine dogmatische Reformation. Die »Schrift« und der »Text der Vulgata« durften nicht länger als ein und dasselbe angesehen werden.

Erasmus zeigte auf, daß sich die Vulgata in ihrer Übersetzung des griechischen Texts des Neuen Testaments an vielen Stellen, die von großer theologischer Bedeutung waren, als sehr ungenau erwies. Da eine ganze Reihe mittelalterlicher Bräuche und Lehren der Kirche auf diesen Stellen fußten, reagierten viele konservative Katholiken (die diese Bräuche und Glaubenslehren beibehalten wollten) mit Bestürzung auf Erasmus' Ausführungen, während die Reformatoren (die diese Bräuche und Lehren abschaffen wollten) hocherfreut waren. Zwei Beispiele sollen die Relevanz von Erasmus' humanistischer Bibelauslegung für die Reformation verdeutlichen.

In der Vulgata werden die Worte Jesu zu Beginn seines Wirkens (Matthäus 4,17) folgendermaßen übersetzt: »*Tut Buße,* denn das Himmelreich ist nahe.« Diese Worte verweisen eindeutig auf das Sakrament der Buße. Erasmus zufolge sollte der griechische Text so übersetzt werden: »*Bereut,* denn das Himmelreich ist nahe.« Während sich die Vulgata offenbar auf den kirchlichen Ritus der Buße bezog, behauptete Erasmus, es gehe an dieser Stelle um die innere Haltung eines Menschen – um das »bereuen«. Damit wurden Notwendigkeit und Bedeutung bestehender kirchlicher Zeremonien in Frage gestellt.

Ein anderer Bereich der Theologie, den mittelalterliche Theologen über die gemäßigten Ansichten der frühen Kirche hinaus ausgeweitet hatten, bezieht sich auf Maria, die Mutter Jesu. Nach Meinung vieler spätmittelalterlicher Theologen sollte Maria als eine Art Gnadengefäß betrachtet werden, auf das man, wenn nötig, zurückgreifen konnte. Diese Ansicht beruhte teilweise auf der Vulgata-Übersetzung der Worte des Erzengels Gabriel (Lukas 1,28). Laut Vulgata begrüßte Gabriel Maria mit den Worten: »Gegrüßet seist du, die du voll der Gnade bist« (*gratia plena*), was das Bild eines Gefäßes beschwört. Doch nach dem griechischen Urtext bedeutete es, Erasmus zufolge, einfach »Begnadete« oder »die Gnade gefunden hat«. Wieder einmal schien eine bedeutende Entwicklung in der mittelalterlichen Theologie dem humanistischen Verständnis des Neuen Testaments zu widersprechen.

Calvin erwies sich später als Meister der humanistischen Sprach- und Textmethoden bei der Auslegung der Schrift. Unser

Interesse richtet sich jedoch an dieser Stelle auf die besondere Form des Humanismus, die Calvin in Orléans und Bourges antraf. Ein Ergebnis des humanistischen Programms, direkt *ad fontes* zu gehen, war eine spürbare Unzufriedenheit mit Glossen und Kommentaren. Statt als nützliche Studienhilfen wurden sie zunehmend als Hindernisse bei der Beschäftigung mit dem Originaltext empfunden. Sie waren wie Filter zwischen Leser und Text, wie Staub auf einem Mosaik oder wie Farbschichten auf einer Wand: sie verwehrten oder hinderten den Zugang zu einem kostbaren Original. Im Gegensatz zu den viktorianischen Architekten, die das mittelalterliche Oxford zerstörten, indem sie es »restaurierten«, stellten sich die Glossatoren lediglich zwischen den Originaltext und den modernen Leser. Wenn man sie außer acht ließ, konnte man das Original – ob das nun das Neue Testament oder die Gesetzessammlung des Justinian war – direkt und ohne Glossen lesen. Da die neue Gelehrsamkeit in ihren Behauptungen dreister wurde, zogen rechtswissenschaftliche Humanisten immer häufiger die Zuverlässigkeit des Accursius und anderer in Zweifel. Der große spanische Gelehrte Antonio Nebrija veröffentlichte einen detaillierten Bericht über Fehler, die er in Accursius' Glossen entdeckt hatte, während Rabelais verächtlich über »die törichten Ansichten des Accursius« schrieb. Damit war der Grundstein für den Rechtshumanismus in Frankreich gelegt.

Der rechtswissenschaftliche Humanismus in Frankreich

Im 16. Jahrhundert wurde in Frankreich das Studium des Rechts grundlegend korrigiert. Während die Regionen im Süden nie ganz den Bezug zu den subtilen Regelungen des römischen Rechts verloren hatten, waren die nördlichen Provinzen kaum mehr als *pays de coutume,* wo »Recht« praktisch mit ungeschriebenen Bräuchen gleichgesetzt wurde. Die absolutistische Monarchie Frankreichs unter Franz I. mit ihrem wachsenden Trend zur administrativen Zentralisierung betrachtete eine derartige

Rechtsungleichheit als überholt. Um den Prozeß der Rechtsreform zu beschleunigen, der schließlich zur Bildung eines in ganz Frankreich gültigen Rechtssystems führte, wurden diejenigen unterstützt, die sich mit den theoretischen Aspekten gesetzlicher Regelungen auf der Grundlage allgemein gültiger Prinzipien beschäftigten.[10] Guillaume Budé war in dieser Hinsicht einer der Wegbereiter. Er forderte eine direkte Rückkehr zum römischen Recht, um den neuen rechtlichen Bedürfnissen Frankreichs entgegenzukommen, die sowohl rhetorischer als auch ökonomischer Art waren. Im Gegensatz zur italienischen Sitte (*mos italicus*), die klassischen Gesetzestexte im Lichte der Glossen und Kommentare der mittelalterlichen Juristen zu sehen, entwickelten die Franzosen ein Verfahren (*mos gallicus*), das den direkten Zugang zu den klassischen Rechtsquellen im Original ermöglichte.[11] Obwohl die *légistes* in Orléans und Bourges nicht die Möglichkeit hatten, tradiertes römisches Recht in Kraft zu setzen, machte die Art ihrer Beschäftigung mit den theoretischen Problemen der Interpretation eines klassischen Texts und seiner Anwendung auf gegenwärtige Erfordernisse Männer wie Budé zu herausragenden Persönlichkeiten unter den großen Geistern ihrer Zeit.

Calvin kam wahrscheinlich 1528 nach Orléans, obwohl es darüber keine urkundlichen Belege gibt. Im Jahr darauf zog es ihn nach Bourges, wo der berühmte italienische Jurist Andrea Alciati seit kurzem Vorlesungen hielt.[12] Im Zuge der Reformen, die 1527 durchgesetzt wurden, warb Bourges Gelehrte von anderen Einrichtungen ab und entschädigte sie mit einem hohen Gehalt für das fehlende Ansehen der Universität. Alciati wurde durch ein reizvolles finanzielles Angebot aus Avignon weggelockt. Nach einer Weile mußte Calvin jedoch feststellen, daß Alciatis Anziehungskraft schwand; offenbar kehrte Calvin bereits im Oktober 1530 nach Orléans zurück.

Beim Studium des Zivilrechts in Orléans und Bourges kam Calvin mit einem wesentlichen Element des Humanismus unmittelbar in Berührung. Wollte man annehmen, er habe nur Einblick in die theoretischen Gesetzesgrundlagen und die praktische Anwendbarkeit rechtlicher Kodifizierung erhalten, würde man die

Bedeutung dieses Zusammentreffens unterschätzen. Es stimmt sicherlich, daß Calvin, als er später gebeten wurde, bei der Kodifizierung der »Gesetze und Erlasse« von Genf mitzuwirken, in bezug auf Vertragsentwürfe, Vermögensrecht und Gerichtsverfahren von seinen Kenntnissen im klassischen römischen Recht (*Corpus Iuris Civilis*) profitieren konnte.[13] Wie der mit enormem Kostenaufwand nach Bourges gelockte Andrea Alciati war Calvin sowohl Humanist als auch Jurist. Budés literarische Arbeit läßt die Überzeugung erkennen, daß das klassische Erbe im allgemeinen, und nicht nur die Institutionen und Gesetze, für die Gegenwart von Bedeutung waren. Durch die Verbindung von Rechtswissenschaft und literarischer Bildung in der Person Budés machte Calvin Bekanntschaft mit der Welt der humanistischen Wertvorstellungen, Methoden und Quellen. Neben seinen Werken *De asse et partibus eius* (1514), *Commentarii graecae linguae* (1529) und *Annotationes in quatuor et viginti Pandectarum libros* (1508) verfaßte Budé Schriften zum Neuen Testament und die bemerkenswerte Abhandlung *De transitu hellenismi ad Christianismum,* worin er die Entwicklung von der griechischen Weisheit zum christlichen Glauben nachzeichnete. Dieses letztgenannte Werk ist eine umfassende Rechtfertigung der Grundprinzipien des christlichen Humanismus, wobei das Studium der Antike als angemessene Vorbereitung auf das Evangelium Jesu Christi angesehen wird. Calvin vertrat in der berühmten Ausgabe seines *Unterrichts in der christlichen Religion* von 1559 einen ähnlichen Standpunkt. Darin führte Cicero den Leser von der natürlichen Religion der Antike zum Evangelium Jesu Christi.[14]

Der Ursprung von Calvins Wirken als vielleicht bekanntestem Bibelkommentator seiner Zeit liegt in seinem Jurastudium in der fortschrittlichen Atmosphäre von Orléans und Bourges. Alles deutet darauf hin, daß er von Budé lernte, ein kompetenter Philologe zu sein, einen grundlegenden Text direkt anzugehen, ihn im Rahmen der sprachlichen und historischen Gegebenheiten seines Kontexts zu interpretieren und ihn auf die Erfordernisse der Gegenwart zu beziehen. Doch Calvin wandte diese Methoden zunächst nicht auf die Bibel an, sondern auf ein Werk Senecas.

Der Seneca-Kommentar

Anfang des Jahres 1531 schloß Calvin sein Jurastudium an der Universität von Orléans als *licencié ès lois* ab. Nach dem Studium zeigte er wenig Neigung, ein *légiste* zu werden (daß er Jura studieren sollte, war, wie bereits erwähnt, offenbar die Entscheidung seines Vaters). Anscheinend ging sein Bestreben eher in Richtung Beredsamkeit und Literatur, was immer ihm das auch an Ruhm einbringen mochte. Nach seiner Rückkehr nach Paris im Juni 1531 vollendete er ein wichtiges wissenschaftliches Werk, das er noch während seiner Studienzeit in Orléans im Jahr 1530 begonnen hatte. Durch das Jurastudium hatte Calvin die Liebe zur Literatur entdeckt. Vermutlich um sich als Humanist einen Namen zu machen, verwandte er zwei Jahre seines Lebens, einen Kommentar zu Senecas *De Clementia* zu schreiben, den er im April 1532 auf eigene Kosten veröffentlichte. Calvin, der sich im Verlagsgeschäft nicht auskannte, lernte bald dessen Risiken kennen: Mangelndes Interesse an seinem Buch brachte ihn in finanzielle Verlegenheit, so daß er gezwungen war, sich von Freunden wie Nicolas Cop (der Sohn des berühmten Pariser Arztes und Gelehrten Guillaume Cop) und Nicolas Duchemin Geld zu leihen.[15] Calvin wollte sich die Tatsache zunutze machen, daß er in Orléans bekannt war, und versuchte, sein Werk den Professoren zu empfehlen. Außerdem sollte Philip Loré, der Buchhändler, nicht weniger als hundert Exemplare vorrätig haben.[16]

Diese von Calvin ausgewählte Abhandlung hatte schon Erasmus von Rotterdam in seine Seneca-Ausgabe von 1515 aufgenommen. Damals war Erasmus gerade mit der Arbeit am Hieronymus und am Neuen Testament beschäftigt, und es ist nicht auszuschließen, daß er weniger Zeit und Sorgfalt auf Seneca verwandte, als es das Werk verlangte. Da er mit seiner Arbeit unzufrieden war, gab er im Januar 1529 eine verbesserte Ausgabe heraus. Eben diese zweite Ausgabe erregte Calvins Aufmerksamkeit – vielleicht wegen des Vorworts. Darin bot Erasmus jedem, der über mehr Fähigkeiten und Muße verfügte, freundlich an, es besser zu machen. Das war eine offene Aufforderung mit verheerenden Folgen. Es ist vielleicht ein Zeichen seiner Unreife, daß Calvin, auf den Beifall der Gelehrtenwelt schielend, die Herausforderung annahm,[17] während andere klug genug waren, die Finger davon zu lassen.

Der Becher, der ihm gereicht wurde, enthielt Gift. Man könnte sagen, daß Calvins Karriere als Literat mit diesem Werk begann und zugleich endete. Wenn er schon mit dem Seneca-Kommentar kein Glück hatte, dann muß auch gesagt werden, daß sein Ruhm nicht darauf beruhte. Man darf mit gutem Gewissen behaupten, daß Calvin, hätte er für den Rest seiner Karriere in der Art weitergemacht, kaum mehr als eine Fußnote in irgendeiner Beschreibung der humanistischen Literatur wert gewesen wäre, um schließlich ganz in Vergessenheit zu geraten. Das Werk zeugt von soliden Grundkenntnissen in Geschichte, Literatur und Kultur der Antike; fünfundfünfzig lateinische und zweiundzwanzig griechische Autoren werden zitiert.[18] Diese Zahlen sind weniger beeindruckend, wenn man bedenkt, daß die meisten Zitate aus bereits vorhandenen Sammelwerken stammen, wie etwa Aulus Gellius' *Noctes Atticae* oder Budés *Commentarii graecae linguae*. Das läßt auf eine literarische Bildung schließen, die vielleicht mit der eines Mannes vergleichbar ist, der einen Blick in den Zitatenschatz des *Oxford Dictionary of Quotations* geworfen hat.[19] Aber auch wenn Calvins Material eher entlehnt als erworben ist, beweist er im Umgang damit beachtliche Geschicklichkeit und Kreativität.

Bedeutsamer ist vielleicht, daß der Kommentar Calvin als Menschen zeigt, dem es um die edle Kunst der Überzeugung durch Worte geht. In diesem frühen Werk offenbart sich der künftige Rhetoriker, der mit Worten umgehen konnte und durch sie das Wort Gottes vermittelte. Immer wieder zeigt Calvin seine Vorliebe für eine besonders treffende Beschreibung, einen gut formulierten Satz, einen eleganten Ausdruck oder das sorgsam abgewogene *bon mot* (gelegentlich kritisiert er Seneca sogar wegen seines weitschweifigen Stils). Sein leidenschaftliches Eintreten für eine ungezwungene Kommunikation und sein Bestreben, die Kluft zwischen Sprecher und Zuhörer, Autor und Leser, zu überbrücken, wird in dem gesamten Werk offenkundig. Moderne Leser scheuen möglicherweise den Begriff »Rhetorik«

und bevorzugen die schwerfälligere Bezeichnung »kommunikative Theorie und Fähigkeit«. Trotzdem bezeichnen die beiden Begriffe dieselbe Disziplin, die Calvin schon mit Anfang zwanzig beherrschte. Diese Kunst wurde zu einer Waffe, die er mit einigem Erfolg in den vor ihm liegenden Reformationskämpfen einsetzte.

Obwohl einige Kommentatoren behauptet haben, der Seneca-Kommentar sei das winzige Senfkorn, das im Kern schon den mächtigen Baum der Reformation enthalte, trifft dieses Urteil wohl eher auf die von Calvin angewandten Methoden zu als auf deren Resultate. In diesem Werk ging es ihm scheinbar mehr um den Ausdruck als um den Gehalt. Dieses Anliegen bleibt vielleicht das ursprünglichste und kreativste Element in diesem Werk, dessen Inhalt im großen und ganzen fade und nachgeahmt ist. In dem Kommentar gibt Calvin für die Bedeutung von Sätzen und Wörtern eine philologische Erklärung und wendet sich anschließend der Grammatik und Rhetorik zu, um die Beziehung der Wörter untereinander aufzuzeigen. Zur Vervollkommnung der Interpretation wird der parallele Gebrauch von Begriffen oder Wendungen aus anderen Quellen der Antike sowie aus anderen Schriften Senecas aufgezeigt. Zwischen den zahlreichen wissenschaftlichen Erklärungen lateinischer Ausdrücke und Wendungen sind hier und da eindrucksvolle Etymologien griechischer Wörter eingestreut. Insgesamt hat man den Eindruck, daß dieses Werk von einem Mann verfaßt wurde, dem Wörter und Sprache am Herzen liegen, auch wenn die Ideen, die sie vermitteln, in dieser Phase oft in den Hintergrund gedrängt zu werden scheinen. Wenn Calvin wenig Interesse an dem Ergebnis dieses rigorosen Vorgehens bei der Bearbeitung des Textes zeigt, liegt das wohl daran, daß er sich zu diesem Zeitpunkt hauptsächlich mit der Methode anstatt mit dem Inhalt befaßte. Dasselbe beharrliche Interesse für den literarischen und historischen Zusammenhang seines Textes bildet die Grundlage seiner späteren Predigten und seiner Arbeit als Bibelkommentator. In den späteren Fällen scheint Calvin jedoch vom Inhalt seiner Texte geradezu bezaubert und gefangen, ja sogar hingerissen zu sein. Da ist ein deutliches Engagement, ein existentielles Interesse für die Heilige Schrift zu spüren, das der prosaischen Untersuchung des Seneca-Kommentars völlig fehlt.

In der zweiten Maihälfte des Jahres 1532 verließ Calvin Paris und ging nach Orléans. Vermutlich hatte er die Absicht, seine juristischen Studien zu vervollkommnen. Es ist bekannt, daß er von Mai bis Juni 1533 *substitut annuel du procureur* der pikardischen Nation von Orléans war.[20] Obwohl über die genaue Art dieser Tätigkeit nichts bekannt ist (offenbar war sie ehrenamtlich und administrativ), wurde sie ihm anscheinend für das gesamte Studienjahr 1532/33 übertragen. Am Ende dieses Jahres ist Calvin vermutlich in seine Heimatstadt zurückgekehrt; angeblich hat er dort am 23. August 1533 an einer Sitzung des Domkapitels teilgenommen.[21] Zwei Monate später war er wieder in Paris.

Paris im Jahr 1533

In vielerlei Hinsicht war die Situation in Paris damals die gleiche wie zu Beginn von Calvins Studium. Ansichten, die als lutherisch galten oder eine fragwürdige Lehrmeinung vertraten, stand man äußerst feindselig gegenüber.[22] Am 30. April 1530 bezeichnete die theologische Fakultät die Behauptung als skandalös, die »Heilige Schrift könne ohne Kenntnisse in Griechisch, Hebräisch oder anderen ähnlichen Sprachen nicht genau verstanden werden«.[23] Diese Entscheidung wurde allgemein als Versuch angesehen, die Autorität der Dozenten des Collège Royal (Guillaume Budé, Nicolas Cop, Pierre Danès und François Vatable) zu untergraben. Das spätere Collège de France war eine Bastion des Humanismus innerhalb einer Universität, die noch immer an den altbewährten Methoden der Scholastik festhielt. Am 1. Februar 1532 erklärte die Fakultät eine Reihe subversiver Lehren des Etienne Le Court für verdammenswert, darunter die drastische Behauptung, daß »nun, da es nach Gottes Willen die Bibel auf französisch gibt, Frauen die Ämter von Bischöfen übernehmen werden und Bischöfe die Aufgaben von Frauen. Frauen werden das Evangelium predigen, während Bischöfe mit jungen

Mädchen plaudern [broderont].«[24] Diese Ansichten waren nach der Lehrmeinung der Fakultät zu gewagt.

Die Zeit zwischen 1528 und 1535 brachte der theologischen Fakultät viele Probleme. Im Jahr 1532 wurde Jean du Bellay, ein langjähriger, unverblümter Kritiker der Fakultät, zum Bischof von Paris ernannt. Um diese Zeit kühlte sich das Verhältnis zwischen der Fakultät und dem Pariser *parlement* ab. Auch das Verhältnis zwischen dem König und der Fakultät war gespannt. Die Fakultät war hinsichtlich der Scheidung Heinrichs VIII. durch Franz I. überstimmt worden, und mit großer Sorge hatte sie nach dem Tod der Königinmutter den wachsenden Einfluß der evangelisch gesinnten Margarete von Navarra auf Franz zur Kenntnis genommen. Mit Unterstützung Margaretes zog der evangelische Gérard Roussel in der Fastenzeit 1533 mit seinen Predigten große Menschenmassen an. Kurz darauf ahmten andere Prediger seinen Stil und seine Ideen nach. Die theologische Fakultät war über Roussels Einfluß ernsthaft verärgert. Am 29. März 1533 wurden sechs Leute aus ihren Reihen angewiesen, gegen die »Irrtümer und falschen Lehren der Lutheraner« zu predigen.[25] Der Erfolg dieser Maßnahme hielt sich in Grenzen, und die Fakultät sah sich veranlaßt, mit Genehmigung des Vikars von Paris Informationen zu sammeln, mit dem Ziel, Roussel wegen Ketzerei anzuklagen. Roussels Predigten stießen im April desselben Jahres bei einigen Zuhörern auf ungewöhnlich großes Interesse. Der König machte sich jedoch Sorgen wegen der möglichen Auswirkungen eines solchen Ketzerprozesses auf Roussels Gönnerin Margarete von Navarra (die zu der Zeit gerade schwanger war): Am 13. Mai 1533 verbannte der König Noël Bédier (den Syndikus der Fakultät) und einige von Roussels Kritikern aus Paris. (Der Posten des Syndikus wurde am 5. Mai 1520 geschaffen aus Unzufriedenheit über die Arbeit der Inhaber der bestehenden höheren Fakultätsämter des Dekans und Vizedekans. Bédier wurde gebeten, Syndikus zu werden und die Fakultät zu leiten. Er bekleidete dieses Amt praktisch ohne Unterbrechung bis zum Jahr 1533.)

Diese Maßnahme wurde weithin als entscheidender Schlag gegen die theologische Fakultät betrachtet. Die Fakultät ernannte jedoch sofort einen neuen Syndikus und schien sich im Oktober am König rächen zu wollen, da sie es zuließ, daß Margaretes Gedicht *Miroir de l'âme pécheresse* zensiert wurde (der Drucker, so wurde argumentiert, habe es versäumt, der Fakultät das Werk zur Genehmigung vorzulegen, wie es vom *parlement* festgelegt worden sei).[26] Dieser Eindruck wurde verstärkt, weil am 1. Oktober am Collège de Navarre (ein bekannter Stützpunkt der theologischen Fakultät) eine Schulaufführung stattfand, in der Margarete von Navarra als Hausfrau dargestellt wurde, die beim Lesen der Bibel verrückt wird. Calvin schilderte diese Ereignisse mit einigem Vergnügen in einem Brief an seinen »Bruder und guten Freund, Monsieur [François] Daniel, Anwalt in Orléans«.[27] Eine versteckte, konspirative und dankbare Anspielung auf »M. G.« läßt vermuten, daß Calvin den evangelischen Ansichten von »Monsieur Gérard [Roussel]« wohlwollend gegenüberstand.[28] Das deutet darauf hin, daß Calvin zumindest bis zu einem gewissen Grad mit dem gemäßigten Reformprogramm übereinstimmte, für das Roussel steht.

Ende Oktober 1533 waren die Anzeichen für ein Klima der Reformen in Paris widersprüchlich. Die theologische Fakultät behielt ihre feindselige Haltung gegenüber Luthertum und Humanismus bei. Ihr Einfluß schien sich jedoch vorübergehend verringert zu haben. Der König hingegen, der jetzt den pro-evangelischen Ansichten Margarete von Navarras immer mehr Beachtung schenkte, stand den gemäßigten Reformgedanken Lefèvre d'Etaples' und seiner Anhänger, wie Roussel, offenbar wohlwollend gegenüber. Zwar waren diese Männer eindeutig um den geistigen Zustand der katholischen Kirche besorgt, gleichwohl fühlten sie sich dazu berufen, sie von innen zu erneuern. Sie sind keine »Reformatoren« in dem Sinn, in dem das Wort später verstanden wird.[29] Sympathisanten der Reformbewegung ließen sich von derart positiven Signalen wohl leicht verführen und übersahen bedrohlichere Anzeichen für eine härtere Haltung gegenüber den *évangéliques.* Nicolas Cop, der im Herbst 1533 zum neuen Rektor der Universität von Paris gewählt wurde,[30] wollte seine Antrittsrede zum Anlaß nehmen, um auf die notwendige Reform und Erneuerung der Kirche hinzuweisen. Das sollte sich als verhängnisvoller Fehler erweisen.

Am 1. November 1533 hielt Cop die übliche Rede zu Beginn des neuen Studienjahres. Seit der Veröffentlichung der maßgeblichen *Histoire ecclésiastique des églises réformées au royaume de France* im Jahr 1580, die unter Anleitung Theodor Bezas in Genf zusammengestellt wurde, gehörte im Hinblick auf Calvins Pariser Zeit die Behauptung zur festen Tradition, diese Rede sei in der »Kirche der Mathuriner« gehalten worden.[31] Obwohl die Rede in der Tat traditionsgemäß in der Kapelle der Trinitarier von Saint-Mathurin, dem gewohnten Versammlungsort der theologischen Fakultät, gehalten wurde, traf man sich 1533 in der Kapelle der Franziskaner-Observanten, die wegen der geknoteten Kordel, die sie um die Taille trugen, »Cordeliers« genannt wurden. (Das wird in einem Brief Roderigo Manriques an Luis Vivés vom 9. Dezember 1533 deutlich;[32] er gibt auch eine Erklärung für einen ansonsten rätselhaften Umstand – warum ausgerechnet die Cordeliers die ersten waren, die Cops Rede verurteilten.)

Die Rede erregte großes Aufsehen.[33] Obwohl sie in ihren Vorschlägen eher gemäßigt war (sie enthielt Ansichten Lefèvre d'Etaples', die denen Gérard Roussels ähnlich waren) und in ihrer Theologie auf Erasmus und Luther zurückgriff (aber auch an traditionellem katholischem Brauchtum festhielt, wie etwa der Anrufung der Jungfrau Maria), wurde die Rede von den Zuhörern als anstößig und unmäßig empfunden. Die Heftigkeit dieser Reaktion ist historisch bedingt. Es fällt dennoch schwer, sie zu verstehen, da die Rede keinen Anhaltspunkt dafür bietet, daß sie jemand geschrieben hätte, der den Grundsätzen der Reformation verpflichtet wäre, so wie sie damals verstanden wurden. Einen Monat nach dem Vorfall schilderte Manrique die Empörung, die die Rede in allen Pariser Gesellschaftsschichten hervorrief.[34] Margarete von Navarra versuchte vergeblich, zu Cops Gunsten zu vermitteln.[35] Am 19. November übernahm sein unmittelbarer Vorgänger, der portugiesische Akademiker Andreas de Gouveia, wieder den Posten des Rektors. Am darauffolgenden Tag sollte der ehemalige Rektor vor dem *parlement* erscheinen. Obwohl sich Cop zu diesem Zeitpunkt noch in Paris aufhielt, kam er der Aufforderung nicht nach.[36] Am 13. Dezember schrieb Franz I. aus Lyon einen verärgerten Brief und ordnete die Festnahme des unfähigen *parlementaire* an, der Cop hatte entkommen lassen.[37] Zwei Exemplare der Antrittsrede existieren noch: Von dem ersten, das Calvin selbst geschrieben hat, fehlen offenbar mehrere Seiten; das zweite, das ebenfalls aus dem 16. Jahrhundert stammt, umfaßt zwar den vollständigen Text der Rede, weist aber zahlreiche grammatikalische Ungenauigkeiten auf, die darauf schließen lassen, daß es sich um eine schlechte Abschrift eines unbekannten Originals handelt.[38] Ein Vergleich dieser Handschrift mit der eines Briefes von Cop an Martin Bucer vom 5. April 1534 ergibt, daß Cop den gesamten Text selbst geschrieben hat. Es ist allerdings höchst unwahrscheinlich, daß dies das Original der Rede ist. Erstens wurde der Text auf Papier geschrieben, das offenbar vom Oberrhein, möglicherweise aus Basel selbst, stammt (was darauf schließen läßt, daß Cop den Text während seines Exils in Basel im Jahr 1534 geschrieben hat). Der Straßburger Archivar Jean Rott entdeckte einen Brief, den der deutsche Humanist Myconius am 9. November 1539 aus Basel an seine Kollegen in Straßburg geschrieben hat. Das Papier trägt dasselbe charakteristische Wasserzeichen wie das der Blätter 3 und 4 des Straßburger Dokuments. Zweitens ergibt eine Untersuchung der Textabweichungen zwischen den beiden erhalten gebliebenen Textversionen, daß beide Abschriften eines verlorengegangenen Originals sind, wobei das Genfer Dokument das bessere Exemplar von beiden ist.

Auch Calvin verließ in den letzten beiden Novemberwochen 1533 Paris und begab sich an einen unbekannten Ort.[39] Anfang Dezember kehrte er zurück.[40] Aber warum mußte Calvin nach der Affaire Cop aus Paris fliehen? Aus keiner zeitgenössischen Quelle wird ersichtlich, daß er der Verfasser von Cops aufrührerischer Rede war oder daß er in irgendeiner Weise etwas damit zu tun hatte. (Der erste Hinweis, daß Calvin die Rede geschrieben habe, ist, typischerweise ohne Begründung, in Bezas überarbeiteter Calvin-Biographie von 1575 zu finden.) In einem Punkt kann die Frage ohne Schwierigkeit beantwortet werden: Nach der Affaire Cop gingen die Behörden gegen mindestens fünfzig Leute vor, die angeblich Anhänger »lutherischer« Ideen waren. Wäre Calvin in Paris geblieben, hätte er zweifellos dazugehört. Trotzdem bleibt noch die interessantere Möglichkeit: daß Calvin tatsächlich Cops Rede *geschrieben* hat. Die Beweise für diese Möglichkeit sind zwar beträchtlich, aber keineswegs eindeutig. Wenn die Rede von Calvin stammt, muß er seinen späteren Stil erst noch entwickeln. Wenn man die Rede Calvin zuschreiben wollte, würde man ihm weder literarisch noch theologisch Ehre machen. Die Rede läßt gewisse theologische Ansichten erkennen, die für den späteren Reformator ganz und gar nicht bezeichnend sind. Es ist jedoch nicht unbedingt auszuschließen, daß er zu diesem frühen Zeitpunkt, wo er sich offenbar an der gemäßigten Reformvorstellung des Lefèvre d'Etaples ausrichtete, derlei Ansichten vertrat. Trotzdem bleibt die Frage, warum Calvin die Rede selbst hätte abschreiben sollen. Was verband er damit, daß sich ein solcher Aufwand lohnte? Die Existenz des Dokuments läßt den Schluß zu, daß die Rede, zumindest nach Calvins Ansicht, in entscheidender Weise mit seiner eigenen religiösen Entwicklung verknüpft war, ja sie vielleicht sogar widerspiegelte.

Die zentrale Frage in bezug auf Calvins religiöse Entwicklung betrifft allerdings den Übergang vom Humanisten zum Reformator. Wann distanzierte er sich vom gemäßigten Reformprogramm Lefèvre d'Etaples' und nahm die radikalere Haltung ein, die jetzt mit seinem Namen verknüpft ist? Welche Überlegungen veranlaßten ihn zu dieser Entscheidung? Wer sich mit solchen Fragen beschäftigt, muß sein Augenmerk auf Calvins »plötzliche Bekehrung« richten – seine offenbar verhängnisvolle (das heißt abrupte und weitreichende) Entscheidung, sich unwiderruflich der Reformation zu verschreiben.

4

Vom Humanisten zum Reformator: Die Bekehrung

Ein zentrales Thema der christlichen Spiritualität ist die Vorstellung, daß große Sünder durch einen einzigen, oft dramatischen Moment der Bekehrung von ihrer Verstocktheit befreit werden können. Paulus und Augustinus, die beiden Wegbereiter des westlichen Christentums, hatten beide solche Bekehrungserlebnisse, die späteren Generationen als Beispiel dienten.[1] »Bekehrung« ist jedoch nicht nur auf einen plötzlichen Sinneswandel zurückzuführen. Vielmehr meint dies, daß hinter dieser Kehrtwendung diskret und doch entscheidend die Hand Gottes waltet. Bekehrung ist direkt auf Gott bezogen und wird durch ihn vollendet. Das Erlebnis des Paulus auf dem Weg nach Damaskus (Apostelgeschichte 9, 1-19) zeigt, wie Gottes Einfluß auf scheinbar nicht sehr vielversprechende und verstockte Menschen zuerst von Paulus, und nachfolgend auch von den frühen Christen, leibhaftig erfahren wurde. Paulus – oder Saulus von Tarsus, wie wir ihn zu diesem Zeitpunkt noch nennen müssen – sah sich selbst hoffnungslos verstockt und stand dem Christentum unversöhnlich gegenüber. Seine darauffolgende Bekehrung war derart bedeutungsvoll und umfassend, daß er sie nur göttlichem Einfluß zuschreiben konnte.

Als die Reformation an Boden gewann, nahm die Tendenz zu, die mittelalterliche katholische Kirche mit den schlimmsten Auswüchsen des Judentums nach der Babylonischen Gefangenschaft zu vergleichen. Lehrte sie nicht Rechtfertigung durch gute Werke, laut Paulus der größte theologische Irrtum des Judentums?[2] Eine gewisse Parallele wurde festgestellt zwischen dem mittelalterlichen Katholizismus und dem Judentum auf der einen und dem evangelischen Glauben und dem neutestamentlichen Christentum auf der anderen Seite. So wie Paulus den entscheidenden Übergang vom Judentum zum christlichen Glauben symbolisierte, so könnte seine Bekehrung im 16. Jahrhundert mit der eines Mannes verglichen werden, der mit seiner katholischen Vergangenheit brach, um sich bewußt und entschieden der Reformation zuzuwenden. In den zwanziger und dreißiger Jahren des 16. Jahrhunderts wurde noch niemand als Evangelischer geboren. Um ein solcher zu werden, bedurfte es der bewußten Entscheidung, mit der Vergangenheit zu brechen. Dies entsprach der Erfahrung der Juden, die in der Anfangsphase des Christentums zum christlichen Glauben übertraten. Ebenso wurde das entscheidende Bekehrungserlebnis des Augustinus von den Fürsprechern der Reformation aufgegriffen. Gab es nicht Parallelen zwischen Augustinus' allmählicher Ernüchterung über den (in ihren Augen) heidnischen Aberglauben, die in einem entscheidenden Kurswechsel und einer bereitwilligen Annahme des Evangeliums gipfelte, und ihrer eigenen geistigen Wallfahrt vom religiösen Aberglauben der mittelalterlichen Kirche zur wiederentdeckten Frömmigkeit des Evangeliums?

Der Begriff »Bekehrung« ließ deshalb versteckte Hinweise auf zentrale Begebenheiten und normative Verhaltensweisen innerhalb der Geschichte des Christentums anklingen. Calvin, der den Personenkult ablehnte, gibt kaum Hinweise auf seine eigene religiöse Entwicklung. In seinen Schriften gibt es nur eine Stelle, die als authentische Darstellung seiner Entscheidung, mit der Vergangenheit zu brechen, angesehen werden kann: das Vorwort zum *Psalmenkommentar* von 1557.[3] Indem er diesen Bruch mit der mittelalterlichen Kirche als »plötzliche Bekehrung« (*subita conversio*) beschrieb, knüpfte Calvin zweifellos an diese starken Sinnbezüge an. »Bekehrung« bezeichnete nicht nur eine innere religiöse Erfahrung; der Begriff umfaßte auch eine äußere, wahrnehmbare und grundlegende Änderung der institutionellen Zugehörigkeit. Bei der Schilderung seiner Berufung zum Reformator erklärt er, er sei »dem päpstlichen Aberglauben so hartnäckig ergeben« gewesen, daß nur Gott ihn habe aus seiner Situation befreien können.[4] Er steckte »tief im Sumpf«, unfähig, sich zur Freiheit durchzukämpfen, und möglicherweise sogar bereit, sich im behaglichen und vertrauten Schlamm des Katholizismus zu suhlen. In prägnanten Bildern beschreibt Calvin seine Situation als die eines Menschen, der in die Enge getrieben ist, unfähig und vielleicht sogar unwillig, sich zu befreien. Hilfe von außen war nötig, wenn er aus dem Sumpf der spätmittelalterlichen Religion herausgezogen werden sollte. Er vergleicht Gottes Handeln an ihm mit einem Reiter, der sein Pferd mit den Zügeln lenkt. »Endlich hat Gott – durch den verborgenen Zügel [*frenum*] seiner Vorsehung – meinem Lebenslauf eine andere Richtung gegeben ... Durch eine plötzliche Bekehrung [*subita conversione*] hat er meinen Sinn, der für sein Alter schon allzu sehr verhärtet war, zur Fügsamkeit gezwungen.«[5]

Calvins Sprache erklärt hier sowohl seine Theologie als auch sein Verständnis seiner persönlichen religiösen Erfahrungen. In dem ganzen Bericht wird Gott als der aktive Teil dargestellt. Calvin verhält sich passiv. Gott handelt, und mit Calvin geschieht etwas. Eine ähnliche Haltung nahm der Zürcher Reformator Huldrych Zwingli in einem Gedicht aus dem Jahr 1519 ein, in dem er über seine Erfahrung der Todesnähe im Gefolge der Pest nachdachte, die damals die Stadt heimsuchte. Leben und Tod lagen in Gottes Hand. Zwingli schildert seine Erfahrung totaler Hilflosigkeit. Er war nicht mehr Herr seiner selbst, sondern ein Spielzeug Gottes, ein Klumpen formbarer Lehm, ein zerbrechliches Gefäß.[6] Daher spielte die Vorstellung von göttlicher Vorsehung und Allmacht eine zentrale Rolle in Zwinglis Denken und erhielt existentielle Bedeutung. Seine beinahe tödlich verlaufene Krankheit verlieh der Idee von Gottes Vorsehung Lebendigkeit und Relevanz. Vorsehung war nicht mehr nur ein abstrakter Begriff, sondern eine Kraft, auf die man zählen konnte, etwas, das Zwinglis bloßes Überleben betraf.

Calvins knappe Schilderung seiner Bekehrung ist aufschlußreich und rätselhaft zugleich. Sie macht deutlich, daß er sich als von Gott auserwählt betrachtete. Er fühlte sich dazu berufen, Gott auf ganz bestimmte, wenn auch bisher nicht benennbare Art und Weise zu dienen.[7] Es muß jedoch betont werden, daß dieses Bewußtsein göttlicher Berufung keineswegs als Arroganz Calvins verstanden werden darf: Sein Verständnis der Bedingungen, unter denen Menschen in Beziehung zu Gott treten, schließt ein derartiges Verhalten aus. Die wesentlichen Einsichten von Luthers Rechtfertigungslehre durch den Glauben werden vom jungen Calvin wiedergegeben: Gott wendet sich den Sündern, den Ausgestoßenen und den Entmutigten zu, jenen, die in den Augen der Welt dumm und schwach sind. Nach menschlichem Ermessen ist die Berufung durch Gott schon fast ein Zeichen völligen Versagens. Wichtige Parallelen zwischen Calvins Schilderung seiner eigenen Bekehrung und seinen Ausführungen zur Bekehrung des Paulus[8] lassen den Schluß zu, daß er zwischen den beiden Ereignissen einen historischen und religiösen Zusammenhang sah.

Dennoch bleiben Fragen offen. In der Tat gibt Calvins Schilderung seiner eigenen Bekehrung ebenso viele Rätsel auf, wie sie andererseits löst. Welcher historischen und menschlichen Unterstützung bedurfte die »göttliche Vorsehung«? In welchem Zusammenhang stehen Calvins Auffassung von Berufung und seine Bekehrung? Wurde sich Calvin vor, während oder nach seiner Bekehrung der Berufung bewußt, Gott als Prediger des Evangeliums zu dienen? Die stark verkürzte Darstellung in der Vorrede des *Psalmenkommentars* von 1557 deutet darauf hin, daß Berufung und Bekehrung gleichzeitig stattfanden – aber ist es nicht möglich, daß Calvin im Alter Entwicklungen, die sich über einen gewissen Zeitraum erstreckten, zu einem Erlebnis komprimiert hat? Martin Luther, der sich im Alter an den großen Moment seiner religiösen Einsicht vor dreißig Jahren erinnerte, hat die Geschichte anscheinend wesentlich komprimiert. Einsichten, die sich über Jahre entwickelten, werden so dargestellt, als habe er sie in einem Augenblick der Erleuchtung gewonnen.[9] Besteht nicht die Möglichkeit, daß es bei Calvin ebenso war und daß seine Erinnerung durch die Theorie oder die Vorbilder Augustinus und Paulus beeinflußt wurde?

Ganoczy hat mit einigem Recht behauptet, daß Calvins Hinweise auf eine »plötzliche Bekehrung« nicht als historische Schilderung seines frühen Werdegangs zu verstehen seien, sondern als theologischer Kommentar dazu.[10] Es gibt gute Gründe zu der Annahme, daß Calvin in seinem eigenen Leben ein Beispiel für das allgemeine Phänomen des kurzen, aber entscheidenden göttlichen Eingreifens in den Lauf des menschlichen Lebens geben wollte. Es gibt keine indirekten, geschweige denn direkte, chronologische Hinweise. In dem Wort *subita* schwingt etwas von dem Unerwarteten, Unvorhersehbaren und Unverfügbaren mit – dem älteren Calvin zufolge alles wesentliche Aspekte des göttlichen Handelns. Wenn er von seiner Bekehrung spricht, will er uns nicht historisch unterrichten, sondern seine Übereinstimmung mit den berühmten »zweimal geborenen« Persönlichkeiten des Christentums nahelegen – mit den Männern und Frauen, die Gott auf den rechten Weg führte, damit sie ihm große Dienste leisteten.

Trotzdem ist es unumgänglich, die Geschichte als Zeugen anzurufen und zu versuchen, das Rätsel um Calvins »plötzliche Bekehrung« zu lösen, wie gering der Erfolg auch sein mag. Trotz seiner offenkundigen Abneigung, dieses Erlebnis auf der Karte der Menschheitsgeschichte einzuzeichnen (er zieht es eindeutig vor, das Thema *sub specie aeternitatis* zu behandeln), ist eine Nachprüfung legitim, ob es in irgendeinem Abschnitt seines Lebens eine Veränderung gegeben hat, wie es diese verlockende autobiographische Betrachtung vermuten läßt.

Wie wir gesehen haben, mußte Calvin, der offenbar immer noch den gemäßigten Reformen des Lefèvre d'Etaples zuneigte, nach der Affaire Cop im November 1533 aus Paris fliehen. Es ist nicht klar, wo er Zuflucht suchte. Irgendwann im Dezember kehrte er dann nach Paris zurück. Da sich die Situation in Paris jedoch offensichtlich verschlechtert hatte, hielt es Calvin für geraten, unterzutauchen. Zu Beginn des Jahres 1534 hatte er sich in der Provinz Saintonge niedergelassen, der Heimat von Louis du Tillet, dem damaligen Chorherrn von Angoulême und Pfarrer von Claix. Du Tillet empfing seinen Freund eher zurückhaltend, und offenbar nahm er Calvin eher wegen seiner humanistischen Neigung zur Literatur als wegen seiner religiösen Ansichten auf. Einer beinahe zeitgenössischen Quelle zufolge besaß die Familie du Tillet in Angoulême eine Bibliothek mit mehreren tausend Bänden.[11] Calvins *Psychopannychia* – ein in dieser Zeit verfaßtes (aber nicht veröffentlichtes) Werk, in dem Calvin die Lehre der Wiedertäufer anprangert, wonach die Seele nach dem Tod in Schlaf versetzt wird – zeugt von einer umfassenden, offenbar aus erster Hand stammenden Kenntnis der frühen christlichen Autoren. Er muß also zu diesem Zeitpunkt Zugang zu einer ausgezeichneten Bibliothek gehabt haben. Andere Dokumente deuten darauf hin, daß Calvin während seines Aufenthalts in Angoulême mit Anhängern der Reformation Kontakt hatte. Pierre de la Place – der später zu den Opfern des Massakers in der Bartholomäusnacht (1572) zählte – erinnerte sich um 1550 in einem Brief an Calvin offensichtlich gern an ihr freundschaftliches Verhältnis in Angoulême.[12]

Dennoch deutet zu diesem Zeitpunkt nichts auf einen grundlegenden Bruch mit dem, wie Calvin es später nannte, »päpstlichen Aberglauben«. Er zeigte damals reformatorische Neigungen und teilte die Ansichten vieler innerhalb der französischen Kirche. Es gibt jedoch keinen Hinweis auf einen Bruch mit dieser Kirche. Calvin »trug immer noch die Maske eines Katholiken«, wie Florimond de Raemond es ausdrückte, und er »predigte, betete oder huldigte in keiner Weise entgegen dem katholischen Brauch«.[13] Außerdem enthält die *Psychopannychia* keine antikatholische Polemik. Es fällt schwer, auch nur einen Hinweis dafür zu finden, daß das Werk von einem jungen Mann verfaßt wurde, der erst vor kurzem von seinem falschen katholischen Glauben abgebracht worden war.

Trotzdem weist ein lapidarer Eintrag im Archiv des Domkapitels von Noyon auf einen Wendepunkt in Calvins Karriere. Am 4. Mai 1534 verzichtete er auf seine Kaplanspfründe am Gesinenaltar, die an einen neuen Pfründner überging.[14] Dies könnte als Bruch mit der katholischen Kirche verstanden werden. Vielleicht war Calvin aufgrund seiner neuen Einsichten in das Wesen der wahren Religion der Meinung, nicht länger von einer korrupten und nicht evangelischen Kirche profitieren zu dürfen. An dieser Vermutung könnte etwas Wahres sein. Bedauerlicherweise gehen Calvin und seine frühen Biographen jedoch stillschweigend über dieses Ereignis hinweg. Wenn es für sie tatsächlich so große Bedeutung hatte und öffentlich Calvins Bruch mit der katholischen Kirche bezeichnete, dann bedarf dieses seltsame und nachhaltige Schweigen einer Erklärung. Sicher besteht Grund zu der Annahme, daß Calvin zu diesem Zeitpunkt den Entschluß gefaßt hatte, als Zeichen seiner kürzlichen Bekehrung die verbliebenen institutionellen Bindungen an die Kirche zu lösen. Leider ist das nur eine Vermutung.

Möglicherweise beruht die gewichtige Deutung des Ämterverzichts in Noyon durch einige von Calvins neueren Biographen auf der Fehleinschätzung eines Ereignisses, das drei Wochen später stattfand. Im Archiv von Noyon ist unter dem 26. Mai vermerkt, daß ein gewisser »Iean Cauvin« verhaftet worden sei, weil er am Dreifaltigkeitsfest in der Kirche für Unruhe gesorgt habe.[15] Vielleicht war dies eine öffentliche Demonstration von Calvins Unzufriedenheit mit der zeitgenössischen Kirche? Besagte Person wurde am 3. Juni freigelassen und zwei Tage später sofort wieder verhaftet. Die Interpretation der Ereignisse scheint jedoch auf einer falschen Identifizierung zu beruhen. In den Erlassen von Noyon heißt es vorsichtig, daß der festgenommene »Calvin« einen Decknamen besaß – Mudit.[16] Mit anderen Worten, der *Iean Cauvin dict Mudit* wurde sorgsam von der Person gleichen Namens unterschieden, die nur wenige Wochen zuvor in der Chronik dieser Stadt Erwähnung fand. Hier lohnt sich die Bemerkung, daß Calvin im Jahr 1545 in einem Brief an einen Kollegen Gott dafür dankte, daß er nie verhaftet worden war.[17] Hätte er je wegen eines derart unziemlichen Auftritts ernsthafte Schwierigkeiten mit den Behörden gehabt, wären seine Gegner in Noyon wohl kaum stillschweigend darüber hinweggegangen.

Weitgehend unklar ist, was nach dem kurzen Aufenthalt in Noyon geschah. Colladon deutet an, Calvin habe einige Zeit am Hof Margaretes von Navarra verbracht und sei anschließend nach Paris und Orléans gegangen.[18] Laut Colladon soll Calvin versucht haben, sich in Paris mit Michael Servet zu treffen, der in dem Bericht über Calvins späteres Wirken in Genf noch eine bedeutende Rolle spielen wird. Da sich Calvin schon aufgrund seiner bloßen Anwesenheit in Paris in großer Gefahr befand, wurde im voraus ein Treffen an einem sicheren Ort in der Rue Saint-Antoine vereinbart. Leider hielt Servet die Verabredung nicht ein.[19] Doch zwanzig Jahre später sahen sie sich in Genf wieder.

Die Situation der *évangéliques* verschlechterte sich wegen der *affaire des placards* im Herbst desselben Jahres zusehends. Antoine Marcourt, dem bekannten Verfasser reformatorischer Flugblätter aus Neuenburg, gelang der größte Propagandaerfolg seines Lebens. Am Sonntag, dem 18. Oktober, wurden frühmorgens an bekannten Plätzen in ganz Frankreich anonyme Anschläge angebracht, auf denen die katholische Messe heftig angeprangert wurde.[20] Gläubige Katholiken, die in Paris und in einigen Provinzstädten auf dem Weg zur Messe waren, wurden mit kleinformatigen Plakaten konfrontiert, auf denen »die schrecklichen, großen und unerträglichen [*importable*] Mißbräuche der päpstlichen Messe« kritisiert wurden. Denjenigen, die stehenblieben, um die vier bissigen Artikel zu lesen, dürften die kaum versteckten Drohungen gegen die Staatskirche wohl kaum entgangen sein. Der evangelische Glaube galt plötzlich als »Religion von Rebellen«,[21] die die französische Gesellschaft zu destabilisieren und den Status quo zu gefährden drohte. Katholische Orthodoxie, die die Politiker bisher mit spürbar wenig Begeisterung verteidigt hatten, wurde jetzt gleichbedeutend mit dem Erhalt politischer und sozialer Stabilität. Es wurden neue Verbündete gefunden und neue Allianzen geschlossen. Mit einem Mal war es alles andere als klug, sich als Evangelischer in Paris aufzuhalten und auf sich aufmerksam zu machen. Als Anhänger des evangelischen Glaubens galt man als Umstürzler, ja vielleicht sogar als Verräter.

Möglicherweise gehörte Franz I. selbst zu den empörten Lesern der Anschläge, denn als er am Sonntagmorgen in Amboise erwachte, fand er im Vorzimmer seines Schlafgemachs ein Exemplar davon vor. Vermutlich betrachtete er die mangelnden Sicherheitsvorkehrungen ebenso als Affront wie den religiösen Inhalt der provokanten Artikel. Franz kehrte nach Paris zurück, um all diejenigen strafrechtlich zu verfolgen, die unter dem Verdacht standen, mit den Evangelischen zu sympathisieren. Die Hinrichtungen hatten jedoch schon vor seiner Ankunft in Paris begonnen.

Diesen Ereignissen und Calvins Erinnerungen an seine religiöse Neuorientierung dürfte ein charakteristisches Muster zugrunde liegen – der Übergang von einem »stillschweigenden« zu einem »engagierten« Religionsverständnis.[22] Die Ereignisse führten Calvin die bedeutende Entwicklung seiner religiösen Anschauungen vor Augen. Das waren keine Ideen, die im Elfenbeinturm entworfen und erörtert wurden. Diese Ideen drohten eine Stadt und ein Königreich ins Wanken zu bringen, und sie machten Calvin zu einem Gebrandmarkten. Sein Dasein war untrennbar mit seinen religiösen Ansichten verknüpft. Seine Persönlichkeit wurde von seinen Ideen geprägt – so verstand er es selbst, und so sahen es auch die anderen. Der Zusammenschluß von Leben und Denken, von Person und Ideen geht zweifellos auf das rastlose Jahr zurück, in dem die Verbindung von persönlicher Identität, Theologie und Handeln hergestellt wurde.

In Anbetracht der Ereignisse im Oktober 1534 hielt es Calvin für geraten, Frankreich zu verlassen. Nicolas Cop hatte bereits in Basel Zuflucht gefunden, das damals sowohl ein Zentrum religiöser Bildung als auch ein sicherer Ort für Anhänger des evangelischen Glaubens war.[23] Die Kosten für diese Reise wären beträchtlich gewesen. Calvin reiste jedoch in Begleitung seines Freundes du Tillet, der offenbar ohne Murren für die Kosten aufkam. Sie nahmen den Weg über Straßburg und kamen wahrscheinlich im Januar 1535 in Basel an. Calvin war nun in Sicherheit. Aber wohin würde er als nächstes gehen? Und was würde er während seines erzwungenen Exils machen?

Calvin legte sich das Pseudonym Martinus Lucianus zu (ein Anagramm von »Caluinus«) und gewöhnte sich allmählich an das Leben im Exil. Basel war, wie Straßburg, eine deutschsprachige Stadt. Calvin, der praktisch kein Deutsch konnte, war in seinen sozialen und literarischen Kontakten auf diejenigen beschränkt, die Latein oder Französisch sprachen. Die Universität Basel, einst ein bedeutendes Zentrum humanistischer Gelehrsamkeit, war im Grunde ausgelöscht. Es gab keine Gelehrtengemeinschaft, der sich Calvin mühelos anschließen konnte. Zu den Männern, mit denen er tatsächlich oder mutmaßlich während seiner Zeit in Basel Kontakt hatte, gehörten Elie Couraud, Pierre

Caroli, Claude de Feray, Guillaume Farel, Pierre Toussaint und Pierre Viret.[24] Erasmus von Rotterdam, einst eine beherrschende Größe in der kosmopolitischen Welt der Literatur, kehrte im Mai desselben Jahres nach Basel zurück, nachdem er fünf Jahre in Freiburg im Breisgau verbracht hatte. Mittlerweile war er ans Haus gebunden und krank. Nichts deutet auf eine persönliche Begegnung der beiden Männer hin. Erasmus starb im Juni 1536.

Trotz der Beschränkungen, die Calvin in Basel auferlegt wurden, machte er das Beste aus seiner Zeit in dieser Stadt. Sein Exil wurde eine Art Beobachtungsposten, von dem aus er die Ereignisse anderswo verfolgen konnte. Er erfuhr von dramatischen Vorkommnissen in Genf: vom Giftmord an dem Reformator Pierre Viret; von der öffentlichen Kontroverse, bei der evangelische Redner über ihre katholischen Gegner einen leichten Sieg errangen; und von der Abschaffung der katholischen Messe durch den Rat der Zweihundert am 10. August. In Basel hörte er auch von den schrecklichen Ereignissen in Frankreich, wie etwa von der Hinrichtung seines Freundes Etienne de la Forge, der am 16. Februar 1535 bei lebendigem Leib verbrannt wurde.[25] Er hörte, wie die *évangéliques* als aufrührerische und rebellische Wiedertäufer bezeichnet wurden, die es nicht wert waren, mit ihren berühmten protestantischen Geistesverwandten in Deutschland verglichen zu werden.[26] Das war damals eine außerordentlich heikle Belastung: Der Bauernkrieg (1525) hatte den deutschen Protestanten vor Augen geführt, wie gefährlich die Lehre der Wiedertäufer als radikale soziale Kraft war; der Eindruck hatte sich noch verstärkt seit der Übernahme der Stadt Münster durch die Wiedertäufer unter Führung von Johann von Leiden (1533-1535), die schließlich durch eine Belagerung gewaltsam beendet wurde. So wie die deutschen Fürsten das Recht hatten, die Wiedertäufer hinzurichten, hatte auch Franz I. das Recht, die aufrührerischen Elemente in der Bevölkerung auszumerzen, die sich als religiöse Reformer ausgaben.

Dieses überzeugende Argument wurde auf Anraten von Franz' Gesandtem Guillaume du Bellay, dem Bruder des Bischofs von Paris, geschickt vorgebracht. Calvin war über derartige Ansichten empört, vor allem da er selbst gerade eine Abhandlung gegen die Wiedertäufer verfaßt hatte. Er fühlte sich durch die Unterstellung zutiefst verletzt, die *évangéliques* verdankten ihre Anregungen eher politischen als religiösen Motiven:[27] »Et ce fut la cause qui m'incita à publier mon Institution de la religion Chrestienne.« Wie sich zeigte, griff der politisch unerfahrene, aber literarisch gebildete Calvin zu dem für ihn einzig möglichen Mittel: Er nahm die Feder zur Hand und schrieb ein Buch.

Am 23. August 1535 war das Werk vollendet,[28] wenn auch nicht mehr rechtzeitig zur Frankfurter Buchmesse im Herbst desselben Jahres. Es wurde oft vermutet, daß sich die Erstausgabe der *Institutio* an die Evangelischen in Frankreich richtete, um ihr Glaubensverständnis zu festigen. Möglicherweise war dies mit einem frühen Entwurf des Werkes auch beabsichtigt, obwohl es zugegebenermaßen unklar ist, wann Calvin mit der Arbeit begonnen hat. Tatsächlich scheint es jedoch, sieht man von den diplomatischen Regeln und Feinheiten des einleitenden Briefs einmal ab, daß sich Calvin für sein Werk in der Schlußfassung eine ganz andere Leserschaft vorstellte: Das Buch soll in erster Linie die völlige Unsinnigkeit der Behauptung aufzeigen, die Verfolgung der *évangéliques* könne dadurch gerechtfertigt werden, daß man sie mit den deutschen Wiedertäufern verglich. Erbost über die Verlautbarungen des französischen Hofs, die jetzt auch in Deutschland verbreitet wurden, zog Calvin energisch gegen all jene zu Felde, die in den *évangéliques* nur »Wiedertäufer und Aufrührer« sahen. Seine Darstellung »fast der gesamten Frömmigkeit und was immer über die Heilslehre zu wissen notwendig ist« soll die orthodoxen Ansichten der Reformwilligen aufzeigen und somit diejenigen in ein schlechtes Licht rücken, die aus politischen Gründen (Franz I. brauchte die Unterstützung der deutschen Fürsten gegen Karl V., den Kaiser des Heiligen Römischen Reiches) die Anhänger des evangelischen Glaubens als Ketzer und Radikale hinstellen.

Die *Institutio* hatte jedoch eine etwas andere Wirkung, als Calvin beabsichtigte, obwohl sie deshalb nicht notwendigerweise anders war, als Calvin es sich wünschte. Wir werden die *Institutio* in den Kapiteln 7 und 8 noch eingehender behandeln. An dieser Stelle sei lediglich vermerkt, daß sich Calvins Ruf als religiöser

Autor und Denker vielleicht einzig und allein auf dieses Werk gründet.

Calvin reiste vermutlich nach der Fahnenkorrektur der *Institutio* ins italienische Ferrara. Wahrscheinlich hatten die evangelischen Ansichten der damaligen Herzogin von Ferrara, einer Kusine Margaretes von Navarra, sein Interesse geweckt. Offenbar betrachteten mehrere französische *évangéliques* nach der *Affaire des placards* den Hof als sicheren Zufluchtsort. Zu ihnen gehörte der Dichter Clément Marot, der sich in Begleitung eines gewissen Jehannet befand. Dieser Jehannet stand im Mittelpunkt eines Ereignisses am Karfreitag, dem 14. April, das am Hof von Ferrara eine Woge feindlicher Gefühle über die Evangelischen hereinbrechen ließ und die Lage der zahlreichen hierher geflüchteten *évangéliques* gefährdete.

Der gesamte Hof und sein Gefolge – einschließlich Jehannet, und möglicherweise auch Calvin – hatten sich zur traditionellen Karfreitagszeremonie der Verehrung des Kreuzes versammelt. Auf dem Höhepunkt der Feier verließ Jehannet unter größtem Aufsehen die Kapelle. Nach seinem außergewöhnlichen und ungehörigen Verhalten gefragt, erklärte Jehannet offen seine Sympathie für die Evangelischen und machte deutlich, daß die Herzogin ohne Wissen des Hofs noch zahlreichen anderen Personen mit denselben Neigungen Schutz gewähre. In der Überzeugung, sich in einer lebensgefährlichen Lage zu befinden, kehrte Calvin nach Basel zurück, ehe er (laut Colladon) nach Frankreich weiterreiste.[29] Das Edikt von Coucy (16. Juli 1535) ermöglichte religiösen Flüchtlingen die Rückkehr, vorausgesetzt, sie schworen ihrem Irrglauben innerhalb von sechs Monaten ab.[30] Calvin nutzte diese Gelegenheit und begab sich nach Frankreich, um Familienangelegenheiten zu regeln. Es existiert noch eine Vollmachtsurkunde vom 2. Juni 1536, worin »Johann Calvin, *licencié ès lois,* wohnhaft in Paris« seinem Bruder Antoine Cauvin die Vollmacht erteilt, die Familienangelegenheiten in Noyon abzuwickeln.[31] Am 15. Juli brach er nach Straßburg auf und kehrte den Gefahren, denen er in Frankreich ausgesetzt war, den Rücken.

Unglücklicherweise war ihm der direkte Weg nach Straßburg

durch Truppenbewegungen versperrt, die mit dem Krieg zwischen Franz I. und dem Kaiser einhergingen. Deshalb mußte Calvin einen Umweg machen und Richtung Süden reisen. Er nahm für die Nacht in einer Stadt Quartier. Die Stadt hieß Genf.

5

Genf: Der erste Aufenthalt

Wer von Calvin spricht, muß auch von Genf sprechen. Calvin hat Genf geprägt, und Genf hat ihn geprägt. Die Wechselwirkung zwischen diesem Mann und seiner Wahlheimat ist eine der großen symbiotischen Beziehungen der Geschichte. Calvin selbst war gelegentlich über die enge Beziehung irritiert und empfand sie häufig als unangenehm: Allzu oft, klagte er, hätten schlecht unterrichtete Kreise das Vorgehen des Genfer Magistrats ihm persönlich angelastet.[1] Obwohl sein erstes Wirken in Genf nur kurz und in mancher Hinsicht katastrophal war, markierte seine anschließende Rückkehr, die einem Triumph gleichkam, den Beginn einer neuen, bedeutenden Epoche in der Geschichte der Stadt. Seltsamerweise wird Genf von vielen Calvin-Biographen kaum Beachtung geschenkt. Nicht, daß sie die Stadt völlig ignorieren, aber sie neigen dazu, mit ihr in ähnlicher Weise zu verfahren wie die Biographen der berühmten Erbauer des britischen Empire zur Zeit Eduards VII. mit den Frauen dieser Persönlichkeiten – da diese nur über wenig Einfluß verfügten, genügte eine kurze, ehrenvolle Erwähnung, aber für das Thema an sich hatten sie keine entscheidende Bedeutung. Mit Genf kann man nicht so verfahren. Um Calvin als Mann der Tat und nicht als Erbauer von Luftschlössern zu begreifen, ist es notwendig, die Stadt kennenzulernen, die seine Gedanken anregte und veränderte. Bestimmte Ideen Calvins haben sich aufgrund der Situation in Genf entwickelt. Wenn dieses Kapitel den Anschein erweckt, als sei Genf zeitweilig wichtiger als Calvin, dann zum Teil deshalb, um ein fatales Ungleichgewicht vieler Calvin-Biographien zu korrigieren.

Ein Beispiel mag die Dinge, um die es hier geht, veranschaulichen. In mancher Hinsicht ist Calvins Neuordnung der Genfer Kirche in den *Ordonnances ecclésiastiques* von 1541 eine kluge, ernsthafte und von Grund auf pragmatische Antwort auf die bestehenden Strukturen in Genf. Zur Kirchenordnung gehört als viertes Amt das Diakonat. Am Ende des Mittelalters war das Diakonat nicht mehr als eine Vorbereitung auf das Priesteramt, es sollte noch ein angemessener Zeitraum verstreichen, ehe ein Geistlicher schließlich zum Priester geweiht wurde. Calvin bestand darauf, aus dem Diakonat ein eigenständiges Laienamt mit besonderen Aufgaben und eigener Verantwortung zu machen. Dieses Beharren auf der besonderen Rolle des Diakonats basiert teilweise auf Calvins Studium des Neuen Testaments: In seinem Kommentar zur Apostelgeschichte Kapitel 6, Vers 1-6, bringt er das Diakonat mit der *cura pauperum*, der apostolischen Fürsorgepflicht für die Armen, in Verbindung.[2]

Die Idee mag in der Tat aus der Bibel stammen; aber die Art der Durchführung war ganz und gar auf Genf zugeschnitten.[3] Calvin verfügte die Einsetzung von fünf Diakonen, vier *procureurs* und einem *hospitallier*. Praktisch sanktionierte Calvin damit nur die Arbeit des Genfer Hôpital-Général, das noch vor der Reformation gegründet wurde und mit einem sozialen Wohlfahrtsprogramm ausgestattet war.[4] Diese Institution stellte die verschiedenen Wohlfahrtseinrichtungen der Stadt unter eine Verwaltung (und letztlich wurden sie im ehemaligen Kloster Sainte-Claire unter einem Dach vereint). Sechs Personen wurden mit der Armenfürsorge betraut; fünf waren sogenannte *procureurs*, verantwortlich für die allgemeine Durchführung des sozialen Wohlfahrtsprogramms; der sechste Mitarbeiter wurde zum *hospitallier* bestimmt – er hatte insbesondere die Aufsicht über das Hospital. Calvins Auffassung des kirchlichen Diakonenamts verlieh lediglich einer bereits bestehenden Genfer Institution religiöse Autorität. Das zeigt deutlich, wie Genf Calvin beeinflußte und umgekehrt.

Es ist eines der herausragenden Merkmale der europäischen Reformation, daß sie weitgehend ein städtisches Phänomen war. In Deutschland zeigten sich über fünfzig der fünfundsechzig Freien Reichsstädte aufgeschlossen für die Reformation, und nur fünf zogen es vor, sie völlig zu ignorieren. In der Schweiz entstand die Reformation in einer städtischen Umgebung (Zürich) und breitete sich aufgrund öffentlicher Debatten in eidgenössischen Städten wie Bern und Basel aus sowie in anderen Zentren wie Genf und St. Gallen, die vertraglich an diese Städte gebunden waren. Der französische Protestantismus war anfangs eine vorwiegend städtische Bewegung, die ihre Wurzeln in Großstädten wie Lyon, Orléans, Paris, Poitiers und Rouen hatte. Warum, so wurde oft gefragt, war die Reformation im 16. Jahrhundert für Städte so verlockend?

Eine ganze Anzahl von Theorien wurde aufgestellt, um dieses Phänomen zu erklären. Nach Bernd Moeller ist der städtische Gemeinsinn im 15. Jahrhundert durch die steigende soziale Spannung innerhalb der Städte und die zunehmende Abhängigkeit von externen politischen Kräften wie der Regierung oder der päpstlichen Kurie zerstört worden.[5] Mit der Übernahme der lutherischen Reformation sind solche Städte dann in der Lage gewesen, die kommunale Identität wiederherzustellen. Diese umfaßt die Idee einer Religionsgemeinschaft, die die Einwohner durch ein gemeinsames religiöses Leben verbindet. Bezeichnenderweise richtete Moeller sein Augenmerk auf die sozialen Folgen der Lutherschen Lehre von der Priesterschaft aller Gläubigen, die sich über gewisse traditionelle Unterschiede innerhalb der städtischen Gesellschaft hinwegsetzte und die kommunale Einheit förderte. Moeller vertrat die Auffassung, daß Luthers Denken ein zwangsläufiges Produkt des kulturell weniger entwickelten Nordostens Deutschlands sei, dem die Kultiviertheit der fortschrittlicheren Gemeinden im Südwesten fehlte. Für Luther, der aus einer Kleinstadt ohne die korporativen Strukturen der Zünfte und die kommunalen Impulse der Großstädte kam, sei es unvermeidlich gewesen, eine Theologie zu entwerfen, die auf Introspektion gerichtet, eher provinziell als städtisch war und sich nicht mit Gemeinschaftsdisziplin und Verbandsstrukturen befaßte. Von daher erstaune es nicht, daß Luthers mangelnde Vertrautheit mit zeitgenössischen städtischen Ideologien zur Entwicklung einer tiefgründigen, subjektiven Theologie führte, die auf den in sich gekehrten Menschen zielte und sich nicht um kommunale Erneuerung und Disziplin kümmerte. Im Gegensatz dazu orientierten sich Bucers und Zwinglis Theologien an den Realitäten des städtischen Lebens. Bucer und Zwingli stützten ihre Kirchenauffassung auf die historische Wechselbeziehung von städtischen und kirchlichen Gemeinschaften, während Luther seinen Kirchenbegriff auf dem abstrakten Begriff der Gnade aufbauen mußte, der die bürgerliche Eintracht zu zerstören drohte.

Eine zweite Erklärung, die weitgehend auf der Analyse der Stadt Straßburg basiert, lieferte Thomas Brady.[6] Brady deutete die Entscheidung, in Straßburg den Protestantismus einzuführen, als das Ergebnis eines Klassenkampfs. Eine Regierungskoalition aus Patriziern und Kaufleuten sei der Meinung gewesen, ihre soziale Stellung nur durch Übernahme der Reformation behalten zu können. Die städtischen Oligarchen betrachteten die Reformation als gute Möglichkeit, ihre persönlichen Interessen zu wahren, die durch eine Protestbewegung des Volkes bedroht waren. Brady zufolge herrschte in vielen anderen Städten eine ähnliche Situation.

Eine dritte Erklärung für die Wirkung der Reformation auf städtische Gemeinden im 16. Jahrhundert konzentriert sich auf die Lehre der Rechtfertigung durch den Glauben. In einer 1975 veröffentlichten Untersuchung erklärte Steven Ozment, die breite Wirkung des Protestantismus gehe von dieser Lehre aus, die Befreiung von dem psychischen Druck der spätmittelalterlichen katholischen Bußpraxis und eine »halbpelagianische« Rechtfertigungslehre anbot.[7] Da der psychische Druck in den Städten am größten und offensichtlichsten war, fand der Protestantismus in solchen Gemeinden die meisten Anhänger. Ozment behauptete, Moeller habe bezüglich der Unterschiede zwischen Luther und den Theologen im Südwesten maßlos übertrieben. Die frühen Reformatoren hatten ein gemeinsames Anliegen: die Befreiung der Gläubigen von der psychischen Belastung durch die spätmittelalterliche Religion. Wie groß die Unterschiede auch sein mochten, die maßgeblichen Reformatoren – wie Bucer, Zwingli und Luther – waren allesamt bemüht, die Lehre der Rechtfertigung durch den Glauben aufgrund der Gnade zu verkünden, um auf diese Weise die theologische Notwendigkeit des Ablasses, des Fegefeuers, der Anrufung der Heiligen usw. zu beseitigen und der allgemeinen Beschäftigung damit Einhalt zu gebieten.

Jede dieser Theorien ist stichhaltig, und sie haben einen wichtigen Anreiz gegeben, die Entwicklung des städtischen Protestantismus in der ersten Phase der Reformation näher zu untersuchen.[8] Ebenso hat jede ihre offenkundigen Schwächen, wie das von ehrgeizigen, umfassenden Theorien nicht anders zu erwarten ist. Wie sich noch zeigen wird, waren zum Beispiel im Falle Genfs die sozialen Spannungen, die letztlich zum Anschluß an die protestantische Stadt Bern und zur Übernahme der Zwinglischen Reformation führten, nicht die Ursache von Klassenunterschieden. Vielmehr herrschte innerhalb einer Gesellschaftsschicht Uneinigkeit darüber, ob man Savoyen oder die Schweizer Eidgenossenschaft unterstützen sollte. Die pro-savoyischen Mamelucken und die zu Bern tendierenden Eidgenossen kamen aus einer sozialen Schicht, die durch eine Reihe erkennbarer gemeinsamer ökonomischer, familiärer und sozialer Interessen gekennzeichnet war. Entsprechend findet Ozments Hinweis auf ein allgemeines Interesse an der Rechtfertigungslehre im Falle vieler Städte, die der Schweizer Eidgenossenschaft angehören oder ihr angeschlossen sind – wie Zürich, St. Gallen und Genf –, wenig Bestätigung. Außerdem übersieht er, daß viele Schweizer Reformatoren gegenüber dieser Lehre offensichtlich Bedenken hatten.[9]

Trotzdem lassen sich anhand einer Untersuchung der Ursprünge und der Entwicklung der Reformation in Städten wie Augsburg, Basel, Bern, Colmar, Konstanz, Erfurt, Frankfurt, Hamburg, Lübeck, Memmingen, Ulm und Zürich allgemeine Merkmale erkennen. Es ist hilfreich, diese Faktoren zu prüfen und festzustellen, wie sie sich auf die Entstehung der Reformation in Genf auswirkten.

In erster Linie scheint die Reformation in den Städten eine Antwort auf den allgemeinen Drang nach Veränderungen gewesen zu sein. Nürnberg ist eines der seltenen Beispiele, wo der Magistrat eine Reform einführte, ohne daß ein allgemeiner Protest oder eine Forderung vorausging. Die Unzufriedenheit unter der städtischen Bevölkerung zu Beginn des 16. Jahrhunderts war nicht unbedingt rein religiöser Natur. Zweifellos sind auch soziale, wirtschaftliche und politische Mißstände in unterschiedlichem Maß für die damals herrschende Unzufriedenheit verantwortlich. Im allgemeinen reagierten die Magistrate auf diesen öffentlichen Druck, indem sie ihn oft in Bahnen lenkten, die ihren eigenen Bedürfnissen und Zielen entsprachen. Diese geschickte Manipulation derartiger Tendenzen war ein Mittel, um eine möglicherweise gefährliche öffentliche Protestbewegung zu kanalisieren und zu kontrollieren. Hinsichtlich der Reformation in den Städten ist die Beobachtung wichtiger, daß bestehende Systeme von der Einführung neuer religiöser Ideen und Bräuche oft relativ unberührt blieben.[10] Das deutet darauf hin, daß die Magistrate auf öffentlichen Druck reagieren konnten, ohne die bestehende soziale Ordnung einschneidend zu verändern.

Im Falle Genfs gab es in den zwanziger Jahren des 16. Jahrhunderts erhebliche interne Bestrebungen, sich der Schweizer Eidgenossenschaft anzuschließen. Dafür sind eine ganze Reihe von Faktoren verantwortlich, von denen kaum einer als religiös angesehen werden kann. Wenn ein Gesichtspunkt Vorrang hatte, dann war es das Bestreben mehrerer einflußreicher Bürger, sich von dem verderblichen Einfluß des Herzogtums Savoyen zu befreien. Wie viele Städte in dieser Zeit sehnte sich auch Genf gemäß dem Vorbild der Schweizer Städte nach völliger Unabhängigkeit.[11] (Es sei daran erinnert, daß Genf erst 1815 der Schweizer Eidgenossenschaft beitrat.) In Genf war der Drang nach politischer Freiheit wohl eher der Grund für die in den zwanziger Jahren herrschende Unruhe als spezielle religiöse Interessen.

Zu Beginn der dreißiger Jahre trat jedoch ein wichtiges religiöses Element ins Blickfeld, das schließlich die Szene beherrschte. Das Bündnis Genfs mit Bern führte zu einem wachsenden Verständnis für die evangelischen Ansichten dieser Stadt. Der Magistrat mußte auf diesen Druck reagieren, aber gleichzeitig eine möglicherweise verhängnisvolle militärische Konfrontation mit Savoyen vermeiden. Durch eine Reihe diplomatischer Schritte in den Jahren 1534 und 1535 gelang es dem Magistrat, die Vertreter Savoyens zu überlisten, die eigene Autorität auszuweiten und den evangelischen Glauben zu fördern, ohne eine Machtprobe mit dem Herzogtum herbeizuführen. Erst im Januar 1536 hatte Savoyen genug von Diplomatie und entschied sich für eine militärische Intervention.

Der Erfolg der Reformation in einer Stadt hing von einer Anzahl historischer Bedingungen ab. Die Einführung der Reformation bedeutete, einen folgenschweren Richtungswechsel zu riskieren, denn bestehende Verträge oder Beziehungen – militärische, politische und kommerzielle – mit Gebieten oder Städten, die katholisch bleiben wollten, wären damit aufgekündigt worden. Die Handelsbeziehungen einer Stadt – von denen möglicherweise ihre wirtschaftliche Existenz abhing – waren somit stark gefährdet. Der Erfolg der Reformation in St. Gallen war zum Teil der Tatsache zu verdanken, daß sich die Entscheidung, die Reformation einzuführen, kaum nachteilig auf die Leinenindustrie der Stadt auswirkte.[12] Ebenso konnte eine Stadt (wie Erfurt) in relativer Nähe einer katholischen Stadt (Mainz) und eines angrenzenden lutherischen Gebiets (Sachsen) nicht riskieren, in einen militärischen Konflikt mit der einen oder anderen Seite verwickelt zu werden, da dies für die Unabhängigkeit dieser Stadt verheerende Folgen gehabt hätte.[13] Außerdem konnten interne Streitigkeiten wegen der Entscheidung zur Reformation die Stadt äußeren politischen Mächten aussetzen – ein triftiger Grund für den Magistrat von Erfurt, reformerischen Aktivitäten in den zwanziger Jahren Einhalt zu gebieten.

Im Falle Genfs war die Präsenz des katholischen Herzogtums Savoyen und seiner Verbündeten unmittelbar vor den Toren der Stadt ein ausschlaggebender historischer Faktor. Wenn die Reformation Erfolg haben sollte, mußte die von dem Herzogtum ausgehende politische und militärische Gefahr für ihre fortschreitende Entwicklung ausgeschaltet werden. Die zwischen 1532 und 1535 ständig wachsende Tendenz in Genf, sich nach den evangelischen Formen des christlichen Glaubens auszurichten, forderte Savoyen im Januar 1536 schließlich zu einer militärischen Reaktion heraus. Genf wäre davon völlig überwältigt worden, hätte nicht das Militärbündnis mit Bern bestanden, das seit dem Ende der zwanziger Jahre selbst dem evangelischen Glauben anhing. Dazu kam noch die finanzielle Unterstützung evangelischer Geldgeber, insbesondere aus Basel, sobald sich Genf voll und ganz für die Reformation einsetzte. Demzufolge war der Druck von außen, den Katholizismus beizubehalten, mehr als ausgeglichen. Die Reformation konnte vorangehen. Doch nun erschwerte ein weiterer historischer Faktor die Situation: Bern, das Genf in einer entscheidenden Phase seiner Geschichte unterstützt hatte, verlangte jetzt Botmäßigkeit. Genf konnte seinen Weg zur Reformation nicht frei wählen: Es mußte vielmehr die religiösen Ansichten und Bräuche Berns übernehmen.

Die romantische und idealisierte Vorstellung von einem Reformator, der in eine Stadt kommt und das Evangelium verkündet, worauf sofort entschieden wird, die Grundsätze der Reformation zu übernehmen, ist vollkommen unrealistisch. Im ganzen Verlauf der Reformation, von der anfänglichen Entscheidung, eine Reform durchzuführen, bis zu den nachfolgenden Entscheidungen über Art und Umfang der Reformvorschläge, behielt stets der Magistrat die Kontrolle. Zwinglis Reformation in Zürich ging wegen des behutsamen Vorgehens des Magistrats in entscheidenden Augenblicken erheblich langsamer voran, als Zwingli es sich gewünscht hätte.[14] Bucers Handlungsfreiheit in Straßburg war in ähnlicher Weise begrenzt. Wie Calvin später feststellte, war der Magistrat durchaus in der Lage, einen Reformator aus seiner Umgebung zu vertreiben, wenn er nicht mit den öffentlich anerkannten Entscheidungen und der Politik des Magistrats übereinstimmte.

In der Praxis herrschte zwischen Magistrat und Reformator allgemein ein symbiotisches Verhältnis. Dadurch, daß der Reformator ein klares Bild des christlichen Evangeliums und seiner Auswirkungen auf die religiösen, sozialen und politischen Strukturen und Gewohnheiten einer Stadt zeichnete, konnte er verhindern, daß eine möglicherweise revolutionäre Situation in einen Aufruhr ausartete. Die ständige Gefahr des Rückfalls in den Katholizismus oder der Subversion durch radikale Wiedertäufer machte die Anwesenheit eines Reformators unbedingt erforderlich. Jemand mußte einer ungezügelten und orientierungslosen Bewegung, die jederzeit ins Chaos abdriften konnte – was für die bestehenden Machtstrukturen der Stadt und der einzelnen, die sie kontrollierten, schwerwiegende und unerwünschte Folgen haben konnte –, eine religiöse Richtung geben. Gleichzeitig aber stand der Reformator unter Aufsicht. Seine Handlungsfreiheit wurde von Politikern eingeschränkt, die um ihre Autorität fürchteten und mit einem eigenen Reformprogramm aufwarteten, das im allgemeinen über das des Reformators hinausging, weil es ihren wirtschaftlichen und sozialen Einfluß stärkte. Die Beziehung zwischen Reformator und Magistrat war demnach sehr heikel, wobei die wahre Autorität stets in den Händen des Magistrats lag.

In Genf entwickelte sich zwischen dem Rat der Stadt und ihren Reformatoren (zu Anfang Guillaume Farel und Calvin, später nur Calvin) eine heikle Beziehung. Aus Sorge um seine schwer erkämpfte Autorität und Unabhängigkeit war der Magistrat entschlossen, die Tyrannei eines katholischen Bischofs nicht durch die eines Reformators zu ersetzen. Im Jahr 1536 hatte Genf seine Unabhängigkeit von Savoyen erlangt und sie trotz der Kolonisationsbestrebungen Berns auch weitgehend bewahrt. In Genf wollte man sich von niemandem Vorschriften machen lassen, es sei denn, es wäre massiver wirtschaftlicher und militärischer Druck ausgeübt worden. Deshalb wurden Calvin strenge Beschränkungen auferlegt. Seine Vertreibung aus Genf im Jahr 1538 beweist, daß die politische Macht fest in den Händen des Magistrats blieb. Die Behauptung, Calvin sei der »Diktator von Genf« gewesen, entbehrt, wie sich noch zeigen wird, jeder historischen Grundlage. Dennoch war der Magistrat während Calvins Abwesenheit nicht in der Lage, der verfahrenen religiösen Situation Herr zu werden. In einem bemerkenswerten Akt von sozialem Pragmatismus und religiösem Realismus rief der Magistrat seinen Reformator zurück und gestattete ihm, sein Reformwerk fortzusetzen. Genf brauchte Calvin, und Calvin brauchte Genf.

Nach diesen allgemeinen Betrachtungen können wir uns der ersten Phase der Reformation in Genf zuwenden. Schon vor Calvins zufälliger Ankunft in Genf war dort bereits ein Reformprogramm im Gange. Wie es dazu kam, ist an sich schon faszinierend. Obwohl wir bereits einige Aspekte genannt haben, verdient es die Geschichte, im Detail erzählt zu werden.

Genf vor Calvin

Vor der Reformation war Genf eine im Niedergang begriffene Bischofsstadt. Ihren Wohlstand hatte sie weitgehend den viermal jährlich stattfindenden Handelsmessen zu verdanken, die auf das Jahr 1262 zurückgingen und an Epiphanias, Ostern, Peter und Paul und Allerheiligen stattfanden. Diese Messen zogen zahlreiche Kaufleute von Rhein und Donau, aus Norditalien, Burgund und der Schweizer Eidgenossenschaft an.[15] Die Messen waren so bedeutend, daß selbst die Medici-Bank es für lohnenswert erachtete, in Genf eine Filiale zu eröffnen.[16] Am Ende des Hundertjährigen Krieges änderte sich die Situation jedoch grundlegend. Ludwig XI. ließ im nahe gelegenen Lyon privilegierte Handelsmessen abhalten, wobei er die Termine so auswählte, daß sie sich genau mit denen des einzigen Rivalen in der Region, eben Genf, überschnitten. Bald setzte der Niedergang ein. Die Medicis merkten, woher der Wind wehte, und verlagerten ihre Aktivitäten von Genf nach Lyon.

Vor der Reformation wurden die Angelegenheiten der Stadt durch das benachbarte Herzogtum Savoyen geregelt.[17] Die Herrschaft Savoyens über Genf läßt sich bis ins 13. Jahrhundert zurückverfolgen, als der Bischof von Genf dem Hause Savoyen 1265 das Amt des *vidomne* übertrug. Damit erhielt Savoyen das Recht, den Amtsträger zu bestimmen, der in der Stadt für die

Einhaltung der für Laien geltenden Zivil- und Strafgerichtsbarkeit zuständig war. Seit 1287 residierte der *vidomne* in dem ehemaligen Bischofssitz auf der Rhoneinsel. Als sich Savoyens Macht im 15. Jahrhundert ausweitete, wuchs auch der Einfluß auf die Stadt. Viele ländliche Gebiete und Dörfer in der Umgebung Genfs gehörten Savoyen oder seinen Verbündeten. Mehr noch, im Jahr 1449 erlangte das Haus Savoyen effektiv die Kontrolle über die Diözese Genf, als der Gegenpapst Felix V. (vormals der erste Herzog von Savoyen, Amadeus VIII.) auf den Papsttitel verzichtete, aber viele seiner Privilegien behielt. Von da an war der Bischof von Genf im Grunde nur noch eine Marionette Savoyens, von der keine religiöse Führungskraft erwartet wurde: 1451 war der neu ernannte Bischof (der Enkel Amadeus' VIII.) gerade acht Jahre alt.

Genfs weltlicher und geistlicher Herrscher war demnach praktisch nie in der Stadt anwesend. Obwohl er über eine beträchtliche Machtfülle verfügte, lag in seiner Abwesenheit die Amtsgewalt generell in den Händen seiner Stellvertreter, das heißt vornehmlich beim bischöflichen Rat und dem aus zweiunddreißig Domherren bestehenden Domkapitel. Der Bischof gestattete jedoch, daß die Bewohner der Stadt Beamte wählten, die in der Gemeindeverwaltung mitarbeiteten. Die wichtigsten Beamten waren die Bürgermeister, vier Laien, die jährlich auf einer Vollversammlung aller männlichen Einwohner gewählt wurden. Sie hatten nicht nur das Recht, bei bestimmten Strafverfahren als Richter zu fungieren, sondern sie durften auch einen aus zwölf bis fünfundzwanzig Bürgern bestehenden *Petit Conseil* (Kleinen Rat) benennen, der für die täglichen Belange der Stadt zuständig war.

Zu Beginn des 16. Jahrhunderts war Genf nur einer von vielen kleinen Planeten, die um die savoyische Sonne kreisten. Obwohl die Bevölkerung Genfs diesen Zustand mißbilligte, waren die Proteste verhalten und kaum vernehmlich. Dennoch wehte ein frischer Wind. In Genf selbst schwand der Einfluß Savoyens, und außerhalb Genfs wurde zunehmend der politische und militärische Einfluß der Schweizer Eidgenossenschaft spürbar.

Die ersten Anzeichen einer Loslösung Genfs von Savoyen wa-

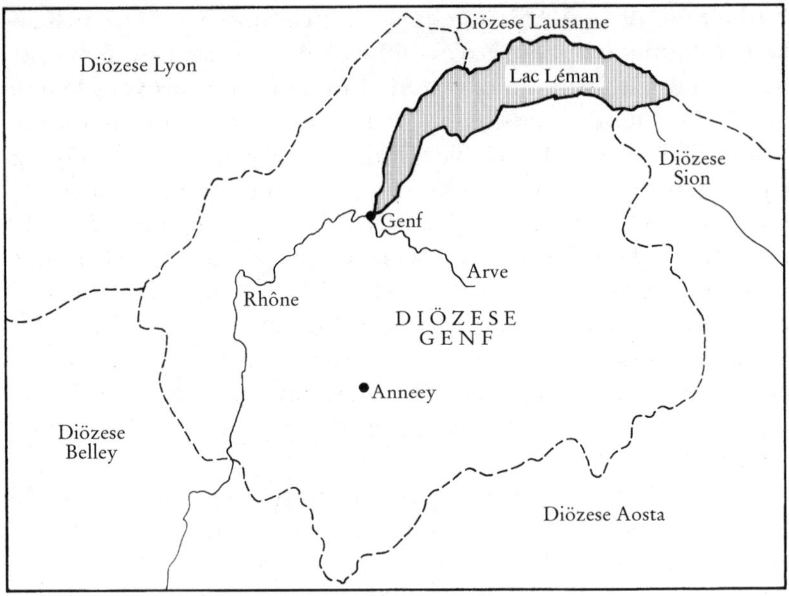

Die Diözese Genf im Jahr 1530

ren zwischen 1482 und 1490 zu erkennen. Ein bischöfliches Interregnum erlaubte es dem Domkapitel, seine Macht auszudehnen und das städtische Identitätsbewußtsein zu stärken. Die Kaufleute der Stadt wußten, daß die Rentabilität der jährlichen Handelsmessen jetzt weitgehend von Händlern aus der Schweiz und Deutschland abhing. Daher traten sie für engere Beziehungen zur Schweizer Eidgenossenschaft ein. Als sich Parteien bildeten, kam es in der Stadt zu Spannungen. Sechsundachtzig Genfer Bürger reisten unter Führung von François Bonivard in die Schweizer Stadt Freiburg, wo sie am 7. Januar 1519 die Bürgerrechte erhielten. Im darauffolgenden Monat schloß die Stadt Genf ohne Genehmigung Savoyens ein Bündnis mit Freiburg. Auf Drängen Savoyens wurde diese *combourgeoisie* im April wieder aufgehoben. Vier Monate später wurde der Genfer Initiator der *combourgeoisie* öffentlich hingerichtet. Trotz massiven Drucks dauerte es nicht lange, bis sich die Anhänger der Schweizerischen Eidgenossenschaft wieder neu gruppierten. Der Magistrat nennt diese Leute in einem Protokoll von 1519 *aguynos*. Im Jahr darauf werden sie als *eyguenots* bezeichnet.

Die Einführung dieser Bezeichnung verdient Beachtung. Zur damaligen Zeit hießen die Schweizer nicht Eidgenossen, sondern »Bundesgenossen«. Das schweizerisch-deutsche Wort *Eidgenosse* ließ sich in der Genfer Mundart (die dem Savoyischen näherstand als dem Französischen) nicht aussprechen (Französisch blieb im 16. Jahrhundert für die meisten Genfer eine Fremdsprache). Die Bezeichnung *eiguenot* oder *eyguenot* ist der Genfer Versuch einer Wiedergabe des Begriffs »Bundesgenosse«. Die weitere Geschichte des Begriffs ist besonders interessant, da sich vermutlich das französische Wort *huguenot* davon ableitet – vielleicht über die savoyische Bezeichnung *enguenô* oder das spätere Genfer *enguenot.*[18]

Am 4. Dezember schloß die unabhängige Stadt Lausanne eine *combourgeoisie* mit den schweizerischen Städten Bern und Freiburg. Lausanne war, wie Genf, Bischofssitz in dem von Savoyen verwalteten Waadtland. Die Nachricht von dem Bündnis erreichte Genf und stieß dort auf großes Interesse. Einige Genfer Kaufleute, die für den Anschluß an die Schweizerischen Eidgenossenschaft eintraten, reisten umgehend nach Freiburg und Bern, um über ein ähnliches Bündnis zu verhandeln. Trotz der Bemühungen des damaligen Bischofs von Genf, Pierre de la Baume, das Bündnis zu verhindern, stimmte Bern am 7. Februar 1526 dem Abkommen zu. Die savoyische Partei – die Mamelucken, die als Emblem die Stechpalme trugen wie die Walliser den Lauch – war erbost über ihre eidgenössischen Mitbürger (die als Zeichen ihrer gegensätzlichen Parteizugehörigkeit Hahnenfedern trugen). Der Bischof, wohlwissend um seine gefährdete Position im Herzogtum Savoyen, da es ihm nicht gelungen war, das Bündnis zu verhindern, wollte auf Nummer Sicher gehen. Er versuchte, die Sympathie der Eidgenossen zu erringen, indem er die *combourgeoisie* mit Bern unterstützte. Das war der erste einer ganzen Reihe verhängnisvoller Züge, bei denen der Bischof dem Genfer Magistrat eher zufällig als absichtlich nach und nach immer mehr Machtbefugnisse einräumte. Im Jahr 1530 war der Magistrat praktisch die alleinige gerichtliche Instanz der Stadt.

Bis zu diesem Zeitpunkt hatten religiöse Fragen bei dem Genfer Werben um die Schweiz überhaupt keine Rolle gespielt. Das änderte sich jetzt. Ursache für diese bedeutsame Entwicklung ist hauptsächlich Zwinglis Reformation in Zürich. Obwohl Zwinglis reformatorische Arbeit in Zürich schon im Jahr 1519 begann, trat sie mit der 1. Zürcher Disputation vom 29. Januar 1523 in eine neue Phase ein. Etwa sechshundert Menschen versammelten sich, um Zeuge zu sein, wie Zwingli seine reformerischen Ideen und Praktiken vor seinen vom Konstanzer Bischof ausgewählten katholischen Gegnern vortrug und verteidigte. Nach Anhörung der Argumente beschloß der Magistrat, die »Grundprinzipien« der Zwinglischen Reformation zu übernehmen. Das war ein Meilenstein in der Geschichte der Schweizer Reformation, da sich daraus ein entscheidendes Prinzip entwickelte: Unabhängige Städte entschieden über die Annahme der Reformation, indem sie sich das Für und Wider anhörten und dann darüber abstimmten.

Fünf Jahre später fand in Bern eine ähnliche Disputation (oder *Gemeinschwörung*) statt. Zwingli, Bucer, der Straßburger Humanist Wolfgang Capito und andere trugen den evangelischen Standpunkt so geschickt vor, daß der Magistrat beschloß, die Zwinglische Reformation anzunehmen. Die Bedeutung dieser Entscheidung für Genf kann gar nicht genug betont werden: Als Bern sich 1526 mit Genf verbündete, war es noch katholisch; ab Januar 1528 war es evangelisch. Bezeichnenderweise blieb Freiburg, Genfs anderer Bündnispartner, katholisch. Dies führte zu Spannungen, die 1534 ihren Höhepunkt erreichten. Bern, das im Waadtland bereits eine bedeutende Militärmacht war, beteiligte sich jetzt auch an einem Kreuzzug für die Verbreitung der Zwinglischen Reformation.

Im Jahr 1532 überschlugen sich in Genf die Ereignisse. Deutsche Kaufleute, die die Stadt besuchten, brachten lutherische Schriften mit, die raschen Absatz fanden.[19] In den Kirchen wurden lutherische Flugblätter verteilt. Der reformierte Theologe Guillaume Farel kam mit einem Geleitbrief von Bern nach Genf und propagierte dort evangelische Ansichten. Seine Predigten waren ein großer Erfolg. Freiburg protestierte gegen den zunehmenden Einfluß des evangelischen Glaubens in der Stadt und drohte, sein Bündnis mit Genf zu lösen, wenn dieser Entwicklung nicht Einhalt geboten werde. Am 10. April 1533 hielt Garin Muète öffentlich einen Abendmahlsgottesdienst nach dem reformierten Ritus Farels ab. Der Gottesdienst, der im Garten von Etienne Dada im Faubourg du Temple stattfand, wurde in der Folge mehrmals täglich gefeiert.[20] Im Mai brachen in Genf religiöse Unruhen aus, die Freiburg zu weiterer Sorge Anlaß gaben. Die katholische Stadt verlangte Farels Ausweisung aus Genf. Der Genfer Magistrat, der sich seiner Verpflichtungen gegenüber dem evangelischen Bern bewußt war, zögerte. Eingedenk der Möglichkeiten, die diese Situation bot, schickte der Berner Magistrat am 31. Dezember 1533 Pierre Viret in aller Eile nach Genf, um Farel beizustehen.[21] Viret traf am 4. Januar 1534 in Genf ein.

Dem Beispiel Zürichs und Berns folgend, beschloß der Magistrat, bei einer Disputation Farel einem katholischen Gegner gegenüberzustellen, um die wesentlichen Vorzüge des evangelischen und des katholischen Glaubens zu ermitteln. Guy Furbity, ein Dominikaner und Doktor der Theologie mit engen Beziehungen zur theologischen Fakultät in Paris, wurde gebeten, die katholische Sache zu vertreten. Die Disputation begann am 27. Januar 1534 und konzentrierte sich auf die Frage der päpstlichen Autorität. Sie endete jedoch in einem Chaos, als der katholische Vertreter erklärte, Farel sei nur eine Marionette der Schweizer Eidgenossenschaft. Das Ergebnis der Debatte ist unklar; fest steht nur, daß sie allgemein als kampfloser Sieg der Reform-Partei angesehen wurde. Eine zeitgenössische Schilderung der Ereignisse, in der sich Dramatik und Ironie vermischen, findet sich in *Le levain du Calvinisme,* den Memoiren der Jeanne de Jussy, die damals im Kloster von Sainte-Claire Novizin war. Das Kloster befand sich Ecke Rue Verdaine und Place du Bourg de Four im Zentrum Genfs. Wie bereits erwähnt, wurde daraus später das Hôpital-Général, dem die Verwaltung des sozialen Wohlfahrtsprogramms der reformierten Stadt oblag. Erbost über den

Verlauf der Ereignisse, wollte Freiburg mit der ganzen Sache nichts mehr zu tun haben: Am 15. Mai löste es das Bündnis mit Genf. Plötzlich hatte Genf nur noch einen Beschützer – das protestantische Bern. Und Bern leistete bekanntermaßen nur gegen Geld Hilfe. Gemäß den Bedingungen der *combourgeoisie* war Genf verpflichtet, Bern für jede Hilfeleistung zu bezahlen. Eine finanzielle und politische Krise schien unausweichlich.

Mitten in dieser Krise drängten Farel und Viret, die beide unter dem Schutz Berns standen, den Genfer Magistrat zur völligen Übernahme der Reformation, anstatt sie nur zum Teil oder stückweise einzuführen. Der Magistrat gab allmählich nach. Im Frühsommer 1535 schaffte er die katholische Messe ab. Der Bischof von Genf rächte sich, indem er am 22. August alle Einwohner der Stadt exkommunizierte. Katholischer Klerus und Ordensleute flohen aus der Stadt und suchten im savoyischen Annecy Zuflucht. Der Genfer Magistrat übernahm die Ländereien und das Vermögen der Kirche und beraubte den alten feudalherrschaftlichen und kirchlichen Stand seiner Rechte. Als Zeichen der Herausforderung eröffnete der Magistrat am 26. November sogar eine eigene öffentliche Münzanstalt. Die neuen Münzen trugen ein Motto, das sich durch die ganze Reformation zog: *post tenebras lux* – »nach der Finsternis Licht!«

Savoyen war aufgrund dieser Entwicklungen jetzt außerordentlich beunruhigt und reagierte skrupellos: Wo Diplomatie fehlschlug, wurden militärische Mittel eingesetzt, um Ergebnisse zu erzielen. Ab Januar 1536 stand Genf unter andauernder Belagerung; sämtliche Verbindungen zur Außenwelt waren abgeschnitten. Der Stadt blieb keine andere Wahl, als Bern um Hilfe zu bitten. Bern griff ein, ohne sich die Gelegenheit entgehen zu lassen, seinen politischen Einfluß auszudehnen. Nach dem Sieg über Karl den Kühnen und die Burgunder im Jahr 1477 hatte die Schweizer Eidgenossenschaft lange mit dem Gedanken gespielt, ihren Einfluß auf Kosten Savoyens nach Westen auszudehnen. In den Burgunderkriegen hatten Bern und Freiburg einzeln und gemeinsam große Teile savoyischen Gebiets annektiert.[22] Bern hatte Erlach, Les Ormonts, Aigle und Bex an sich gerissen, und Freiburg hatte Illens eingenommen. Gemeinsam hatten die beiden Kantone Murten, Grandson, Orbe und Echallens vereinnahmt. Das Wallis nutzte die Schwäche Savoyens und bemächtigte sich des Rhonetals zwischen Vétroz und Massongez, südöstlich des Genfer Sees.

Die Einnahme Orbes und Echallens' war von besonderer Bedeutung. Zwar war die territoriale Ausdehnung der beiden Städte unbedeutend, aber sie lagen mitten im savoyischen Gebiet. Seit 1477 hatten die Berner das Waadtland schon annektieren wollen. Anfang der dreißiger Jahre des 16. Jahrhunderts war Orbe in der Region ein Zentrum protestantischer Agitation.[23] Pierre Viret, der aus Orbe stammte, wurde später eine Schlüsselfigur im Reformationsstreit. Genfs Hilfeersuchen schien ein plausibler Grund für die Annexion dieses savoyischen Gebiets zu sein – und einiges mehr. Bern, Freiburg und das Wallis nutzten die Situation aus.

Berner Truppen zogen nach Westen und nahmen Lausanne ein, das sich 1525 mit Bern und Freiburg verbündet hatte. Das ganze Waadtland wurde besetzt und das gesamte Gebiet um Genf – einschließlich des Pays de Gex und der Amtsbezirke Ternier und Gaillard – wurde eingenommen. Damit legte Bern zwischen Genf und seinem früheren Herrn Savoyen einen Sperrgürtel an. Schließlich besetzten die Berner die westliche Region von Chablais am Südufer des Genfer Sees. Unterdessen hatte Freiburg Estavayer, Romont, Châtel-Saint-Denis, Surpierre, Vuissens und Saint-Aubin eingenommen, während das Wallis sein Gebiet bis zur östlichen Region von Chablais ausdehnte.

Am 2. Februar marschierten die Berner in Genf ein. Drei Tage später war klar, daß sie die Stadt nicht einfach aus den Händen Savoyens befreien wollten, sondern daß sie von Bern abhängig werden sollte. Die Berner Besatzungsmacht forderte für sich von Genf dieselben Rechte, die vormals Savoyen innehatte. Am 17. Februar änderte sich die Lage. Die Berner zogen sich zurück. Aus irgendeinem Grund blieb Genf das Schicksal des glücklosen Lausanne erspart, und es durfte seine Unabhängigkeit behalten, die an gewisse vertragliche Bedingungen geknüpft war. Möglicherweise hüteten sich die Berner, den Argwohn einer französischen Armee in der Nachbarschaft zu erregen, und achteten daher darauf, sich nicht zu übernehmen.

So entstand also die Republik Genf. Die junge Republik mußte gleich eine Finanzkrise bewältigen. Während des Unabhängigkeitskrieges waren erhebliche Kosten entstanden: Die vernachlässigten Stadtbefestigungen waren wiederaufgebaut, die Vororte dem Erdboden gleichgemacht und die Bewohner umgesiedelt worden, und eine große Anzahl Söldner hatte angeworben werden müssen. Zudem mußte Bern für seine Unterstützung bezahlt werden. Der Stadtkämmerer Claude Pertemps deckte die Unkosten mit Hilfe eines wirksamen Säkularisierungsprogramms: Das gesamte kirchliche Vermögen und die kirchlichen Einnahmen von Genf wurden vom Magistrat beschlagnahmt. Von den evangelischen Geldgebern war ebenfalls umfassende Hilfe zu erwarten, sobald sich Genf voll und ganz für die Reformation einsetzte.[24] Außerdem wurden die Genfer Bürger mit Geldstrafen belegt, die die Stadt zwischen 1534 und 1536 verlassen hatten und nun zurückkehren wollten.[25] Praktisch zahlten die Verlierer den Preis für Genfs Unabhängigkeitskrieg.

Farel drängte nun den Magistrat, die Reformation offen einzuführen. Er hatte Erfolg: Am 19. Mai entschied der Kleine Rat, »eine große allgemeine Versammlung« einzuberufen, »um zu erfahren, ob die Bürger gemäß dem neuen reformierten Glauben leben wollen«.[26] Knapp eine Woche später, am 25. Mai, wurde auf einer öffentlichen Versammlung der Genfer Bürger beschlossen, die erste Phase der Reformation mit dem Versprechen abzuschließen, »fortan nach dem Gebot des Evangeliums und dem Wort Gottes zu leben und alle päpstlichen Mißbräuche abzuschaffen«. Die Republik behielt ein Vierteljahrtausend lang ihre Unabhängigkeit, bis schließlich im letzten Jahrzehnt des 18. Jahrhunderts französische Truppen die Stadt einnahmen.

Man könnte meinen, die Bürger von Genf hätten mit ihrer Erklärung eine reformierte Kirche geschaffen. In Wirklichkeit aber entstand dadurch nur ein reformwilliges Vakuum, in dem die Taten den guten Absichten hinterherhinkten. Den Katholizismus abzulehnen war eine Sache; eine neue Kirchenordnung und -verwaltung aufzubauen eine andere. Ohne klare religiöse Vorstellungen konnten in dieser Hinsicht keine erfolgreichen Schritte unternommen werden. Ein Absinken ins Chaos war abzusehen. Bei der Ankunft Johann Calvins glaubte Farel, genau den Mann gefunden zu haben, den er und Genf brauchten. Aber wie kam Calvin nach Genf?

Calvins Ankunft in Genf

Es dauerte einige Zeit, bis Calvins *Institutio* ihm Ruhm einbrachte. Als er im Sommer 1536 von Frankreich nach Straßburg reiste, war es ihm ein Anliegen, das Werk nicht zu erwähnen:

> Niemand dort wußte, daß ich der Verfasser war. Hier wie überall erwähnte ich es nicht und wollte es auch weiterhin so halten, bis mich schließlich Guillaume Farel in Genf zum Bleiben bewog, nicht etwa durch Zureden und Ermahnen, sondern durch eine furchtbare Beschwörung, als ob Gott vom Himmel her mit Macht seine Hand auf mich legte und mich zurückhielte. Der nächste Weg nach Straßburg, wohin ich mich damals zurückziehen wollte, war durch den Krieg versperrt. Deshalb gedachte ich schnell durch Genf zu reisen, ohne mich länger als eine Nacht in der Stadt aufzuhalten. Dort war kurz vorher das Papsttum [*la Papauté*] durch den rechtschaffenen Mann, von dem ich schon gesprochen habe, und durch Pierre Viret abgeschafft worden. Aber die Dinge standen noch nicht so, wie sie sein sollten. Es gab unter den Einwohnern der Stadt böse und gefährliche Spaltungen und Parteiungen. Damals entdeckte mich ein Mann, der sich jetzt niederträchtigerweise aufgelehnt hat und zu den Papisten zurückgekehrt ist, und machte es den anderen bekannt. Daraufhin bemühte sich Farel (da er von wunderbarem Eifer ergriffen war, das Evangelium zu fördern), mich zum Bleiben zu bewegen. Und nachdem er gehört hatte, daß ich mich für meine privaten Studien frei halten wollte, und er sah, daß durch Bitten nichts zu erreichen war, ließ er sich zu einem Fluch hinreißen, Gott möge meine

> Ruhe und meine Studien verdammen, wenn ich mich in einer so großen Notlage zurückzöge und meine Hilfe und meinen Beistand versagte. Diese Worte erschreckten und erschütterten mich so, daß ich auf die beabsichtigte Reise verzichtete. Doch da ich meine Furchtsamkeit und Schüchternheit kannte, wollte ich mich keinesfalls dazu verpflichten lassen, ein bestimmtes Amt zu übernehmen.[27]

So kam es also, daß sich Calvin im August 1536 überreden ließ, in Genf zu bleiben. Was genau Farel in ihm sah, werden wir nie erfahren.

Anfangs schien es, als sei Calvin den Aufgaben, die sich der evangelischen Bewegung in Genf stellten, nicht gewachsen. Mit seiner zurückhaltenden Art und seinen intellektuellen Neigungen machte er nicht den Eindruck, als könne er im Spannungsfeld der Genfer Politik der dreißiger Jahre von Nutzen sein. Er hatte keinerlei seelsorgerische Erfahrung, und das politische und wirtschaftliche Leben einer Stadt war ihm im Grunde fremd. Calvin mochte zwar in der literarischen Welt zu Hause sein, aber die Bedürfnisse Genfs waren ganz anderer Art. Seine anfänglichen Verpflichtungen in Genf entsprachen seinem Temperament: Er mußte kein pastorales Amt ausüben oder mit dem Magistrat zusammenarbeiten, ja, er mußte nicht einmal predigen. Seine Aufgabe bestand lediglich darin, als Lehrer oder Lektor der Heiligen Schrift zu fungieren.[28]

Calvins erste Wochen in Genf verliefen demnach ohne Zwischenfälle. Aber bald rückte er in den Vordergrund. Die Berner, die Anfang des Jahres Lausanne besetzt hatten, wollten nun ihre Macht in der neu erworbenen Stadt festigen und die Bevölkerung zum evangelischen Glauben bekehren. Dazu war das altbewährte Mittel einer öffentlichen Disputation in der Landessprache bestens geeignet. Die Berner verloren keine Zeit und setzten für die ersten beiden Oktoberwochen ein solches Streitgespräch an.[29] Da in Lausanne Französisch gesprochen wurde, war es für die deutschsprachigen Berner schwer, ihre Sache überzeugend vorzutragen. Der Berner Magistrat – »Messieurs de Berne«, wie sie in den Genfer Ratsprotokollen genannt werden – lud Farel und Viret ein, die Sache der Reformation zu vertreten. Die beiden beschlossen, Calvin mitzunehmen.

Für die Disputation wurden zehn Artikel verfaßt.[30] Die *Conclusions qui doibvent disputées à Lausanne nouvelle province de Berne* am 1. Oktober 1536 enthalten weitgehend die Kernpunkte der Reformation. Obgleich Farel und Viret Vertretern des katholischen Klerus von Lausanne gegenüberstanden, empfanden sie die Debatte als zäh. Am 5. Oktober meldete sich schließlich Calvin zu Wort.[31] Er gab der Debatte eine neue Wendung. Ein katholischer Sprecher behauptete, die Evangelischen verachteten die Kirchenväter (das heißt die christlichen Autoren der ersten fünf Jahrhunderte) und sprächen ihnen hinsichtlich der Lehre jegliche Autorität ab. Das eingehende Studium der Kirchenväter in Saintonge muß bei Calvin einen unauslöschlichen Eindruck hinterlassen haben. Er erhob sich und erklärte, das stimme ganz einfach nicht: Die Evangelischen brächten den Kirchenvätern nicht nur mehr Achtung entgegen als ihre katholischen Gegner, sondern sie würden sie auch besser kennen. Calvin begann, Stellen aus den Schriften der Kirchenväter reihenweise und mit genauer Textangabe – offenbar aus dem Gedächtnis – zu zitieren und machte dadurch die Glaubwürdigkeit seines Gegners zunichte. Cyprianus wird wortwörtlich zitiert (»im zweiten Band seiner Briefe der dritte Brief«), und bei Chrysostomos ist er noch präziser (»die einundzwanzigste Predigt, ungefähr in der Mitte«).[32] Der dramatische Effekt seines Eingreifens war beträchtlich und verschaffte der evangelischen Seite einen noch größeren Vorteil.

Bei näherer Betrachtung der Zitate gelangt man zu einer realistischeren Einschätzung seiner Gelehrsamkeit. Die Zitate werden aus dem Zusammenhang gerissen, und oft läßt Calvin etwas aus, was eine andere Interpretation zuließe als diejenige, die er vorschlug. Trotzdem waren seine katholischen Gegner in Lausanne (und, wie sich später zeigte, auch anderswo) nicht in der Lage, seine Aussagen zu widerlegen.[33] Calvin machte sich durch seinen Auftritt bei der Disputation zu Lausanne (man kann sagen verdientermaßen) einen Namen als Redner und religiöser Polemiker. Aber was vielleicht noch wichtiger ist, sein Erfolg in

Lausanne hatte ihn offenbar davon überzeugt, daß er mehr Fähigkeiten besaß, als er bis dahin vermutet hatte. Seine *Confession de la Foy,* die er den Bürgermeistern und dem Rest des Kleinen Rats am 10. November vorlegte, spiegelt dieses Selbstvertrauen wider. Der neue Respekt, den Farel und Viret Calvin entgegenbrachten, läßt ebenfalls auf eine veränderte Einstellung gegenüber dem jüngeren Kollegen schließen. Ende 1536 wurde Calvin zum Prediger und Seelsorger der Kirche von Genf ernannt.[34] Die evangelischen Geistlichen von Genf waren 1536 allerdings kaum mehr als Staatsbeamte (in der Tat wurde Calvin höchstwahrscheinlich nie im kirchlichen Sinn des Wortes »ordiniert«; vermutlich wurde er einfach vom Magistrat als Pfarrer zugelassen). Im Gegensatz zu ihren katholischen Vorgängern verfügten sie in der Stadt nicht über Einfluß und Vermögen. Sie waren nicht einmal Bürger von Genf und hatten keinen Zugang zu entscheidungstragenden Gremien. Nach der Reformation waren die Genfer Pfarrer im allgemeinen französische Emigranten, keine Einheimischen – eine Situation, die in der Stadt zu Spannungen führte. Pierre Viret stammte zwar aus der Gegend um Genf, die heute als französische Schweiz bekannt ist, aber er war kein Bürger Genfs. Freilich erlangten die evangelischen Pfarrer von Genf nach der zweiten Revolution von 1555 Mitspracherecht bei innen- und außenpolitischen Angelegenheiten der Republik Genf, aber in der zweiten Jahreshälfte 1536 ist von dieser künftigen Rolle und Stellung noch nichts zu merken.[35] Calvin war nur ein kleiner Staatsdiener, der in der Stadt lediglich geduldet wurde. Der Magistrat regelte die religiösen Angelegenheiten der neuen Republik – nicht Calvin, Farel oder Viret.

Die Stellung der Geistlichen war deshalb für Veränderungen in den politischen Bündnissen der Stadt außerordentlich anfällig. Es war, gelinde gesagt, bedauerlich, daß Farel selbst Anlaß zu Spaltungen innerhalb der Stadt gab, die auf das Jahr 1535 zurückgingen. 1537 hatten sich Parteien für und gegen Farel gebildet. Erstere (bekannt als Guillermins oder Farets) wurden von Michel Sept angeführt, und letztere (später bekannt als Artikulanten oder Artichauds) vom Kommandanten der Bürgerwehr, Jean Philipp.

Anfang 1537 war die Situation für die Reformatoren verheißungsvoll. Die vier neuen Bürgermeister waren allesamt Guillermins, das heißt persönliche Freunde Farels. Einer war sogar gewählt worden, ohne auf der Liste der acht Kandidaten zu stehen. Die Reformfreude der Messieurs (wie die Bürgermeister und der Kleine Rat insgesamt genannt wurden) wurde dazu benutzt, um eine Reihe von Reformmaßnahmen vorzuschlagen. Am 16. Januar legten die Pfarrer anscheinend aus eigener Initiative den Messieurs den Entwurf einer Kirchenordnung zur Schaffung »einer wohl organisierten und geordneten Kirche« vor.[36] In diesen *Articles sur le Gouvernement de l'Eglise* waren fünf Dinge festgelegt, die den Geistlichen wünschenswert erschienen. Das Abendmahl sollte regelmäßig in ehrfurchtsvoller und frommer Weise gefeiert werden. Wegen der »Schwäche der Menschen« waren die Pfarrer bereit, einen Kompromiß zu schließen und die monatliche Feier als die Regel anzusehen. Die »züchtigende Maßnahme der Exkommunikation« (mit anderen Worten: der Ausschluß vom Abendmahl, aber *nicht* von der Predigt) wurde für die Wahrung der Ehrfurcht als notwendig erachtet.[37] Die Pfarrer setzten sich für die Einrichtung eines geistlichen Strafgerichts ein, das in solchen Fällen unabhängig von den üblichen Zivilgerichten urteilen konnte. Die Psalmen sollten gesungen, die Jugend sollte katechetisch unterwiesen und öffentlich über ihr Verständnis des reformierten Glaubens befragt werden. Außerdem sollten in bezug auf die Ehe neue Regelungen getroffen werden. Mit Rücksicht auf die geforderte Katechese wurde im November desselben Jahres ein *Catéchisme* vorbereitet (der ursprüngliche Titel lautete *Instruction et confession de la foy*). Im November des vorangegangenen Jahres hatte Calvin die Stadtherren von Genf gebeten, jeden Einwohner Genfs (*habitant* – das heißt jeden ortsansässigen Fremden) aufzufordern, allen einundzwanzig Artikeln seines Glaubensbekenntnisses beizupflichten. Es ist nicht ganz klar, weshalb seine Forderung nur für *habitants* (zu denen auch er und Farel gehörten) gelten sollte, die weder an Wahlen teilnehmen noch öffentliche Ämter bekleiden durften. Höchstwahrscheinlich sollten auf diese Weise Fremde aus der Stadt verbannt werden, die noch dem alten Glauben anhingen. In den

Artikeln vom Januar 1537 wurde jedoch verlangt, daß »alle Bürger und Einwohner Genfs und Bewohner der Gegend« ein solches Bekenntnis ablegen sollten.

Es hat also den Anschein, als sei man am Ende des Jahres 1537 beim Aufbau des neuen Jerusalem, von dem Calvin und Farel träumten, ein gutes Stück weitergekommen. In Wahrheit jedoch wurde eine Gegenreaktion heraufbeschworen. Die Reformation in Genf vermochte zwar staatliche und kirchliche Strukturen und Bräuche zu verändern, aber die Menschen änderte sie nicht. Aufgrund der unpopulären Maßnahmen Calvins und Farels verstärkte sich der Einfluß der Gegner Farels. Den Genfern gefiel der Zwang, zur Predigt zu gehen, ebensowenig wie die Drohung mit der Exkommunikation. Selbst die Anhänger Farels waren hinsichtlich der Exkommunikation unschlüssig. Im Januar 1537 forderte der Magistrat die Zulassung zum Abendmahl für alle, die daran teilnehmen wollten. Die Messieurs lehnten die Einrichtung eines geistlichen Gerichts ab, das die Machtbefugnisse des Magistrats gefährden konnte. Eingedenk ihrer vertraglichen Verpflichtungen gegenüber Bern, die unter anderem vorsahen, daß das Abendmahl viermal im Jahr gefeiert werden sollte, weigerten sie sich, den Vorschlag anzunehmen, den Abendmahlsgottesdienst monatlich abzuhalten. Die Genfer ärgerten sich auch über die ihrer Ansicht nach harten und legalistischen Maßnahmen, die mit der neuen, seit 1536 beanspruchten Freiheit unvereinbar schienen. Das Resultat war wohl zwangsläufig: Alle vier am 3. Februar 1538 gewählten Bürgermeister waren Farel und Calvin feindlich gesonnen und vertraten hinsichtlich des Glaubens und der religiösen Praktiken den Berner Standpunkt. Kurz darauf wurden sechs Guillermins aus dem Kleinen Rat ausgeschlossen und der politischen Intrige bezichtigt.

Im März nahmen die Spannungen noch zu. Durch eine Folge von Ereignissen wurde Calvins Autorität in der Stadt untergraben. Den Geistlichen wurde jede politische Betätigung untersagt.[38] Als wolle er betonen, wer in Genf das Sagen hatte, machte der Magistrat alles noch schlimmer, indem er gleichzeitig festlegte, wie die religiösen Angelegenheiten der Stadt fortan geregelt werden sollten: Anstatt auf Calvins und Farels Vorschläge einzugehen, wollte man dem Berner Modell folgen.[39] In Genf wollte man es jetzt den Bernern gleichtun. Eingedenk der Verwundbarkeit Genfs und des Schicksals der bisher unabhängigen Stadt Lausanne hatte der Magistrat keine Neigung, mit seinen »Befreiern« über Glaubensfragen zu debattieren. Einen Monat später forderten die Messieurs de Berne in einem Brief Calvin und Farel auf, dem Berner Muster zu folgen.[40] Nach einer Zeit der Unentschiedenheit und der Herausforderung, die am Ostersonntag (21. April) ihren Höhepunkt fand, verlor der Magistrat schließlich die Geduld. Calvin und Farel wurden aus Genf verbannt.

Exil in Strassburg, 1538-1541

Offenbar dauerte es eine Weile, bis Calvin begriff, daß er unwiderruflich aus Genf vertrieben worden war. Anfangs wollte er in die Abgeschiedenheit des Privatlebens zurückkehren und die literarischen Studien wiederaufnehmen, die er 1536 hatte aufgeben müssen. Die Rückkehr nach Basel deutet auf dieses Vorhaben hin. Wesentlicher ist jedoch, daß offenbar der Glaube an seine eigene Berufung zum Pfarrer erschüttert war. Hatte Gott ihn *wirklich* zum Diener der Kirche berufen? Seine Vertreibung aus Genf schien seine frühere Vorstellung – ja *Überzeugung* – von einer derartigen Berufung in Zweifel zu ziehen.[41] Dieser Zweifel wurde fraglos durch einen Brief von du Tillet genährt, der erklärte, Calvin sei von Gott zu keinerlei geistlichem Amt berufen.[42]

Calvin sah ein, daß sein Problem zum Teil darin bestand, daß er sich in Genf als unerfahren und naiv erwiesen hatte. Obwohl er mit Nachdruck bestritt, in Genf etwas falsch gemacht zu haben, gab er offen zu, daß gewisse Dinge hätten anders gemacht werden können und sollen.[43] Seine persönliche Krise hat sich aber wohl bald von selbst gelöst. Am 20. Oktober schrieb Calvin an du Tillet, er zweifle nicht länger an seiner göttlichen Berufung zum Pfarrer: »Der Herr hat mir sichere Gründe gegeben, darin fest zu werden.«[44] Offenbar ist dieses neue Vertrauen in seine Berufung auf den neuen Wirkungskreis und die literarische Tätigkeit in Straßburg zurückzuführen.

Während Genf in Europa nur eine Randlage besaß, gehörte Straßburg zu den großen Zentren. Dank Johann Sturm hatte Straßburg internationales Ansehen erlangt, das unbedeutenden Städten wie Genf versagt blieb. Die Reformation war in Straßburg schon vor einiger Zeit eingeführt worden.[45] Damit bot sich dem jungen Calvin die Aussicht auf eine geregelte geistliche Tätigkeit, so daß er keine Pionierarbeit mehr leisten mußte. Vor allem verhieß ihm Straßburg etwas, das ihm bis dahin fehlte – seelsorgerliche und politische Erfahrung. Martin Bucer, der führende Reformator der Stadt, hatte ein Heer unbekannterer Leute wie Wolfgang Capito um sich geschart. Die Möglichkeit, nach Straßburg zu gehen, war im Juli in Erwägung gezogen worden; aber erst im September nahm Calvin schließlich die Einladung an. Obwohl in Straßburg wie in Basel Deutsch gesprochen wurde, hatte die Stadt eine beträchtliche Anzahl französischsprachiger Bewohner. Calvin sollte Pfarrer der französischen Flüchtlingsgemeinde in Straßburg werden. Offensichtlich hat die positive Reaktion auf seine Predigten und sein geistliches Amt sein Vertrauen in seine Fähigkeiten wiederhergestellt.[46]

Sollte Calvin hinsichtlich seines Umzugs nach Straßburg irgendwelche Bedenken gehabt haben, so wurden diese bald ausgeräumt. Für alle Seiten seines Lebens, von einer abgesehen, war es hier gedeihlich. Er konnte auf höchster Ebene Erfahrungen in kirchlicher Diplomatie sammeln, indem er Bucer und seine Kollegen zu Religionsgesprächen nach Worms und Regensburg begleitete. In Straßburg konnte er von sicherer Warte aus das völlig unbefriedigende Verhältnis von Kirche und Staat in den deutschen Gebieten beobachten – vielleicht Luthers traurigstes Vermächtnis an die Reformation. Aufgrund der Erkenntnis, wie der Staat die Kirchen beherrschte, entwarf Calvin andere Modelle. Er konnte seine Talente als Lehrer an Johann Sturms neu gegründeter Hochschule entwickeln. Außerdem konnte er die Maßnahmen, die er zuvor ohne Erfolg für die Genfer Kirche gefordert hatte, nach und nach in die Tat umsetzen und aus seiner Erfahrung lernen. Bucer hatte bereits viele der damals von Calvin vorgeschlagenen Maßnahmen durchgesetzt: Die Psalmen wurden gesungen, der katechetische Unterricht für Kinder war Pflicht, und zum Abendmahlsgottesdienst waren nur die Gläubigen zugelassen.

Calvins einziges Problem war seine finanzielle Situation. Er lebte in beschränkten Verhältnissen. Offenbar mußte er während seines Aufenthalts in Straßburg sogar einige seiner Bücher verkaufen.[47] Im Jahr 1543 sah sich Calvin genötigt, sich für die fehlenden ausführlichen Zitate in der Ausgabe seiner *Institutio* von 1539 (sie wurde im Oktober 1538 in Straßburg fertiggestellt) zu entschuldigen: er habe, so erklärte er, aus dem Gedächtnis zitieren müssen, weil er nur einen einzigen Band von Augustinus zur Hand gehabt habe.[48]

Trotz der fehlenden Bücher war Calvins literarisches Schaffen in Straßburg beachtlich. Die neue Ausgabe der *Institutio,* die im August 1539 erschien, wurde bald durch die bahnbrechende französische Übersetzung von 1541 ergänzt. Die *Antwort an Sadolet,* in der Calvin die Grundgedanken der Reformation in Genf gegen die Kritik und die Verlockungen dieses brillanten Diplomaten der Kurie verteidigte, wurde im Oktober 1539 veröffentlicht. (Sadolets Brief an die Genfer bedeutete auch eine mögliche Gefahr für die Stadt, falls sie zum Katholizismus zurückkehrte, der Calvins Gegner in Genf nicht begegnen konnten.) Der erste von Calvins bedeutenden Kommentaren – zum Brief des Paulus an die Römer – wurde zur selben Zeit fertiggestellt und im darauffolgenden Jahr veröffentlicht. Die *Kleine Abhandlung über das Abendmahl* erschien 1541 im Druck. Schon ein kurzer Blick in diese Werke genügt – zum Beispiel in die neue Ausgabe der *Institutio* –, um eine neue Klarheit des Ausdrucks und einen Weitblick zu erkennen, die nur der Erweiterung seines geistigen und gesellschaftlichen Horizonts aufgrund der unmittelbaren Erfahrung als Leiter einer Kirchengemeinde in Straßburg zuzuschreiben sind. An die Stelle der vagen Verallgemeinerungen von 1536 treten nun Detailgenauigkeit, eine klare Richtung und ein tiefgreifender Realismus, allesamt Merkmale von Denkern, die sich mit der Realität der Gesellschaft und ihren Institutionen auseinandergesetzt haben. Bis zum Jahr 1541 hatte Calvin schon eine Menge praktischer Erfahrung in der Kirchenverwaltung gesammelt und sich viel Gedanken um die kirchliche und staatliche Ordnung und Disziplin gemacht (wobei er weitgehend von Bucer beeinflußt wurde). Die reformierte Kirche und Gemeinde, die 1538 in Genf nur in seinem Kopf existiert hatten, waren nun greifbare Wirklichkeit. Abstrakte Theorien und bloße Tagträume waren praktischer und konkreter Erfahrung gewichen.

Nichts deutete darauf hin, daß Calvin sein Exil verlassen wollte. Im Juli 1540 hatte er das Straßburger Bürgerrecht erworben, und im darauffolgenden Monat hatte er Bucers Rat befolgt und Idelette de Bure, eine Witwe aus der Stadt, geheiratet. Es bestand also überhaupt kein Grund, Straßburg zu verlassen. Sein geistiges und soziales Ansehen wuchs. Doch in Genf hatte sich die Situation mittlerweile verändert. Schon im Oktober 1540 wurden die Fühler nach Straßburg ausgestreckt: Würde Calvin nach Genf zurückkehren?

Die Rückkehr nach Genf

Die Genfer Wahlen von 1539 brachten keine Entscheidung. Die Gegner Farels und Calvins wurden nicht völlig aus einflußreichen Positionen verdrängt, und ihren Anhängern blieb der Einfluß noch immer versagt. Die Beziehungen zwischen Bern und Genf verschlechterten sich vor allem wegen ein paar Unklarheiten in der 1536 von den Städten getroffenen Vereinbarung, die die Besetzung Genfs durch Bern beendete. Jean Lullin, ein bekannter Gegner Farels und Calvins und Anhänger Philipps, reiste an der Spitze einer dreiköpfigen Delegation von Genf nach Bern, um sich Klarheit zu verschaffen. Die Berner bestanden darauf, die Verhandlungen auf schweizerdeutsch zu führen – eine Sprache, die Lullin angeblich perfekt beherrschte. In einer Reihe von Punkten war man sich einig. Die Artikulanten (benannt nach den Artikeln, über die sie verhandelt hatten) schienen sich ihre Überlegenheit gesichert zu haben.

Doch zwei Monate später legten die Berner mit Rücksicht auf ihre Verbündeten eine französische Übersetzung der vereinbarten Artikel vor. Die Genfer waren entsetzt: Lullin konnte weniger Schweizerdeutsch als erwartet. Die Artikel wurden sofort abgelehnt, und Lullin wurde nach Bern zurückbeordert, um erneut über den Vertrag von 1536 zu verhandeln. Lullin weigerte sich. Im April 1540 zeigte sich Bern stur: Der Vertrag müsse, wie 1539 »vereinbart«, vollständig erfüllt werden. Bei Tumulten wurde die Festnahme der Artikulanten gefordert, die jetzt überall als Berner Agenten galten. Berns Gnadengesuch bestätigte diesen Eindruck: Alle drei wurden in Abwesenheit zum Tode verurteilt. Nach weiteren Unruhen wurden Jean Philipp und einer seiner Anhänger verhaftet und hingerichtet. Die Gegner Farels spielten nun in der Genfer Politik keine wichtige Rolle mehr. Ihre Sympathie für Bern wurde ihnen zum Verhängnis.

Im Oktober 1540 hatten Farels Anhänger in Genf die Macht übernommen. In Abwesenheit Farels und Calvins hatten die Ereignisse die enge gegenseitige Abhängigkeit von Reformation und Autonomie, Tugend und Moral, erkennen lassen. Obwohl es dem Magistrat in erster Linie um die Unabhängigkeit und Moral der Stadt ging, wurde ihm langsam klar, daß Farels religiöses Programm nicht zu umgehen war.[49] Farels Anhänger zeigten vermutlich wenig Begeisterung für religiöse Reformen oder die Förderung öffentlicher Moral. Trotzdem hatte es den Anschein, als hinge der Fortbestand der Republik Genf davon ab. Deshalb bestand eine ihrer ersten Amtshandlungen darin, Farel und Calvin zurückzurufen in der Absicht, Farels Reformen von 1536 wiedereinzuführen. Ihre Gegner waren ausgeschaltet; eine Rückkehr war ungefährlich. Anscheinend richtete sich die Einladung in erster Linie an Farel. Farel hatte sich jedoch mittlerweile in Neuenburg niedergelassen und stand im Dienste Berns. Selbst wenn er bereit gewesen wäre, nach Genf zurückzukehren (offenbar verspürte er dazu jedoch wenig Neigung), hätten es ihm seine Berner Dienstherren nicht erlaubt aus Furcht, daß sich das Verhältnis zwischen Bern und Genf noch weiter verschlechtern könnte. Auch Calvin hatte anfangs keinen Drang, nach Genf zurückzukehren. Im Februar 1541 konnte Farel den zögernden und unschlüssigen Calvin schließlich überreden. Am 13. September desselben Jahres traf Calvin wieder in Genf ein. Aus dem unerfahrenen und ungestümen jungen Mann, der die Stadt 1538 verlassen hatte, war nun ein erfahrener und geschickter Kirchenorganisator geworden, der sich in der Welt auskannte. Der zweite Genfer Aufenthalt würde möglicherweise einen entscheidenden Wandel im Kräfteverhältnis der Stadt zu Calvins Gunsten bringen. Aber es zeigte sich, daß es noch längst nicht so weit war. Der Schein trog, als Calvin seine Rückkehr vorbereitete.

6

Genf: Die Festigung der Macht

Wie Byron in *Hints from Horace* bemerkt, ist es schwer, »einer alten Geschichte neues Interesse abzugewinnen«. Die Geschichte von Calvins Nöten während seines zweiten Genfer Aufenthalts ist schon so oft und ausführlich erzählt worden, daß es wenig Sinn hat, sie nochmals zu wiederholen. Zahlreiche Mythen ranken sich um diese Zeit. Sie spiegeln die starke Abneigung wider, die Calvin im 19. und 20. Jahrhundert von vielen entgegengebracht wurde.[1] Immerhin mag es interessant sein, einige herauszugreifen, um zu zeigen, wie fest der Mythos vom »großen Diktator von Genf« im populären religiösen und historischen Schrifttum verwurzelt ist. Dieser Mythos stellt, sofern er nicht völlig der Phantasie entstammt, eine gravierende Entstellung der historischen Fakten dar.

In der *Menschlichen Komödie* berichtet Honoré de Balzac, daß unmittelbar nach Calvins Rückkehr nach Genf im Jahr 1541 »die Hinrichtungen begannen und Calvin seinen religiösen Terror organisierte«. Vielleicht hat Balzac bei der Wahrnehmung seiner beträchtlichen dichterischen Freiheit Calvin mit Robespierre verwechselt. Jedenfalls gab es in Genf keine Gewaltherrschaft, und Calvin war nie in der Lage, eine derartige Kampagne zu starten, geschweige denn zu kontrollieren oder zu führen. Von seiner Rückkehr bis zu seinem Tod fand in Genf nur eine einzige Hinrichtung wegen eines religiösen Vergehens statt. Wie sich noch zeigen wird, spielte Calvin bei dieser Angelegenheit eher eine Nebenrolle. Um Calvin in Mißkredit zu bringen, behauptete Aldous Huxley vor noch nicht allzu langer Zeit, »während der

Theokratie des großen Calvin in Genf sei ein Kind öffentlich enthauptet worden, weil es gewagt habe, seine Eltern zu schlagen«.[2] Erstens wird im Genfer Archiv (das so umfassend ist, wie man es sich nur wünschen kann) kein solcher Vorfall erwähnt; zweitens ist im Genfer Straf- oder Zivilrecht nichts festgelegt, was eine derartige Strafverfolgung, geschweige denn eine solch drakonische Strafe, rechtfertigen könnte; drittens waren Struktur und Praxis des Genfer Zivil- und Strafrechts nicht Calvin zu verdanken. Als Anwalt arbeitete er nur gelegentlich am Entwurf der Genfer Gesetze mit; zum Beispiel wurde er 1543 aufgefordert, einen Gesetzentwurf in betreff der städtischen Nachtwächter auszuarbeiten. Es waren jedoch nicht *seine* Gesetze, sondern die der Stadt.

Viertens ist Huxley wegen des bedenkenlosen Gebrauchs des Wortes »Theokratie« zu tadeln. Es wurde in der Tat oft behauptet, Calvins politisches Denken sei völlig theokratisch.[3] Trotzdem ist es wichtig zu erklären, was dieser facettenreiche Begriff bedeutet. Im allgemeinen wird damit ein politisches Regime bezeichnet, in dem die Staatsgewalt vom Klerus oder einem anderen kirchlichen Machtapparat ausgeübt wird. Es läßt sich leicht nachweisen, daß es Calvin nie gelang, in Genf eine so verstandene Theokratie zu errichten, und entgegen Huxleys Behauptung beabsichtigte er dies auch nie. Der Begriff hat jedoch noch eine zweite Bedeutung, die auf theologischer und etymologischer Ebene vielleicht eher vertretbar ist: Er bezeichnet außerdem eine Herrschaftsform, in der alle Gewalt von Gott ausgeht.[4] Calvins Auffassung von staatlicher Herrschaft kann, vor allem in Zusammenhang mit der Situation in Genf, in diesem letzten, weniger bedrohlichen Sinn des Wortes als von Grund auf theokratisch angesehen werden. In beiden Fällen aber gilt, daß Gott auf Ordnung und Regierung indirekt Einfluß nimmt, sei es durch die Geistlichen als seine angeblichen Stellvertreter, sei es durch die Vorstellung von der Herrschaft an sich, die letztlich von ihm ausgeht.

Möglicherweise hatte Calvin geglaubt, er werde im Triumph zurückkehren, um die Reformation in Genf in die Hand zu nehmen. Falls er je eine derartige Hoffnung hegte (und wie die Dokumente beweisen, war es nicht so), dann wurde sie schon innerhalb weniger Monate zunichte gemacht. Freilich herrschte zu Anfang eine gewisse Harmonie, und der Rat schien Calvin genügend Freiraum zu lassen, die Genfer Kirche von innen zu reformieren. Aber dieser Zustand war nicht von Dauer. Immer wieder wurden Calvins Pläne vom Magistrat, der bestrebt war, die eigene Kontrolle über die Stadt zu bewahren oder gar auszuweiten, geschickt durchkreuzt. Ende der vierziger Jahre wurde immer deutlicher, daß Calvin einfach nicht den erforderlichen politischen Status hatte, um seine Ziele zu erreichen. Der Magistrat wurde in dem Maße ihm gegenüber ablehnender, wie die »Libertiner« (die Anhänger Ami Perrins, die auch als »Perrinisten« bezeichnet wurden) an Einfluß gewannen. Tatsächlich war der Magistrat das genaue Gegenteil des freundlichen Mr. Micawber aus »David Copperfield«: Er war stets um eine ablehnende Haltung bemüht. Zu Calvins beruflichen Schwierigkeiten kam noch ein persönlicher Schicksalsschlag hinzu. Wie bereits erwähnt, hatte er in Straßburg die Witwe Idelette de Bure geheiratet. Ihr einziges Kind, ein Junge, starb kurz nach der Geburt.[5] 1545 wurde Idelette schwer krank. Sie starb im März 1549 nach langem, wechselvollem Leiden und überließ Calvin die Fürsorge für ihre beiden Kinder aus erster Ehe. Offenbar hatte Calvin viele Anhänger, aber wenige Freunde. Er war untröstlich über den Verlust seiner Frau.[6] Bis zum Jahr 1555 konnte er offenbar innerhalb des Machtgefüges der Stadt kaum auf Unterstützung hoffen. Um zu verstehen, wie es dazu kam, muß man die damalige Organisation Genfs betrachten.

Calvin und die Genfer Regierung

Wenn überhaupt ein politisches Gebilde des 16. Jahrhunderts mit einem griechischen Stadtstaat verglichen werden kann, dann ist es die Stadt Genf. François Bonivard widmete seine französische Ausgabe von Guillaume Postels Studie über die Regierung im alten Athen dem Genfer *Petit Conseil*, womit er andeuten wollte, daß es zwischen dem alten und dem neuen Stadtstaat gewisse Parallelen gibt. Das Genfer Territorium war mit Rücksicht auf die geographische Lage, die militärische Vernunft und die politische Zielsetzung streng begrenzt – Rücksichten, die gelegentlich in entgegengesetzte Richtungen drängten. In der Praxis war Genf im 16. Jahrhundert eine kaum befestigte Stadt, umgeben von Mauern, deren Stabilität eher zweifelhaft war (die Befestigungsanlagen waren eine ständige Belastung für die Wirtschaft der Stadt). Die Stadtverwaltung folgte dem bewährten Beispiel der größeren französischen Städte.[7] Seit der *Seconde Bourgeoisie* sah die Grundstruktur der Genfer Verwaltung folgendermaßen aus.[8]

Seit 1526 wurden die Einwohner Genfs in drei Kategorien eingeteilt. Altbürger (*citoyens*) waren diejenigen, die in der Stadt geboren (und anschließend getauft) wurden und deren Eltern bereits *citoyens* waren. Die maßgebende Körperschaft – der *Petit Conseil* – bestand nur aus Altbürgern. Die außerhalb Genfs Geborenen wurden in zwei Kategorien unterteilt. Die Einwohner der Stadt, die zu den privilegierten Neubürgern (*bourgeois*) zählten (oder diese Stellung erkauften oder anderweitig erwarben), kamen jedes Jahr zusammen, um die Regierungsbeamten zu wählen, und sie konnten selbst in den Rat der Sechzig (*Conseil des Soixante*) oder in den Rat der Zweihundert (*Conseil des Deux Cents*) gewählt werden. Genaugenommen konnte kein *bourgeois* Mitglied des *Petit Conseil* werden. Die übrigen Einwohner (*habitants*) waren Fremde, die nicht wählen, keine Waffen tragen und kein öffentliches Amt bekleiden durften. Eine Ausnahme wurde jedoch gemacht: ein *habitant* konnte Pfarrer oder Lektor an der *haute école* werden – aber nur, wenn tatsächlich kein gebürtiger Genfer da war, der diese Aufgaben erfüllen konnte. Bis 1559 gehörte Calvin zur letzten Kategorie.

Es ist weitgehend unklar, welche Funktion der *Conseil des Soixante* hatte. Anscheinend war er nur ein Überbleibsel aus dem 14. Jahrhundert und hatte zu Calvins Zeit keine besondere Bedeutung. Der Rat der Zweihundert entstand 1527, als es Schwierigkeiten mit dem Allgemeinen Rat gab. Der *Conseil Général* hatte sich als ein grobes und unbewegliches Gremium erwiesen. Er stammte aus einer Zeit, als die Einwohnerzahl Genfs noch so gering war, daß alle Einheimischen aufgerufen waren, am Entscheidungsprozeß teilzunehmen. Zur Zeit Calvins wurde die Bürgerversammlung normalerweise zweimal im Jahr einberufen, wobei das Programm streng begrenzt und im voraus festgelegt wurde: Im Februar war die Wahl der Bürgermeister, und im November wurden die Preise für Getreide und Wein festgesetzt. Nach dem Vorbild von Städten wie Bern und Zürich wurde der *Conseil des Deux Cents* als Kompromiß gestaltet. Der allgemein repräsentative Charakter des *Conseil Général* wurde beibehalten, aber man ersparte sich die Unannehmlichkeiten, die mit großen Versammlungen verbunden waren.

Das zentrale Organ der Genfer Verwaltung war, wie bereits erwähnt, der *Petit Conseil,* der auch als *Senatus, Conseil Ordinaire, Conseil Estroicte* oder einfach als *Conseil* bezeichnet wurde. Wenn unberechtigterweise vom »Genfer Stadtrat« die Rede ist, dann ist immer der Kleine Rat gemeint. Seine Mitglieder werden abwechselnd »Messieurs de Genève« oder die *Seigneurie* genannt. Der Rat bestand aus vierundzwanzig männlichen Bürgern der Stadt, darunter die vier Bürgermeister. Praktisch jeder Bereich des öffentlichen Lebens wurde von den Stadtherren überwacht, die alles unter ihrer Kontrolle halten wollten. Für eine Kleinstadt wie Genf war es damals im Grunde unmöglich, ihre Unabhängigkeit von den mächtigen Nachbarn zu bewahren. Es ist der Achtsamkeit und Klugheit zu verdanken, mit der der Stadtrat seine Autorität innehatte und ausübte, daß Genf seine hart erkämpfte Unabhängigkeit ein Vierteljahrtausend bewahrte. Es behielt seine Souveränität, bis französische Truppen auf der Suche nach neuen Einflußbereichen in den neunziger Jahren des 18. Jahrhunderts in die Stadt einmarschierten (ein Ereignis, das bei der Entscheidung Genfs im Jahr 1815, sich der Schweizerischen Eidgenossenschaft anzuschließen, keine unwesentliche Rolle spielte). Die strengen Beschränkungen des Wahlrechts im 16. Jahrhundert spiegelten die weitverbreitete Sorge wider, Fremde könnten Einfluß auf die Angelegenheiten der Stadt nehmen. Indem der Rat das Bürgerrecht und damit das volle Wahlrecht und das Recht auf alle Regierungsämter den in Genf Geborenen vorbehielt, kam er dem Bestreben jedes Fremden zuvor, in der Stadt politischen Einfluß ausüben zu wollen.

Somit war Calvin der Zugang zum maßgeblichen Organ der Stadt verwehrt. Er durfte nicht wählen und für kein öffentliches Amt kandidieren. Von 1541 bis 1559 hatte er den Status eines *habitant.* Im Gegensatz zu Genfs späterem Glanzlicht Jean-Jacques Rousseau konnte Calvin die Titelseiten seiner veröffentlichten Werke nie mit den begehrten Worten *citoyen de Genève* schmücken. Am 25. Dezember 1559 wurde sein Name endlich in das *Livre des bourgeois de l'ancienne république de Genève* aufgenommen.[9] Obwohl Calvin verspätet den Status eines *bourgeois* erhielt, blieb es ihm auf Dauer versagt, ein Bürger der Stadt zu werden, die so eng mit seinem Namen verbunden war. Er übte seinen Einfluß auf Genf indirekt aus, durch Predigten, Beratung und andere Formen des sprachlichen Wirkens. Obwohl er mit Hilfe seiner moralischen Autorität Einfluß ausüben konnte, hatte er nicht das *Recht,* anderen seinen Willen aufzuzwingen. Calvin konnte drängen, gut zureden und flehentlich bitten, was er auch tat; aber er konnte nicht befehlen.

Calvins Ruf als »Diktator von Genf« steht in keinem Verhältnis zu den bekannten historischen Fakten. Stefan Zweigs Darstellung Calvins als autoritären Führers, der die unglücklichen Einwohner Genfs mit der Eisenstange regierte, entspricht wohl eher Zweigs Phantasie und seiner antiautoritären Haltung, die durch Bilder von Robespierre, Hitler und Stalin geformt und angereichert wurde, als der Realität Genfs im 16. Jahrhundert. Der Rat hatte nicht die Absicht, seine schwer erkämpften Rechte und Privilegien an irgend jemanden abzutreten, geschweige denn an einen seiner Beamten – an einen Fremden ohne Wahlrecht, der jederzeit entlassen und aus der Stadt gejagt werden konnte. Weder das Genfer Recht noch die zivile Ordnung – mit Ausnahme des Konsistoriums und der *Venerable Compagnie des Pasteurs,* der Ehrwürdigen Gesellschaft der Pastoren – verdankten Calvin ihre Existenz, ihre Form oder ihren vereinbarten Wirkungskreis. Die ganze Zeit behielt der Rat seine Autorität in religiösen Fragen. Daß Calvins Autorität in städtischen Angelegenheiten rein persönlicher und moralischer Natur war, zeigten die Schwierigkeiten, mit denen seine Nachfolger nach seinem Tod zu kämpfen hatten.

Im März 1553 war Calvins Situation unhaltbar geworden. Eine anticalvinistische Koalition hatte die wichtigsten Ämter in der Stadt unter ihre Kontrolle gebracht. Bei den Wahlen im Februar 1552 wurde Calvins langjähriger Gegner Ami Perrin zum ersten Bürgermeister gewählt, und seine Anhänger übernahmen zwei der restlichen drei Bürgermeisterposten. Perrins Schwager Pierre Tissot wurde Statthalter Genfs. Im Jahr 1553 hatten die Perrinisten – die in der Regel Libertiner genannt wurden – die Kontrolle über den *Petit Conseil* erlangt. Nun konnten sie Calvin auf seinem eigenen Gebiet herausfordern – in der Frage der Kirchenzucht, die nach der Kirchenordnung von 1541 in den Amtsbereich der Pfarrer fiel und durch das Konsistorium ausgeübt wurde. Die Genfer Kirche hatte nach dem Berner Modell vier gleichmäßig über das Kirchenjahr verteilte Festtage, an denen das Abendmahl gefeiert wurde – Weihnachten, Ostern, Pfingsten und einen Festtag im September –, was einen französischen Zyniker zu der Bemerkung veranlaßte, sie seien wohl nach dem Vorbild der viermal jährlich stattfindenden Handelsmessen in Lyon entstanden.[10] Als 1553 das Abendmahl zu Ostern näherrückte, verlangte der Rat vom Konsistorium die Vorlage einer Liste mit den Namen all derer, die gegenwärtig exkommuniziert waren, sowie die Rechtfertigung des Banns in jedem einzelnen Fall. Die Absicht war klar: Der Rat nahm für sich das Recht in Anspruch, sämtliche Entscheidungen in Zusammenhang mit der Kirchenzucht zu prüfen. Das kam einer Ablehnung – oder, besser gesagt, einer falschen Interpretation – der Kirchenordnung von 1541 gleich, mit der Calvin das Problem gelöst zu haben glaubte, wer das Recht hatte, die Kirchenzucht durchzuführen.

Ein paar Monate später wurde Calvins Position in Genf durch eine neue Entscheidung weiter geschwächt. Pfarrer, auch wenn sie Bürger von Genf waren, durften nicht Mitglieder des Allgemeinen Rats sein, der die Bürgermeister wählte. Einem wesentlichen Teil von Calvins Anhängern wurde damit das Wahlrecht entzogen. Kurz darauf griff der Rat in eine kirchliche Angelegenheit ein und drang somit noch weiter in Calvins ständig kleiner werdenden Machtbereich vor. François Bourgoin, Pfarrer in dem Dorf Jussy, wurde nach Genf versetzt und durch einen Kandidaten des Rats ersetzt. Am 24. Juli 1553 bot Calvin seinen Rücktritt an; sein Gesuch wurde abgelehnt.[11] Kurz darauf wurde die Aufmerksamkeit Calvins und des Rats von ihrem Machtkampf abgelenkt, da eine neue Gefahr auftauchte – der Fall Servet. Um Calvins Rolle in dieser Sache zu verstehen, muß man zunächst die Rolle des Konsistoriums betrachten, ehe man sich der Monopolisierung der Rechtsprechung durch den Rat zuwendet.

Das Konsistorium

Wenn der *Unterricht in der christlichen Religion* der Muskel der Calvinschen Reformation war, dann bildete seine Kirchenordnung das Rückgrat. Die Kirchenordnung von 1541, die der Genfer Kirche ihre charakteristische Form und Identität gab, wurde von Calvin fast unmittelbar nach seiner Rückkehr aus dem Exil in Straßburg ausgearbeitet. Überzeugt von der Notwendigkeit einer disziplinierten, gut organisierten und strukturierten Kirche, legte er genaue Richtlinien zu jedem Aspekt ihrer Struktur fest.[12] Der Aufbau eines Kirchenapparats nach Calvins Vorstellungen ist einer der wichtigsten Aspekte seines geistlichen Wirkens und verleiht einem Vergleich mit Lenin zusätzliches Gewicht. Beide waren sich der herausragenden Bedeutung von Institutionen für die Verbreitung ihrer jeweiligen revolutionären Ideen bewußt,[13] und sie verloren keine Zeit, alles hierzu Nötige in die Wege zu leiten.

Die Bedeutung der Kirchenstruktur für die internationale Entwicklung des Calvinismus läßt sich am besten beurteilen, wenn man die ganz unterschiedlichen Situationen vergleicht, in denen das Luthertum und der Calvinismus in Westeuropa und Nordamerika entstanden. Das Luthertum wurde allgemein aufgrund der Sympathie von Monarchen und Fürsten gefördert, die sich der bedeutenden, aus Luthers Lehre von den »Zwei Reichen« hergeleiteten kirchlichen Rolle durchaus bewußt waren. Obwohl Calvin wußte, daß er Monarchen für seine Ideen gewinnen konnte (ihm war vor allem daran gelegen, sich am französischen Hof Gehör zu verschaffen), mußte der Calvinismus in ausgesprochen bedrohlichen Situationen (wie in den fünfziger Jahren in Frankreich), wo sich sowohl der Monarch als auch die bestehende Kirche seiner Verbreitung widersetzten, bestehen und vorankommen. Unter solchen Bedingungen hing das Überleben calvinistischer Gruppen von einer starken und disziplinierten Kirche ab, die ihrer feindseligen Umgebung zu trotzen vermochte. Die wohldurchdachte calvinistische Kirchenordnung hielt weitaus schwierigeren Prüfungen stand als ihr lutherisches Gegenstück. Sie war für den Calvinismus lebenswichtig, um auch in scheinbar widrigen politischen Situationen Boden zu gewinnen.

Der herausragendste und umstrittenste Aspekt der Kirchenordnung Calvins war das Konsistorium. Diese Einrichtung wurde 1542 geschaffen. Sie bestand aus zwölf Ältesten (die jährlich vom Rat gewählt wurden) und sämtlichen Mitgliedern der Ehrwürdigen Gesellschaft der Pastoren (1542 waren es neun, 1564 neunzehn). Das Konsistorium sollte jeden Donnerstag zusammenkommen, um über die Kirchenzucht zu wachen. Der Ursprung dieser Einrichtung ist unklar. Offenbar haben bestehende Ehegerichte wie das in Zürich als Vorbild gedient.[14] Bereits während Calvins Exil in Straßburg wurde in Genf ein solches Modell geschaffen.[15] Es ist bezeichnend, daß sich das Konsistorium zunächst mit Fragen der Ehe beschäftigte, die ebenso als seelsorgerliches wie als rechtliches Problem angesehen wurden. Darin spiegelt sich wohl die Rolle der bereits bestehenden Ehegerichte wider (denen vorwiegend Laien angehörten).

Die Frage der Kirchenzucht hatte die Behörden in den reformierten Schweizer Städten stark beschäftigt. Wenn es in den dreißiger Jahren des 16. Jahrhunderts überhaupt ein vorherrschendes Muster gab, dann war es Zwinglis Idee, die Kirchenzucht dem weltlichen Gericht unterzuordnen.[16] Unter Zwinglis Nachfolger Heinrich Bullinger galt in Zürich die Exkommunikation als zivile Angelegenheit, die weltlichen Richtern und nicht dem Klerus oblag.[17] Auch in Basel hatte man ernste Bedenken, ob es angemessen sei, einem rein geistlichen Gericht die Exkommunikation zu überlassen.[18] Wenn die Stadt Bern hier in jeder Hinsicht eine Ausnahme bildet, dann deshalb, weil sie keine Mitglieder ihrer Kirchen exkommunizierte.[19]

Die Anfänge einer konkurrierenden Theorie liegen möglicherweise in Basel, wo Johann Oekolampad im Jahr 1530 vor dem Basler Rat erklärte, es bestünde ein grundlegender Unterschied zwischen staatlicher und kirchlicher Autorität. Es sei notwendig, ein geistliches Gericht einzusetzen, das sich mit der Sünde zu befassen habe, während weltliche Richter weiter kriminelle Vergehen ahnden sollten.[20] Das geistliche Gericht solle das Recht haben, Missetäter zu exkommunizieren, um sie zu ermutigen, sich zu bessern und es künftig zu unterlassen, die kirchliche Einheit und das kirchliche Leben zu stören. Der Basler Rat war jedoch anderer Meinung, und damit war die Sache erledigt.

Trotzdem fand die Idee eines eigenen geistlichen Gerichts in den dreißiger Jahren immer mehr Zuspruch. Obwohl Martin Bucer am 19. Oktober 1530 in einem Brief an Zwingli seine ablehnende Haltung gegenüber einem solchen Gericht zum Ausdruck brachte,[21] hat er anscheinend kurz darauf seine Meinung geändert. Es ist durchaus möglich, daß hierin eine Distanzierung Bucers von Zwingli liegt. Letzterer hatte Bucer in seinem Brief vom 12. Februar 1531 vorgeworfen, die Wahrheit des Evangeliums aus politischem Eigennutz zu verraten.[22] Im Jahr 1531 unterstützte Bucer den Vorschlag, in der Stadt Ulm ein geistliches Gericht aus Laien und Pastoren einzusetzen, das sich mit Fragen der Kirchenzucht befassen sollte. Die Einnahme Münsters durch Radikale im Februar 1534 führte dem Straßburger Rat die Notwendigkeit der Durchführung von Kirchenzucht und Orthodoxie vor Augen, wenn Straßburg – das damals als Zufluchtsort für Radikale galt – dem Schicksal Münsters entgehen wollte. Doch der Rat lehnte Bucers Vorschlag ab, ein eigenes geistliches Gericht einzusetzen. Die Durchführung der Kirchenzucht sollte fest in den Händen der zivilen Behörden bleiben.[23] Es waren wohl eher Bucers Ideen als die Straßburger Praxis, die Calvins Phantasie während seines Aufenthalts in der Stadt beflügelten.[24] Die Artikel für den Aufbau der Kirche in Genf, die Farel und Calvin im Januar 1537 ausgearbeitet hatten, nehmen im Grunde jeden Aspekt der *Ordonnances ecclésiastiques* von 1541 vorweg –

mit Ausnahme des Konsistoriums.[25] Das läßt den Schluß zu, daß Calvin die Idee während seines Aufenthalts in Straßburg entwikkelte.

Calvin verstand das Konsistorium in erster Linie als Instrument zur »Überwachung« religiöser Frömmigkeit. Es war der Garant für die Zucht, die, wie Calvins Erfahrung in Straßburg gezeigt hatte, für das Überleben des reformierten Christentums eine unabdingbare Voraussetzung war. Seine Hauptaufgabe bestand darin, sich derer anzunehmen, die solch irrige religiöse Ansichten vertraten, daß sie für die bestehende religiöse Ordnung in Genf eine Gefahr darstellten. Mit Personen, deren Verhalten aus anderen Gründen, seien es seelsorgerliche oder moralische, untragbar war, sollte in derselben Weise verfahren werden. Solchen Menschen sollte zuerst ihr Irrglaube vor Augen geführt werden. Sollte dies fehlschlagen, diente die Exkommunikation als Abschreckung. Die Exkommunikation war jedoch eher eine kirchliche als eine zivile Strafe. Dem Irrgläubigen konnte zwar die Teilnahme an einem der viermal jährlich stattfindenden Abendmahlsgottesdienste in Genf verwehrt werden, aber das Konsistorium konnte keine zivile Strafe verhängen. Der Rat, der ständig um seine Autorität bangte, hatte darauf bestanden, daß »alles so zugeht, daß die Pfarrer keine einzige bürgerliche Rechtsbefugnis besitzen und nur das geistliche Schwert des Wortes Gottes führen ... und daß durch das Konsistorium die Autorität der *Seigneurie* nicht beeinträchtigt wird, auch nicht die allgemeine Rechtsprechung, sondern daß das bürgerliche Regiment in vollem Umfang in den Händen des Rats bleibt.«

Nach Calvins Tod verlor das Konsistorium offenbar seine geistliche Orientierung und wurde zu einem schlichten Instrument sozialer Kontrolle, die schon an Hysterie grenzte. Im Jahr 1568 wurden zwei Männer und eine Frau wegen »skandalösen Verhaltens und Mißachtung der Institution der Ehe« exkommuniziert. Sie waren bei einem Frühstück nach einer Hochzeitsfeier, bei dem der Bräutigam einen Laib Brot aufgeschnitten hatte, um den Anwesenden zu veranschaulichen, wie oft er mit seiner Braut zum ehelichen Genuß gekommen war. Zwischen 1564 und 1569 wurde in 1 906 Fällen die Exkommunikation ausgesprochen.[26] Im Jahr 1568 zum Beispiel wurde einem Gläubigen die zweifelhafte Ehre zuteil, viermal exkommuniziert zu werden, so daß er in dem Jahr an keinem Abendmahlsgottesdienst teilnehmen durfte. Die Gründe für eine Exkommunikation sind erstaunlich: Verprügeln der Ehefrau, häusliche Streitigkeiten und andere Gewaltdelikte gehören zu den Routineangelegenheiten. Glücksspiel, Trunkenheit und Unzucht stehen ebenfalls auf der Liste. Diese Verstöße kommen allerdings seltener vor als erwartet. Dennoch ist klar, daß die spezifisch *religiöse* Rolle, die Calvin dem Konsistorium zugedacht hatte, allmählich ausgehöhlt wurde. Nach seinem Tod verlor die Institution, die er ins Leben gerufen hatte, weitgehend ihre Berechtigung.

Die Kontroverse über die Rolle des Konsistoriums zu Beginn der fünfziger Jahre konzentrierte sich auf die Frage, ob die Messieurs de Genève oder das Konsistorium das Recht hatten, die Exkommunikation auszusprechen. Gemäß der Kirchenordnung glaubte Calvin, daß dieses Recht eindeutig beim Konsistorium liege. Seine Gegner, allen voran Ami Perrin, erklärten, nur der Rat könne eine derartige Strafe verhängen. Ein weiterer wichtiger Grund für die Reibereien zwischen Calvin und den Perrinisten war die Frage der Kirchenzucht.[27] Obwohl Perrin und seine Anhänger der Reformation keineswegs ablehnend gegenüberstanden, mißbilligten sie Calvins Auffassung der Kirchenzucht. (Aus diesem Grund werden sie allgemein als »Libertiner« bezeichnet, obwohl das moderne Wort »liberal« ihre Haltung vielleicht treffender beschreibt.) Mit dem Fall Servet spitzte sich die Kontroverse zu.

Der Fall Servet

Wenn es einen Bereich des öffentlichen Lebens gab, den der Rat ganz unter seiner Kontrolle behalten wollte, dann war es die Rechtsprechung. Der Genfer Magistrat hatte während der Revolte gegen den Bischof von Genf und seine Gönner aus Savoyen die Ausübung der Zivil- und Strafgerichtsbarkeit übernommen. Wie bereits erwähnt, war vor den Unabhängigkeitsbestrebungen der *vidomne* in Genf das Symbol bischöflicher Autorität. Dieser Beamte, der zusammen mit seinen Mitarbeitern in der Burg auf der Insel inmitten der Rhone residierte, war ein sichtbares Zeichen für die Herrschaft des Bischofs über seine Stadt. Im Jahr 1527 wurde das Recht des Bischofs, Zivilsachen zu verhandeln, an die Stadt abgetreten. In den folgenden Jahren wurde die gesamte Rechtsprechung nach und nach den Stadtherren überlassen: Den Bürgermeistern wurde das Recht übertragen, Strafen zu verhängen, die Anrufung externer höherer Instanzen wurde verhindert. Im Jahr 1530 hatte die Stadt das Gerichtswesen völlig unter ihre Kontrolle gebracht. Die Kompetenz, Recht zu sprechen, wurde in der Tat als öffentliche Demonstration der Unabhängigkeit der Stadt verstanden. Einer fremden Macht oder Person Einfluß auf die Rechtsprechung zu gewähren, hieße, die hart erkämpfte Souveränität Genfs zu untergraben.[28] Die Stadtherren wollten einem Fremden keinesfalls erlauben, in diesem zentralen Bereich der Genfer Verwaltung Einfluß auszuüben. Innerhalb des Konsistoriums wurde Calvin jedoch das Recht eingeräumt, widerspenstige Mitglieder seiner Gemeinde durch zeitweiligen Ausschluß vom Abendmahlsgottesdienst zu bestrafen. Als bloßer *habitant* war er von der Zivil- und Strafgerichtsbarkeit streng ausgeschlossen. Unter Berücksichtigung dieser Tatsache können wir uns dem Ereignis zuwenden, das schließlich dazu führte, daß Calvins Macht in Genf gestärkt, er selbst aber als blutrünstiger Tyrann diffamiert wurde.[29]

Der Prozeß und die Hinrichtung Michael Servets als Ketzer hat nach Calvins Tod mehr als irgendein anderes Ereignis seinen Ruf geprägt.[30] Es ist nicht ganz klar, weshalb Wissenschaftler gerade die Hinrichtung Servets für bemerkenswerter oder bedeutender hielten als die Massenhinrichtungen in Deutschland nach dem erfolglosen Bauernkrieg (1525) und dem Ende der Belagerung von Münster (1534) oder die grausame Hinrichtungspolitik an römisch-katholischen Priestern im elisabethanischen England. Noch 1612 ließ die weltliche Gerichtsbarkeit auf Anordnung der Bischöfe von London und Lichfield zwei Personen öffentlich verbrennen, die ähnliche Ansichten vertraten wie Servet. In Frankreich wurden ähnlich grausame Methoden angewandt: Von Mai 1547 bis März 1550 wurden in Paris neununddreißig Personen wegen Ketzerei verbrannt.[31] Das Edikt von Chateaubriant (27. Juni 1551) schaffte die Regelung ab, daß die Todesstrafe wegen Ketzerei in Einzelfällen vom *parlement* bestätigt werden mußte: Von diesem Zeitpunkt an konnten untergeordnete Gerichte ungehindert gegen Ketzer vorgehen. Im 16. Jahrhundert war von der heutigen Abneigung gegen die Todesstrafe, wenn überhaupt, nur wenig zu spüren. Die Todesstrafe galt als legitimes und praktisches Mittel, um unerwünschte Personen loszuwerden und allfällige Nachahmer abzuschrecken. Genf war da keine Ausnahme: Da es keine langfristige Freiheitsstrafe gab (kurzzeitige Gefangene wurden auf eigene Kosten in Gewahrsam genommen, während sie auf den Prozeß warteten), standen nur zwei Strafen zur Auswahl – Verbannung und Hinrichtung. Es ist auch nicht ganz klar, warum der Fall Servet in bezug auf Calvin ein besonders schändliches Beispiel sein soll. Calvins stillschweigende Billigung der Todesstrafe bei einem Vergehen wie Ketzerei, welches er (und seine Zeitgenossen) als schwerwiegend erachteten, macht ihn wohl eher zu einem Kind seiner Zeit als zu einer unrühmlichen Ausnahme. Nach der Aufklärung haben die Autoren allen Grund, gegen die Grausamkeit früherer Generationen zu protestieren. Aber gerade an Calvin strenge Kritik zu üben, deutet auf eine Voreingenommenheit hin, die fast schon schikanös ist. Wenn er in dieser Weise zur Zielscheibe gemacht wird – obwohl er eigentlich nur indirekt mit dem Fall zu tun hatte – und dabei die weitaus größere Niedertracht anderer Personen und Institutionen übersehen wird, dann stellt sich die schwierige Frage nach den Vorurteilen seiner Kritiker. Servet war der einzige, der zu Lebzeiten Calvins wegen seiner religiösen Ansichten in Genf hingerichtet wurde, während Hinrichtungen dieser Art überall gang und gäbe waren.

Außerdem waren der Prozeß, die Verurteilung und die Hinrichtung Servets (einschließlich der Wahl der Todesart) einzig und allein das Werk des Rates – der zu dieser Zeit Calvin besonders feindlich gesonnen war. Erst seit kurzem an der Macht, waren die Perrinisten entschlossen, Calvins Position zu schwächen. Mit der Anklage gegen Servet – die mit der Anklage gegen Gentilis in Bern im darauffolgenden Jahrzehnt vergleichbar ist – wollten sie ihre untadelige Orthodoxie als Auftakt unter Beweis stellen, um Calvins religiöse Autorität in der Stadt zu untergraben. Das Konsistorium – das übliche Instrument der Kirchenzucht, auf das Calvin beträchtlichen Einfluß hatte – wurde von dem Rat in seinem Bemühen, Calvin von dem Fall fernzuhalten, übergangen. Trotzdem konnte Calvin bei einer derart wichtigen religiösen Kontroverse nicht völlig ausgeschlossen werden. Anfangs trat er in dem Prozeß indirekt als erster Ankläger auf, später dann als sachverständiger Zeuge. In dem Fall hätte jedoch jeder orthodoxe Theologe seiner Zeit, sei er Protestant oder Katholik, Gewährsmann sein können.

Auf diesen Punkt soll noch näher eingegangen werden. Offenbar sind einige Kritiker Calvins der Meinung, sein ganzes Glaubenssystem sei wegen der Servet-Affäre in Verruf geraten. Doch selbst Thomas von Aquin hatte sich für das Verbrennen von Ketzern ausgesprochen: »Bleibt der Ketzer jedoch hartnäckig, sorgt die Kirche, nachdem sie alle Hoffnung auf seine Bekehrung aufgegeben hat, für die Erlösung anderer, indem sie ihn durch Exkommunikation aus der Kirche ausschließt und ihn anschließend der weltlichen Gerichtsbarkeit überstellt, damit der Tod ihn von der Erde vertilge.«[32] Dies und viele andere Aspekte des Denkens Thomas von Aquins – zum Beispiel seine Verteidigung der Sklaverei, seine Einstellung gegenüber Juden und sein Glaube an die natürliche Unterlegenheit der Frau[33] – ist für viele in der heutigen Zeit aus gutem Grund unannehmbar. Das heißt jedoch nicht, daß sein religiöses und politisches Denken *insgesamt* unannehmbar ist. Der moderne Leser kann in solchen Fällen eine kritische Auswahl treffen – was er im allgemeinen auch tut. Wenn er dabei im Auge behält, daß viele Ansichten Thomas von Aquins historisch bedingt sind, wird er in ihm eine ergiebige Quelle religiöser und anderer Ideen finden. Dasselbe gilt für Calvin. Es soll auch nicht einen Moment lang unterstellt werden, es sei für irgend jemanden angenehm, in einen Prozeß verwickelt zu sein, an dessen Ende die Todesstrafe steht. Es kommt nicht unbedingt einer Verteidigung des Verhaltens und der Handlungsweise des Genfer Rates oder Calvins gleich, wenn man darauf hinweist, daß sie in den Schriften Thomas von Aquins reichlich Unterstützung finden. Aber wenn Calvins Verhalten auf diese Weise schon nicht zu entschuldigen ist, dann muß er zumindest in Zusammenhang mit einer Zeit gesehen werden, der die Empfindlichkeiten des liberalen Denkens des 20. Jahrhunderts fehlte und in der die Hinrichtung von Ketzern zur Routine geworden war.

Der moderne Leser neigt dazu, »Ketzerei« als Ausdruck einer Gesinnung anzusehen, die mit der herrschenden Orthodoxie nicht übereinstimmt – und als solche ist sie ein willkommener Ausdruck von Kreativität und persönlicher Freiheit. Es muß jedoch betont werden, daß hier ein modernes Verständnis des Begriffs vorliegt, das dem 16. Jahrhundert fremd war. Detaillierte sozialpolitische Studien über bedeutende historische, christliche Ketzerlehren zeigen, daß es dabei nicht nur um religiöse Ideen ging, sondern um ein viel umfassenderes soziales und politisches Programm. So hat es zum Beispiel den Anschein, als sei es bei dem spätantiken Streit um die Donatisten nur um gegensätzliche Theorien hinsichtlich des Wesens der christlichen Kirche gegangen. Der eigentliche Grund waren jedoch die Spannungen zwischen den einheimischen Berbern Nordafrikas und den römischen Siedlern. Theologische Fragen verdeckten oft soziale und nationale Bewegungen, die den sozialpolitischen Status quo ebenso in Frage stellten wie den »offiziellen« religiösen Standpunkt.[34] Die große öffentliche Wirkung der Ketzerlehren im Mittelalter spiegelt nicht so sehr das Interesse an ihren *religiösen* Ideen wider als vielmehr die Erkenntnis ihrer sozialen oder politischen Bedeutung. Ein besonders aufschlußreiches Beispiel dafür gibt der Hussitismus, diese nach Jan Hus benannte Bewegung Anfang des 15. Jahrhunderts. Obwohl sich die Bewegung scheinbar auf abstrakte theologische Begriffe wie das wahre Wesen der Kirche konzentriert, liegt ihre Stärke vorrangig in ihrem prägenden Einfluß auf das böhmische Nationalgefühl und in ihren sozialen und wirtschaftlichen Forderungen. Die katholische Kirche mußte wegen möglicher destabilisierender Tendenzen rasch gegen die Ketzerei vorgehen. Sowohl die Macht der Kirche als auch ihre Lehre waren in Gefahr.

Mit dem Übergreifen der Reformation auf die Städte Westeuropas wurde die destabilisierende Wirkung der Ketzerei immer spürbarer. Von Anfang an herrschte ein gespanntes Verhältnis zwischen Reformatoren (wie Luther, Zwingli, Bullinger, Bucer und Calvin), die die Reform als symbiotisches Miteinander von Reformatoren und Amtsträgern innerhalb der bestehenden Ordnung verstanden, und radikalen Reformern (wie Jakob Hutter), die von der wahren Reformation erwarteten, daß sie mit der bestehenden korrupten sozialen und politischen Ordnung aufräumte. Der Zürcher Magistrat fühlte sich in den zwanziger Jahren des 16. Jahrhunderts von solchen radikalen Elementen bedroht und unternahm alle erdenklichen Schritte, um ihren Einfluß innerhalb der Stadt zu verhindern. Der radikale Flügel der Reformation, auch Anabaptismus genannt, zeichnete sich auf religiöser Ebene vor allem durch seine Ablehnung der Kindertaufe aus. Auf sozialer Ebene waren die Ansichten strikt antiautoritär und nahmen wichtige Aspekte des Kommunismus vorweg. Die Ereignisse in Münster, wo 1534 Radikale die Macht übernahmen,[35] bestätigten die ernste Gefahr, die dieser radikale Flügel der Reformation für die bestehenden sozialen Strukturen darstellte. Obwohl protestantische und römisch-katholische Stadträte in vielen Dingen anderer Meinung waren, teilten sie die Ansicht, daß Ketzerei die Stabilität und damit die Existenz ihrer Städte bedrohe. Das Schicksal von Münster – das durch eine langwierige und blutige Belagerung zurückerobert werden mußte – machte deutlich, daß es sich bei Ketzerei um viel mehr handelte als nur um religiöse Ideen: Sie war eine ernste Gefahr für das städtische Gemeinwesen. Keine Stadt konnte es sich leisten, eine derart aufrührerische Strömung in ihren Mauern zu dulden. Die drastischen Maßnahmen, die der Straßburger Rat nach 1534 zur Abwendung der radikalen Bedrohung ergriff, veranschaulichen, wie ernst diese Gefahr damals genommen wurde.[36]

Genf war da keine Ausnahme. Als feststand, daß sich in der Stadt ein Ketzer aufhielt, dessen Ansichten mit denen des radikalen Flügels der Reformation vergleichbar waren, blieb den Genfer Behörden kaum eine andere Wahl als zu handeln, obwohl erschwerend hinzukam, daß Servet genaugenommen nicht der Genfer Rechtsprechung unterlag. Es ist nicht ganz klar, warum Servet ausgerechnet nach Genf gegangen ist. Vielleicht hatte er auf dem Weg nach Basel in Genf Rast gemacht, wie vor ihm Calvin.[37] Servet war bereits von den katholischen Behörden in Frankreich als Ketzer verurteilt worden. Er konnte jedoch aus dem Gefängnis in Vienne entkommen und ging nach Genf, wo er am 13. August 1553 verhaftet wurde. Er hatte erst kurz zuvor ein Buch mit dem Titel *Christianismi Restitutio* (Die Wiederherstellung des Christentums) veröffentlicht. (Vielleicht bestand hier eine bewußte Parallele zu Calvins *Institutio Christianae religionis*?) In dem Werk wurden ein zentraler Punkt des christlichen Glaubens (die Trinitätslehre) und eine gängige Praxis (die Kindertaufe) verworfen. Obwohl Calvin, nach den heftigen verbalen Attacken gegen Servet zu urteilen (deren Heftigkeit den allgemeinen Eindruck bestätigen, daß Calvin mit zunehmendem Alter immer engstirniger und verbitterter wurde), ersteres als das weitaus schwerwiegendere Vergehen ansah, erklärt letzteres vermutlich die Besorgnis des Rats. Denn die Ablehnung der Kindertaufe brachte Servet sofort in eine Linie mit den Wiedertäufern, dem radikalen Flügel der Reformation, der in Zürich, Münster, Straßburg und anderswo solche Probleme verursacht hatte. Wiedertäufer hatten das Privateigentum abgeschafft und den ganzen Besitz der Allgemeinheit zum Gebrauch überlassen. Sie hatten das Prinzip der wirtschaftlichen Gleichheit eingeführt –[38] kurzum, sie stellten eine ernste Gefahr für die wirtschaftliche und soziale Ordnung dar, von der Genfs labile Existenz abhing. Der Rat zweifelte wohl nicht daran, daß eine reale Gefahr bestand. Obwohl Calvin als einzelner dafür sorgte, daß Servet angeklagt und verhaftet wurde, übernahm der Rat – trotz seiner ablehnenden Haltung gegenüber Calvin – den Fall und ging mit Nachdruck gegen Servet vor.[39] (Außenstehende überraschte das: Wolfgang Musculus äußerte die Überzeugung, daß Servet offenbar erwartet hatte, von der ablehnenden Haltung des Rats gegenüber Calvin profitieren zu können.[40]) Es muß betont werden, daß Calvin in dem nachfolgenden Verfahren nur noch als Sachverständiger und nicht als Ankläger auftrat. Am 21. August forderten die Genfer Behörden aus Vienne weitere Auskünfte über ihren Gefangenen an. Vor allem verlangten sie »Abschriften des Beweismaterials, der Anklageschrift und des Haftbefehls« gegen Servet.[41] Die katholischen Behörden in Vienne forderten ihrerseits die sofortige Auslieferung Servets, um ihn vor Gericht stellen zu können. Der Genfer Rat ließ Servet die Wahl: Er konnte entweder nach Vienne zurückkehren oder in Genf bleiben und sich der Entscheidung der Genfer Justiz stellen. Es ist bezeichnend, daß Servet es vorzog, in Genf zu bleiben.[42]

Nach Lage der Dinge war klar, daß der Rat nur zwei Möglichkeiten hatte: Er konnte Servet aus der Stadt verbannen oder ihn hinrichten lassen. Unsicher über das weitere Vorgehen, zog der Magistrat die Verbündeten in Bern, Zürich, Schaffhausen und Basel zu Rate. Die Reaktionen waren eindeutig.[43] Der Registereintrag der Ehrwürdigen Gesellschaft der Pastoren zu der Entscheidung des Rats am 25. Oktober 1553 lautet wie folgt:[44] »Nachdem der Magistrat die Gutachten der Kirchen von Basel, Bern, Zürich und Schaffhausen zum Fall Servet eingeholt hatte, verurteilte er besagten Servet zum Feuertod in Champey.« Vielleicht mußte Calvin an den Feuertod einiger seiner Freunde in Paris denken und versuchte deshalb, das Urteil in die humanere Methode des Enthauptens zu verwandeln.[45] Seine Bitte wurde abgewiesen. Am nächsten Tag wurde Servet hingerichtet. Genf hatte keinen professionellen Henker. Wie die Gefängniswärter und alle anderen öffentlichen Beamten war auch der Henker ein Amateur.[46] Die Hinrichtung war Pfusch.

Im Jahr 1903 wurde an der Stelle, wo Servet hingerichtet worden war, ein Monument aus Granit errichtet. Die Inschrift verurteilt »einen Irrtum, der seinem Jahrhundert eigen war«. Doch bedauerlicherweise hat jede größere christliche Gemeinde, deren Geschichte sich bis ins 16. Jahrhundert zurückverfolgen läßt, reichlich Blut vergossen. Katholiken, Lutheraner, Reformierte und Anglikaner: Alle haben ihre Servets verurteilt und hingerichtet, ob nun direkt oder – wie in Calvins Fall – indirekt. Es ist daher nur recht und billig, von Unangemessenheit zu sprechen, wenn im Falle Calvins so getan wird, als sei er der Urheber oder ein besonders leidenschaftlicher und verabscheuenswerter Anhänger dieser schmählichen Praxis, während die Mehrheit seiner aufgeklärten Zeitgenossen sie abschaffen wollte. Der Fall des Etienne Le Court, der auf Befehl der Inquisition von Rouen am 11. Dezember 1533 öffentlich erniedrigt, erdrosselt und verbrannt wurde, weil er unter anderem erklärt hatte, »Frauen werden das Evangelium verkünden«, war noch viel beunruhigender. Vielleicht verfolgen auch Historiker, wie alle anderen, eigennützige Zwecke.

Die Auswirkungen der Affäre Servet waren beträchtlich. In Basel, wo man zunehmend Sympathien für eine liberale Politik hegte, war man über die Hinrichtung entsetzt.[47] Sebastian Castellio, der modernere Ansichten vertrat, verfaßte in Basel ein Pamphlet, worin er energisch für Toleranz in religiösen Angelegenheiten (und schließlich auch in allen anderen Bereichen) eintrat. Das veranlaßte Theodor Beza, eine einflußreiche Staatstheorie zu entwickeln, die das Verhalten des Rates erklärte und rechtfertigte.[48] Außerdem rückte der Fall Servet Calvin weiter in die vorderste Reihe des Protestantismus und festigte seinen bereits beachtlichen Ruf als religiösen Autor und Denker. Wie die Briefe bewundernder Kollegen in Deutschland und anderswo belegen, galt Calvin jetzt in protestantischen Kreisen als Verteidiger des wahren Glaubens. In Genf war er allerdings nach wie vor isoliert. Das änderte sich jedoch im Zuge der Revolution von 1555, die Calvins Autorität in der Stadt ein für allemal Geltung verschaffte.

Die Revolution von 1555

Nach dem Intermezzo der Affäre Servet konnte sich der Magistrat wieder seiner mittlerweile gewohnten Rolle zuwenden und gegen Calvin opponieren. Nachdem zu Ostern 1553 beschlossen worden war, die Exkommunikationen zu überprüfen, kam es im September desselben Jahres zu einer neuen Entwicklung, als wieder ein Abendmahlsgottesdienst bevorstand. Philibert Berthelier, der vom Konsistorium exkommuniziert worden war, legte gegen die Entscheidung Beschwerde ein. Er wandte sich jedoch

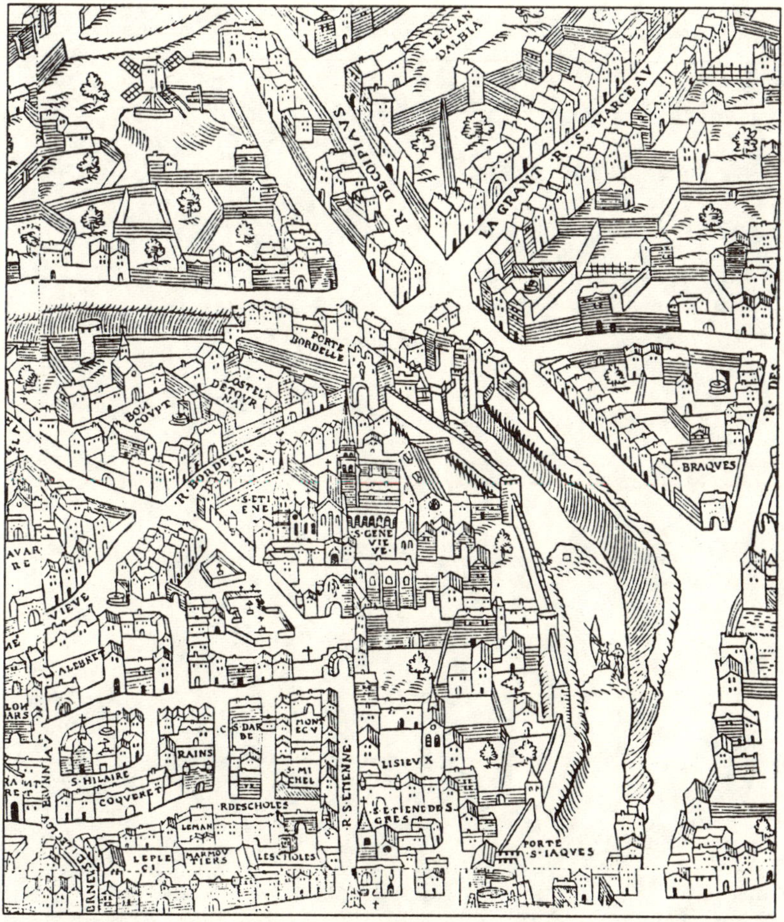

Ausschnitt des Stadtplans von Paris von Truschet und Hoyau (1552) mit dem Universitätsviertel. Das Collège de Montaigu (MONT ECV) befindet sich unten links. Man beachte, daß der Plan oben Richtung Osten weist und nicht nach Norden.

Franz I., König von Frankreich (1494–1547)
Porträt von Jean Clouet (um 1535)

Paris, Louvre
Foto: Archiv für Kunst und Geschichte, Berlin

Calvin in seinem Arbeitszimmer
Kupferstich von Vischer, o.J.

Foto: Archiv für Kunst und Geschichte, Berlin

Guillaume Farel (1489–1565)
Schweizer Reformator und
Kampfgenosse Calvins
Zeitgenössischer Kupferstich

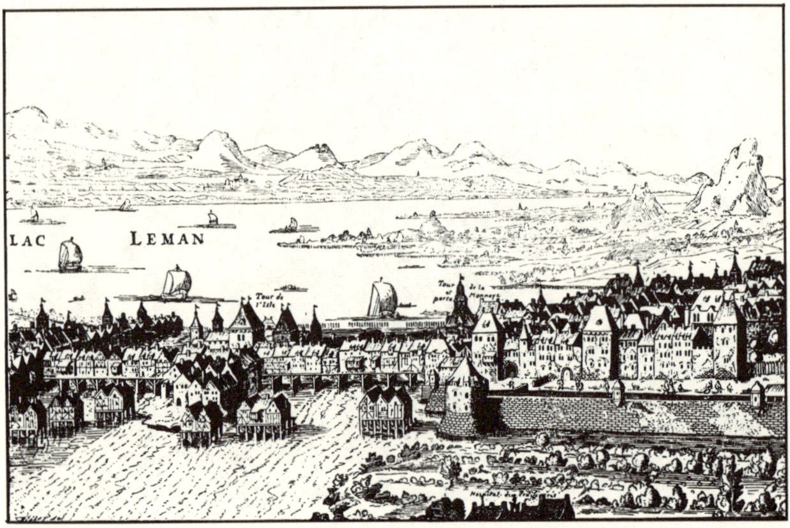

Genf. Ansicht der Stadt im 17. Jahrhundert
Radierung von Vischer (1641)

Fotos: Archiv für Kunst und Geschichte, Berlin

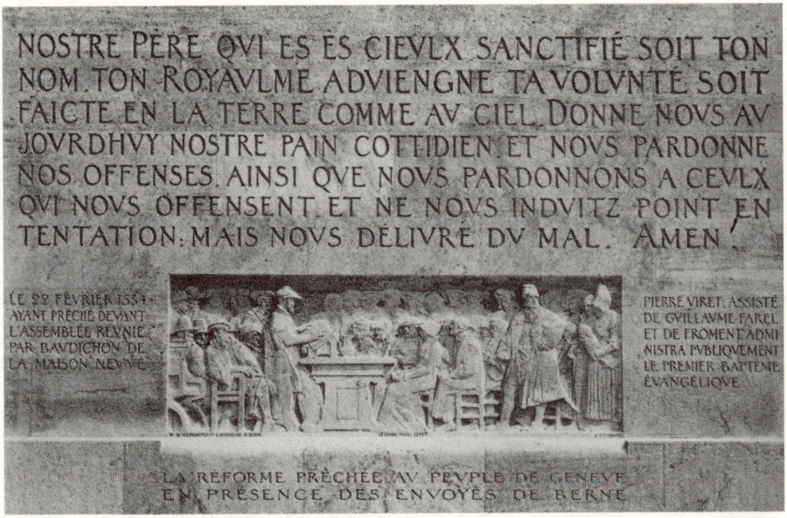

Internationales Denkmal der Reformation, Promenade des Bastions, Genf (1916). Der Ausschnitt zeigt die erste öffentliche Taufe nach reformiertem Ritus durch Pierre Viret am 22.2.1534 in Genf

Internationales Denkmal der Reformation, Rue de la Croix-Rouge, Genf. Mittelgruppe: die Reformatoren Guillaume Farel, Johann Calvin, Theodor Beza und John Knox.

Zeitgenössisches Flugblatt zum Streit zwischen Martin Luther und Calvin: »Geistlicher Kauffhandel«. Das Bild zeigt links, wie Luther, der Papst und Calvin sich heftig zanken, zum Entsetzen eines frommen Gläubigen (rechts).
Kupferstich, um 1598.

Foto: Archiv für Kunst und Geschichte, Berlin

Calvinisch Gasthauß zur Narrenkapf-
fen genant/

Darinnen die Calvinisten so wol

offentlich als heimlich in jrer Thorheit erwischt/die Lar-
va vermeinter vnschuldt/vnd heiligkeit jhnen abgezogen/ vnnd
sambt dem Hause vnd Thorheit vmbgestürtzt werden.

Wie beygefügte Figuren anzeigen.

Von dem krefftigen Posaunen Hall Göttliches Worts:

Beschrieben vnd mit Gottes Wort klar vberweist

Durch

M. Johannem Prætorium Saxo-Hallensem Dienern
am Wort des Creutzes im Pilgramsthal.

QVICQVID EGO CAPIO MECVM PERIT

Laufft mit mir zum verderben zue.

Was ich Gricht Sathan/sahen thue

Quod Monstri cernis, Calvini dogma figurat:
Was lengst zuvor der Bösewicht
Mit falscher Lehr/vñ Menschen tand/
Diß alles er itzt scherffet sehr/ (schreckt/
Ach fleuch dis Thier/ welchs forn er-

Principium terret, mediū fert, ultima mordent.
Durch viel Ketzer hat ausgericht/
Zurstört manch Volckreich Kirch vnnd
Durch der schal Calvinisten Lehr/ (Laud/
Mitten dich ritzt/hinden ersteckt.

Im Jahr Christi/ 1598.

Titelblatt einer Flugschrift gegen die Calvinisten: »Calvinisch Gasthaus zur Narrenkapfen genant.«
Holzschnitt, 1598

Foto: Archiv für Kunst und Geschichte, Berlin

Johann Calvin
Gemälde von der Hand eines unbekannten Künstlers des 16. Jhs. (franz. Schule)

Foto: Archiv für Kunst und Geschichte, Berlin

nicht an das Konsistorium, sondern an den *Petit Conseil*, in dem jetzt Calvins Gegner die Mehrheit hatten. Es war ein kluger Schritt (zeigte er doch damit, daß der Rat hinsichtlich der Exkommunikation das Sagen hatte). Der Rat verlor keine Zeit und hob den Spruch des Konsistoriums auf, bat jedoch Berthelier, zu dem gegebenen Anlaß nicht am Abendmahl teilzunehmen. Dennoch war Calvin über diese offensichtliche Beschneidung seiner Autorität erbost. Er betonte nachdrücklich, daß einzig und allein das Konsistorium das Recht habe, notorische und unbußfertige Sünder zu exkommunizieren, und daß nur das Konsistorium solche Urteile überprüfen könne. Die Angelegenheit wurde am 7. November im Rat der Zweihundert erörtert. Mit großer Mehrheit wurde beschlossen, die endgültige Entscheidung über eine Exkommunikation dem Rat zu überlassen.[49] Es sah so aus, als sei Calvin nun endgültig in seine Schranken gewiesen worden – unter die Fuchtel des Rats.

Im Jahr 1555 kam es jedoch zu einer dramatischen Umverteilung der Macht. Um zu verstehen, wie es dazu kam, muß man die damaligen Veränderungen in der Bevölkerung Genfs berücksichtigen. 1550 wird die Einwohnerzahl der Stadt auf 13 100 geschätzt. 1560 waren es bereits 21 400 Einwohner.[50] Die Hauptursache für diesen enormen Anstieg war die große Zahl protestantischer Flüchtlinge, die in Genf Zuflucht suchten.[51] Genf galt international als Zufluchtsort für alle, die wegen ihrer religiösen Ansichten verfolgt wurden. Die meisten Flüchtlinge kamen aus Frankreich. Von den 4 776 Flüchtlingen, die zwischen 1549 und 1560 im *Livre des Habitants de Genève* registriert waren, wissen wir in 2 247 Fällen Näheres über ihren Beruf. Von diesen waren 1 536 (68,5 Prozent) Handwerker.[52] Calvin vermerkte 1547, daß viele dieser Flüchtlinge ihre gesamte Habe zurücklassen mußten und jetzt in äußerst ärmlichen Verhältnissen lebten.[53] Aber es gab auch einige reiche, gebildete und hochangesehene Leute unter ihnen – Drucker, wie Robert Estienne, Anwälte, wie Germain Colladon, und Geschäftsleute, wie Laurent de Normandie. Sie waren fast ausnahmslos Anhänger Calvins.[54]

Der Magistrat war schon seit einiger Zeit wegen seiner Finanzlage besorgt, und offenbar wurde ihm mit einem Mal klar, daß

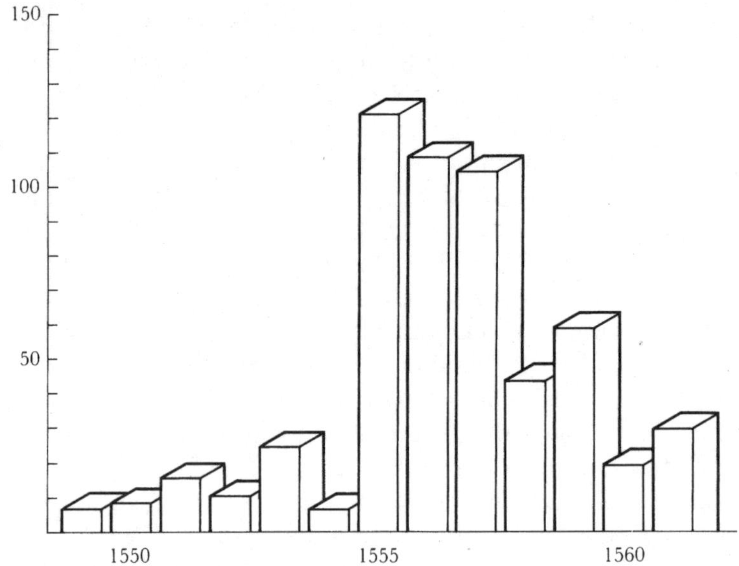

Anzahl neuer Namen, die jährlich in das *Livre des Bourgeois* in Genf aufgenommen wurden, 1549–1561

er auf die beträchtlichen Mittel der reichen Ausländer zurückgreifen konnte. Der *Petit Conseil* nahm lange Zeit das Recht für sich in Anspruch, Personen den Status eines *bourgeois* zu verleihen, vorausgesetzt, der Bewerber verfügte über genügend Geld und Ansehen. Eine teure Aufnahmegebühr garantierte der Stadt Profit. Zwischen 1540 und 1554 erfolgten allerdings nur wenige Bürgeraufnahmen. Im Jahr 1554 beispielsweise wurde nur sechs Personen der Status eines *bourgeois* verliehen.[55]

Am 18. April 1555 änderte sich das jedoch schlagartig, als der *Petit Conseil* begann, geeigneten (das heißt, reichen und angesehenen) Flüchtlingen den Status eines *bourgeois* zuzuerkennen. Am 2. Mai desselben Jahres hatten bereits fünfundsiebzig Personen diesen begehrten Status erlangt,[56] und infolgedessen füllte sich der Genfer Stadtsäckel. Eine Finanzkrise konnte gerade noch rechtzeitig abgewendet werden, aber schon drohte eine politische Krise. Denn die *bourgeois* hatten das Recht, bei den Wahlen in Genf ihre Stimme abzugeben, und prompt machten sie von ihrem Recht Gebrauch. Als den Perrinisten klarwurde, was da geschah, versuchten sie am 16. Mai, den Neubürgern das Wahlrecht vorzuenthalten – ohne Erfolg. Im April und Mai nahmen an den Sitzungen des Allgemeinen Rats – dem Genfer Wahlgremium – zahlreiche Anhänger Calvins teil, die nunmehr das Wahlrecht erhalten hatten. Das empfindliche Gleichgewicht zwischen Calvin-Gegnern und Calvin-Anhängern im Wahlausschuß war aufgehoben und der Widerstand gegen Calvin gebrochen. Diese Entwicklung setzte sich bei der Wahl von 1556 fort. Inzwischen hatten Calvins Freunde die Stadt unter Kontrolle. Endlich konnte er in Ruhe arbeiten und sich unter anderem der Evangelisierung seiner Heimat Frankreich widmen.

Die Gründe für Calvins Erfolg

Vielleicht ist es zu einfach für Befürworter wie auch für Kritiker des Calvinschen Reformprogramms, Gründe für seinen nachhaltigen Einfluß auf seine Zeit und auf spätere Generationen zu finden. Die Literatur des 16. Jahrhunderts spricht häufig von göttlicher Vorsehung (wo Calvin als guter Mensch dargestellt wird) oder von einer abgekarteten Sache (wo Calvin weniger Anerkennung gezollt wird). Eine historisch einwandfreiere Methode wäre, Calvin mit einem anderen Reformator zu vergleichen, der in mancherlei Hinsicht eine ähnliche Stellung innehatte und in seiner Heimat fast ebensoviel Erfolg und Ruhm erlangte, dem aber der internationale Erfolg Calvins versagt blieb. Von daher bietet es sich an, Calvin mit dem Schweizer Reformator Joachim Watt zu vergleichen, der allgemein unter seinem latinisierten Namen Vadian (1484-1551) bekannt ist. Vadian stammte aus St. Gallen, das Genf in vielerlei Hinsicht ähnelte und östlich der Grenze zur Schweizerischen Eidgenossenschaft lag. Während Calvin noch in Paris studierte, hatte Vadian seine Stadt bereits auf den Weg der Reformation gebracht. Diese Reformation ist offenbar ohne Blutvergießen oder Gewalt vonstatten gegangen: Die Statue Vadians, die in St. Gallen errichtet wurde, zeigt ihn mit der Bibel in der Hand und dem Schwert in der Scheide (während die Statue Zwinglis in Zürich den Reformator mit gezücktem Schwert darstellt). In St. Gallen gibt es kein Denkmal eines Servet – ein Beweis für die Gewaltlosigkeit der Reformation und für die eindeutig positive Aufnahme Vadians und seiner Reformation in St. Gallen.

Wer Calvin und Vadian vergleichen will, muß nach Faktoren suchen, die für die Entwicklung der Reformation in Genf und St. Gallen möglicherweise von Bedeutung sind. Eine einleitende Betrachtung beider Städte und ihrer Reformatoren ergibt, daß sie sich in vielerlei Hinsicht ähnelten, wobei allerdings Vadians persönlicher Ruf und seine institutionell gefestigte Autorität Calvins Ansehen und Autorität bei weitem übertrafen.

1. Die Städte St. Gallen und Genf waren in etwa gleich groß, und jede war mit Kantonen innerhalb der Schweizerischen Eidgenossenschaft verbündet.[57] Der Erfolg der Reformation in beiden Städten war zum Teil auf die Unterstützung der protestantischen Kantone der Eidgenossenschaft zurückzuführen. So wurde Vadians Reformation in St. Gallen in erheblichem Maße durch die politische Unterstützung Zürichs gefördert, wodurch der anfängliche Widerstand gegen Reformen im Keim erstickt wurde.[58] Wie bereits erwähnt, wurde Genf in kritischen Zeiten von Bern politisch und militärisch tatkräftig unterstützt. Sowohl Genf als auch St. Gallen verfügten über ein weitverzweigtes Handelsnetz. Genf war weithin als Handelszentrum bekannt, und St. Gallen war führend in der Herstellung von qualitativ hochwertigem Leinen. In dieser Hinsicht war St. Gallen viel bedeutender. Vadians großer persönlicher Einfluß ergab sich teils durch Handelsbeziehungen, wie zum Beispiel mit Polen und Ungarn,[59] teils durch eine weitverzweigte Familie.

2. Vadian war ein international angesehener Humanist. Nach einer brillanten Karriere an der Universität Wien – damals ein Zentrum des Humanismus –, die mit seiner Ernennung zum Rektor der Universität (sowie der Verleihung des Doktortitels der Medizin und der Ernennung zum Professor der Poetik) ihren Höhepunkt fand, kehrte Vadian in seine Heimatstadt

St. Gallen zurück, um sich seiner literarischen Arbeit (und, wie sich noch zeigen sollte, der Verbreitung der Reformation) zu widmen.[60] In Wien konnte er keine akademischen Welten mehr erobern; St. Gallen hingegen stellte ihm, zusätzlich zu seinem unaufhörlichen Streben nach antiker Eloquenz, den Zugang zur Politik und Staatskunst in Aussicht. Calvin hatte sich als Humanist eigentlich keinen Namen gemacht und war an den Universitäten, die er besuchte, ohne akademisches Amt geblieben.

3. Vadian war Bürger St. Gallens, Angehöriger einer angesehenen Familie[61] und prominentes Mitglied einer der sieben Zünfte der Stadt. Im Jahr 1529 wurde er als noch relativ junger Mann Bürgermeister – was international Beifall fand.[62] Er behielt diese Machtbasis in der Stadt bis zu seinem Tod mehr als zwei Jahrzehnte später. Vadian stand lange Zeit in der Stadt und in ihrem Umland im Zentrum der Macht und war somit an allen Entscheidungen, die die Durchführung der Reformation betrafen, unmittelbar beteiligt. Calvin wurde erst im Alter der Status eines *bourgeois* zuerkannt; er war nie Genfer Bürger. Er durfte sich um kein öffentliches Amt bewerben (und bis Dezember 1559 durfte er nicht einmal an Wahlen teilnehmen). Außerdem hatte er zu keinem Zeitpunkt seiner Laufbahn gesonderten Zugang zu oder direkten Einfluß auf den Rat.

4. Die Durchführung der Reformation in St. Gallen stieß seitens der Bürger auf keinen großen religiösen Widerstand. Das heißt nicht, daß der Prozeß ohne Schwierigkeiten verlief.[63] Es gab jedoch keinen eigentlich *religiösen* Widerstand gegen die durchgeführten Maßnahmen. In Genf stießen Calvins religiöse Reformen während seines ersten Aufenthalts (1536-1538) sowie in der ersten Hälfte seines zweiten Aufenthalts in der Stadt (1541-1553) auf heftigen Widerstand. Calvins Situation war weitaus schwieriger als die Vadians. Erst nach der Revolution von 1555 kann man Genf wirklich als Calvins »Machtbasis« bezeichnen.

Aufgrund dieser Überlegungen hat es den Anschein, als wäre Vadian der erfolgreichere Reformator gewesen. Sieht man den Erfolg in Zusammenhang mit der Schaffung einer allgemeinen Mehrheit für Reformen in einer Stadt und mit der erfolgreichen

Durchführung dieses Reformprogramms ohne große Kontroversen, dann ist Vadian in der Tat der erfolgreichere von beiden. Aber während Vadian nur in speziellen Studien zur Schweizer Geschichte erwähnt wird und ansonsten weitgehend unbekannt ist, zählt Calvin wohl zu den bekanntesten Persönlichkeiten des 16. Jahrhunderts. Wie ist das zu erklären?

Es gibt eine ganze Reihe von Gründen:

1. Calvin und Vadian hatten sehr unterschiedliche Auffassungen von »Reformation«. Für Vadian zielte die Reformation in erster Linie auf die Verbesserung des Lebensstandards und der Moral.[64] In vielerlei Hinsicht handelte es sich um ein lokales Reformprogramm, ausgerichtet auf spezielle regionale Belange und Probleme. Calvin dagegen betrachtete die Reformation als Protest gegen die bestehenden Strukturen, Bräuche und Lehren der Kirche – ein weitaus radikaleres Reformprogramm, das an keinen bestimmten Ort gebunden war, sondern über geographische, kulturelle und politische Grenzen hinausging. Die rasche Ausbreitung des Calvinismus in Frankreich ab 1555 macht das deutlich. Der Calvinismus war beseelt von missionarischem Eifer. Im Grunde hatte er nichts mit Vadians Vorstellung von den Zielen der Reformation gemein. Aufgrund ihrer unterschiedlichen Auffassungen über den Verlauf der Reformation übernahmen die beiden Männer bezeichnenderweise verschiedene Rollen. Vadian ging es in erster Linie darum, eine Stadt zu verändern. Calvin hingegen wandte sich zuerst an ein französisches und später an ein internationales Publikum. Zwar nötigte politischer Sachzwang Calvin zunächst dazu, sich der besonderen Situation in Genf zuzuwenden, aber sein Horizont war erheblich breiter. Sobald sich seine Position in Genf gefestigt hatte (April 1555), startete er im Königreich Frankreich – zunächst insgeheim – ein umfassendes Evangelisierungsprogramm.
2. Die beiden Männer hatten für ihre Werke sehr unterschiedliche Publikationsstrategien, worin sich das Verständnis ihrer Berufung als Reformator widerspiegelt. Vadians veröffentlichte Werke waren allgemein humanistischer Prägung. Mit einer Ausnahme[65] blieben seine speziell theologischen Werke – wie etwa sein *Brevis indicatura symbolorum* – als Manuskript in St. Gallen.

Calvin hingegen hatte eine umfassende Publikationsstrategie, um sicherzustellen, daß seine religiösen Ideen bei einem möglichst breiten Publikum Gehör fanden (siehe Kapitel 7 und 9).
3. Calvin richtete sich anfangs in erster Linie an ein französisches und französischsprachiges Publikum. Obwohl die Ausgabe der *Institutio* von 1536 in lateinischer Sprache abgefaßt ist, werden darin offenbar die Bedürfnisse und Probleme der französischen *évangéliques* berücksichtigt. Die Ausgabe von 1541 in französischer Sprache fand in seiner Heimat besondere Beachtung. Vadians Werke (die nicht veröffentlicht und nicht in Umlauf gebracht wurden) waren in Schweizerdeutsch abgefaßt und hatten daher nur einen sehr begrenzten Leserkreis – der sowieso schon weitgehend für die Reformation gewonnen war. Hätten Vadians Werke in der Landessprache Verbreitung gefunden, hätte er größtenteils offene Türen eingerannt. Im Gegensatz dazu hat Calvins *Institutio* eine wichtige Rolle dabei gespielt, Bekehrte für seine Auffassung des christlichen Glaubens und der damit verbundenen Reform zu gewinnen – zunächst in Frankreich, und später auch darüber hinaus.
4. Im Laufe seiner Karriere hatte Calvin Kontakt zu vielen bedeutenden Druckern in Basel, Straßburg und Genf. Er hatte keine Mühe, seine Schriften zu veröffentlichen. In der Gegend um St. Gallen gab es jedoch relativ wenige Drucker. Erst Mitte des 16. Jahrhunderts verlegte Dolfin Landolfi seinen Druckereibetrieb von Brescia oder Venedig (es ist nicht ganz klar, welche Stadt) nach Graubünden.[66] Somit hatte Vadian keinen direkten Zugang zu der technischen Neuerung, die die Gestalt der religiösen Kontroverse zu Beginn des 16. Jahrhunderts veränderte.
5. Vermutlich aufgrund der Situation in St. Gallen neigte Vadian dazu, »Kirche« und »Gesellschaft« mehr oder weniger mit derselben Gruppe von Leuten in Zusammenhang zu bringen. Deshalb legte er bei seinem Kirchenkonzept wenig Wert auf Struktur und Disziplin. Calvin war sich der Bedeutung von Kirchenstruktur und Kirchenzucht bewußt und entwarf ein Kirchenmodell, das genau auf das von ihm angeregte internationalen Expansionsprogramm zugeschnitten war. Expansion ist eine Sache; diese Expansion auch zu überstehen eine andere. Der

Calvinismus überlebte auch unter sehr schwierigen Bedingungen. Er war praktisch eine Untergrundkirche. (Es gibt interessante Parallelen zwischen dem französischen Calvinismus in den vierziger und frühen fünfziger Jahren des 16. Jahrhunderts und der französischen Widerstandsbewegung während der Besetzung Frankreichs durch die Nazis im Zweiten Weltkrieg.) Die Widerstandskraft seiner Kirche ist in erheblichem Maße der Struktur und der Zucht zu verdanken, die Calvin sich für sie ausgedacht hatte. Sein Organisationstalent, das dem Lenins gleichkam, war wohl für die internationale Ausweitung seiner Kirche von entscheidender Bedeutung.

6. Ein letzter, wenn auch subjektiver, Eindruck sollte noch erwähnt werden. Der Leser von Vadians Schriften, seien sie nun in Latein oder Schweizerdeutsch abgefaßt, ist vielleicht mehr von der Beredsamkeit beeindruckt, mit der jener seine Ideen ausdrückt, als von der Qualität der Ideen und den Argumenten, die er zu ihrer Entstehung und Rechtfertigung vorbringt. Calvin hingegen erweist sich in seinen Schriften (vor allem in denen aus seiner Straßburger Zeit) als brillanter Kopf, der wirklich fesselnde Ideen zu entwickeln und zu verteidigen vermag. Wie Erasmus von Rotterdam ist Vadian stark im Ausdruck und schwach im Gehalt. Calvin beherrscht beides. Wie der Verlauf der Reformation zeigt, lag es weitgehend am Inhalt seiner Schriften, daß Calvin bei so vielen Wählern Anklang fand.

Damit ist das Thema keineswegs erschöpfend abgehandelt. Trotzdem weist dieser Vergleich zweifellos auf gewisse Faktoren hin, die Calvins größerem Einfluß zugrunde liegen. Sein Verständnis der Möglichkeiten, die ihm seine besondere Reformationsauffassung durch die Schaffung entsprechender Institutionen (wie die Genfer Akademie) bot, und der Strukturen (wie die Ehrwürdige Gesellschaft der Pastoren) sowie die Ausnutzung der Technik (wie etwa des Buchdrucks) stellten ihn an die Spitze einer Bewegung, die von Anfang an international ausgerichtet war.

Aber wie kam es zu dieser internationalen Ausbreitung? Wie konnten die Ideen eines Mannes aus dem winzigen Stadtstaat Genf bei einem so breiten Publikum Anklang finden und in ganz Europa eine solch gewaltige Reaktion hervorrufen? Vielleicht begreift man die Schlagkraft dieser Ideen am besten, wenn man ihren Einfluß auf das Königreich Frankreich zu Lebzeiten Calvins betrachtet. Einmal war Calvins Einfluß so groß, daß viele glaubten, Frankreich werde als erstes Land das calvinische Glaubensbekenntnis übernehmen. Deshalb wenden wir uns auch Calvins Heimat Frankreich zu (Kapitel 9), wenn wir diese außergewöhnliche Ideeninvasion betrachten.

Aber nun ist es an der Zeit, unsere historische Betrachtung kurz zu unterbrechen und uns den Ideen selbst zuzuwenden. Wie sahen Calvins religiöse Ideen aus, und wie verbreiteten sie sich? In den beiden folgenden Kapiteln geht es um diese Ideen und um die Art und Weise, wie sie damals präsentiert wurden. Allerdings waren Calvins Ideen nicht rein religiöser Natur, und sein Einfluß beruht zum Teil auf seinem politischen und wirtschaftlichen Denken (Kapitel 11). Der »christliche Glaube nach Calvin« umfaßt Ideen, Haltungen und ganz bestimmte soziale Strukturen, die weit über bloße abstrakte religiöse Vorstellungen hinausgehen.

7

Der christliche Glaube nach Calvin: das Medium

»Ich kannte einen geistreichen Arzt, der den Glauben im Gallengang entdeckte und zu behaupten pflegte, bei Leberleiden werde der Mensch zum Calvinisten« (Ralph Waldo Emerson). Die These ist reizvoll, dennoch sind alle, die nach einer Erklärung für die Wirkung des Calvinismus gesucht haben, zu der Feststellung gekommen, daß er größere Anziehungskraft auf den menschlichen Verstand als auf den Gallengang ausübt. Der deutsche Historiker Karl Holl schrieb, daß »ein Großteil der Durchschlagskraft des Calvinismus von seinem Intellektualismus ausgeht. Der Calvinist weiß, *was* er glaubt und *warum* er es glaubt.«[1] Daher ist Calvins religiöses Denken bei jeder Darstellung seines Lebens und Wirkens besonders zu berücksichtigen. Vorausgehen soll eine Erörterung der Medien, die Calvin zur Entwicklung und Entfaltung seiner religiösen Ideen einsetzte. In seiner Auffassung des christlichen Glaubens sind Medium und Botschaft untrennbar miteinander verbunden.

Das überzeugende Wort Gottes

Gott vermag sich mit Hilfe der menschlichen Sprache den Menschen verständlich zu machen. Diese Überzeugung ist grundlegend, ja die Voraussetzung schlechthin für Calvins Auffassung des christlichen Glaubens. Calvin nimmt Karl Barths Schlachtruf des 20. Jahrhunderts »Gott hat gesprochen! *Deus dixit! Dominus!*« vorweg. So bruchstückhaft und unvollständig Worte auch sein mögen, sie können als Mittel der Offenbarung Gottes dienen und eine erneuernde Begegnung zwischen dem auferstandenen Christus und dem Gläubigen herbeiführen.

Calvins Behauptungen hinsichtlich der Fähigkeit des menschlichen Wortes, die Realität Gottes zu vermitteln, liegt eine sehr anspruchsvolle Theorie des Wesens und der Funktion der menschlichen Sprache zugrunde. Heutzutage bedeutet »Rhetorik« so viel wie »wohlgesetzte Worte ohne jeden Inhalt«; im 16. Jahrhundert hingegen bezeichnete der Begriff die Kunst des Kommunizierens, die Erforschung der Bedeutungen und des Nutzens der Wörter. [2] Mit dem Humanismus erwachte ein neues Interesse dafür, wie Worte und Texte menschliche Erfahrungen und Erwartungen vermitteln und verändern können. Bei der Formulierung seiner Ansichten über den Begriff des »Wortes Gottes« und dessen Verkörperung in der Heiligen Schrift konnte sich Calvin auf solche Erkenntnisse stützen. Von seinen rhetorischen Fähigkeiten macht er nur wenig Gebrauch, ja fast könnte man sie völlig übersehen. Trotzdem finden Einsichten aus der Rhetorik ihren Niederschlag in den Schriften Calvins – ansatzweise im Seneca-Kommentar, eingehender in der subtilen Differenziertheit des Kommentars zum Römerbrief (1540)[3] und vielleicht am deutlichsten in den späteren Ausgaben der *Institutio.*

In der Bibel, erklärt Calvin, offenbare sich Gott sprachlich in Form von Worten. Aber wie können Worte der Erhabenheit Gottes je gerecht werden? Wie können Worte die ungeheure Kluft zwischen Gott und der sündigen Menschheit überbrücken? Calvins Erörterung dieser Frage gilt als einer seiner wertvollsten Beiträge zum christlichen Denken. Die Idee, die er entwickelt, wird in der Regel als »Prinzip der Anpassung« bezeichnet.[4]

»Anpassung« bedeutet in dem Fall, »sich auf die Erfordernisse einer Situation einstellen«.

In der Offenbarung, meint Calvin, passe sich Gott dem Herz und Verstand des Menschen an. Gott zeichne ein Porträt von sich, das wir verstehen können. Die Analogie, die hier hinter Calvins Überlegungen steckt, ist die des Redners. Ein guter Redner kennt die Grenzen seiner Zuhörer, und dementsprechend redet er. Die Kluft zwischen Redner und Zuhörer muß überbrückt werden, wenn Kommunikation gelingen soll. Die Grenzen der Zuhörer bestimmen Sprache und Metaphorik des Redners. Die Gleichnisse Jesu veranschaulichen das sehr gut: Sprache und Bilder (wie etwa Analogien, die sich auf den Schäfer und seine Schafe beziehen) waren ganz auf die Zuhörer im ländlichen Palästina zugeschnitten. Auch Paulus benutzt, der Situation seiner Zuhörer entsprechend, Bilder aus der geschäftlichen und juristischen Wirklichkeit der Städte, in denen die Mehrheit seiner Leser lebte.[5]

In der Antike waren Redner außerordentlich gebildet und wortgewandt, während ihre Zuhörer im allgemeinen ungebildet und nicht geschickt im Umgang mit Worten waren. Deshalb mußte sich der Redner auf ihr Niveau begeben, wenn er mit ihnen kommunizieren wollte. Er mußte die Kluft zwischen sich und seinen Zuhörern überbrücken, indem er sich klarmachte, wie schwierig es für sie war, seine Sprache, seine Metaphorik und seine Gedanken zu verstehen. In ähnlicher Weise, so Calvin, müsse Gott sich auf unser Niveau begeben, wenn er sich uns offenbaren will. Gott erniedrige sich, um unseren Fähigkeiten gerecht zu werden. Wie eine Mutter oder Amme, die sich zu ihrem Kind hinabbeugt und ganz anders mit ihm spricht, als es einem Erwachsenen angemessen wäre, so begebe sich Gott auf unser Niveau.[6] Offenbarung ist ein Akt göttlicher Herablassung, in dem Gott die Kluft zwischen sich und seinen Fähigkeiten auf der einen Seite und dem sündhaften Menschen und seinen weitaus geringeren Fähigkeiten auf der anderen Seite überbrückt. Wie jeder gute Redner kennt Gott seine Zuhörerschaft – und dementsprechend wählt er seine Sprache aus.

Ein Beispiel für diese Anpassung ist die Darstellung Gottes in der Bibel. Calvin weist darauf hin, daß Gott oft so geschildert wird, als habe er einen Mund, Augen, Hände und Füße.[7] So erscheint Gott als ein menschliches Wesen. Es könnte auch bedeuten, daß der ewige und geistige Gott gewissermaßen zu einem menschlichen Wesen erniedrigt wird. (Dieser umstrittene Punkt wird oft als »Anthropomorphismus« bezeichnet – mit anderen Worten, die Darstellung Gottes in menschlicher Gestalt.) Calvin ist der Meinung, Gott müsse sich wegen unseres schwachen Intellekts derart bildhaft offenbaren. Bilder von Gott, die ihn so darstellen, als habe er einen Mund oder Hände, sind göttliche »Ammensprache« (*balbutier*), eine Möglichkeit, wie Gott sich auf unser Niveau begibt und Bilder benutzt, die uns verständlich sind. Zwar wäre es sicher angemessen, differenzierter von Gott zu sprechen – aber wahrscheinlich verstünden wir das nicht. Calvin weist darauf hin, daß viele Aspekte der Schöpfungsgeschichte und des Sündenfalls (Genesis 1-3) – wie etwa die »sechs Tage« oder die »Wasser über der Erde« – der Mentalität und den Anschauungen relativ einfacher Menschen angepaßt sind.[8] Allen, die an dieser Schlichtheit Anstoß nehmen, hält Calvin entgegen, daß Gott auf diese Weise sicherstelle, daß im Hinblick auf das Evangelium keine geistigen Hürden errichtet werden. Alle – auch die einfachen und ungebildeten Menschen – können von Gott erfahren und zum Glauben finden.[9]

Anhand dreier zentraler Bilder entwickelt Calvin den Gedanken von der göttlichen Anpassung an menschliche Fähigkeiten bei der Offenbarung. Gott ist unser *Vater,* der bereit ist, die Sprache der Kinder zu benutzen, um zu uns zu sprechen. Er paßt sich der Schwäche und Unerfahrenheit der Kinder an. Er ist unser *Lehrer,* der weiß, daß er sich auf unsere Stufe herabbegeben muß, wenn er sich uns mitteilen will. Er paßt sich unserer Unwissenheit an, um uns zu unterweisen. Er ist unser *Richter,* der uns unsere Sündhaftigkeit, unsere Verstocktheit und unseren Ungehorsam vor Augen führt. Wie vor Gericht der überzeugende Gebrauch der menschlichen Rede dazu dient, ein wahres Urteil sicherzustellen, so ist Gott darum bemüht, uns von unserer Sünde zu überzeugen und zu überführen. *Sein* Urteil soll *unser* Urteil werden, indem wir erkennen, daß wir in der Tat Sünder sind, die weit von Gott entfernt sind. Calvin beharrt darauf, daß wahre Weisheit in der Gottes- und Selbsterkenntnis liegt. Durch die Erkenntnis, daß wir Sünder sind, erkennen wir, daß Gott unser Erlöser ist.[10]

Nach der Lehre von der Menschwerdung erniedrigt sich Gott auf unsere Stufe, um uns ebenbürtig zu sein. Er ist als unseresgleichen mitten unter uns. Calvin weitet dieses Prinzip auf die Sprache und Bilder der Offenbarung aus: Gott offenbart sich in

Worten und Bildern, die wir verstehen können. Sein Ziel und Zweck ist die Verständigung, der Brückenschlag über die große Kluft zwischen ihm als dem Schöpfer und den Menschen als seiner Schöpfung. Für Calvin sind der Wille und die Fähigkeit Gottes, sich zu erniedrigen und sich unserer Beschränktheit anzupassen, ein Zeichen seiner Barmherzigkeit und Fürsorge.[11]

Es muß gleich zu Anfang betont werden, daß Calvin keineswegs der Ansicht ist, Gott oder die christliche Erfahrung lasse sich auf Worte beschränken, und er tut dies auch nicht. Das Christentum ist keine verbale Religion, sondern beruht auf Erfahrung;[12] im Mittelpunkt steht die erneuernde Begegnung des Gläubigen mit dem auferstandenen Christus. Vom Standpunkt der christlichen Theologie wird diese Erfahrung aus den Worten entwickelt und gebildet. Der christliche Glaube konzentriert sich auf Christus und nicht auf das geschriebene Wort. Wenn dieser Anschein dennoch entsteht, dann deshalb, weil der Gläubige Jesus Christus in den Worten der Bibel begegnet und er davon zehrt. Die Bibel ist das Mittel, nicht der Zweck; ein Weg, und nicht die Sache, die auf dem Wege ist.

Calvins Beschäftigung mit der menschlichen Sprache und insbesondere mit dem Text der Heiligen Schrift spiegelt seine grundlegende Überzeugung wider, daß es durch die Lektüre *dieses* Textes und das Nachdenken darüber möglich ist, dem auferstandenen Christus zu begegnen und ihn zu erleben. Die Konzentration auf das Mittel der Begegnung beweist, welch entscheidende Bedeutung Calvin dem Zweck beimißt. Wer Calvin als »Bücherverehrer« bezeichnet, verkennt in sträflicher Weise seine Interessen und Methoden. Gerade weil Calvin der Verehrung Gottes in der Gestalt Jesu Christi so große Bedeutung beimißt, ist es für ihn so wichtig, das einzige Mittel, das den direkten Zugang zu diesem Gott ermöglicht – die Heilige Schrift –, zu verehren und richtig auszulegen.

Es wird oft behauptet, die französische Sprache habe im 17. Jahrhundert eine abstrakte, symbolhafte und analytische Form angenommen (was oft als *clarté* und *logique* bezeichnet wird). Aber wie, so mag man vernünftigerweise fragen, hat sich *la clarté française,* die für Schriftsteller der französischen Klassik (wie Descartes und Pascal) so charakteristisch war, entwickelt? Immerhin fehlt dem Stil vieler französischer Schriftsteller des 16. Jahrhunderts (wie Montaigne, Rabelais und Ronsard) dieses entscheidende Merkmal völlig. Calvin hat bei dieser bedeutenden Entwicklung eine beschleunigende Rolle gespielt, indem er zum einen dem allgemeinen Trend folgte und die äußerst komplizierten abstrakten Begriffe der christlichen Theologie allgemeinverständlich darstellte, und zum anderen persönlich zur Formgebung der Sprache beitrug.[13]

Im zweiten Jahrzehnt des 16. Jahrhunderts existierte eine umfangreiche Sammlung religiöser Literatur in französischer Sprache. (Französisch war die führende Sprache einer Minderheit in Frankreich; die *langue d'oc* [das Provenzalische] und das Bretonische sind Beispiele bedeutender Regionalsprachen.) Margarete von Navarras Dichtung *Miroir de l'âme pécheresse,* die an der Universität Paris für Mißhelligkeit sorgte, ist ein ausgezeichnetes Beispiel für diese Literaturgattung. Nach eingehender Untersuchung dieser bekannten religiösen Werke stellt sich jedoch heraus, daß der komplizierte französische Stil, der sich zum Erzählen und Meditieren hervorragend eignet, für eine genaue begriffliche Argumentation nicht geschaffen ist. Einfache Dialoge zwischen der menschlichen Seele und Jesus Christus können vielleicht als Erbauung dienen und bei den Lesern eine angemessene Reaktion hervorrufen; aber wo ausführliche Argumente, Genauigkeit und Klarheit und eine logische Folge der Darstellung verlangt wurden, mußte auf das Lateinische zurückgegriffen werden. Die französische Sprache, wie sie sich um das Jahr 1500 darstellte, eignete sich nicht für geistige Disziplinen – ganz gleich, ob es sich um politische oder rechtliche Theorien, dogmatische Theologie oder Philosophie handelte. Die Überlegenheit des Lateinischen, der Lingua franca der geistigen Elite Frankreichs, war nicht nur auf deren Weltoffenheit oder Wunsch zurückzuführen, sich von dem gemeinen Volk abzuheben. Zum großen Teil lag es auch daran, daß die französische Sprache zur damaligen Zeit nicht in der Lage war, sich der Artikulation und Entwicklung der meisten geistigen Disziplinen anzupassen.

Mit dem Beginn der Reformation kam es zu einer neuen, bedeutenden Entwicklung. Mit einem Mal hielt die Vielfalt biblischer Exegese, kirchlicher Ordnung und dogmatischer Theologie Einzug in den öffentlichen Bereich. Einer der bedeutendsten Momente in der Reformationsgeschichte ist Martin Luthers Entschluß im Jahr 1520, nicht länger akademischer Reformator zu bleiben (und sich in lateinischer Sprache an ein akademisches Publikum zu richten), sondern ein Reformator des Volkes zu werden (und sich in deutscher Sprache an ein breiteres Publikum zu wenden). Die Reformation erlebte die große Kritik an der bestehenden Meinung, wie die Bibel gelesen werden konnte und sollte, an dem Aufbau der Kirche und an der christlichen Lehre. Immer wieder appellierten die Reformatoren über die Köpfe der Geistlichen und Theologen hinweg an das Volk. Die Entscheidung, so erklärten sie, liege beim Volk. Der Schweizer Brauch, ein öffentliches Streitgespräch zwischen Evangelischen und Katholischen in der Landessprache zu veranstalten und danach die Bürgerversammlung über die Annahme der Reformation abstimmen zu lassen, spiegelt dieses Grundprinzip wider.

Die ganze Vielfalt christlicher Theologie und kirchlicher Ordnung wurde somit Gegenstand öffentlicher Debatten. Da diese Debatten weit über die engen akademischen Grenzen hinausgingen, mußten sie in der Landessprache geführt werden. Im Jahr 1540 war es gang und gäbe, theologische Diskussionen, die oft außerordentlich abstrakt waren, auf französisch zu führen. Die Universität Paris wollte diese beunruhigende Entwicklung aufhalten und veröffentlichte eine Liste verbotener Bücher, die wertvolle Informationen darüber liefert, in welchem Umfang religiöse Fragen in der Landessprache erörtert wurden: in dem *Catalogue des livres censurés* von 1543 sind dreiundvierzig französische Titel aufgeführt; auf der Liste von 1544 sind es bereits 121

Titel; die von 1551 (dem Jahr des Edikts von Châteaubriant) enthält nicht weniger als 182 französische Titel, und die von 1556 sogar 250. In dem Zeitraum zwischen 1560 und 1566 wurden zwölf Auflagen der französischen Ausgabe von Calvins *Institutio* gedruckt (siehe Tabelle 7.1), die in der Hauptsache aus Genf und Lyon stammten, aber auch weiter nördlich aus Caen. Aber nicht nur die Evangelischen verfaßten ihre theologischen Schriften in französischer Sprache. Schon ein flüchtiger Blick auf die Produktion der Pariser Drucker in der Zeit von 1550 bis 1599 genügt, um festzustellen, daß 250 Werke dieser Art von katholischen Gegnern der Reformation verfaßt wurden.[14] Befürworter und Gegner mußten gleichermaßen auf französisch argumentieren, um sich in der Sprache zu verbessern, die sie benutzten, um ihre gegensätzlichen Ideen auszudrücken.

Das sprachliche Werkzeug abstrakter Argumentation – das im 17. Jahrhundert überaus beliebt war – hat demnach seinen Ursprung in der französischen Reformation. Die Reformation selbst scheiterte letztlich. Trotzdem ist ihr Vermächtnis an die französische Sprache ebenso entscheidend wie unwiderruflich. Es war nur ein kleiner Schritt, die bei religiösen Debatten erworbenen sprachlichen Fähigkeiten auf größere strittige Bereiche auszudehnen – auf das Recht, die Politik und die Philosophie.

Da Calvin von seinem Verlagsort Genf aus einiges zu der Produktion religiöser Literatur in französischer Sprache beitrug, darf ihm zumindest teilweise die Verantwortung für diese Verfeinerung der französischen Sprache zugeschrieben werden. Die Veröffentlichung einer französischen Ausgabe seiner *Institutio* im Jahr 1541 ist ein Meilenstein in der Geschichte der Reformation und in der Entwicklung der französischen Sprache. Dieses Werk, das allgemein als »erstes Zeugnis des geschriebenen französischen Stils« gilt,[15] löste in Paris so etwas wie Panik aus: am 1. Juli 1542 wurde die *Institutio* vom Pariser *parlement* verboten. Der Grund ist nicht schwer zu erraten. In dem gesamten Werk wird die *clarté française* offenkundig. Die Sätze sind kurz; es gibt relativ wenig Nebensätze. (In der Tat weist Calvins Satzbau erstaunliche Parallelen zu dem Jacques du Perrons auf, der als einer der besten französischen Stilisten des späten 16. Jahrhunderts galt.) Alle Sätze Calvins beinhalten ein Argument. Oft beginnen sie mit einer Konjunktion, so daß der Leser sich zurechtfindet und weiß, wie ein Satz mit dem vorangegangenen zusammenhängt. Zum Beispiel wird auf einen Widerspruch hingewiesen, noch ehe der Grund für diesen Widerspruch genannt wird.[16] Das gesamte Werk ist ein Muster an Klarheit und Präzision; es erweitert die Möglichkeiten der französischen Sprache als Vehikel abstrakter Argumentation. Interessanterweise ist es nicht nur eine bloße Übersetzung der lateinischen Ausgabe von 1539, sondern quasi eine Neufassung des Originals, wobei die Grenzen der französischen Sprache und des potentiellen Leserkreises berücksichtigt werden. Der Kontrast zu den stark latinisierten französischen Übersetzungen vieler seiner Gegner (die offensichtlich Schwierigkeiten mit dem Französischen hatten) ist an vielen Stellen frappant.

Keine der nachfolgenden französischen Fassungen der *Institutio* (die von 1545, 1551 und 1560) kann es mit der von 1541 in ihrer verblüffenden Einheitlichkeit, Spontaneität und Behendigkeit des Stils aufnehmen. Wie exzellent die Ausgabe von 1560 wegen ihrer Ausführlichkeit und ihres theologischen Scharfsinns auch sein mag, sie hat nicht den großen literarischen Wert der ersten französischen Fassung. Offenbar ging es Calvin im Alter mehr um die exakte Wiedergabe des theologischen Inhalts seiner Gedanken als um stilistische Eleganz.[17]

Die Bedeutung Calvins als französischsprachiger Autor läßt sich in vollem Umfang am besten abschätzen, wenn man ihn mit zwei anderen bereits erwähnten evangelischen Autoren vergleicht: Guillaume Farel und Pierre Viret. In seinem *Sommaire* von 1542 lobt Farel Calvins *Institutio* vom vorangegangenen Jahr als »exzellentes Werk«. Farels eigener Stil hingegen ist gewunden und an manchen Stellen schwer verständlich. Dasselbe trifft, nach den *Disputations chrestiennes* von 1544 zu urteilen, leider auch für Pierre Viret zu. Farel und Viret zeigen eine gewisse Vorliebe für lange Sätze (im Durchschnitt sind Virets Sätze doppelt und Farels dreimal so lang wie Calvins) und für Nebensätze (Farel bringt elf und Viret bis zu achtzehn Nebensätze in einem einzigen Satzgefüge unter). Daraus ergibt sich zwangsläufig ein schwer lesbarer Stil. Der peinliche und krasse Gegensatz zu Calvins klarem und behendem Stil unterstreicht noch das außerordentliche Talent Calvins als kreativer französischsprachiger Autor.[18]

Der *Unterricht in der christlichen Religion*

Am 28. März 1536 schrieb Marcus Bersius aus Basel an Vadian, den Bürgermeister und großen Reformator der Stadt St. Gallen in der Ostschweiz. Nach ein paar Höflichkeitsfloskeln kommt Bersius zum Kernpunkt seines Briefes: Er informiert Vadian über die neuesten Bücher aus Basler Produktion. Zu den interessantesten gehören Kommentare zu den Reden Ciceros, Oekolampads Kommentar zur Genesis, Chrysostomos' Kommentar zu den Paulusbriefen und Bucers Kommentar zum Römerbrief. Die Liste ist in qualitativer und quantitativer Hinsicht beeindrukkend. Sie spiegelt Basels wachsende Bedeutung als Verlagszentrum wider. Unter anderem ist auch die Rede von »dem Katechismus eines Franzosen, der dem König von Frankreich gewidmet ist«.[19] Diese knappe und vage Beschreibung ist einer der ersten bekannten Hinweise auf das Werk, das Calvins Ruhm begründete und das von den Basler Druckern Thomas Platter und Balthasar Lasius im selben Monat veröffentlicht wurde: die *Institutio Christianae religionis,* allgemein bekannt als *Unterricht in der christlichen Religion.*

Die Übersetzung des lateinischen Titels schafft einige Probleme. Das Wort *Institutio* deutet sofort auf eine Parallele zu Justinians *Institutionen* hin, eine Gesetzessammlung aus der Antike, mit der Calvin seit seinem Aufenthalt in Orléans vertraut war. Was Aufbau und Inhalt betrifft, hat Calvins Werk allerdings wenig Ähnlichkeit mit einer Gesetzessammlung. Bei Erasmus bedeutete das Wort so viel wie »Unterweisung« oder sogar »Leitfaden« (zum Beispiel seine *Institutio principis Christiani* von 1516, die Calvin möglicherweise als Anregung für seinen Titel diente). Es ist offensichtlich, daß die erste Ausgabe der *Institutio* Luthers

Kleinen Katechismus von 1529 zum Vorbild hat. Sowohl Aufbau als auch Inhalt lassen erkennen, inwieweit sich Calvin auf dieses pädagogische Werk der deutschen Reformation stützte.[20] Die 516 kleinformatigen Seiten enthalten sechs Kapitel, von denen die ersten vier nach Luthers Katechismus gestaltet sind. Calvin kann sich jedoch eingehender mit den Problemen befassen als Luther, da sein Werk kein Katechismus ist, den man auswendig lernen mußte. Das erste Kapitel ist praktisch ein Kommentar zu den Zehn Geboten (oder dem Dekalog), und das zweite befaßt sich mit dem Apostolischen Glaubensbekenntnis. Der Einfluß Bucers wird sofort offenkundig: Während Luthers Glaubensbekenntnis in drei Abschnitte unterteilt ist (Vater, Sohn und Heiliger Geist), fügt Calvin einen vierten Abschnitt über die Kirche hinzu, der sowohl die theoretische als auch die praktische Bedeutung dieser Frage berücksichtigt. Im Anschluß an die Kommentare zum »Gesetz«, zum »Glauben«, zum »Gebet« und zu den »Sakramenten« widmet sich Calvin in den beiden folgenden, polemischeren Kapiteln den »falschen Sakramenten« und der »christlichen Freiheit«.

Die zweite Ausgabe der *Institutio* stammt aus Calvins Straßburger Zeit.[21] Sie wurde 1539 in lateinischer Sprache veröffentlicht und ist dreimal so umfangreich wie die erste Ausgabe von 1536; statt sechs Kapiteln sind es nun siebzehn. In zwei einleitenden Kapiteln geht es um die Gotteserkenntnis und die Selbsterkenntnis. Die Darstellung der Trinitätslehre wurde ausgedehnt. Hinzu kamen Kapitel über das Verhältnis zwischen Altem und Neuem Testament, über die Buße, über die Rechtfertigung durch den Glauben, über die Art und das Verhältnis von göttlicher Vorsehung und Prädestination und über das christliche Leben. Obwohl das Werk viel Stoff aus der früheren Ausgabe enthält, haben sich Charakter und Rang offensichtlich verändert. Es ist längst kein Lehrbuch mehr, sondern auf dem Weg, eine maßgebliche Darstellung des christlichen Glaubens zu werden, die zum Vergleich mit der *Summa Theologiae* des Thomas von Aquin einlädt. »Mit diesem Werk möchte ich Studenten der heiligen Theologie so für das Studium des Wortes Gottes vorbereiten und schulen, daß sie leichten Zugang dazu haben und ohne Behinderung in ihrer Arbeit fortfahren können«, schrieb Calvin.[22] Mit anderen Worten, das Buch soll ein Bibelführer sein und als Leitfaden und Kommentar für die oft komplexe Tiefe der Bedeutung dienen.

Das ist ein wichtiger Punkt, wie Calvin später selbst betonte, weil dadurch seine *Institutio* zur hauptsächlichen Quelle seines religiösen Denkens wird. Seine anderen Schriften – wie Bibelkommentare und Predigten – sind in dieser Hinsicht nebensächlich, wie bedeutend sie sonst auch sein mögen. Wie bereits erwähnt, handelt es sich bei der 1541 veröffentlichten französischen Ausgabe der *Institutio* erstaunlicherweise nicht um eine direkte Übersetzung der Ausgabe von 1539. An mehreren Stellen wurden Gedankengänge der Ausgabe von 1536 trotz der 1539 vorgenommenen Änderungen in die Übersetzung von 1541 aufgenommen. Das gab zu der Spekulation Anlaß, Calvin habe ursprünglich die Ausgabe von 1536 ins Französische übersetzen wollen,[23] und nach Aufgabe dieses Plans habe er bereits übersetzte Stellen in die Ausgabe von 1541 eingefügt, ohne die Änderungen aus dem Jahr 1539 zu berücksichtigen. Das Werk weist zahlreiche kleinere Veränderungen auf, die sich alle im Zusammenhang mit dem anvisierten Leserkreis erklären lassen. Auf Gelehrsamkeit, die das Verständnis erschweren könnte, wird verzichtet (zum Beispiel auf alle griechischen Wörter und Anspielungen auf Aristoteles). Dafür kommen Dinge hinzu, die den künftigen Lesern wahrscheinlich vertraut sind (zum Beispiel französische Sprichwörter und Redewendungen).

Eine weitere lateinische Ausgabe erschien 1543, und 1545 folgte die französische Übersetzung. Das Werk umfaßte jetzt einundzwanzig Kapitel und enthielt als wichtigsten Zusatz einen größeren Abschnitt über die Lehre der Kirche. Zu den kleineren Änderungen zählen die beiden zusätzlichen Kapitel über die Gelübde und die menschliche Tradition und ein gesondertes Kapitel über die Engel. In dieser Ausgabe wird vor allem bei der Behandlung der Kirchenordnung deutlich, wie Calvins Erfahrungen seine religiösen Gedanken beeinflußten. Trotz der deutlichen Vorzüge dieser Ausgabe wird jetzt ein innerer Mangel sichtbar, der bereits 1539 erkennbar war: Das Werk ist schlecht aufgebaut. Neue Kapitel werden hinzugefügt ohne Rücksicht darauf, wie sich das auf die Struktur und die Einteilung des Werks auswirkt. Viele Kapitel sind übermäßig lang und ohne Unterteilung in einzelne Abschnitte. In der lateinischen Ausgabe von 1550 und der nachfolgenden Übersetzung von 1551 wurde versucht, diesen Mangel dadurch zu beheben, daß man die einundzwanzig Kapitel in Paragraphen unterteilte. Es gab nur wenige Zusätze, wie etwa die neuen Abschnitte über die Schriftautorität und das menschliche Gewissen. Der eigentliche Mangel aber bleibt: Die Ausgabe von 1550 muß wie die von 1543 als auffallend schlecht aufgebautes Werk angesehen werden.

In Anbetracht der Notwendigkeit einer Überarbeitung und der begrenzten Zeit, die dafür zur Verfügung stand (in seinen letzten Lebensjahren wurde Calvin immmer wieder von Krankheiten heimgesucht), beschloß der Reformator, das gesamte Werk umzuarbeiten. Die wenigen Zusätze, die es enthält, sind im großen und ganzen bedeutungslos und spiegeln lediglich Calvins zunehmende Reizbarkeit und Neigung wider, seine Gegner zu beschimpfen und zu diffamieren. Die offensichtlichste und positivste Veränderung ist die völlige Neuordnung des Stoffes, die dort die Einheit wiederherstellt, wo fast nur noch zusammenhanglose Fragmente übriggeblieben waren. Das Werk ist jetzt in vier »Bücher« (*libri*) eingeteilt, die folgendermaßen geordnet sind: Die Erkenntnis Gottes in seiner Eigenschaft als Schöpfer; die Erkenntnis Gottes in seiner Eigenschaft als Erlöser; die Art und Weise, wie wir der Gnade Jesu Christi teilhaftig werden; die äußeren Mittel oder Hilfen, mit denen uns Gott zur Gemeinschaft mit Jesus Christus einlädt. Die einundzwanzig Kapitel von 1551 sind jetzt auf achtzig erweitert. Alle Kapitel sind zur leichteren Lektüre sorgfältig in Paragraphen gegliedert und auf die vier Bücher verteilt. Möglicherweise hat Calvin die Viergliedrigkeit der Ausgabe von 1543 übernommen, um den Inhalt neu aufzuteilen. Oder aber er übernahm sie aus den *Vier Büchern der Sentenzen* des Petrus Lombardus, auf den er sich häufig bezieht. Wollte Calvin der protestantische Nachfolger des Petrus Lombardus sein, und sollte seine *Institutio* an die Stelle des großen theologischen Lehrbuchs treten? Wir werden es nie erfahren.

Wir wissen nur, daß die *Institutio* jetzt das einflußreichste theologische Werk der protestantischen Reformation war und die Werke Luthers, Melanchthons und Zwinglis in den Schatten stellte.

Der Erfolg der *Institutio* von 1559 ist ein Zeichen für ihren großartigen Aufbau. Mit der Veröffentlichung der *Loci Communes* schaffte Philipp Melanchthon 1521 die maßgebliche Vorlage für lutherische Werke der systematischen Theologie.[24] Die Erstausgabe dieses Werkes befaßte sich mit einer Anzahl von Themen, die für die lutherische Reformation offensichtlich von Bedeutung waren. Allmählich sah sich Melanchthon jedoch aufgrund kritischer und pädagogischer Überlegungen gezwungen, das Werk beträchtlich zu erweitern. Er stellte sich der Herausforderung in erstaunlich unangemessener Weise: Er fügte einfach Material hinzu, ohne Rücksicht darauf, daß dies als Fehlen einer einheitlichen Struktur gedeutet werden könnte. Bald stellte sich heraus, daß dieser Umgang mit Material ungeschickt und systemlos war und auf diese Weise keine systematische Analyse zustande kam, wie sie die theologischen Debatten des späten 16. und 17. Jahrhunderts erforderten. Calvins äußerst systematische und strukturierte Gliederung kam nicht nur den Bedürfnissen seiner eigenen Generation in idealer Weise entgegen, sondern auch denen des nachfolgenden Jahrhunderts. Das Luthertum erholte sich eigentlich nie von dem Fehlstart, der durch Melanchthon verursacht wurde. Der geistige Einfluß der reformierten Theologen auf den Protestantismus geht sowohl auf den *Inhalt* als auch auf die *Struktur* von Calvins letzter Ausgabe der *Institutio* zurück.

Ein Merkmal des religiösen Buchmarkts im 20. Jahrhundert ist der Aufstieg von »Handbüchern« zu religiösen Bestsellern dank der attraktiven Zusammenfassung und Erläuterung ihres Inhalts. Der Erfolg von Calvins *Institutio* von 1559 führte im Verlagswesen zu einer ähnlichen Nebenerscheinung – dem »Abriß« oder »Kompendium«. Bereits im 16. Jahrhundert waren zahlreiche Kurzfassungen dieses umfangreichen Werks in Umlauf, die sich offenbar großer Beliebtheit erfreuten.[25] Im Jahr 1562 veröffentlichte Augustin Marlorat ein Register zu dem Werk, was das

Auffinden von Themen und Bibelstellen erleichterte. Im Jahr 1576 brachte Nicolas Colladon, einer der frühen Biographen Calvins, eine Ausgabe mit kurzen Zusammenfassungen wichtiger Passagen am Rand der Seite heraus, um den geplagten Theologiestudenten die Arbeit zu erleichtern. Thomas Vautrollier, ein hugenottischer Flüchtling, der in London zu den bedeutenderen Verlegern religiöser Bücher zählte, veröffentlichte zwei Handbücher zur *Institutio*: Edmund Bunnys *Compendium* (1576) befaßte sich zum Nutzen verwirrter Studenten mit Calvins komprimiertem Stil und seiner scharfsinnigen Argumentationsweise. Guillaume Delaune (ein hugenottischer Flüchtling, dessen anglisierter Name William Lawn lautete) brachte sieben Jahre später eine Zusammenfassung (*Epitome*) der *Institutio* als Oktavband mit nur 370 Seiten Umfang heraus. Das *Epitome* enthielt nicht nur einen Abriß von Calvins Werk, sondern auch Tabellen und Schaubilder, die es dem verwirrten Leser ermöglichten, dem komplizierten Aufbau des Werks zu folgen. Die Zusammenfassung wurde kurz darauf unter dem englischen Titel *An Abridgement of the Institution of the Christian Religion written by M. Ihon Caluin* veröffentlicht. Weitere »Handbücher« wurden von Caspar Olevianus (1586), Johannes Piscator (1589) und Daniel de Cologne (1628), auch Colonius genannt, herausgebracht. Durch ihre Vermittlung wurde Calvin einem immer größeren Leserkreis bekannt.

Wo Calvin seine Zeitgenossen beeinflußte, geschah das in der Hauptsache durch die erfolgreichen Ausgaben der *Institutio*. Die Verbreitung seiner richtungweisenden Ideen ist fast ausschließlich diesem Werk zuzuschreiben. Das heißt jedoch nicht, daß Calvins Ruf oder Einfluß lediglich darauf beruht. Er war ein solcher Meister des geschriebenen und gesprochenen Worts, daß er für seine Zwecke noch drei andere Literaturgattungen schuf. Ihre literarische und theologische Bedeutung ist beträchtlich. Dennoch sind sie *historisch* weniger bedeutsam, da sie bei weitem nicht die Wirkung hatten wie die *Institutio* im 16. Jahrhundert. Das heißt aber keineswegs, daß Calvin ein schlechter Prediger oder Kommentator war. Die vorhandenen Texte beweisen genau das Gegenteil. Als Bibelkommentator beispielsweise ist er zweifellos der beste seiner Zeit.[26] Freilich muß man den erstaunlichen Erfolg und Einfluß der *Institutio* auf Calvins Zeit berücksichtigen.

Schließlich ist die Korrespondenz als ein weiteres Mittel zur Weitergabe der Ideen Calvins zu nennen. Die Humanisten hatten die Wichtigkeit der Korrespondenz als Medium zur Verbreitung von Ideen und ästhetischen Werten schon lange erkannt. Italienische Humanisten konnten ihre Ansichten über Stil und Ausdruck einem zunehmend interessierten Publikum nördlich der Alpen schriftlich übermitteln und darlegen.[27] Für Calvin war der Brief jedoch ein religiöses und politisches Propagandamittel zur Verbreitung seiner radikalen Ideen in ganz Frankreich. So konnte er auch in Abwesenheit mit seinen Anhängern in Agenais, Angoulême, Bourges, Brie, der Champagne, Grenoble, dem Languedoc, Lyon, Orléans, Paris, Poitiers, der Provence, Rouen und Toulouse in Kontakt bleiben. In den dreißiger und vierziger Jahren des 16. Jahrhunderts stand Calvin in engem Kontakt mit Akademikern aus dem Mittelstand – Anwälte, Studenten und Lehrer –, die ihn über die turbulente religiöse Situation in seiner Heimat auf dem laufenden hielten.[28] Infolge dieser ausgedehnten Korrespondenz konnte er seinen Einfluß auf die evangelische Bewegung in Frankreich zu einem entscheidenden Zeitpunkt in ihrer Geschichte festigen, als seine Ideen über Religion und Wirtschaft bei den unzufriedenen Bürgern zunehmend Beachtung fanden.

Aber wie sahen diese religiösen Ideen aus? Nachdem wir uns mit dem Medium beschäftigt haben, müssen wir uns nun der Botschaft selbst zuwenden.

Ausgaben des *Unterrichts in der christlichen Religion* bis 1600

Jahr	*Erscheinungsort*	*Herausgeber*	*Sprache*
1536	Basel	Platter und Lasius	Latein
1539	Straßburg	Wendelin Rihel	Latein
1541	Genf	Michel du Bois	Französisch
1543	Straßburg	Wendelin Rihel	Latein
1545	Genf	Jean Gérard	Französisch
1550	Genf	Jean Gérard	Latein
1551	Genf	Jean Gérard	Französisch
1553	Genf	Robert Estienne	Latein
1554	Genf	Adam und Jean Rivery	Latein
1554	Genf	Philibert Hamelin	Französisch
1557	Genf	Jacquy, Davodeau und Bourgeois	Französisch
1557	Genf	Bourgeois, Davodeau und Jacquy	Italienisch
1559	Genf	Robert Estienne	Latein
1560	Genf	Jean Crespin	Französisch
1560	Emden	unbekannt	Holländisch
1561	Genf	Antoine Reboul	Latein
1561	London	R. Wolfe und R. Harison	Englisch
1561	Genf	Conrad Badius	Französisch
1561	Genf	Jacques Bourgeois	Französisch
1562	London	R. Harison	Englisch
1562	Caen	Pierre Philippe	Französisch
1562	unbekannt	unbekannt	Französisch
1562	Lyon	Louis Cloquemin	Französisch
1562	Genf	Jacques Bourgeois	Französisch
1563	Lyon	Sébastien Honorati	Französisch
1564	Genf	Thomas Courteau	Französisch
1565	Lyon	Jean Martin	Französisch
1565	Lyon	Pierre Haultin	Französisch

Jahr	*Erscheinungsort*	*Herausgeber*	*Sprache*
1566	Genf	François Perrin	Französisch
1568	Genf	François Perrin	Latein
1569	Genf	François Perrin	Latein
1572	Heidelberg	Johann Meyer	Deutsch
1574	London	Witwe von R. Wolfe	Englisch
1576	London	Thomas Vautrollier	Latein
1576	Lausanne	François le Preux	Latein
1577	Lausanne	François le Preux	Latein
1578	Dordrecht	P. Verhagen und C. Jansz	Holländisch
1578	London	Thomas Vautrollier	Englisch
1582	London	H. Middleton	Englisch
1584	London	Thomas Vautrollier	Latein
1585	Edinburgh	Thomas Vautrollier	Englisch
1585	Genf	Eustache Vignon und Jean le Preux	Latein
1586	Herborn	Christoph Raben	Deutsch
1587	London	H. Middleton	Englisch
1587	Edinburgh	unbekannt	Englisch
1589	Herborn	Christoph Raben	Latein
1592	Genf	Jean le Preux	Latein
1593	Leiden	J. P. Jacobsz und J. Bouwensz	Holländisch
1595	Leiden	J. P. Jacobsz und J. Bouwensz	Holländisch
1596	Bremen	Jean Wessel	Französisch
1597	London	Richard Field	Spanisch
1599	London	A. Hatfield	Englisch

Diese Tabelle beruht auf einer statistischen Erhebung des Bestands großer europäischer Bibliotheken in Verbindung mit Material, das von M. Antal Lökkös an der Bibliothèque Publique et Universitaire in Genf 1986 zum Gedenken an den 450. Jahrestag der Veröffentlichung der Erstausgabe dieses Werks zusammengestellt wurde. Die Liste in der Übersetzung von McNeill/Battles (*Institutio*, Band 2, 1527-29) ist unvollständig.

8

Der christliche Glaube nach Calvin: die Botschaft

Wer Calvin verstehen will, muß Calvin *lesen.* Ebenso wie ein Reiseführer über seine Heimat Frankreich die unmittelbare Begegnung mit diesem Land nicht ersetzen kann, gibt es auch keine angemessene Alternative zur persönlichen Beschäftigung mit Calvins Schriften. Viele Darstellungen seiner Gedanken haben in gewisser Weise eine »indirekte« Beziehung zu ihnen – wie wohl auch dieses Buch. Will man Calvins Denkweise, seine Form der Analyse, seine Verwendung von Analogien, seine rhetorische Leistung und seine Art, eventuellen Schwierigkeiten und Mißverständnissen vorzubeugen, verstehen, muß man sich die Zeit nehmen, seine *Institutio* zu lesen. Das vorliegende Kapitel soll als Anleitung zu dieser Lektüre dienen.

Der Vergleich mit einem Reiseführer soll den Zweck dieses Kapitels erläutern. Wie auf einer Landkarte sind die verschiedenen Teile der *Institutio* festgelegt, so daß sich der Leser vorab ein Bild davon machen kann, wie sie zusammenhängen. Das Kapitel soll gewisse Merkmale hervorheben und sie der Aufmerksamkeit des Lesers empfehlen sowie die notwendige Hintergrundinformation zum Verständnis der ausgewählten Punkte liefern. Vor allem aber ist es eine Hilfe zum entdeckenden Lesen, ein Anreiz zur Begegnung und ein Ansporn zu unmittelbarer Erfahrung.

Um Calvins Auffassung des christlichen Glaubens in groben Zügen darzulegen, besteht die bequemste – und, wie wir sehen werden, auch die zuverlässigste – Methode darin, die zentralen Themen des *Unterrichts in der christlichen Religion* von 1559 herauszugreifen. Calvin selbst bezeichnete die *Institutio* als die einzig maßgebliche Darstellung seiner religiösen Ideen. Das soll nicht heißen, daß diese Ideen nicht auch in anderen Quellen zu finden sind – zum Beispiel in seinen Bibelkommentaren oder Predigten –, die aber von der *Institutio* völlig in den Schatten gestellt werden. Auch sollen Calvins beachtliche Fähigkeiten als Bibelkommentator und Prediger keineswegs geschmälert werden. Sicher ist es zumindest in einigen Fällen möglich, die Grundzüge seiner Lehre anhand der Bibelkommentare zu erkennen.[1] Ferner fehlt den Kommentaren im allgemeinen der gereizte, gelegentlich schon giftige Ton, der für bestimmte Abschnitte der *Institutio* von 1559 kennzeichnend ist. Calvins abstoßende Art – vermutlich ein Zeichen der immer qualvolleren Schwäche des Alters und der Krankheit – gilt als einer der Hauptmängel des Werks. Calvin behandelt seine Gegner, insbesondere Andreas Osiander, aggressiv und herablassend und neigt leider dazu, die Kritik an den Ideen mit der Kritik an den Personen zu verbinden, die diese Ideen vertreten. Der Kontrast zu Thomas von Aquin ist besonders kraß: Die *Summa Theologiae* zeichnet sich selbst an solchen Stellen durch besondere Zurückhaltung aus, wo Thomas von Aquin Ideen darlegt, die er für falsch hält. Dagegen sind Calvins Kommentare ein deutlich angenehmerer Lesestoff. Trotzdem birgt die vorrangige Behandlung der Kommentare zwei mögliche Gefahren in sich.

Erstens schränkt Calvins strenge Auffassung von der Rolle des Kommentators, die schon im Seneca-Kommentar deutlich wird, die Freiheit erheblich ein, den entscheidenden Schritt von der Auslegung der Schrift zur theologischen Aussage zu machen. Calvin begreift »Theologie« nicht einfach als »Auslegung der Bibel«, obwohl er keineswegs die Absicht hat, die Theologie von der Schriftauslegung zu trennen.[2] Obwohl er Theologie als

»Echo des biblischen Texts« betrachtet,[3] ist sie genaugenommen kein *Kommentar* zu diesem Text, sondern vielmehr ein *Interpretationsrahmen,* in dem der Text verständlich wird. Ganz offensichtlich findet es Calvin unpassend, beim Kommentieren von Texten oft die ganze dogmatische Bedeutung einer bestimmten Textstelle darzulegen. Das beweist zum Teil sein Bewußtsein der Notwendigkeit, sich mit den historischen, sprachlichen und literarischen Problemen des Textes auseinandersetzen zu müssen. Aber offensichtlich unterstellte er auch, daß sich seine Leser an die *Institutio* als Hauptquelle seiner Theologie – und damit seiner Deutung der Schrift – halten würden. Kommentare können Details von Bibeltexten klären. Die *Institutio* ist ein allgemeiner Rahmen, der die Kraft der biblischen Verkündigung verständlich macht. Für Calvin spielten seine Bibelkommentare im Hinblick auf die *Institutio* nur eine nebensächliche Rolle. Sie sollten kein Ersatz sein und können auch nicht als solcher betrachtet werden. Wenn es ein Hilfsmittel für die Lektüre der Heiligen Schrift gibt, das sich von allen anderen Schriften Calvins deutlich abhebt und von ihm selbst als solches konzipiert wurde, dann ist es die *Institutio,* und nicht irgendein Kommentar zu einem bestimmten Bibeltext.

Zweitens beruhen Calvins theologische Auslegungen oft auf einer umfassenden Analyse der Wechselbeziehung von verschiedenen Bestandteilen seines Systems, einschließlich der Diskussion möglicher Probleme und der Beurteilung konkurrierender Alternativen. In Zusammenhang mit der *Institutio,* insbesondere in der Ausgabe von 1559, ist diese Vorgehensweise realistisch. Auf diese Weise lassen sich die Nuancen, Schwerpunkte und Feinheiten von Calvins Denken erkennen und beurteilen. Wenn sich der Leser mit jedem Thema in der Ausgabe von 1559 auseinandersetzt, kann er sicher sein, alles zu finden, was Calvin zum Verständnis seines Standpunkts als wesentlich erachtete. Diese Ausführlichkeit bleibt dem Leser der Bibelkommentare vorenthalten, wenn er versucht, Calvins Standpunkt anhand der Auslegung potentiell relevanter Bibelstellen zu erkennen. Man muß tatsächlich die *Institutio* zu Rate ziehen, will man feststellen, ob ein wesentlicher Teil von Calvins Ansichten zu einem bestimmten Thema fehlt. Auf diese Weise erkennt man den Vorzug dieses Werks.

Die Struktur des Calvinschen Denkens

Calvin gilt weithin als kühler und sachlicher Systematiker, eher als großer Geist denn als Persönlichkeit, als in sich gekehrter und gesellschaftlich isolierter Mensch, der sich in der Gedankenwelt mehr zu Hause fühlte als in der handfesten Wirklichkeit der mitmenschlichen Beziehungen.[4] Im allgemeinen wird Calvins religiöses Denken als streng logisches System betrachtet, mit der Prädestinationslehre als Mittelpunkt. So bestimmend diese weitverbreitete Ansicht auch sein mag, sie hat kaum etwas mit der Realität zu tun. Obwohl die Prädestinationslehre für den späteren Calvinismus von Bedeutung ist, läßt Calvins Darlegung des Gedankens nichts dergleichen erkennen. Dennoch ergibt sich aus dieser allgemeinen Ansicht eine wichtige Frage. Kann man Calvins Denken überhaupt als System bezeichnen? Das Wort »System« bedeutet im Grunde so viel wie Einheitlichkeit.[5] Es erhebt Anspruch auf Kohärenz. Doch Calvin teilte die starke Abneigung der humanistischen Gelehrten gegen die scholastischen Theologen, deren Schlagworte »Systematisierung« und »Kohärenz« waren. Wer Calvin als theologischen Systematiker bezeichnet, bringt ihn in gewisser Weise mit der mittelalterlichen Scholastik in Verbindung, was seiner bekannten Einstellung widerspricht. Es würde auch einen Bruch zwischen Calvin und seiner Bildung bedeuten. Weder hatte er die intellektuellen Möglichkeiten noch sah er überhaupt einen besonderen Grund, Werke der »systematischen Theologie« zu verfassen[6] – eine literarische Gattung, die sowieso als Überrest der viel geschmähten Scholastik galt. Nur wenn man davon ausgeht, daß die *Institutio* mit dem biblischen Humanismus des Calvinschen Zeitalters in Einklang steht und keine extreme Ausnahme darstellt, kann man die Bedeutung des Werkes voll und ganz würdigen.[7]

Zwar ist die *Institutio* von 1559 wegen ihres Umfangs und ihrer Wirkung häufig mit Thomas von Aquins *Summa Theologiae* – mit ihren 512 Fragen, 2 669 Artikeln und mehr als 10 000 Einwänden und Antworten – verglichen worden. Aber in diesem Fall werden die reine Textmasse und der historische Einfluß mit theologischer Affinität verwechselt. Wie eine Untersuchung über die Entwicklung der *Institutio* zeigt, war das Werk ursprünglich eher bescheiden und erhob keinen Anspruch auf methodologische Ausführlichkeit. Die Neuordnung des Stoffes zwischen 1536 und 1559 ist eher Ausdruck pädagogischer als methodologischer Überlegungen. Calvin ist Humanist, kein Scholastiker: Er will seinen Lesern Hilfestellung leisten und seine Gedanken nicht systematisieren. Die *Institutio* von 1559 vereinigt in sich die Kardinaltugenden des humanistischen Pädagogen – Klarheit und Ausführlichkeit – und sie gewährt den Lesern Zugang zu einer klaren und umfassenden Darstellung der Grundzüge des christlichen Glaubens, wie Calvin ihn verstanden wissen wollte. Nirgends wird ersichtlich, daß der Inhalt des Werks von einem Prinzip oder Grundsatz beherrscht wird – abgesehen von der Klarheit der Darstellung. In Aufbau und Stil zeigt sich die *eloquentia*, die in der Renaissance so sehr geschätzt wurde.

Der Analytiker, der, aus welchen Gründen auch immer, hinter Calvins Denken ein einheitliches Prinzip vermutet, wird ein solches auch finden. Die Calvin-Forschung verfügt über eine Anzahl von Studien, die davon ausgehen, daß Calvins Denken auf einem einheitlichen Prinzip beruhe, und die dieses Prinzip in seiner Prädestinationslehre,[8] seiner Lehre von der Erkenntnis Gottes[9] oder seiner Kirchenlehre[10] zu erkennen glauben. Ein vernünftigerer (und auch realistischerer) Ansatz geht von der naheliegenden Erkenntnis aus, daß es bei Calvin *kein* zentrales Denkschema gibt.[11] Die Idee eines »zentralen Schemas« hat ihren Ursprung im deduktiven Monismus der Aufklärung und nicht in der Theologie des 16. Jahrhunderts.[12] Es mag zwar bestimmte zentrale Themen oder grundlegende Metaphern geben, die Einblick in Calvins religiöses Denken gewähren – aber die Vorstellung von einem zentralen Schema, das sein Denken beherrscht, kann nicht aufrechterhalten werden. Calvins religiöses Denken kennt keinen »harten Kern«, kein »Grundprinzip« und keine »Essenz«.

Es ist jedoch offensichtlich, daß Calvin bei seiner Beschäftigung mit dem Verhältnis von Gott und Mensch ein bestimmtes Denkmuster als normativ betrachtet. Das fragliche Muster bezieht sich auf die Menschwerdung, insbesondere auf die Vereinigung von göttlicher und menschlicher Natur in der Person Jesu Christi, ohne daß die beiden Naturen miteinander verschmelzen. Immer wieder beruft sich Calvin auf die christologisch begründete Formel: *distinctio sed non separatio.*[13] In diesem Fall werden zwei Begriffe *unterschieden,*, aber nicht *getrennt.* Es wird unterschieden zwischen der »Erkenntnis Gottes« und der »Selbsterkenntnis«, wobei beide Begriffe nicht getrennt voneinander betrachtet werden dürfen. So, wie die Menschwerdung ein Paradigma für diese *complexio oppositorum* ist, wiederholt sich dieses Schema immer dort, wo sich die Beziehung zwischen Gott und den Menschen offenbart. Da Calvin betont, die Theologie gründe sich auf die »Erkenntnis Gottes und unsere Selbsterkenntnis« (*Institutio* I,1,1), ist dieses Paradigma zweifellos von Bedeutung. In seinem gesamten Werk neigt Calvin dazu, das Reich des Menschen und das Reich Gottes grundlegend voneinander zu unterscheiden – und doch beharrt er auf ihrer Einheit. Es ist überhaupt nicht möglich, Gott und die Welt oder Gott und die Menschen voneinander zu trennen.

Dieses Prinzip zieht sich durch die gesamte *Institutio*:[14] beim Verhältnis zwischen dem Wort Gottes und den Worten des Menschen in der Predigt, zwischen Symbol und Sache in der Eucharistie, zwischen dem Gläubigen und Christus in der Rechtfertigung, die zwar eine reale Gemeinschaft von Personen kennt, aber keine Verschmelzung des jeweils verschiedenen Seins, und schließlich zwischen der weltlichen und kirchlichen Gewalt. Calvins Denken ist völlig auf Christus konzentriert. Es gründet sich nicht nur auf Gottes Offenbarung in Jesus Christus, sondern erkennt auch in dieser Offenbarung ein Muster, das andere Schlüsselbereiche des christlichen Glaubens beherrscht. Wo immer Gott und Menschen zusammentreffen, erklärt das Beispiel der Menschwerdung ihre Beziehung. Wenn es einen Mittelpunkt in Calvins religiösem Denken gibt, dann ist es Jesus Christus selbst.[15]

Die Feststellung, es sei unangemessen, Calvins religiöses Denken als »System« zu bezeichnen, bedeutet keineswegs, daß seinem Denken der Zusammenhang oder die innere Logik fehle. Vielmehr unterstreicht dies nur die Fähigkeit, mit der Calvin, eher biblischer als philosophischer Theologe, eine Anzahl von Elementen in seine übergreifende Denkstruktur integrierte. Er hat im strengen Sinn des Wortes kein »theologisches System« entwickelt. Dennoch war er zweifellos ein systematischer Denker, der sich völlig darüber im klaren war, daß er für die Stimmigkeit der Komponenten seines Denkens sorgen mußte.

Am Ende des Calvinschen Zeitalters erwachte ein neues Interesse an der Methodenlehre. Mit der neuen Aufmerksamkeit der Humanisten an methodologischen Fragen fand ein intellektueller Klimawechsel statt. Systematisierung war nun nicht mehr ausschließlich den vielgeschmähten scholastischen Theologen vorbehalten. Dies ist teilweise dem wachsenden Einfluß der humanistischen Schule in Padua zu verdanken, deren Betonung der Methodik (und des aristotelischen Beitrags zu dieser Wissenschaft) in der Spätrenaissance immer mehr Zustimmung fand. Wenn der Calvinismus sein intellektuelles Ansehen und seine Glaubwürdigkeit behalten wollte, mußte er sich der neuen systematischen Form anpassen. Calvins Nachfolger im späten 16. Jahrhundert, die mit der Notwendigkeit konfrontiert wurden, Calvins Gedanken Methode zu verleihen, stellten fest, daß sich seine Theologie ausgezeichnet in die strenge logische Struktur der aristotelischen Methodologie einpassen ließ, die in der italienischen Spätrenaissance bevorzugt wurde. Das verleitete zu der Schlußfolgerung, Calvins Denken besitze selbst schon die systematische Form und die logische Strenge der späten reformierten Lehre. Infolgedessen wurde die Beschäftigung der späteren Orthodoxie mit der Prädestinationslehre in die *Institutio* von 1559 hineingelesen. Wie wir noch sehen werden, besteht hier ein feiner Unterschied zwischen Calvin und dem Calvinismus, was einen entscheidenden Wendepunkt in der allgemeinen Geistesgeschichte markiert. Calvins Nachfolger entwickelten seine Ideen als Antwort auf einen neuen Zeitgeist, der Systematisierung und ein Interesse an Methodik für intellektuell respektabel und wünschenswert erachtete. Das Luthertum erkannte die Bedeutung dieses entscheidenden intellektuellen Klimawechsels nicht. Als lutherische Autoren die neuen Methoden übernahmen, war im Grunde schon eine ganze Generation überschritten, und die geistige Überlegenheit des Calvinismus schien gesichert.

Ehe wir uns den Hauptmerkmalen des Calvinschen Denkens zuwenden, ist es hilfreich, zumindest einige der wesentlichen Punkte zu nennen, die seine Meinung beeinflußten. Zunächst muß betont werden, daß Calvin ein biblischer Theologe ist. Die Hauptquelle seiner religiösen Ideen war die Bibel. Calvins Arbeit als Bibelkommentator bestätigt den allgemeinen Eindruck, den man bei der eingehenden Lektüre der *Institutio* gewinnt: daß er sich als demütiger Bibelausleger betrachtete. Texte bedürfen jedoch der Interpretation. Calvin hatte Zugang zu den neuen Methoden der Literaturtheorie, Textkritik und der philologischen Analyse, die ihm die Renaissance zur Verfügung gestellt hatte und die er umgehend anwendete. Als Humanist wappnete er sich mit dem methodischen Rüstzeug der Humanisten für seine Aufgabe als Bibelkommentator.

Während Calvins Hauptinteresse der Auslegung der Heiligen Schrift galt, wurde seine Bibellektüre durch die christliche Tradition bereichert und geprägt.[16] Er hatte keine Bedenken, die These weiterzuentwickeln, die er ursprünglich auf der Disputation zu Lausanne vertreten hatte – daß die Reformation die Wiederentdeckung der wahren Lehre der frühen Kirche sei, ohne die Entstellungen und falschen Zugaben des Mittelalters. Vor allem aber betrachtete Calvin seine Meinung als getreue Wiedergabe der grundlegenden Ideen des Augustinus von Hippo.[17] »Augustinus ist völlig unserer Meinung!« Vor manchen frühmittelalterlichen Autoren wie Bernhard von Clairvaux hatte Calvin große Hochachtung.[19] Obwohl er die spätmittelalterliche Theologie gern als unwesentlich bezeichnete, wird doch deutlich, daß er zumindest einige ihrer Methoden und Voraussetzungen in sein Denken aufnahm.[20] Sein Voluntarismus und die subtile Anwendung der logisch-kritischen Methode sind Beispiele für eine enge Verbundenheit nicht unbedingt mit einem *bestimmten* Autor oder einer *bestimmten* geistigen Richtung, aber mit dem geistigen Rüstzeug der zeitgenössischen Theologie. Schließlich ist allenthalben spürbar, daß er der ersten Generation von Reformatoren Dank schuldet – Luther, seinem Straßburger Freund Bucer und dem gelehrten Philipp Melanchthon, um nur drei zu nennen.[21]

Es ist unmöglich, an dieser Stelle Calvins Denken einer eingehenden Analyse zu unterziehen. Deshalb soll hier nur ein Überblick über den christlichen Glauben nach Calvin gegeben werden, wie er sich in der *Institutio* darstellt.

Die *Institutio* von 1559: Ein Überblick

Der Stoff, den Calvin in der *Institutio* vorlegt, ist auf vier Bücher verteilt. Das erste Buch befaßt sich mit der Gotteslehre, vor allem mit der Schöpfung und der Vorsehung. Das zweite Buch beschäftigt sich mit den Grundlagen der Lehre von der Erlösung und enthält eine Betrachtung zur menschlichen Sünde und eine umfassende Analyse der Person und des Wirkens des Erlösers Jesus Christus. Das dritte Buch handelt davon, wie der einzelne der Erlösung teilhaftig wird. Außerdem werden die Lehren vom Glauben, von der Wiedergeburt, von der Rechtfertigung und der Prädestination genau untersucht. Im vierten Buch geht es schließlich um das Leben der Gemeinschaft der Gläubigen sowie um verschiedene Fragen, die für die Kirche unmittelbar von Bedeutung sind – ihre Ämter, ihre Sakramente und ihr Verhältnis zum Staat.

Aufgrund des Umfangs der *Institutio* ist jeder Versuch willkommen, die Struktur zu vereinfachen. Deshalb ist es hilfreich, das Werk auf die Grundlage des Trinitätsgedankens zu stellen: Das erste Buch handelt von Gott dem Vater, das zweite von Gott dem Sohn, das dritte von Gott dem Heiligen Geist und das vierte von der Kirche. Obwohl ein solcher Überblick das Auffinden des Stoffes innerhalb des Werks erleichtert, muß das nicht heißen, daß Calvin dies im Sinn hatte, als er den Stoff ordnete. Zum Beispiel erwähnt er in seiner eigenen Zusammenfasung des Inhalts des dritten Buches den Heiligen Geist nicht.

Das erste Buch der *Institutio* beginnt mit der Erörterung eines grundlegenden Problems der christlichen Theologie: Wie erfahren wir etwas von Gott? Aber noch bevor Calvin sich dieser Frage zuwendet, betont er, daß »die Erkenntnis Gottes und unsere Selbsterkenntnis zusammenhängen« (I,1,1). Ohne Gotteserkenntnis keine Selbsterkenntnis und ohne Selbsterkenntnis keine Gotteserkenntnis. Diese beiden Formen der Erkenntnis »hängen vielfältig zusammen«; obwohl verschieden, sind sie nicht voneinander zu trennen. Es ist unmöglich, sie getrennt voneinander zu betrachten. Dieser Grundsatz ist für das Verständnis der überaus weltbejahenden Theologie Calvins von grundlegender Bedeutung: Die Erkenntnis Gottes ist weder von der Erkenntnis der menschlichen Natur oder der Welt zu trennen, noch dürfen die beiden miteinander verschmelzen. Die Dialektik beruht auf einem fein ausgewogenen Zusammenspiel zwischen Gott und der Welt, zwischen dem Schöpfer und seiner Schöpfung.

Hinsichtlich unserer Erkenntnis Gottes als »Schöpfer und uneingeschränkter Herrscher der Welt« versichert Calvin, daß in der gesamten Schöpfung eine allgemeine Kenntnis von Gott angelegt sei – bei den Menschen, in der natürlichen Ordnung der Dinge und im Gang der Geschichte selbst. Zwei Hauptgründe dieser Erkenntnis werden genannt, ein subjektiver und ein objektiver. Der erste Grund ist ein »Empfinden der Gottheit« (*sensus divinitatis*) oder ein »Keim der Religion« (*semen religionis*), den Gott jedem Menschen eingepflanzt hat (I,3,1; I,5,1). Gott selbst hat dem Menschen eine Empfindung oder eine Ahnung seiner Existenz geschenkt. Es ist, als sei ein Wissen von Gott allen Menschen ins Herz gegraben (I,10,3). Calvin nennt drei Folgen dieser Kenntnis der Gottheit: die allgemeine Verbreitung der Religion (die ohne christliche Offenbarung zum Götzendienst herabsinkt: I,3,1), Gewissensangst (I,3,2) und knechtische Angst vor Gott (I,4,4). All diese Dinge, so Calvin, können Berührungspunkte für die christliche Verkündigung sein.

Der zweite Grund liegt in der Erfahrung der Weltordnung und der Betrachtung darüber. Die Einsicht, daß Gott der Schöpfer ist, und die Anerkennung seiner Weisheit und Gerechtigkeit resultieren aus der Betrachtung der Schöpfung, die im Menschen selbst ihren Höhepunkt findet (I,5,1-15). »Gott hat sich derart im ganzen Bau der Welt offenbart und tut es noch heute, daß die Menschen ihre Augen nicht aufmachen können, ohne ihn notwendig zu erblicken« (I,5,1). Es ist fast unmöglich, diesen Teil der *Institutio* zu lesen, ohne dabei an den Deismus späterer Autoren wie Herbert von Cherbury oder Isaak Newton zu denken – ein bedeutender Umstand, auf den wir später noch zurückkommen werden, wenn wir uns mit Calvins Einfluß auf die Naturwissenschaften beschäftigen.

Calvin behauptet keineswegs, diese Erkenntnis Gottes aus der Schöpfung sei nur den Christen eigen oder beschränke sich nur auf sie. Calvin erklärt, vielmehr *jeder* könne durch vernünftige Betrachtung der Schöpfung zur Kunde von Gott gelangen. Die Schöpfung ist eine »Bühne« (I,5,5) oder ein »Spiegel« (I,5,11) mit dem Zweck, das Wirken, das Wesen und die Eigenschaften Gottes vor Augen zu führen. Obwohl Gott selbst unsichtbar und unfaßbar ist, wird er in erschaffenen und sichtbaren Dingen erfahrbar. Der unsichtbare Gott offenbart sich im Gewand der Schöpfung (I,5,1).

Calvin lobt die Naturwissenschaften (wie etwa die Astronomie) wegen ihrer Fähigkeit, die wunderbare Ordnung der Schöpfung, die von der Weisheit Gottes Zeugnis gibt, näher zu veranschaulichen (I,5,2). Bezeichnenderweise beruft er sich nicht auf spezielle *christliche* Quellen der Offenbarung. Seine These beruht auf empirischer Beobachtung und logischem Denken. Wenn Calvin Bibelzitate anführt, dann nur, um eine natürliche Erkenntnis Gottes zu fördern, und nicht, um diese Erkenntnis erst zu wecken. Es gebe, so betont er, einen gemeinsamen Weg für Fremde und Hausgenossen Gottes (*exteris et domesticis communem: I,5,6)*, Gott zu finden.

Nachdem Calvin die Grundlage für eine allgemeine Gotteserkenntnis geschaffen hat, hebt er deren Mängel hervor. Sein Dialogpartner ist Cicero, dessen *de natura deorum* wohl zu den einflußreichsten klassischen Darstellungen einer natürlichen Gotteserkenntnis gehört.[22] Die an sich schon ungeheure epistemische Kluft zwischen Gott und den Menschen wird infolge der Sündhaftigkeit der Menschen noch vergrößert. Unsere natürliche Gotteserkenntnis ist unvollkommen und verworren, ja gelegentlich sogar widersprüchlich. Eine natürliche Gotteserkenntnis läßt den Menschen keinen Vorwand, um Unwissenheit vorzutäuschen. Trotzdem ist sie als Grundlage einer richtigen Darstellung der Natur, des Wesens und der Ziele Gottes ungeeignet. Deshalb führt Calvin den Begriff der biblischen Offenbarung ein. Die Schrift wiederholt, was in der Natur von Gott erfahrbar wird, während sie zugleich diese allgemeine Offenbarung erklärt und verdeutlicht (I,10,1). »Die Kunde von Gott, die uns im Weltgebäude und in aller Kreatur nicht undeutlich entgegentritt, erschließt sich doch vertrauter und klarer im Worte« (I,10,1). Nur durch die Heilige Schrift erlangt der Gläubige Kenntnis von den Wohltaten Gottes in der Geschichte, die im Leben, im Sterben und in der Auferstehung Jesu Christi ihren Höhepunkt finden (I,6,1-4). Für Calvin konzentriert sich die Offenbarung auf die Person Jesu Christi; unsere Gotteserkenntnis kommt durch seine Vermittlung zustande (I,6,1).

Da die Erkenntnis Jesu Christi nur durch die Schrift möglich ist, können Theologen und Gläubige gleichermaßen der Zentralität und Unerläßlichkeit der Schrift gewiß sein. Calvin fügt jedoch hinzu, daß die Heilige Schrift nur durch die Inspiration des Heiligen Geistes richtig gelesen und verstanden werden könne (I,7,1). Trotzdem entwickelt er keine technische oder genaue Vorstellung von der Inspiration der Schrift. Es stimmt zwar, daß er gelegentlich Bilder benutzt, die auf eine technische Sichtweise der Inspiration schließen lassen – zum Beispiel bezeichnet er die biblischen Autoren als »Schreiber« oder »Schriftgelehrte«, oder er spricht vom »Diktat« des Heiligen Geistes. Doch diese Bilder sind sicher metaphorisch gebraucht, als Verständnishilfe oder bildliche Darstellung. Der Inhalt der Schrift ist göttlich – aber die Art der Darstellung ist menschlich. Die Schrift ist das *verbum Dei*, nicht die *verba Dei*. Sie ist die Niederschrift des Wortes, nicht das Wort selbst. Zweifellos besteht hier, wie in so vielen anderen Punkten in Calvins Denken, indirekt eine Parallele zur Menschwerdung: Göttliches und Menschliches besteht nebeneinander, ohne sich zu gefährden oder zu zerstören. Die Heilige Schrift ist das Wort Gottes, das durch menschliche Worte vermittelt wird, die wiederum aufgrund ihres Ursprungs göttliche Autorität besitzen.

Gott kann somit nur durch Jesus Christus vollkommen erfahrbar werden, und die Erkenntnis Christi ist wiederum nur durch die Schrift möglich. Die Schöpfung stellt jedoch wichtige Verbindungen zu dieser Offenbarung her und hallt teilweise in ihr wider. Nachdem Calvin dargelegt hat, wie man zur Gotteserkenntnis gelangt, wendet er sich der Frage nach dem Wissen von Gott zu. Hier tritt die Natur völlig in den Hintergrund. Die Trinitätslehre, der erste wichtige Aspekt seines Verständnisses vom Wesen Gottes, wird als biblische Lehre betrachtet, die auf spezieller Offenbarung beruht, und nicht als Erkenntnis, die aus allgemeiner Offenbarung oder aus der Natur gewonnen wird. Vielen Reformatoren bereitete diese Lehre nicht zuletzt wegen ihrer obskuren Terminologie (insbesondere die Begriffe »Person« und »Substanz«) Schwierigkeiten. Martin Bucer zögerte zunächst, einen Aspekt der Lehre Gottes nicht mit biblischen Begriffen zu erklären. Calvin hat es sich zum Grundsatz gemacht, »nie Gott irgendwo anders zu suchen als nur in seinem heiligen Wort, oder über ihn etwas zu reden oder zu denken als allein unter Leitung seines Wortes« (I,13,21). Wie ist dann die Trinitätslehre zu rechtfertigen, die in der Heiligen Schrift in nicht einmal annähernd entfalteter Form dargestellt wird? Calvins Antwort lautet: »Gott macht kund, daß er der Eine ist, doch so, daß er in drei Personen unterschiedlich betrachtet werden will« (I,13,2). Die drei Personen in Gott bedeuten eine Unterscheidung, aber keine Scheidung (I,13,17).

Calvins Darstellung der Dreifaltigkeit, die gerade wegen ihrer fehlenden Originalität orthodox ist, dient als eine Art Verteidigungslehre, die in erster Linie die Göttlichkeit Jesu Christi schützt (I,13,22-28). Seine Betonung der epistemischen und soteriologischen Vermittlerrolle Jesu Christi verlangt, daß er in seiner Darlegung so früh wie möglich die Göttlichkeit Christi begründet. Erlösung, Gotteserkenntnis und Selbsterkenntnis kommen durch diesen Vermittler zustande. Es muß sich erst noch zeigen, ob das Gebäude, das Calvin auf diesem Fundament errichtet, auf festem Boden steht.

Zu Beginn der *Institutio* erklärte Calvin, daß »unsere Weisheit ... im Grunde eigentlich zweierlei umfaßt: Die Erkenntnis Gottes und unsere Selbsterkenntnis« (I,1,1). Nachdem er sich mit den Grundmerkmalen der Lehre Gottes beschäftigt hat, wendet er sich nun einer Reihe von Fragen bezüglich der menschlichen Natur zu. Zunächst aber schweift er vom Thema ab und befaßt sich ausführlich mit dem Wesen und den Gewohnheiten von Engeln (I,14,3-19). Danach leitet er über zu einer Betrachtung der menschlichen Natur als dem »edelsten und sichtbarsten Erweis der Gerechtigkeit, Weisheit und Güte Gottes« (I,15,1). Der Mensch ist nach dem Ebenbild Gottes geschaffen und mit einem freien Willen ausgestattet, der durch den Sündenfall Schaden nahm. Der Mensch besitzt eine gewisse Würde, die ihn von den Tieren unterscheidet. Da der Mensch nach Gottes Ebenbild geschaffen wurde, kann man ihn als »Spiegel der Herrlichkeit Gottes« bezeichnen (I,15,4). Doch die menschliche Natur, wie wir sie jetzt kennen, spiegelt diese Herrlichkeit nur unvollkommen wider. Nur in Christus offenbart sich diese Herrlichkeit ganz. Hier wird bereits der stark christozentrische Charakter der Calvinschen Theologie deutlich: Die wahre menschliche Natur offenbart sich in der Person Jesu Christi. Zwischen unserer menschlichen Natur und der Natur Jesu Christi besteht gleichzeitig Kontinuität und Diskontinuität. Hier zeigt sich die Möglichkeit und die Notwendigkeit unserer Erneuerung, wenn wir zur vollständigen Gemeinschaft mit Gott gelangen wollen.

Calvin schließt seine Betrachtung über Gott den Schöpfer mit der Erklärung des Begriffs der göttlichen Vorsehung ab. Dieser Lehre wurde in der Ausgabe von 1536 kein eigenes Kapitel gewidmet. In der Ausgabe von 1539 wurde sie zusammen mit der Prädestinationslehre behandelt. Jetzt erscheint sie, losgelöst von der Prädestination, als Aspekt der Schöpfungslehre. Warum? Offenbar will Calvin damit bekräftigen, daß Gottes Vorsehung eine Erweiterung seiner Schöpfung ist. Auch nach der Erschaffung der Welt sorgt Gott für sie, lenkt und erhält sie (I,17,1). Die ganze Schöpfung unterliegt dem weisen und wohlwollenden Einfluß ihres Schöpfers.

Zweites Buch

Das zweite Buch handelt von der Erkenntnis Gottes, »wie er sich als unser Erlöser in Jesus Christus offenbart hat«. Obwohl die Erkenntnis Gottes als Schöpfer, wenn auch nur stückweise, aus der Schöpfung selbst kommen kann, kann die Erkenntnis Gottes als Erlöser nur durch Jesus Christus erlangt werden, wie es durch die Schrift bezeugt ist. Calvin beginnt seine Betrachtung über die Erlösung durch Christus damit, daß er die Voraussetzungen untersucht – den Sündenfall und seine Folgen, das Verhältnis von Gesetz und Evangelium und die Beziehung zwischen Altem und Neuem Testament in der Schrift selbst.

Vielleicht ist es eine geringfügige Wiederholung aus dem ersten Buch, wie Calvin seine Vorstellung vom Wesen der Sünde und ihren Folgen für den Menschen darlegt. Der Mensch, wie er ursprünglich von Gott geschaffen wurde, war in jeder Hinsicht gut. Durch den Sündenfall (der nach Calvins Auffassung katastrophale Folgen hatte) gingen die natürlichen Gaben und Fähigkeiten des Menschen verloren. Dem Solidaritätsgedanken in der menschlichen Gattung liegt die Annahme zugrunde, die ganze Menschheit habe jetzt teil an Adams Abfall von der Gnade Gottes (II,1,7). Obwohl der freie Wille des Menschen nicht verlorengegangen ist, kann er der Sünde nicht widerstehen. Wir sind »nicht etwa des Willens verlustig gegangen, sondern der Reinheit des Willens« (II,3,5). Als Folge davon sind Vernunft und Wille durch die Sünde vergiftet. Unglaube wird demzufolge ebenso als Akt des Willens wie als Akt der Vernunft angesehen. Es ist nicht einfach ein Nichterkennen der Hand Gottes in der Schöpfung, sondern eine bewußte Entscheidung, sie *nicht* zu erkennen und Gott *nicht* zu gehorchen.

Calvin zeigt die daraus entstehenden Folgen auf zwei verschiedenen, aber verwandten Ebenen auf. Auf der epistemischen Ebene fehlen dem Menschen die nötige Vernunft und Willensstärke, Gott voll und ganz in der Schöpfung zu erkennen. Auf der soteriologischen Ebene fehlt dem Menschen das, was zur Erlösung notwendig ist. Er *will* nicht errettet werden (wegen der Schwächung des Geistes und des Willens durch die Sünde), und er ist *unfähig*, sich selbst zu retten (da Erlösung Gehorsam gegenüber Gott voraussetzt, was wegen der Sünde jetzt unmöglich ist). Wahre Gotteserkenntnis und Erlösung müssen deshalb von außen kommen. So schafft Calvin die Grundlage für seine Lehre von der Vermittlerrolle Jesu Christi.

Dann wendet er sich der historisch überlieferten Vorbereitung auf das Kommen des Vermittlers zu. Die Übertragung des Gesetzes auf Abraham und seine Nachfolger betrachtet Calvin als ersten Schritt zur Erlösung des Menschen. Er macht deutlich, daß er unter »Gesetz« »die ganze Gestalt der Gottesverehrung« versteht, »wie sie Gott durch Moses Hand eingerichtet und gelehrt hat«, und nicht nur die Zehn Gebote (II,7,1). Das Gesetz ist ein Gnadengeschenk an die Juden, das auf die Ankunft Jesu Christi als Erfüllung der Zeichen und Verheißungen des Gesetzes hinweist. Calvin bringt dem Gesetz nicht gerade großen Respekt entgegen. Für ihn ist es Ausdruck von veralteter jüdischer Tradition oder Aberglaube, dessen Ursprung in der bäuerlich-ländlichen Struktur des Nahen Ostens im Altertum liegt:

> Was konnte denn nichtiger und frevelhafter sein, als daß Menschen, um sich mit Gott zu versöhnen, ihm den garstigen Geruch vom Fett ihrer Tiere darbrachten, daß sie, um den Unflat ihrer Seele abzuwaschen, zur Besprengung mit Wasser oder gar mit Blut ihre Zuflucht nahmen? Kurzum, der ganze gesetzliche Gottesdienst wäre doch – wenn man ihn an sich betrachtete und er nicht Schatten und Bilder enthielte, mit welchen die Wahrheit tatsächlich übereinstimmte – geradezu eine Lächerlichkeit!

Laut Calvin besteht der ganze Zweck des jüdischen Glaubens darin, auf Jesus Christus hinzuweisen.

Calvin führt diesen Punkt weiter aus und stellt eine Reihe von Regeln auf, die es dem Leser des Alten Testaments ermöglichen, einige der darin beschriebenen seltsamen (und offen gesagt primitiven) Bräuche und Ansichten zu verstehen. Dabei ist zwischen dem sittlichen, zeremoniellen und rechtlichen Aspekt des Gesetzes zu unterscheiden: Die beiden letzteren – die genaue Anweisungen zum richtigen rituellen Schlachten der Opfertiere, zu Reinigungsriten und zu unterschiedlichen Nahrungsverboten enthielten – galten jetzt als überholt. Moderner ausgedrückt: sie waren sowohl in historischer als auch in kultureller Hinsicht als von Grund auf determiniert anzusehen. (Übrigens führt Calvin später in bezug auf das Verbot des Alten Testaments, Geld gegen Zins zu verleihen, ein ähnliches Argument an.) Manchmal erinnert er an einen Rationalisten der Aufklärung, der den primitiven Charakter des alttestamentlichen Glaubens verspottet. Trotzdem behauptet er, daß hinter den kulturellen Ritualen und Vorschriften Verhaltensmuster zu erkennen seien, die für Christen von heute noch Gültigkeit besäßen. Die moralischen Vorschriften – wie zum Beispiel in den Zehn Geboten – bleiben für Christen bindend.

Welche Funktion hat nun dieses Moralgesetz? Wie andere Reformatoren – zum Beispiel Bucer und Melanchthon – unterscheidet Calvin drei Funktionen. Erstens hat das Gesetz erzieherische oder pädagogische Funktion (*usus theologicus legis*): Es führt dem Menschen die Sünde vor Augen und schafft somit die Grundlage für die Erlösung (II,7,6-7). Zweitens hat es politische Funktion (*usus civilis legis*): Es verhindert, daß der sündhafte und ungläubige Mensch in moralische Bindungslosigkeit absinkt (eine wichtige Überlegung für europäische Städte, die wegen der drohenden inneren Instabilität besorgt sind). Schließlich hat es noch eine dritte Funktion, den sogenannten *tertius usus legis*: Es regt die Gläubigen an, sich ganz dem Willen Gottes unterzuordnen, wie eine Peitsche einen faulen Esel zur Arbeit treibt (II,7,12). Viele Kritiker Calvins, insbesondere jene lutherischer Prägung, sind der Ansicht, er verwechsle hier Gesetz und Evangelium, und häufig wurde ihm vorgeworfen, er betreibe gewissermaßen christlichen Legalismus.

Das könnte den Anschein erwecken, als würden hier Altes und Neues Testament auf eine Stufe gestellt. Calvin ist daher gezwungen, das Verhältnis der beiden näher zu beschreiben und die

Ähnlichkeiten und Unterschiede aufzuzeigen. Nach Calvins Ansicht besteht eine grundlegende Ähnlichkeit und ein Zusammenhang zwischen Altem und Neuem Testament. Dabei sind im wesentlichen drei Hauptpunkte zu beachten. Als erstes betont er die Unwandelbarkeit des göttlichen Willens. Gott kann also im Neuen Testament nicht etwas ganz anderes tun als im Alten Testament. Zwischen beiden muß ein grundlegender Zusammenhang von Handlung und Absicht bestehen. Zweitens wird im Alten und im Neuen Testament die Gnade Gottes gepriesen und verkündet, die sich in Jesus Christus manifestiert. Obwohl das Alte Testament Jesus Christus nur »von ferne und in Dunkelheit« zeigen kann, ist die Verheißung seines Kommens konkret. Drittens haben die beiden Testamente »dieselben Zeichen und Sakramente« (II,10,5), die die Gnade Gottes bezeugen.

Was Stoff und Inhalt betrifft, sind die beiden Testamente identisch. Es besteht kein grundlegender Bruch. Das Alte Testament nimmt zwar im göttlichen Heilsplan eine andere chronologische Stelle ein als das Neue Testament, aber der Inhalt ist derselbe. Calvin nennt nun fünf Unterschiede zwischen Altem und Neuem Testament, die sich aber eher auf die Form als auf den Inhalt beziehen.

1. Das Neue Testament ist in bezug auf die unsichtbaren Dinge deutlicher und klarer als das Alte Testament (II,10,1). Das Alte Testament beschäftigt sich vor allem mit sichtbaren und greifbaren Dingen, die die unsichtbaren Ziele, Hoffnungen und Werte, die sich dahinter verbergen, verdecken. Calvin veranschaulicht das am Beispiel des Landes Kanaan. Im Alten Testament wird dieser irdische Besitz als Selbstzweck betrachtet, während im Neuen Testament das Land Kanaan die künftige Erbschaft der Gläubigen im Himmel widerspiegelt. Den Juden wurde somit die Hoffnung auf Unsterblichkeit geschenkt, entsprechend dem irdischen Erfolg und Verdienst. Diese niedere Sicht der Dinge sei jetzt überwunden.

2. Altes und Neues Testament unterscheiden sich ganz wesentlich in der bildlichen Darstellung (II,11,4). Das Alte Testament stellt die Realität in einer Weise dar, die nach Calvins Ansicht durch verschiedene Metaphern und Bilder zu einer indirekten

Begegnung mit der Wahrheit führt. Das Neue Testament hingegen ermöglicht die unmittelbare Erfahrung der Wahrheit. Das Alte Testament »bringt, da die Wahrheit noch fehlt, bloß ein Bild ... an Stelle des Körpers einen Schatten« und gibt »einen Vorgeschmack jener Weisheit, die einst rein und klar offenbart werden soll« (II,11,5). Das Neue Testament stellt die Wahrheit in vollem Umfang dar.

3. Beim dritten Unterschied zwischen den beiden Testamenten geht es um die Unterscheidung zwischen Gesetz und Evangelium, zwischen Buchstaben und Geist (II,11,7). Das Alte Testament weist lediglich auf die Machtwirkung des Heiligen Geistes hin, während das Neue Testament diese Macht ausüben kann. Das Gesetz kann demnach befehlen, verbieten und verheißen, aber ihm fehlen die nötigen Mittel, eine grundlegende Veränderung in der menschlichen Natur zu bewirken, wozu solche Gebote in erster Linie erforderlich sind. Das Evangelium vermag »die Verderbtheit, die allen Menschen von Natur aus innewohnt, zu bessern oder zu beseitigen«. Es ist interessant, daß der grundlegende Gegensatz zwischen Gesetz und Evangelium, der für Luther (und davor für Marcion) so charakteristisch ist, ganz fehlt. Gesetz und Evangelium hängen zusammen und sind keine diametralen Gegensätze.

4. Aus dieser Unterscheidung ergibt sich nach Calvin eine vierte, da Gesetz und Evangelium unterschiedliche Emotionen wekken. Das Alte Testament erzeugt Furcht und Schrecken und hält das Gewissen im Joch der Knechtschaft, während das Neue Testament ein Testament der Freiheit und Freude ist (II,11,9).

5. Die Offenbarung des Alten Testaments beschränkt sich auf das Volk Israel. Im Neuen Testament wird die Offenbarung allen Völkern zuteil (II,11,11). Calvin beschränkt den Alten Bund auf Israel. Mit der Ankunft Jesu Christi wird die Grenze niedergerissen, da zwischen Juden und Griechen, zwischen Beschnittenen und Unbeschnittenen kein Unterschied mehr gemacht wird. Die Berufung der Heiden unterscheidet somit das Neue vom Alten Testament (II,11,12).

In seiner Darstellung der Unterschiede zwischen Altem und Neuem Testament und der Überlegenheit des letzteren über das erstere vergißt Calvin nicht zu berücksichtigen, daß bestimmte Personen des Alten Bundes – zum Beispiel die Patriarchen – Zeichen des Neuen Bundes erkennen konnten. Zu keiner Zeit änderte Gott seine Meinung oder seine Absichten. Er machte sie nur mit Rücksicht auf das beschränkte Wissen der Menschen deutlicher. Um nur ein Beispiel zu nennen: Gott hat keineswegs ursprünglich seine Gnade nur dem Volk Israel zugute kommen lassen, dann seine Meinung geändert und sie schließlich auch allen anderen zuteil werden lassen. Vielmehr wurde die Entfaltungskraft des göttlichen Plans erst mit der Ankunft Jesu Christi offenbar (II,1,12). Calvin faßt diesen allgemeinen Grundsatz folgendermaßen zusammen: »Beim Vergleich mit dem ganzen Gesetz hebt sich das Evangelium nur durch klarere Bezeugung hervor« (II,9,4). Im Alten und Neuen Testament wird Christus dargezeigt und werden die Gaben des Heiligen Geistes dargeboten – aber im Neuen Testament geschieht dies deutlicher und reichlicher (IV,14,26).

Nachdem Calvin das gemeinsame Zeugnis des Alten und Neuen Testaments von der Ankunft Jesu Christi hervorgehoben hat, hält er es nunmehr für angebracht, sich der Identität und Bedeutung dieser Gestalt zuzuwenden. Dennoch wird deutlich, daß seine Betonung der Einheit von Altem und Neuem Testament ein schwerwiegendes Problem schafft: Offenbar besteht kein grundlegender Unterschied zwischen Altem und Neuem Bund, abgesehen von der Klarheit des Ausdrucks. Mithin hätte sich durch das Leben, den Tod und die Auferstehung Jesu Christi nichts wesentlich verändert, von der Beseitigung einiger Unklarheiten im Alten Testament einmal abgesehen. Dieses Problem erhält zusätzliches Gewicht durch eine Betrachtung der Lehre vom Heilswerk Christi innerhalb der *via moderna,* die es ebenfalls ablehnte, einen grundlegenden Unterschied zwischen Altem und Neuem Bund anzuerkennen, und daher gezwungen war, die Bedeutung Jesu Christi durch gesteigerten interpretatorischen Aufwand zu erklären.[23]

Calvin beharrt jedoch darauf, daß genau das Gegenteil der Fall ist. Die Person und das Werk Jesu Christi sind für den göttlichen Heilsplan von zentraler Bedeutung. Ohne das Werk Jesu

Christi kann es keine Erlösung geben und somit auch keinen Gnadenbund. Das Heilswerk, das uns auf unterschiedliche Weise im Alten und Neuen Testament gleichermaßen vor Augen geführt wird, hängt damit zusammen, was Gott durch Christus vollendet hat. Mit anderen Worten: Nicht das Neue Testament spiegelt seine Gegenwart und sein Werk wider, sondern beide Testamente zusammen. Das Neue Testament steht in dieser Hinsicht nicht im Gegensatz zum Alten; vielmehr stehen Altes und Neues Testament im Gegensatz zur Ordnung der unerlösten Natur.

Calvins Darlegung der Erkenntnis Gottes und der menschlichen Sünde bildet die Grundlage seiner Christologie. Jesus Christus ist der Mittler zwischen Gott und den Menschen. Um das Mittleramt erfüllen zu können, muß Jesus Christus wahrer Gott und wahrer Mensch sein (II,12,1). Da wir wegen unserer Sündhaftigkeit nicht zu Gott hinaufsteigen konnten, mußte Gott zu uns hinabsteigen. Wäre Jesus Christus nicht selbst Mensch geworden, könnten andere Menschen nicht aus seiner Gegenwart oder seinem Wirken Nutzen ziehen. »Der Sohn Gottes wurde zum Sohn des Menschen, nahm an, was uns eigen ist, und ließ uns zuteil werden, was ihm gehört, indem er uns in Gnaden übermachte, was ihm von Natur zukommt« (II,12,2).

Damit Christus uns von der Sünde erretten konnte, mußte, so Calvin, der ursprüngliche Ungehorsam des Menschen gegenüber Gott durch einen Akt des Gehorsams aufgewogen werden. Durch seinen Gehorsam *als Mensch* gegenüber Gott brachte Christus seinem Vater ein Opfer dar, um unsere Schuld durch sein Sühneopfer zu tilgen (II,12,3). Durch sein Leiden beglich er die Schuld der Sünde; durch seinen Sieg über den Tod nahm er ihm die Macht über die Menschen. Interessanterweise gibt Calvin nur ungern zu, daß Christi Menschsein an jedem Merkmal seiner Göttlichkeit teilhat – eine Lehre, die vor allem mit Luther in Zusammenhang steht. Spätere Autoren nannten diesen Aspekt des Calvinschen Denkens *extra Calvinisticum*: Obwohl der Sohn Gottes bei der Fleischwerdung menschliche Gestalt annahm, war er nicht in unserer menschlichen Natur gefangen. Gott ist Mensch geworden, und doch hat er den Himmel nicht verlassen (II,13,4). Gott in seiner Gesamtheit läßt sich nicht im geschichtlichen Dasein Jesu Christi vereinen. Die Worte eines bekannten Weihnachtsliedes des heiligen Germanus drücken genau das aus, was Calvin betonte:

> Das Wort ist Fleisch geworden
> und bleibt doch droben im Himmel!

Nachdem sich Calvin mit Fragen zur Person Christi befaßt hat, wendet er sich dem Werk Christi zu. Calvin stützt sich dabei auf eine Tradition, die auf Eusebius von Caesarea zurückgeht, und erklärt, Christi Werk lasse sich unter drei Aufgaben oder Ämter zusammenfassen (das *munus triplex Christi*) – Prophet, Priester und König (II,15,1). Demzufolge vereint Jesus Christus die drei großen Ämter des Alten Testaments in seiner Person. Als Prophet ist Christus Herold und Zeuge der Gnade Gottes. Er ist ein Lehrer, der mit göttlicher Weisheit und Vollmacht ausgestattet ist. Mit seinem königlichen Amt wurde Christus ein himmlisches, kein irdisches, ein geistliches, kein weltliches Reich übertragen (II,15,3-4). Das Königreich wird den Gläubigen durch das Wirken des Heiligen Geistes zuteil. Es erstreckt sich auch auf die Gottlosen, deren Rebellion durch die Ausübung der göttlichen Macht niedergeschlagen wird (II,15,5). Als Priester schließlich ist Christus in der Lage, uns mit Gott zu versöhnen, indem er sich für unsere Sünden opfert (II,15,6). Christus übernimmt und erfüllt verschiedene Ämter des Alten Testaments und läßt sie so in einem neuen und helleren Licht erscheinen.

Nach diesen Betrachtungen beschreibt Calvin genau, wie Christi Gehorsam, insbesondere sein Tod, mit der Erlösung zusammenhängt (II,16,1-19). Erlösung, so erklärt er, sei nur durch Jesus Christus möglich. Damit stellt sich die Frage nach der Grundlage des Verdiensts Christi (II,17, 1-5). Warum reichte der Tod Jesu Christi als Verdienst für die Erlösung der sündhaften Menschheit aus? Hat der Tod Christi *an sich* einen Wert? Das war sicherlich der Standpunkt Luthers. Er erklärte, die Göttlichkeit Jesu Christi sei der Grund für den einzigartigen Wert seines Leidens und Sterbens. Calvin teilt diese Ansicht jedoch nicht. Er schließt sich der voluntaristischen Tradition des Mittelalters an, die bereits in den Schriften des Duns Scotus erkennbar ist, aber erst in den Schriften der *via moderna* und der *schola Augustiniana moderna,* die beide mit der Universität Paris in Verbindung stehen, voll zum Ausdruck kommt. Das Verdienst des Todes Christi hing von dem Wert ab, den Gott ihm beimaß, und nicht von dem wirklichen Wert. Das ist vielleicht eine der wichtigsten Gemeinsamkeiten zwischen Calvins Denken und dem des Spätmittelalters.[24]

Drittes Buch

Nachdem Calvin den Zusammenhang zwischen der Erlösung und der Person und dem Heilswerk Jesu Christi aufgezeigt hat, befaßt er sich mit der Frage, »auf welche Weise wir der Gnade Christi teilhaftig werden, was für Früchte uns daraus erwachsen und was für Wirkungen sich daraus ergeben«. Folglich geht er von der Betrachtung der *Gründe* der Erlösung zur Darstellung ihrer *Verwirklichung* über. Die nachfolgende Anordnung der Themen war für die Calvin-Forschung schon immer verwirrend. Calvin behandelt die Themen in folgender Reihenfolge: Glaube, Wiedergeburt, christliches Leben, Prädestination. Aufgrund seiner Darstellung des Zusammenhangs dieser Dinge in der Reihenfolge der Erlösung könnte man erwarten, daß die Anordnung etwas anders aussieht. Vor allem sollte man meinen, daß die Prädestination einer Erörterung der Rechtfertigung vorausgehen und daß danach erst die Wiedergeburt behandelt werden sollte. Calvins Reihenfolge zeugt wohl eher von pädagogischen Überlegungen als von theologischer Genauigkeit.

Er beginnt seine Betrachtung darüber, wie wir der Wohltaten Christi teilhaftig werden, mit der Bemerkung, daß sie für uns ohne Nutzen sind, wenn nicht etwas geschieht, wodurch sie uns zuteil werden. Solange wir von Christus getrennt sind, ist alles, was er durch seinen Tod am Kreuz erreicht hat, ohne Belang (III,1,1). Nur durch den Glauben wird der Gläubige der Wohltaten teilhaftig. Daher ist der erste zu erörternde wichtige Punkt das Wesen des Glaubens. Calvin definiert den Glauben folgendermaßen: »die feste und gewisse Erkenntnis des göttlichen

Wohlwollens gegen uns, die sich auf die Wahrheit der in Christus uns dargebotenen Gnadenverheißung stützt und durch den Heiligen Geist unserem Verstand geoffenbart und in unserem Herzen versiegelt wird« (III,2,7). Diese sorgsam konstruierte Definition bedarf an einigen Stellen einer Erklärung.

Der Ziel- und Richtpunkt des Glaubens ist nicht *Gott,* sondern sein Wille und Werk uns gegenüber, wie es die Schrift offenbart (III,2,6). »Es liegt für uns nicht nur daran, zu wissen, wer Gott in sich selber ist, sondern wie er sich uns gegenüber verhalten will ... der Glaube ist die aus dem Worte Gottes geschöpfte Erkenntnis des Willens Gottes uns gegenüber« (III,2,6). Auch die Schrift selbst ist nicht das Ziel des Glaubens. Obwohl der Glaube jedes Wort Gottes glaubt (III,2,7), ist die Gnadenverheißung Gottes sein besonderer Richtpunkt.

> Da aber nicht jedes Wort Gottes das Menschenherz zum Glauben zu bewegen vermag, müssen wir also jetzt noch untersuchen, worauf der Glaube im Wort eigentlich schaut. Es war Gottes Wort, wenn zu Adam gesagt wurde: »Du wirst des Todes sterben.« Es war Gottes Wort, wenn Kain hören mußte: »Die Stimme des Bluts deines Bruders schreit zu mir von der Erde.« Aber beide Worte vermögen aus sich nichts anderes, als den Glauben zu erschüttern; ihn zu begründen sind sie jedenfalls gänzlich ungeeignet. Ich will indessen gewiß nicht abstreiten, daß es das Amt des Glaubens ist, Gottes Wahrheit zu unterschreiben, wie oft er auch redet, was er redet und auf welcherlei Weise er es tut. Es ist nur die Frage, was denn der Glaube im Worte des Herrn findet, auf das er sich stützen und gründen kann (III,2,7).

Das Fundament des Glaubens ist die Gnadenverheißung uns gegenüber. Das geht sogar so weit, daß Glaube und Evangelium aufeinander bezogen werden (III,2,29).

Der Wert des Glaubens liegt jedoch in dem, was er vermittelt. Der Glaube ist ein Mittel, kein Zweck; er sorgt dafür, daß der wahrhaftige und lebendige Christus im Gläubigen gegenwärtig ist. Durch den Glauben »fügt uns Christus in seinen Leib ein und läßt uns damit nicht bloß aller seiner Güter und Gaben, sondern auch seiner selbst teilhaftig werden« (III,2,24). Es sind nicht nur einige abstrakte Eigenschaften oder unpersönliche Merkmale, die uns durch den Glauben zuteil werden, sondern es ist eine persönliche Beziehung zu dem lebendigen Christus. (Calvin bemüht sich, seine Auffassung von der Art dieser Beziehung von der des Andreas Osiander abzugrenzen; seiner Ansicht nach verwechselt Osiander in krasser Weise Christus mit der menschlichen Natur.)[25] Die Verheißungen, auf denen der Glaube beruht und die uns durch den Glauben zuteil werden, bieten uns mehr als nur die Sicht oder die Erkenntnis Christi; sie lassen uns mit ihm in seiner Person in Verbindung treten (III,17,1). Somit macht der Glaube Jesus Christus im Leben der Gläubigen gegenwärtig und verändert es. »Christus ist uns durch Gottes Freundlichkeit gegeben; im Glauben erfassen und besitzen wir ihn. Durch die Gemeinschaft mit ihm empfangen wir vornehmlich eine doppelte Gnade: einerseits werden wir durch seine Unschuld mit Gott versöhnt ... andererseits werden wir durch seinen Geist geheiligt« (III,11,1). Damit beschreibt Calvin die Folgen unserer Gemeinschaft mit Christus durch den Glauben und leitet über zu einer Betrachtung der Lehren von der Rechtfertigung und Heiligung.

Die Lehre von der Rechtfertigung durch den Glauben gilt allgemein als Zentrallehre der Reformation, als der »Artikel, mit dem die Kirche steht und fällt«. Sie steht im Mittelpunkt der Reformtheologie Luthers und war für ihn sein ganzes Leben lang von zentraler Bedeutung.[26] Wie wichtig die Lehre für die erste Generation der Reformatoren auch gewesen sein mag, für die nachfolgende war sie weniger bedeutsam. Obwohl Calvin die Rechtfertigung durch den Glauben als »Hauptartikel des christlichen Glaubens« (III,11,1) bezeichnet, scheint es so, als schreibe er ihre Bedeutung einer früheren Generation zu. Für *seine* Auffassung des christlichen Glaubens ist sie nicht von Belang. In der Tat hatten die ersten Reformatoren ein anhaltendes Interesse an der Rechtfertigungslehre, denn sie war von Bedeutung für das geplagte Gewissen des einzelnen im Rahmen einer an den Werken der Buße orientierten katholischen Frömmigkeit. Die zweite Generation der Reformatoren hingegen verlagerte den Schwerpunkt entsprechend den Bedürfnissen der städtischen Gesellschaft auf Dinge wie Kirchenordnung und Kirchenzucht.[27] Luthers individualistische Sicht des christlichen Daseins, die durch seine Umgebung geprägt ist und durch seine Rechtfertigungslehre veranschaulicht wird, steht im Gegensatz zu der Auffassung der städtischen Reformatoren aus dem Südwesten, wie Zwingli, Bucer und Calvin.

Trotzdem blieben die Fragen, die durch die Rechtfertigungslehre aufgeworfen wurden, auch zu Calvins Zeiten aktuell. Zwei davon sind besonders wichtig. Zunächst geht es darum, welche Rolle Jesus Christus bei der Rechtfertigung spielt. Philipp Melanchthon hatte den Gedanken von der forensischen Rechtfertigung entwickelt, wonach Rechtfertigung als »durch die stellvertretende Zurechnung der Rechtschaffenheit Christi« verstanden wird. Obwohl diese Entwicklung ein bedeutendes Maß an terminologischer Klärung brachte, blieb sie in bezug auf Christus äußerlich und unpersönlich. Rechtfertigung bedeutet, daß dem Gläubigen eine Eigenschaft, ein Merkmal oder ein Verdienst Christi stellvertretend zugerechnet wird, aber sie beinhaltet *nicht* die persönliche Begegnung zwischen Christus und dem Gläubigen – ein wesentliches Element der Lutherschen Rechtfertigungslehre. War es möglich, Melanchthons Lehre von der forensischen Rechtfertigung aufrechtzuerhalten und gleichzeitig Luthers Betonung der Realpräsenz Christi wiederaufzunehmen – anstatt der bloßen stellvertretenden Zurechnung eines unpersönlichen Merkmals?

Die zweite Frage betrifft den Zusammenhang zwischen Gottes Initiative und der Reaktion des Menschen. Wie ist die völlig unverdiente Rechtfertigung des Sünders vor Gott mit der ihm anschließend auferlegten Forderung nach Gehorsam in Einklang zu bringen? Luther war offenbar der Meinung, Werke hätten wegen der Vorbehaltlosigkeit des Gnadengeschenks Gottes keinen Platz im christlichen Leben – eine falsche Annahme, aber eine verständliche Interpretation seiner Betonung des Geschenks der Rechtfertigung. Zwingli löste das Problem, indem er die Rechtfertigung von der moralischen Erneuerung abhängig machte. In der Rechtfertigung bestätigt oder besiegelt Gott den selbst erlangten moralischen Status des Gläubigen. Während Luther dem Gehorsam offenbar keinen Platz im christlichen Leben einräumte, machte Zwingli das christliche Leben vom Gehorsam abhängig. Natürlich bedurfte das der Klarstellung.[28]

Es spricht für Calvin, daß er beide Probleme löste. Das erste wird durch seine Auffassung von der »Einigung des Gläubigen mit Christus« (*insitio in Christum*) gelöst. Durch den Glauben ist der Gläubige mit Jesus Christus in geistlicher Gemeinschaft verbunden, so daß wir »nicht nur aller seiner Güter und Gaben, sondern seiner selbst teilhaftig werden« (III,2,24). Alles, was Christus ist, erlangen wir durch den Glauben. Da wir an ihm teilhaben, werden uns auch seine Wohltaten zuteil. Die Realpräsenz Christi im Gläubigen (Luther) entspricht demnach der Teilhabe an Christi Wohltaten und an seiner Rechtschaffenheit (Melanchthon) und wird gleichzeitig damit bewahrt.

Die zweite Lösung ergibt sich unmittelbar aus der ersten. Annahme in den Augen Gottes (Rechtfertigung) ist nicht abhängig von moralischer Besserung oder Erneuerung (Heiligung), noch macht Rechtfertigung Heiligung überflüssig. Für Calvin sind Rechtfertigung und Heiligung die direkte Folge der Einigung des Gläubigen mit Christus. Sobald der Gläubige mit Christus durch den Glauben vereint ist, ist er vor Gott angenommen (Rechtfertigung) und befindet sich auf dem Weg zu moralischer Besserung (Heiligung). Bei der Betrachtung dieser beiden Elemente, die bislang als voneinander unabhängige Dinge galten, die des Zusammenhangs bedurften und der Gemeinschaft des Gläubigen mit Christus untergeordnet waren, bestätigt Calvin sowohl, wie grundlos und unverdient unsere Annahme vor Gott ist, als auch die uns nachfolgend auferlegte Gehorsamspflicht.

Wenn die Rechtfertigung keine zentrale Stellung in Calvins Denken einnimmt, dann gilt für die Prädestination dasselbe. Wie manche mit Luthers Hervorhebung der Rechtfertigungslehre vertrauten Autoren diese Betonung auf Calvin übertrugen, meinten andere, in seinen Schriften das besondere Interesse der spätreformierten Orthodoxie an der Prädestination zu erkennen. Calvin selbst jedoch verhält sich gegenüber dieser Lehre ausgesprochen zurückhaltend und widmet ihr lediglich vier Kapitel (III,21-24). Prädestination wird definiert als »Gottes ewige Anordnung, vermöge deren er bei sich beschloß, was nach seinem Willen aus jedem einzelnen Menschen werden sollte. Denn die Menschen werden nicht alle mit der gleichen Bestimmung erschaffen, sondern den einen wird das ewige Leben, den anderen die ewige Verdammnis vorher zugeordnet« (III,21,5). Prädestination ist etwas, das Furcht in uns wecken soll. Das *decretum horribile* (III,23,7) ist kein »furchtbarer Ratschluß«, wie eine unbedarfte, die Nuancen der lateinischen Sprache verkennende Übersetzung glauben machen könnte. Es ist vielmehr ein »ehrfurchtgebietender« oder »furchterweckender« Ratschluß.

Die Plazierung von Calvins Ausführungen zur Prädestination in der *Institutio* von 1559 ist bedeutsam. Er stellt sie hinter seine Darlegung der Heilslehre. Erst nachdem er die großen Themen dieser Lehre – wie die Rechtfertigung durch den Glauben – behandelt hat, wendet er sich dem geheimnisvollen und verwirrenden Thema der Prädestination zu. Logischerweise sollten die Ausführungen zur Prädestination einer derartigen Analyse vorausgehen. Schließlich bildet die Prädestination die Grundlage für die Erwählung des einzelnen und damit für seine nachfolgende Rechtfertigung und Heiligung. Doch Calvin will sich einer solchen Logik nicht unterordnen. Warum?

Nach Calvins Ansicht muß die Prädestination im richtigen Zusammenhang betrachtet werden. Sie ist nicht das Produkt menschlicher Spekulation, sondern das Geheimnis göttlicher Offenbarung (I,2,1; III,21,1-2). Sie offenbart sich in einem bestimmten *Kontext* und auf bestimmte *Weise*. Letztere hängt unmittelbar mit Jesus Christus zusammen; er ist der »Spiegel, in dem wir unsere Erwählung anschauen sollen« (III,24,5).[29] Der Kontext bezieht sich auf die Wirksamkeit der Verkündigung des Evangeliums. Warum sind einige für das christliche Evangelium empfänglich und andere nicht? Ist die fehlende Resonanz auf die mangelnde Wirksamkeit oder die Unzulänglichkeit des Evangeliums zurückzuführen? Oder hat diese unterschiedliche Reaktion einen anderen Grund?[30]

Calvin geht bei seiner keineswegs auf abstrakter theologischer Spekulation beruhenden Ausführung zur Prädestination von wahrnehmbaren Fakten aus. Manche glauben an das Evangelium und manche nicht. Die Hauptaufgabe der Prädestinationslehre besteht darin, zu erklären, warum manche Menschen für das Evangelium empfänglich sind und manche nicht. Es ist eine *ex post facto* Erklärung für die Besonderheit der menschlichen Reaktion auf die Gnade Gottes. Calvins Prädestinationslehre ist als Betrachtung *a posteriori* über die Einzelheiten der menschlichen Erfahrung im Lichte der Schrift zu verstehen, und nicht als etwas, das *a priori* auf vorgefaßten Meinungen über die göttliche Allmacht beruht. Der Glaube an die Prädestination ist kein Glaubensartikel für sich, sondern das Ergebnis einer schriftgetreuen Betrachtung der Heilswirkung auf den Menschen angesichts der rätselvollen Erfahrung. Die Erfahrung lehrt, daß Gott nicht aller Herzen berührt (III,24,15). Weshalb nicht? Ist es ein Fehler oder ein Versäumnis von seiten Gottes? In Anbetracht der Heiligen Schrift kann Calvin die Möglichkeit der Schwäche oder Unzulänglichkeit Gottes oder des Evangeliums ausschließen: Die erkennbare Reaktion auf das Evangelium ist ein Rätsel. Danach sind manche erwählt, auf die Verheißungen Gottes zu reagieren, und manche sind dazu bestimmt, sie zurückzuweisen. »Den einen wird das ewige Leben, den anderen die ewige Verdammnis zugeordnet« (III,21,5).

Es ist wichtig zu betonen, daß dies keine theologische Neuerung darstellt. Calvin führt in die christliche Theologie keinen bislang unbekannten Begriff ein. Wie sich am Beispiel solch bekannter mittelalterlicher Theologen wie Gregor von Rimini und Hugolino von Orvieto zeigen läßt, kannte schon die »moderne augustinische Schule« (*schola Augustiniana moderna*) eine Lehre von der absoluten doppelten Prädestination – den einen teilt Gott das ewige Leben zu und den anderen die ewige Verdammnis, ohne Rücksicht auf Verdienst oder Schuld. Ihr Schicksal hängt ganz vom Willen Gottes ab, nicht von ihrer Persönlichkeit.[31] Möglicherweise hat Calvin sich diesen Aspekt des spätmittelalterlichen Augustinismus zu eigen gemacht, der seiner eigenen Lehre so erstaunlich ähnelt.

Demnach unterliegt die Erlösung nicht der Kontrolle des einzelnen, der seine Lage aus eigener Kraft nicht verändern kann.

Calvin betont, daß diese Auswahl keineswegs nur eine Besonderheit der Erlösung ist. In jedem Lebensbereich müssen wir mit dem Rätsel des Unerklärlichen rechnen. Wie kommt es, daß manche mehr Glück im Leben haben als andere? Warum besitzt der eine geistige Gaben, die dem anderen verwehrt sind? Schon vom Augenblick der Geburt an können sich zwei Kinder ohne eigene Schuld in ganz unterschiedlichen Situationen befinden: Das eine liegt an einer nährenden Brust voller Milch, während das andere an Unterernährung leidet, weil die Brust der Mutter kaum Milch gibt.[32] Für Calvin ist Prädestination nur ein weiteres Beispiel für das Rätsel des menschlichen Daseins, wo manche unerklärlicherweise mit materiellen oder geistigen Gaben ausgestattet sind, die anderen versagt bleiben. Die Prädestination schafft keine Probleme, die es nicht bereits in anderen Bereichen des menschlichen Lebens gibt.

Deutet diese Vorstellung von der Prädestination nicht darauf hin, daß Gott vom allgemeinen Begriff der Güte, Gerechtigkeit oder Vernunft ausgenommen ist? Obwohl Calvin die Vorstellung von Gott als einer absoluten und *willkürlichen* Macht ausdrücklich zurückweist, vermittelte seine Darstellung der Prädestination das Bild eines Gottes, dessen Verhältnis zu seiner Schöpfung von Launenhaftigkeit geprägt und dessen Auffassung von Macht und deren Ausübung an kein Gesetz oder Gebot gebunden ist. Hier schließt sich Calvin eindeutig der spätmittelalterlichen Diskussion – insbesondere innerhalb der *via moderna* und der *schola Augustiniana moderna* – über die umstrittene Frage des Verhältnisses Gottes zur bestehenden sittlichen Ordnung an. Gott ist dem Gesetz in keiner Hinsicht unterworfen, da sonst das Gesetz über Gott gestellt würde, ein Teil der Schöpfung – oder sogar etwas, das der Schöpfung *vorausliegt* – über den Schöpfer. Gott ist weder sich selbst Gesetz noch steht er außerhalb des Gesetzes (*exlex*); vielmehr ist sein Wille die Grundlage für die bestehende Auffassung von Moral (III,23,2). Diese knappe Darstellung verrät eindeutig Calvins Verbundenheit mit der voluntaristischen Tradition des Spätmittelalters.

Schließlich erklärt Calvin, man müsse erkennen, daß die Prädestination auf dem unergründlichen Urteil Gottes beruhe

(III,21,1). Wir wissen nicht, warum er die einen erwählt und die anderen verdammt. Einige Wissenschaftler behaupteten, diese Haltung lasse den Einfluß der spätmittelalterlichen Diskussion über die »absolute Gewalt Gottes« (*potentia Dei absoluta*) erkennen, die einem launischen oder tyrannischen Gott die Freiheit gebe, zu tun, was ihm beliebt, ohne seine Handlungen rechtfertigen zu müssen.[33] Diese Behauptung beruht jedoch auf einem schwerwiegenden Mißverständnis hinsichtlich der Dialektik zwischen absoluter und verfügbarer Gewalt Gottes im spätmittelalterlichen Denken.[34] Gott muß frei entscheiden können, wen er will, sonst wird seine Freiheit durch externe Überlegungen gefährdet; der Schöpfer würde sich seiner Schöpfung unterwerfen. Trotzdem spiegeln Gottes Entscheidungen seine Weisheit und Gerechtigkeit wider; Weisheit und Gerechtigkeit bleiben durch die Prädestination gewahrt und stehen nicht im Widerspruch zu ihr (III,22,4; III,23,2).

Prädestination ist keineswegs eine zentrale Prämisse des theologischen »Systems« Calvins (eine ziemlich unpassende Bezeichnung), sondern eine ergänzende Lehre, die einen verwirrenden Aspekt der Folgen der Verkündigung der Heilslehre erklärt. Da Calvins Nachfolger versuchten, seine Gedanken angesichts der neuen geistigen Entwicklungen zu erweitern und umzugestalten, war es wohl unausweichlich (wenn mir dieser Anklang an den Prädestinationsgedanken erlaubt sei), daß sich die Struktur seiner christlichen Theologie veränderte.

Viertes Buch

Im Mittelpunkt des letzten Buches der *Institutio* stehen eine Reihe von Fragen bezüglich der Kirche. Bei der Beschäftigung mit »den äußeren Mitteln oder Beihilfen, mit denen uns Gott zu der Gemeinschaft mit Christus einlädt und in ihr erhält«, kann sich Calvin sowohl auf seine umfangreiche praktische Erfahrung als Organisator als auch auf seine fundierte theoretische Analyse des Wesens der Kirche sowie ihrer Ämter und Sakramente stützen. Bei der ganzen Untersuchung wird auf abstrakte Begriffe verzichtet. Calvin ist bereit, ins Detail zu gehen, und erliegt nicht der Versuchung, sich in allgemeinen Abstraktionen zu verlieren. Die *Institutio* ist praktisch ein Leitfaden für den Aufbau, die Entwicklung, die Organisation und die Zucht der Kirche. Die *Institutio* beginnt mit einer stichhaltigen theologischen Analyse und endet damit, daß die Analyse in der Realität des täglichen Lebens begründet wird.

Warum ist die Kirche – als Institution, nicht als Gebäude, versteht sich – überhaupt notwendig? Dadurch, daß Gott den Menschen durch seine Fleischwerdung in der Geschichte erlöst hat, heiligt er ihn gleichzeitig, indem er eine Einrichtung schafft, die diesem Ziel gewidmet ist. Gott benutzt bestimmte irdische Mittel, um die Erlösung seiner Erwählten zu bewerkstelligen. Obwohl er nicht völlig an diese Mittel gebunden ist, hält er sich normalerweise an sie. Die Kirche ist demzufolge eine von Gott geschaffene Gemeinschaft, in der Gott die Erlösung seines Volkes vollbringt. Calvin bestätigt diese oberste Lehre der Kirche, indem er auf die beiden bekannten ekklesiologischen Maximen des Cyprianus von Karthago Bezug nimmt: »Du kannst Gott nicht zum Vater haben, wenn die Kirche nicht deine Mutter ist«; »Außerhalb des Schoßes der Kirche ist keine Vergebung der Sünden und kein Heil zu erhoffen« (IV,1,4).

Calvin fährt fort, wobei er einen wichtigen Unterschied feststellt. Zum einen ist die Kirche die Gemeinschaft aller gläubigen Christen, eine sichtbare Gruppe. Sie ist jedoch auch die Gemeinschaft der Heiligen und der Auserwählten – eine *unsichtbare* Einheit. Die unsichtbare Kirche ist die Versammlung der Auserwählten, die nur Gott kennt; die sichtbare Kirche ist die Gemeinschaft der Gläubigen auf Erden (IV,1,7). Erstere besteht nur aus Auserwählten; letztere umfaßt Gute und Böse, Auserwählte und Verworfene. Erstere ist Gegenstand des Glaubens und der Hoffnung, letztere ist Gegenstand gegenwärtiger Erfahrung. Calvin betont, daß alle Gläubigen die sichtbare Kirche trotz deren Schwäche respektieren und an ihr festhalten müssen wegen der unsichtbaren Kirche, des wahren Leibes Christi. Dennoch gibt es nur eine Kirche, eine einzige Gemeinschaft mit Christus als Oberhaupt.

Der Unterschied zwischen sichtbarer und unsichtbarer Kirche hat zwei entscheidende Konsequenzen. Erstens ist zu erwarten, daß die sichtbare Kirche sowohl Auserwählte als auch Verworfene umfaßt. Augustinus von Hippo hatte dieses Argument gegenüber den Donatisten vorgebracht und das Gleichnis vom Unkraut (Matthäus 13, 24-31) als Grundlage genommen. Es ist den Menschen nicht gegeben, zwischen Auserwählten und Verworfenen zu unterscheiden und menschliche Eigenschaften und göttliche Gnade zueinander in Beziehung zu setzen (jedenfalls schließt Calvins Prädestinationslehre solche Auswahlkriterien aus). Zweitens muß gefragt werden, welche der verschiedenen sichtbaren Kirchen der unsichtbaren Kirche entspricht. Calvin erkennt die Notwendigkeit objektiver Kriterien, nach denen die Echtheit einer bestimmten Kirche beurteilt werden kann. Zwei derartige Kriterien sind bereits festgelegt: »Denn überall, wo wir wahrnehmen, daß Gottes Wort lauter gepredigt und gehört wird und die Sakramente nach der Einsetzung Christi verwaltet werden, läßt sich auf keinerlei Weise daran zweifeln, daß wir eine Kirche Gottes vor uns haben« (IV,1,9). Demnach ist es nicht die Eigenart ihrer Mitglieder, sondern die Präsenz der autorisierten Gnadenmittel, die eine wahre Kirche ausmacht. Interessanterweise folgt Calvin nicht Bucer und macht die Zucht zu einem Merkmal der wahren Kirche. Obwohl Calvin die gütige Zucht der Kirchenmitglieder ein großes Anliegen ist (IV,12,1), ist sie seiner Ansicht nach für die Bestimmung oder Einschätzung der Referenzen einer Kirche unwichtig.

Während Luther den Aufbau der Kirche als historische Begleiterscheinung betrachtete, die keiner theologischen Vorschrift bedurfte, behauptete Calvin, daß die Schrift eine bestimmte Struktur der Kirchenorganisation vorschreibe. Seltsamerweise passen die in der *Institutio* angeführten kirchlichen Ämter (IV,3,3-4; IV,4,1) nicht zusammen, so daß hinsichtlich der Stellung der Ältesten (oder Presbyter) und der Zahl der Ämter Zweifel bleiben.

Die Kirche ist mit »geistlicher Vollmacht« ausgestattet (IV,8,1), obwohl Calvin sich hütet, einen Vergleich mit dem kanonischen Recht der mittelalterlichen Kirche anzustellen. Außerdem greift die geistliche Autorität nicht auf die staatliche Autorität über. Der Magistrat ist der Kirche nicht unterworfen. Damit läßt sich die absurde Behauptung widerlegen, Calvin habe die theoretische Grundlage für eine theokratische Diktatur geschaffen. Geistliche und weltliche Macht sollten sich theoretisch ergänzen. In der Praxis war ihr Verhältnis allerdings etwas turbulenter.

Nachdem Calvin die Verwaltung der Sakramente bereits als eines der »Kennzeichen der Kirche« (*notae ecclesiae*) bezeichnet hatte, stellt er nun ausführlichere Überlegungen dazu an (IV,14-19). Die mittelalterliche Kirche kannte sieben Sakramente: Taufe, Eucharistie, Priesterweihe, Buße, Firmung, Ehe und Letzte Ölung. Die Reformatoren reduzierten sie auf zwei – Taufe und Eucharistie – und beharrten darauf, daß die wahren Sakramente des Evangeliums die seien, welche Christus verfügt habe. (Obwohl die Reformatoren selbst dazu neigten, das Sakrament der Eucharistie als »Dankgebet«, »heiliges Abendmahl« oder einfach als »Abendmahl« zu bezeichnen, wollen wir in dieser Hinsicht dem allgemeinen Sprachgebrauch folgen und den Begriff »Eucharistie« – wörtlich »Danksagung« – verwenden. Dieser Entscheidung ist kein theologisches Gewicht beizumessen; sie soll lediglich für mehr Klarheit im Ausdruck sorgen, als dies sonst der Fall ist.)

Calvin definiert den Begriff Sakrament auf zweierlei Art: als »äußeres Merkzeichen, mit dem der Herr unserem Gewissen die Verheißungen seiner Freundlichkeit gegen uns versiegelt, um der Schwachheit unseres Glaubens eine Stütze zu bieten«, und als »sichtbares Zeichen einer heiligen Sache, oder auch die sichtbare Gestalt der unsichtbaren Gnade« (IV,14,1). Erstere ist Calvins eigene Definition; letztere geht auf Augustinus zurück (obwohl Calvin erklärt, in solcher Kürze liege eine gewisse Dunkelheit). Calvin beharrte darauf, daß ein Sakrament auf »der Verheißung und dem Gebot des Herrn« beruhen müsse (IV,19,5) und lehnte fünf der sieben von der katholischen Kirche anerkannten Sakramente ab (IV,19,1). Übrig blieben nur die Taufe und die Eucharistie.

In den zwanziger Jahren des 16. Jahrhunderts entspann sich zwischen Luther und Zwingli ein Streit über das Wesen der Sakramente.[35] Luther behauptete, in der Eucharistie seien Brot und Wein tatsächlich Leib und Blut Jesu Christi; Zwingli dagegen erklärte, Brot und Wein seien lediglich Symbole für den Leib und das Blut Christi. Für Luther entsprach das sakramentale Zeichen der Sache, die es veranschaulichte, während Zwingli darauf beharrte, daß Zeichen und Sache völlig verschieden seien. Diese beiden unvereinbaren Standpunkte markieren die Grenzen, innerhalb deren in der Reformation über das Wesen der Sakramente debattiert wurde.

Calvin nahm zwischen diesen beiden extremen Haltungen eine Mittelstellung ein. In den Sakramenten, erklärt er, bestehe eine derart enge Verbindung zwischen dem sakramentalen Symbol und der geistlichen Gabe, die es symbolisiert, daß wir »einfach vom einen zum anderen übergehen« können. Das Zeichen ist leiblich und sichtbar, während die Sache geistlich und unsichtbar ist – doch die Verwandtschaft zwischen Zeichen und Sache ist so groß, daß sie leicht wechselseitig ineinander übergehen (IV,17,21). Die Sache wird durch das Zeichen bewirkt (IV,17,3). Calvins Beharren auf der Parallelität oder Übereinstimmung – aber nicht der *Identität,* die er als untragbare katholische Vorstellung betrachtet – von Zeichen und Wirkung beruht teils auf einer Analyse der Macht der Symbole, teils auf seinem Verständnis von der göttlichen Weisheit: Würde Gott uns jemals ein eitles Merkzeichen vorhalten (IV, 17,10)? Zeichen und Sache sind verschieden (IV,17,34). Hier gelangt wieder einmal Calvins christologisch begründete Formel *distinctio sed non separatio* zur Anwendung. Zeichen und Sache dürfen *unterschieden,* aber nicht *getrennt* werden.

Calvins Haltung könnte als Versuch gewertet werden, die Ansichten Luthers und Zwinglis miteinander in Einklang zu bringen, ein Akt kirchlicher Diplomatie zu einem günstigen Zeitpunkt in der Geschichte der Reformation. Es gibt allerdings kaum Beweise für diese Annahme. Calvins Theologie der Sakramente stimmt mit seinen allgemeinen Ansichten überein und kann nicht als Kompromiß verstanden werden, der aus politischen Gründen zustande kam.

In Calvins Auffassung von der Taufe verbinden sich Elemente

Zwinglis und Luthers. Er neigt Zwinglis Ansicht zu, wenn er erklärt, die Taufe sei ein öffentliches Bekenntnis unserer Treue zu Gott (IV,15,1). So wie Zwingli behauptet hatte, die Sakramente seien in erster Linie kirchliche Ereignisse, die dazu dienten, die Loyalität der Gläubigen gegenüber der Kirche oder der Gemeinde unter Beweis zu stellen, betont Calvin die erklärende Rolle des Sakraments. Gleichzeitig nimmt er jedoch auch den Gedanken Luthers auf, wonach die Taufe ein Zeichen für die Vergebung der Sünden und für das neue Leben in Jesus Christus ist (IV,15,5).

Wie alle maßgeblichen Reformatoren hält auch Calvin an der Kindertaufe fest. Dieser Brauch, so erklärt er, gehe auf die frühe Kirche zurück und sei nicht erst im späten Mittelalter entstanden (IV,16,8). Zwingli hatte die Kindertaufe gerechtfertigt, indem er auf den jüdischen Ritus der Beschneidung verwies. Durch diesen Ritus und durch dieses äußerliche Zeichen, hatte er argumentiert, würden Knaben in den Bund mit Gott aufgenommen. In ähnlicher Weise sei die Taufe das Zeichen, daß ein Kind der Kirche, der Gemeinschaft des Neuen Bundes, angehöre.[36] Der zunehmende Einfluß der Wiedertäufer, den Calvin während seines Aufenthalts in Straßburg unmittelbar miterlebt hatte, zeigte, wie wichtig es war, die Kindertaufe, die die Wiedertäufer entschieden ablehnten, zu verteidigen. Calvin wiederholt Zwinglis auf dem Bund mit Gott beruhende Rechtfertigung der Kindertaufe und geht sogar noch weiter: Wenn Kinder von Christen nicht getauft werden können, sind sie gegenüber jüdischen Kindern im Nachteil, die durch die Beschneidung öffentlich und äußerlich in den Bund mit Gott aufgenommen wurden (IV,16,6). Calvin zufolge sollten Kinder getauft und die damit verbundenen Wohltaten ihnen nicht verwehrt werden.

In seinen Ausführungen zur Eucharistie unterscheidet Calvin drei Aspekte der geistlichen Wahrheit, die durch die sichtbaren Elemente Brot und Wein abgebildet (*monstretur*) und dargeboten wird. Die *Bedeutung* liegt in den göttlichen Verheißungen, die in das Zeichen gewissermaßen eingehüllt sind. Den Gläubigen wird insbesondere durch das Wort versichert, daß der Leib Jesu Christi für sie hingegeben und sein Blut für sie vergossen wurde. Das Sakrament »bekräftigt jene Verheißung, in der Jesus Christus bezeugt, daß sein Fleisch in Wahrheit eine Speise, sein Blut in Wahrheit ein Trank ist, wodurch wir zum ewigen Leben gespeist werden« (IV,17,4). Die *Substanz* oder *Ursache* der Eucharistie liegt in unserer Annahme des Leibes Christi: Gott läßt uns das zuteil werden, was er uns verheißen hat. Indem wir das Zeichen des Leibes Christi (mit anderen Worten: das Brot) empfangen, empfangen wir gleichzeitig den Leib selbst (IV,17,10). Noch einmal findet der Grundsatz *distinctio sed non separatio* Anwendung: Zeichen und Sache sind zwar verschieden, aber sie sind untrennbar. Die *Kraft* oder *Wirkung* der Eucharistie schließlich liegt in den *beneficia Christi* – in den Wohltaten, die Christus durch seinen Gehorsam für den Gläubigen erworben hat. Der Gläubige wird durch den Glauben aller Wohltaten Christi, wie Erlösung, Gerechtigkeit und ewiges Leben, teilhaftig (IV,17,11).

Dies ist, in aller Kürze, der Inhalt des bedeutendsten Werks christlicher Theologie der Reformation des 16. Jahrhunderts. Seine charakteristische Klarheit und Ausführlichkeit verschaffte dem Werk einen enormen Vorteil gegenüber den Werken lutherischer und römisch-katholischer Prägung. Selbst für die moderne christliche Theologie bleibt es ein wichtiges Hilfsmittel und ein wertvoller Dialogpartner. Da sich Calvins historische Bedeutung zum Teil seinen Ideen und deren Darstellung und Verbreitung verdankt, dürften sie auch für den Historiker von Belang sein. Dies läßt sich an der großen geistigen Ausstrahlung ablesen, als sich Calvins religiöses Denken auch auf seine Heimat Frankreich auszuwirken begann.

9

Die Strahlkraft der Ideen: Calvin und Frankreich

Nach seiner gleichsam triumphalen Rückkehr nach Genf im Jahre 1541 scheint Calvin seine Heimat Frankreich nicht mehr wiedergesehen zu haben. Obwohl, wie bereits erwähnt, ein gewisser Jean Cauvin in den Jahren 1551/52 in Noyon wegen unmoralischen Verhaltens (er hatte in seinem Haus *une femme de mauvaise gouvernement* beherbergt) angeklagt wurde,[1] steht fest, daß unser Calvin sich zu der Zeit mit der politischen Krise Genfs und seinem immer schwerer werdenden Stand in der Stadt beschäftigte. Die endgültige Niederlage der Perrinisten – die übrigens für ihre antifranzösische Haltung bekannt waren – im Zuge der Revolution vom April 1555 verhalf Calvin und seinen Gesinnungsgenossen allerdings zu einer neuen Handlungsfreiheit. Nachdem Genf für die Sache der Reformation gewonnen war, richtete sich die Bewegung nunmehr auf Frankreich. Im April 1555 begann die Ehrenwerte Gesellschaft der Pastoren in aller Heimlichkeit vorsätzlich und systematisch Leute nach Frankreich einzuschleusen. Damit war die Saat der französischen Religionskriege gesät.[2]

Das vorliegende Kapitel befaßt sich mit den Ursprüngen und der Entwicklung von Calvins Einfluss auf die französische Kirche. Diese Geschichte ist in vielerlei Hinsicht bemerkenswert und verleiht jenen Stimmen zusätzliches Gewicht, die Genf mit Moskau als dem Symbol einer revolutionären Ideologie vergleichen. Unsere Geschichte muß jedoch mit den Ereignissen beginnen, die die Grundlage für Calvins Einfluß in seiner Heimat bildeten.

In der Einleitung zu diesem Werk haben wir in groben Zügen das religiöse Leben in Frankreich am Vorabend der Reformation dargestellt. Das Bedürfnis nach Reformen war offenkundig. Man darf im Hinblick auf diese Reformen allerdings nicht nur in geistlichen oder religiösen Begriffen denken. Soziale und ökonomische Faktoren trugen ebenfalls zu dem Bedürfnis nach Veränderungen bei und boten jeder revolutionären Bewegung günstige Voraussetzungen, wenn sie nur zu sozialen, ökonomischen und religiösen Reformen fähig schien. Die Ereignisse in der Diözese Meaux in den zwanziger und dreißiger Jahren des 16. Jahrhunderts legen einen Zusammenhang zwischen evangelischer Gesinnung und sozioökonomischer Reform nahe,[3] da sich der katholische Klerus immer weiter von den Bedürfnissen und Interessen der ländlichen Bevölkerung entfernte. Die katholische Kirche sorgte sich zu sehr um den Adel, als daß sie sich auch noch an der Bildungsarbeit, der Armenfürsorge und der Bekämpfung von Krankheiten beteiligt hätte – was nach Ansicht gebildeter Laien, die immer öfter einen heterodoxen Standpunkt vertraten, unbedingt erforderlich gewesen wäre. Die Gründer selbstverwalteter Kollegien (die mit den tonangebenden Schulen direkt konkurrierten) und Armenkrankenhäuser in Paris kamen in der Regel aus dem Kreis dieser neuen Laienbewegung.[4]

Wie Untersuchungen über das städtische Leben in Frankreich in den zwanziger und dreißiger Jahren des 16. Jahrhunderts beweisen, läßt sich innerhalb der neu entstehenden gebildeten *bourgeoisie* eine tiefgehende Unruhe feststellen.[5] Das Interesse der Pariser an Humanismus und »Luthertum« – diese von den Pariser Behörden benutzte globale Bezeichnung bezieht sich nicht nur auf die Ansichten Luthers – deutet auf die Entstehung einer eigentlichen, städtischen Laienkultur hin, die weitgehend auf gedruckten Werken fußte. Es kam zu einer Verschmelzung der Kräfte, die durch die neue humanistische Bildung und die religiöse Fragestellung Luthers angeregt wurde. In Paris und in anderen geistigen Zentren Frankreichs verstärkte sich die Tendenz, gegenüber den Lehrmeinungen und Institutionen der katholischen Kirche eine skeptische und kritische Haltung einzunehmen.

Calvin hätte solch grundlegende Veränderungen in Frankreich wohl kaum ignorieren können. Er hatte nicht nur in Paris und in zahlreichen anderen französischen Städten gelebt, sondern speziell in Angoulême, Bourges, Orléans, Paris und Poitiers auch persönliche Kontakte geknüpft. Während der Zeit als Pfarrer der französischen Flüchtlingsgemeinde in Straßburg (1538-1541) hielt er sich über die allgemeinen und politischen Entwicklungen in Frankreich auf dem laufenden. Genf selbst diente ihm als Beobachtungsposten, von dem aus er die bedeutsamen Entwicklungen in Frankreich verfolgen konnte. Seine Informationsquellen waren Briefpartner, die Schar französischer Emigranten, die in den fünfziger Jahren in Genf Zuflucht suchten,[6] sowie persönliche Kontakte zu französischen Kaufleuten, die seit Beginn der vierziger Jahre die sich ausweitenden Handelsbeziehungen zwischen Genf und bedeutenden französischen Städten wie Lyon nutzten.[7]

Man muß sich bewußtmachen, daß der evangelische Glaube, der zu Anfang in Frankreich viele Anhänger gewann, Calvin zeitlich vorausgeht und eher von Luther als von Zwingli beeinflußt wurde. Die *L'oraison de Jésuchrist* (1525), ein religiöses Handbuch, das mit den Reformatoren von Meaux in Verbindung gebracht wird, enthält Luthers Vorwort zum Römerbrief und zählt zu den besten Darstellungen seines Reformprogramms und dessen Auswirkungen. *Le livre de vraye et parfaicte oraison* (1528), ein religiöses Erbauungsbuch mit unverfänglicher katholischer Spiritualität, enthielt zahlreiche Schriften Luthers. Claude d'Epences frommer Traktat *Consolation en adversité* (1547), das Margarete von Frankreich gewidmet war, entpuppte sich bei näherer Betrachtung als Übersetzung eines Werks Luthers. Obwohl Verallgemeinerungen gefährlich sind, kann man mit Recht behaupten, daß der evangelische Glaube in Frankreich bis 1541 keinen Widerspruch zwischen Luthertum und Katholizismus sah. Zwar wurde die Autorität des Papstes in Abrede gestellt, aber es gab keinen Grund, mit der katholischen Kirche zu brechen. Calvin mußte dem evangelischen Glauben in Frankreich erst noch seinen Stempel aufdrücken.[8]

Das Ausmaß von Calvins Einfluß auf Frankreich läßt sich anhand seiner diplomatischen Initiativen in den dreißiger und frühen vierziger Jahren beurteilen. Calvin machte das Beste aus dem Bündnis Genfs mit Bern und drängte die Schweizer Stadt, ihren ganzen Einfluß bei den französischen Behörden geltend zu machen, damit sie gegenüber den *évangéliques* Toleranz walten ließen.[9] Obwohl sich Franz I. zu diesem Zeitpunkt stetig vom Protestantismus entfremdete, erwartete er von bestimmten Schweizer Kantonen, vor allem von Bern, politisches Wohlwollen. Das offenbar ständig gespannte Verhältnis zwischen Frankreich und Savoyen auf der einen und Franz I. und Karl V., dem Kaiser des Heiligen Römischen Reiches, auf der anderen Seite machte im Nordwesten die politische Unterstützung Frankreichs durch die Schweizer erforderlich.[10] Calvins Strategie war demnach nur realistisch, auch wenn die Resultate wenig überzeugten. Die Wirkung, die er allein durch das geschriebene Wort ausübte, stellte seine diplomatischen Aktivitäten jedoch völlig in den Schatten.

Den wichtigsten Beitrag zur französischen Reformation leistete Calvin auf geistiger Ebene. Ohne Calvin wäre der französische Protestantismus kaum mehr gewesen als eine unvollständige, sich durch Teilung vermehrende Religionsgemeinschaft, die zu Selbstbeobachtung und innerer Unstimmigkeit neigte und der jeder reale politische Einfluß fehlte. Am Anfang konnte Calvin der Bewegung Ratschläge, Orientierungshilfe und vor allem Inspiration geben. Im Jahr 1540 erteilte er den *évangéliques* in Rouen Ratschläge; im gleichen Jahr weckte er in Poitiers Begeisterung; 1541 nahm er Kontakt mit den *Vaudois* der Dauphiné und der Provence auf;[11] und 1542 warnte er die *évangéliques* in Lyon vor einer möglichen Gefahr.[12]

Die Veröffentlichung der französischen Ausgabe der *Institutio* im Jahre 1541 brachte die entscheidende Wende. Plötzlich gab es in Frankreich klar formulierte und sorgfältig untermauerte radikale Reformlehren in der Landessprache. Aber offenbar hatte jemand die Notbremse gezogen. Am 1. Juli 1542 ordnete das

Pariser *parlement* an, alle Werke, die heterodoxe Lehren enthielten, insbesondere Calvins *Institutio*, seien innerhalb von drei Tagen den Behörden zu übergeben.[13] Im gleichen Jahr starb ein Märtyrer in Rouen mit einem Zitat aus dem Vorwort der *Institutio* von 1541 auf den Lippen.[14] Mit Durchsuchungen von Buchhandlungen wurde von offizieller Seite versucht, die wachsende heterodoxe Bewegung zu unterdrücken. Im darauffolgenden Jahr stellte die Theologische Fakultät nach eingehender Prüfung eine Liste mit fünfundsechzig Titeln zusammen – zweiundzwanzig in lateinischer und dreiundvierzig in französischer Sprache (obwohl zwei davon unabsichtlich kopiert wurden; macht insgesamt einundvierzig) –, die mit sofortiger Wirkung verboten werden sollten. Von den sechsunddreißig Texten, die sich auch nur annähernd identifizieren und datieren lassen, wurden dreiundzwanzig in Genf gedruckt.[15] Calvins *Institutio* galt demnach als beherrschendes Element eines Genfer Angriffs auf die französische Kirche mittels des gedruckten Wortes. Am 23. Juni 1545 wurde mit Genehmigung des *parlement* eine erweiterte Liste verbotener Werke veröffentlicht. Von den 121 Titeln in französischer Sprache wurde fast die Hälfte in Genf gedruckt. Die Pariser Buchhändler reagierten umgehend: Sie erklärten, sie seien ruiniert, wenn sie nicht länger solche Bücher verkaufen dürften. Anscheinend bestand eine nicht geringe Nachfrage nach Werken, die die Theologische Fakultät als ketzerisch erachtete – ein weiterer Beweis für die Wichtigkeit der gebildeten und wohlhabenden Laien, wenn es darum ging, für die Ideen der Calvinschen Reformation zu werben.

Doch Paris wurde weiter mit Literatur aus Genf überschwemmt. 1551 erschien erneut eine Liste verbotener Werke, die um achtzehn Titel erweitert war (dreizehn davon stammten aus Genf). Die gesamte Produktion der Genfer Druckereien überstieg die Zahl der verbotenen Bücher allerdings bei weitem. Ohne Zugang zu den Verzeichnissen der Genfer Drucker, wie Girard oder Crespin, konnten die französischen Behörden die Flut an französischsprachigem Material, das die Leitgedanken der Calvinschen Reformation verbreitete, nicht eindämmen. Zwischen 1546 und 1551 erschienen zum Beispiel mindestens

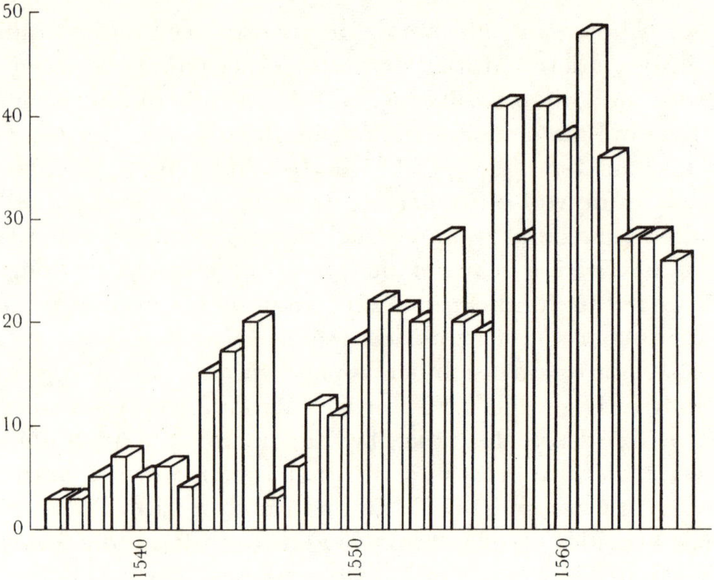

In Genf veröffentlichte Bücher, 1536–1565, dargestellt anhand der Zahl der jährlichen Neuerscheinungen

zwölf Werke Calvins auf französisch, die auf der Liste der verbotenen Bücher von 1551 nicht vermerkt sind. Außerdem wurde durch den Versuch, den öffentlichen Verkauf von Büchern zu kontrollieren, um solche aus Genf auszusondern, lediglich der illegale Handel gefördert. Bis die Religionskriege der Ausweitung des Genfer Verlagswesens auf dem französischen Markt für religiöse Literatur in den Jahren 1565 bis 1580 Einhalt boten, war es nicht schwer, in Paris solche Werke zu bekommen.[16] Laurent de Normandie, ein Buchhändler und Freund Calvins, fand den illegalen Buchhandel so rentabel, daß er nach Genf übersiedelte, um solche Bücher herauszugeben, anstatt sie nur zu verkaufen. (Seine Ausgabe von Bezas *Psalter* zählte zu seinen bemerkenswertesten Leistungen.) Im Jahr 1559 wurde ein Mitglied des Pariser *parlement* wegen Ketzerei vor Gericht gestellt. Der Beschuldigte gab zu, daß seine unorthodoxen religiösen Ansichten

von der Lektüre »der Werke Calvins und anderer« herrührten, die er »von diesen Hausierern erworben« habe, »die zwischen den Ländern hin und her reisen«. Ab 1565 wurde diese Art Handel infolge der Religionskriege gefährlich. Aber zu diesem Zeitpunkt war Calvin bereits tot und der Schaden angerichtet. Zur Veranschaulichung des wachsenden Einflusses calvinistischer Ideen können die Aufzeichnungen des *parlement* von Toulouse dienen, das für die Region Languedoc zuständig war. Wie sich die 1074 Fälle von Ketzerei, die zwischen 1500 und 1560 vor diesem Gremium verhandelt wurden, über die Jahrzehnte verteilten, zeigt die Abbildung auf der folgenden Seite.[17] Im Jahr 1554 wurde mit 208 Anklagen wegen Ketzerei ein Höhepunkt erreicht. Die rasche Zunahme im letzten Jahrzehnt deutet darauf hin, daß sich Calvins Einfluß weiter verstärkte. Dieses Schema läßt sich auf ganz Frankreich anwenden.
Welche Gruppen der französischen Gesellschaft wurden zwischen 1540 und 1555 von Calvins Ideen und Werten beeinflußt? Zweifellos fand er bei den Handwerkern am meisten Unterstützung. Im Jahr 1560 wurden in Montpellier 817 Personen der Ketzerei beschuldigt; 561 von ihnen machten nähere Angaben zu ihrem Beruf. Dreihundertsiebenundachtzig (69 Prozent) waren Handwerker. Ähnlich verhielt es sich 1568 in Bézier.[18] Von den französischen Flüchtlingen, die zwischen 1549 und 1560 in Genf Zuflucht suchten, waren 68,5 Prozent Handwerker.[19] Der Calvinismus war ursprünglich die *religion des petits gens* (Henri Hauser). Warum übte der Calvinismus auf Teile der französischen Mittelschicht eine so große Anziehungskraft aus? Das liegt zum Teil daran, daß der Calvinismus sozialen Werten und schöpferischen Tätigkeiten, die in der dynamischeren Mittelschicht der französischen Gesellschaft fest verwurzelt waren, religiöse Würde verlieh.

Im Gegensatz dazu war Calvins Einfluß innerhalb des Adels am Anfang eher begrenzt. Die latent antiaristokratische Ausrichtung seiner auf Arbeit gründenden Ethik und die allgemeine Abneigung der Genfer gegenüber dem Adel[20] trugen möglicherweise zu dieser sozialen Polarisierung bei. Obendrein verstärkten Dinge wie Tradition, Loyalität gegenüber der Familie und

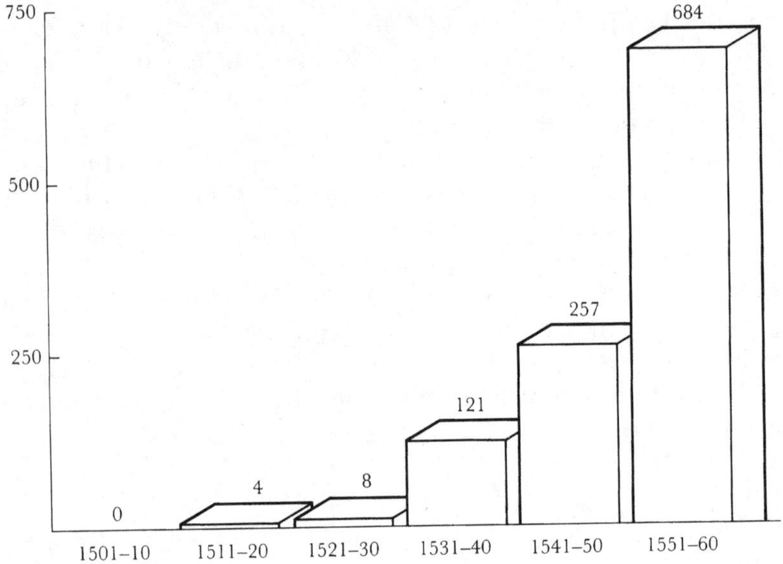

Zahl der Angeklagten, die sich zwischen 1500 und 1560 wegen Ketzerei vor dem *parlement* von Toulouse verantworten mußten

familiäre Bindungen (die meisten französischen Bischöfe gehörten dem Adel an) sowie eine allgemeine Abneigung gegenüber den *petits gens* die anfänglichen Vorurteile des Adels gegenüber dem Calvinismus. Ebenso wie die Französische Revolution unter den Adligen Fürsprecher hatte und die bolschewistische Revolution Anhänger in den Reihen der Bourgeoisie, blieb auch Calvin nicht ganz ohne Unterstützung von seiten des Adels. Bis 1555 hielt sich das Ausmaß dieser Unterstützung jedoch noch in Grenzen.

Bei den Bauern fand der Calvinismus anscheinend keinen Anklang. Trotz der latent antiaristokratischen Haltung der Bewegung kam sie bei den *paysans* nicht richtig voran. Dafür gibt es eine ganze Reihe von Gründen. Der Calvinismus stellte, wenn auch in bescheidenem Ausmaß, geistige Anforderungen, denen die ungebildeten Bauern nicht gewachsen waren. Er vertrat Ideen und Werte, die dieser sozialen Schicht fremd waren. Der Calvinismus war zumindest teilweise eine »Buchreligion«, was ihn für ungebildete Bauern vom Land weniger attraktiv machte, da sie nicht lesen, geschweige denn Bücher kaufen konnten. Die ländliche Bevölkerung konnte sowieso kaum Französisch – die Sprache, deren sich die Calvinisten bei ihren Evangelisierungsbemühungen bedienten. Noch immer beherrschte die Mundart die sprachliche Landschaft Frankreichs.

Noch eine weitere Überlegung verdient Beachtung. Die Religion der französischen Bauern war im Rhythmus der Sitten und Anforderungen des ländlichen Lebens fest verwurzelt.[21] Ein gewisses Maß an Flexibilität innerhalb der katholischen Geistlichkeit machte es möglich, daß die Lehren der Kirche diesen Bedürfnissen angepaßt wurden. Dabei richteten sich die Bräuche nach den Sorgen und Nöten der bäuerlichen Bevölkerung. Der Calvinismus hatte nichts übrig für solche Gefälligkeiten, die als eine Mischung aus Aberglauben und Götzendienst betrachtet wurden. Wegen seiner religiösen Strenge in diesem Punkt fand er bei den Bauern keinen Anklang. Dieser Teil der Bevölkerung blieb auch weiterhin der katholischen Kirche und ihrem Glauben treu.

Calvins Einfluß in Frankreich in den Jahren 1536 bis 1555 wird nur allzu leicht überschätzt. Zweifellos hatte Calvin viele Bewunderer, aber an die Schaltstellen der Macht reichte er kaum. Zum Beispiel gehörte bis in die fünfziger Jahren hinein keiner seiner Briefpartner in Frankreich dem einflußreichen Adel an. Der mögliche Einfluß der evangelischen Bewegung verringerte sich aufgrund des Phänomens der Nikodemiten, die Calvin 1543 und 1544 anprangerte. Obwohl der evangelische Glaube weit verbreitet war – vor allem in den Städten im Süden –, neigten seine Anhänger dazu, sich nach außen hin den katholischen Bräuchen zu fügen. Aus Furcht vor der Reaktion der katholischen Behörden trafen sich die Nonkonformisten heimlich, oft bei Nacht, in Privathäusern (daher stammt der Vergleich mit Nikodemus, der bei Nacht zu Jesus kam aus Angst, was wohl die Vertreter der alten Religion dazu sagen würden: Johannes 3, 1-2).[22] Aber wie die offizielle Reaktion auf die *Institutio* von 1541 zeigt, suchten immer mehr Reformgesinnte bei Calvin Anleitung und Führung. Die evangelischen Gruppierungen in Frankreich konnten auf Dauer nicht ohne Pfarrer, ohne Sakramente oder ohne Kirchenordnung bleiben. Das Massaker an den Waldensern (1545) und der Märtyrertod von fünf evangelischen Studenten in Lyon (1551), der noch durch die Veröffentlichung von Jean Crespins *Livre des Martyrs* (Genf 1554) an Resonanz gewann, zeigten überdeutlich, wie gefährlich und schwer es war, als Evangelischer in einem Land wie Frankreich zu leben, das dem evangelischen Glauben zunehmend feindlich gegenüberstand. Als sich Calvins Machtbasis in Genf im Jahr 1555 festigte, konnte man zu anspruchsvolleren Mitteln greifen, um noch mehr Einfluß auf die französische Kirche auszuüben. Es wurden Prediger in Frankreich eingeschleust, um die bestehenden Kirchen zu unterstützen und neue aufzubauen. Neben den Ideen kamen nun auch Männer aus Genf ins Land.

Die Männer aus Genf

Im April 1555 wurde in den Aufzeichnungen der Ehrwürdigen Gesellschaft der Pastoren zum ersten Mal vermerkt, daß Prediger von Genf ausgesandt worden seien, um im Ausland zu evangelisieren. Der Eintrag vom 22. April lautet, daß Jehan Vernou und Jehan Lauvergeat ins Piemont geschickt worden seien, ein Gebiet, das früher waldensische Ketzer bewohnten und welches daher für den Calvinismus ein fruchtbarer Boden war.[23] Andere folgten nach. Sie kamen auf Bitten calvinistischer Gemeinden in Frankreich. Jacques l'Anglois war der erste Prediger, der nach Frankreich geschickt wurde. Er begab sich nach Poitiers, auf Bitten der dortigen Gemeinde.

Sowohl im Interesse Genfs als auch im Interesse Frankreichs war für das gesamte Unternehmen größte Geheimhaltung vonnöten. In den Tälern der Französischen Alpen wurden, eine Tagesreise voneinander entfernt, Häuser mit sicheren Verstecken errichtet. Ein geheimes Netz, ähnlich dem der französischen Résistance im Zweiten Weltkrieg, ermöglichte es den Männern aus

Genf, über die schlecht markierte Grenze nach Frankreich zu gelangen. Die Gesellschaft der Pastoren war um strengste Geheimhaltung bemüht. Selbst der Stadtrat, der eigentlich über alles Bescheid wußte, erfuhr nichts von den Unternehmungen. Im Jahr 1557 sah die Gesellschaft der Pastoren jedoch ein, daß sie ihre Aktivitäten im Ausland auf Dauer nicht geheimhalten konnte. Noch im gleichen Jahr erklärte Calvin dem Stadtrat die Situation und bat um die Erlaubnis, weitere Prediger entsenden zu dürfen. Der Rat war sich natürlich der ernsten Gefahr bewußt, die der Stadt durch derlei Aktivitäten drohte: Wenn bekannt wurde, daß die Genfer Behörden selbst das Einschleusen religiöser Aktivisten veranlaßten, konnten ihnen umstürzlerische Machenschaften gegenüber ihrem größeren Nachbarn vorgeworfen werden, was unvorhersehbare (aber vermutlich unangenehme) Folgen haben konnte. Dennoch billigte der Rat die heimliche Fortführung dieser Politik unter der Voraussetzung, daß er nicht damit in Verbindung gebracht wurde.

Im Januar 1561 zeigte sich, daß dies eine kluge Entscheidung gewesen war. In Genf traf ein Kurier vom Hof Karls IX., des neuen Königs von Frankreich, ein. In seiner Botschaft teilte der König dem Stadtrat mit, er habe festgestellt, daß die jüngsten Unruhen in Frankreich mit Predigern aus Genf in Zusammenhang stünden. Es habe den Anschein, als wolle Genf in Frankreich systematisch Subversion betreiben. Er verlangte, daß die Genfer Prediger zurückgerufen und keine weiteren mehr entsandt würden.[24] In seiner Antwort erklärte der Rat, *er* habe niemanden nach Frankreich geschickt. Tatsächlich habe die Gesellschaft der Pastoren etwas Derartiges getan, aber der Stadtrat könne nicht die Verantwortung für die Vorgehensweise einer privaten kirchlichen Organisation übernehmen. Durch diesen kleinen Schwindel wurde ein ernster Bruch zwischen Genf und Frankreich verhindert.

Zwar hatte Genf Pfarrer nach Frankreich geschickt, aber von den Kirchengemeinden wurde nun erwartet, daß sie für den Rest des von Genf aufgebauten Kirchenapparats, wie etwa das Konsistorium, sorgten. Im Jahr 1555 wurde in Paris eine calvinistische Kirchengemeinde mit einem Konsistorium aus Ältesten und Diakonen gegründet. An die Stelle der *églises plantées* – die kaum mehr als religiöse Arbeitsgemeinschaften waren, die zum Gebet, zum Gottesdienst und zur Bibellektüre zusammenkamen – traten zwischen 1555 und 1562 allmählich die strukturierteren *églises dressées*. Die kleinen Gruppen, die in ganz Frankreich entstanden waren und sich regelmäßig zum Gebet und zur gemeinsamen Erbauung trafen, verwandelten sich allmählich in disziplinierte Gemeinden mit festen Kirchenordnungen. Im Jahr 1557 machte die Ehrwürdige Gesellschaft der Pastoren die konsistoriale Ordnung verbindlich. In Poitiers wurde 1555 ein Konsistorium gegründet, in Orléans 1557, in La Rochelle 1558 und in Nîmes 1561. Zu Beginn des ereignisreichen Jahres 1562 war die Zahl der Konsistorien in Frankreich auf 1 785 gestiegen.[25] Genf war bereit, solchen Gemeinden Pfarrer zur Verfügung zu stellen. Älteste und Diakone sollten vor Ort gewählt werden.

Am Ende konnte Genf nicht einmal so viele Pfarrer entsenden, wie die aufkeimenden calvinistischen Kirchengemeinden in Frankreich benötigten. Nach Calvins Richtlinien für die Auswahl von Pfarrern wurden an die Kandidaten hohe pädagogische Anforderungen gestellt, wodurch die Zahl der für solche Aufgaben geeigneten Personen erheblich eingeschränkt wurde. Praktisch waren die Pfarrer meist französischsprachige Bürger von außerhalb Genfs – weshalb sie von den Genfern oft als Außenseiter betrachtet wurden. Im Jahr 1564, Calvins Todesjahr, gab es in Genf nur zweiundzwanzig solche Pfarrer. Die Genfer Akademie, die Pfarrer nach den strengen Richtlinien Calvins ausbilden sollte,[26] wurde am 5. Juni 1559 eingeweiht – zu spät, um den großen Bedarf an in Genf ausgebildeten und dort anerkannten Geistlichen zu decken. Calvin hatte eine Nachfrage geschaffen, die er nicht befriedigen konnte.

Eine Studie über achtundachtzig Prediger, die zwischen 1555 und 1563 insgesamt 105 Missionen zu erfüllen hatten, gibt wichtige Aufschlüsse über frühe Erfolge des Calvinismus und bestätigt den Eindruck, daß die Bewegung bei der städtischen Mittelschicht besonderen Anklang fand. Sechs wurden nach Poitiers geschickt, fünf nach Paris und Lyon, und drei nach Bergerac, Dieppe (eine wichtige Ausgangsbasis für England und Schottland), Issoudun und Orléans.[27] Interessanterweise lagen alle diese Städte an wichtigen Handelsstraßen, was bestätigt, daß der Calvinismus – wie der Islam – oft durch Handelskontakte Verbreitung fand. Das wiederum beweist seine Anziehungskraft auf Menschen, die sich in einem solchen Wirkungskreis bewegten, wie zum Beispiel Handwerker und Kaufleute. Henri Hauser zollte einst dem einfachen Hausierer Tribut, der bei der Verbreitung der neuen Religion eine bedeutende Rolle spielte, weil er zwischen Nadeln und Kämmen calvinistische Traktate verbarg.

Die politische Dimension des französischen Calvinismus

Zum Teil beruht die Anziehungskraft des Calvinismus auf seiner spürbaren wirtschaftlichen Bedeutung. Wie wir noch sehen werden, kam es zu einer *adaption française du calvinisme,* in der bestimmte religiöse Ansichten Calvins mit der frühkapitalistischen Wirtschaftspolitik der Stadt Genf verschmolzen. Die Wirkung dieser befreienden ökonomischen Ansichten auf den dritten Stand, der als soziale Gruppierung in Frankreich große Bedeutung erlangte, war anscheinend beträchtlich. Obwohl der wirtschaftliche Reiz des Calvinismus – wobei Calvinismus das kennzeichnete, was Calvin und seine Vertreter angeblich repräsentierten, und nicht das, wofür sie tatsächlich einstanden – für den dritten Stand in Frankreich nicht unterschätzt werden darf, hatte er auch eine wichtige politische Wirkung. Zur Veranschaulichung soll eine entsprechende Entwicklung in Südostasien dienen, die mehr als zwei Jahrtausende zuvor stattfand.

Warum entstand die neue Religion des Buddhismus? Seine Anfänge liegen im 6. Jahrhundert vor Christus. Ursprünglich war er eine Protestbewegung, die sich gegen das strenge und äußerst einengende Klassen- oder Kastensystem des Brahmanismus richtete. Der Buddhismus entstand zu einer Zeit, als die Urbanisierung in Indien große soziale Bedeutung erlangte. Die Entstehung einer relativ reichen städtischen Klasse führte innerhalb des starren hinduistischen Kastensystems, wo Personen aufgrund ihrer Geburt einer Kaste zugewiesen wurden, zu erheblichen Spannungen. Das Kastensystem erhielt religiöse Rechtfertigung in der vedischen »Hymne vom kosmischen Menschen«, wonach diese Gesellschaftsordnung auf kosmischen Grundlagen beruhte. Mit der Entstehung von sozialen Gruppen, die die Möglichkeit besaßen, ihr Schicksal selbst in die Hand zu nehmen, breitete sich eine gewisse Unzufriedenheit mit der traditionsgebundenen Ordnung des Brahmanismus aus. Buddhas Betonung der persönlichen Verantwortung und der Fähigkeit des einzelnen, sein Schicksal selbst zu bestimmen, machte auf solch entfremdete Stadtbewohner offenbar großen Eindruck (einiges deutet darauf hin, daß seine ersten Anhänger aus der Stadt kamen). Die gesellschaftliche Ordnung, und vor allem die Stellung des einzelnen innerhalb dieser Ordnung, galt nun als veränderbar und nicht als unwandelbar im Gefüge des Universums verankert. Enttäuschung über die Starrheit bestehender sozialer Strukturen, insbesondere des bedrückenden traditionsgebundenen Klassensystems, scheint zu diesem Zeitpunkt in der menschlichen Zivilisation ein wichtiger religiöser Faktor gewesen zu sein, der Menschen die Werte des Buddhismus empfahl, die bisher zufrieden gewesen waren, Hindu zu bleiben.

Seit Beginn des 19. Jahrhunderts neigten manche Historiker zu der Annahme, die protestantische und insbesondere die calvinistische Reformation habe die Grundlage für das moderne, fortschrittliche politische Denken geschaffen.[28] Diese Neigung beruhte zum Teil auf einer romantisch-liberalen Auffassung von der Reformation als einer Bewegung, die in einer Zeit der kirchlichen Unterdrückung für persönliche Freiheit kämpfte. Was auch immer Calvins Genf gewesen sein mag, sicher stand die Stadt damals nicht in dem Ruf, Vorkämpferin individueller Gedanken- und Handlungsfreiheit auf religiösem oder politischem Gebiet zu sein. Vielmehr wurde sie als Symbol für kirchliche und staatliche Zucht angesehen. Calvins politische Ansichten gelten allgemein als wenig originell und weitgehend uninteressant.[29] Als sich der Calvinismus von Genf aus weiter ausbreitete und sich neues Gebiet erschloß, wurde sein ursprüngliches Erbe weiterentwickelt und angepaßt. Gedanken wurden übernommen und modifiziert, die der Begründer nicht vorgesehen hatte oder die nicht notwendigerweise von ihm stammten.

Einer dieser Gedanken betrifft die »Gegebenheit« der bestehenden sozialen Strukturen.[30] Der Calvinismus soll dazu beigetragen haben, den Wandel vom mittelalterlichen Begriff der Weltordnung, der auf »einer als natürlich und ewig geltenden Ordnung« beruht, zu einer modernen Ordnung, »die sich auf Veränderung gründet«, zu beschleunigen. Mit anderen Worten, die mittelalterliche Weltanschauung war statisch: Man bekam aufgrund von Geburt und Tradition innerhalb der Gesellschaft einen Platz zugeteilt, und es war nicht möglich, diese Situation zu ändern. Der Calvinismus hingegen bot eine »Ideologie des Übergangs« an, wonach die Stellung des einzelnen in der Welt zumindest teilweise auf seiner eigenen Leistung beruhe.[31] Offensichtlich übte eine derartige Vorstellung auf den dritten Stand in Frankreich – oder auch auf die Bürger in ganz Europa – einen gewissen Reiz aus. Die Lehre von der grundlegenden *Wandelbarkeit* bestehender sozialer Ordnungen fand bei einer sozialen Schicht, deren Ehrgeiz, in einer von Traditionen und familiären Bindungen beherrschten Gesellschaft voranzukommen, frustriert wurde, zweifellos großen Anklang. Die Anwendung dieses Prinzips durch die englischen Calvinisten John Ponet und Christopher Goodman, die auf dieser Grundlage Theorien zum berechtigten Königsmord entwickelten (die in direktem Widerspruch zu Calvins Ablehnung des Königsmords stehen), ist ein fundamentaler Bruch mit der mittelalterlichen Vorstellung, wonach bestehende Machtstrukturen von Gott gewollt und somit unverletzlich und unumstößlich sind.[32] Die Auswirkungen dieser Lehre auf die Reformation in Schottland sind offenkundig.

Ähnliche Ideen entwickelten sich in Frankreich nach dem Massaker in der Bartholomäusnacht. Anfänglich beschränkten sich die politischen Überlegungen der französischen Calvinisten auf die Gewissensfreiheit.[33] Als der calvinistische Einfluß in den fünfziger Jahren des 16. Jahrhunderts in Frankreich stetig zunahm, lag der Schwerpunkt der politischen Agitation des französischen Calvinismus auf der religiösen Toleranz. Es sei, so wurde behauptet, kein grundlegender Widerspruch, Calvinist und

Franzose zu sein. Franzose und gleichzeitig Calvinist zu sein (oder Hugenotte, denn die beiden Begriffe bedeuten beinahe dasselbe) hieß nicht, sich gegenüber der französischen Krone illoyal zu verhalten. Die bestechende Logik und Überzeugungskraft dieses Standpunkts, der unter anderem für Calvin sprach, geriet im Mai 1560 durch die *conjuration d'Amboise* ins Wanken, bei der der Adlige Godefroi de La Renaudie offenbar von mehreren calvinistischen Pfarrern (zum Ärger Calvins) bei dem Versuch unterstützt wurde, Franz II. zu entführen.[34] Letztlich bewirkte das Massaker in der Bartholomäusnacht (1572) jedoch den radikalen Wandel im politischen Denken der französischen Calvinisten.

Das Auftauchen der Monarchomachen – die die Rechte der Könige drastisch einschränken und die *Pflicht* (nicht bloß das *Recht*) der Menschen zum Widerstand gegen tyrannische Monarchen einführen wollten – war die unmittelbare Reaktion auf den Schock nach der Bartholomäusnacht.[35] Im Jahr 1559 hatte Calvin zugegeben – vielleicht, weil er allmählich die praktische und politische Bedeutung der Frage erkannte –, daß ein Herrscher seine Befugnisse überschreite, wenn er sich Gott widersetze. Indem er dies tue, hebe er seine eigene Macht auf. Somit war der Magistrat (nicht aber Privatpersonen) in der Lage, (nicht genau definierte) Schritte gegen ihn zu unternehmen.[36] Diese Ideen wurden von Calvins französischen Anhängern nach den Ereignissen von 1572 entwickelt und weitergeführt. François Hotman schrieb die berühmte *Franco-Gallia,* Theodor Beza seine *Droits des Magistrats,* Philippe Duplessis-Mornay seine *Vindiciae contra tyrannos,* und andere, unbedeutendere Autoren verfaßten eine Flugschrift nach der anderen, die alle zu demselben Ergebnis kamen: Tyrannen muß man sich widersetzen. Die Pflicht zum Gehorsam gegenüber Gott wird über die Verpflichtung zum Gehorsam gegenüber einem Herrscher gestellt.

Diese radikal neuen Ideen des französischen Calvinismus bezeichnen (obgleich sie Calvins eigener Lehre widersprachen) eine wichtige Etappe im Übergang vom Feudalismus zur modernen Demokratie hin. Hier wird der Gedanke der natürlichen Menschenrechte theologisch erklärt und verteidigt. Obwohl die meisten französischen Calvinisten während der Regierungszeit Heinrichs IV., insbesondere nach der Verkündung des Edikts von Nantes, auf offenen Widerstand gegen die Monarchie verzichteten, waren auf der politischen Bühne Frankreichs bedeutende neue Theorien aufgetaucht. Man kann durchaus behaupten, daß sie in der französischen Aufklärung in rein weltlicher Form wieder auftauchten. In Jean-Jacques Rousseaus *thèse républicaine* verschmolz der Begriff der natürlichen Menschenrechte ohne jeden theologischen Zusatz mit dem Republikanismus des calvinschen Genf. Im Gegensatz zu Voltaires modernisierter *thèse royale* und Montesquieus *thèse nobilaire* lautete Rousseaus These, die Republik Genf des 16. Jahrhunderts habe Modellcharakter und könne für die Situation Frankreichs im 18. Jahrhundert unmittelbar von Belang sein. Somit wurde Calvins Genf zu einem lebendigen und mächtigen Vorbild, das vor der Revolution in Frankreich die Phantasie beherrschte. War die Französische Revolution von 1789 also ein Ableger der Genfer Revolution von 1535? Daraus ergeben sich Fragen, die an anderer Stelle behandelt werden müßten. Wenden wir uns nun wieder der Situation in Frankreich in den fünfziger Jahren des 16. Jahrhunderts zu und befassen wir uns noch einmal mit der Anziehungskraft des Calvinismus auf die Franzosen.

Das soziale Profil des französischen Calvinismus

Der Calvinismus bot eine Fülle von Ideen und Werten – politische, religiöse und wirtschaftliche –, die für den französischen Mittelstand attraktiv waren. Es überrascht nicht, daß seine Anhänger anfänglich aus dieser Gesellschaftsschicht kamen. Zum Teil sagt dies auch etwas über den sozialen Hintergrund der Genfer Prediger aus, die nach Frankreich geschickt wurden. Im Grunde gehörten alle zur Mittelschicht und sprachen Französisch; vielleicht kam gerade dieser Umstand den Bedürfnissen der städtischen Mittelschicht entgegen. Das war besonders im Süden der Fall, der sich stets seiner sprachlichen Zugehörigkeit zu Frankreich bewußt und auch stolz darauf war. Auf dem Land, wo immer noch vorwiegend Mundart gesprochen wurde, verstand man kaum Französisch. Im Languedoc – dem Gebiet um Toulouse, wo die *langue d'oc* gesprochen wurde – galt Französisch fast als Fremdsprache. Die Genfer Prediger gehörten – gesellschaftlich und sprachlich – einer anderen Welt an als die ländliche Bevölkerung Frankreichs. Im Grunde konnte die Ehrwürdige Gesellschaft der Pastoren nichts anderes tun, als die Männer aus der Mittel- und Oberschicht auszusenden, die ihr zur Verfügung standen und deren Muttersprache Französisch war. Eine Studie über die Herkunft von zweiundvierzig Predigern beweist, daß nicht ein einziger dem Bauernstand angehörte.[37] Von Anfang an war die große Genfer Evangelisation in eine soziale Spirale eingebunden, von der die Bauern ausgeschlossen waren.

Diesem Umstand maß die Ehrwürdige Gesellschaft der Pastoren jedoch keine große Bedeutung zu. Für sie zählte in diesem Augenblick nur der Erfolg. Im Jahr 1561 wurde die Gesellschaft aus Frankreich mit Bitten um Pfarrer überhäuft. Nicolas Colladon berichtete von 151 Personen, die im gleichen Jahr nach Frankreich entsandt wurden.[38] Genfer Pfarrer neigten dazu, einfach ohne Vorwarnung zu verschwinden und später in irgendeiner entlegenen Ecke Frankreichs wieder aufzutauchen. Genfer Gemeinden wurden ihrer Pfarrer beraubt, damit die ständig steigende Nachfrage der französischen Kirchen befriedigt werden konnte. Sogar die Stadt Lausanne war eine Zeitlang ohne Pfarrer, weil die Geistlichen sich freiwillig meldeten, um bei der Evangelisation in Frankreich mitzuwirken. Die Entscheidung Katharinas von Medici, gegenüber den Protestanten Toleranz walten zu lassen, erleichterte natürlich das Einschleusen von Predigern. Der Grundsatz der absoluten Geheimhaltung wurde gelockert, und Genfer Flüchtlinge kehrten, offenbar zur Erleichterung der einheimischen Bevölkerung, in ihre Heimat Frankreich zurück.

Zumindest oberflächlich sah es so aus, als erziele die Genfer Politik der Evangelisation Frankreichs beachtliche Erfolge. Im ganzen Land entstanden evangelische Gemeinden, die Genf um Unterstützung, Anleitung und Rat baten. Noch dazu hatte in

Frankreich selbst ein bedeutender Wandel stattgefunden. Viele Adlige waren zum Calvinismus übergetreten. Eine Religion, die sich anfänglich in erster Linie an die *petits gens* gewandt hatte, war nun auch für die *Seigneurie* annehmbar, ja sogar reizvoll geworden.[39]

Lucien Romier zufolge veränderte die große Zahl der Bekehrungen unter den Adligen zwischen 1558 und 1562 unwiderruflich das Wesen des französischen Calvinismus.[40] Die französische Wirtschaft, die schon seit langem einer gründlichen Neuordnung bedurfte, brach schließlich völlig zusammen. Studien über das französische Finanz- und Patronatssystem zeigen, daß die Wirtschaft seit 1557 in einer Krise steckte und 1559 bereits mehr oder weniger ruiniert war.[41] Mit diesem Konjunkturrückgang verringerten sich auch die kirchlichen Einkünfte, da die Einnahmen aus solch traditionell katholischen Riten wie Gebete und Messen für die Verstorbenen allmählich ausblieben.[42] Der Adel konnte sich den nackten wirtschaftlichen Tatsachen nicht länger verschließen. Die wirtschaftliche Furcht vor einem Übertritt zum Calvinismus war längst nicht mehr so groß wie früher. Das Versagen des ursprünglichen Patronats- und Finanzsystems führte dazu, daß sich innerhalb des Adels eine Gruppe bildete, die in dem gespannten Verhältnis zwischen traditionellen Mustern und neuen, strukturell noch ungebundenen Kräften gefangen waren. Herkömmliche adlige Verbindungen versagten.

In Anbetracht dieser schlechten wirtschaftlichen Lage verbündete sich der zweite und dritte Stand zwischen 1559 und 1561 immer mehr gegen den ersten Stand (das heißt, Adel und Bürgertum gegen den Klerus).[43] Teile der städtischen Oberschicht, die dem Calvinismus bisher ablehnend oder gleichgültig gegenüberstanden, bekannten sich nun öffentlich zu ihm.[44] Der zweite Stand übte immer heftiger Kritik an der Kirche und ihrem Reichtum. Auf der Versammlung der *Etats-généraux* 1560 in Orléans schlossen Adlige und Bürger öffentlich ein Bündnis – ein offenbar von calvinistischer Seite angeregter Angriff auf die Privilegien und den Reichtum der Kirche. Das Zustandekommen dieses Bündnisses zwischen zweitem und drittem Stand ist von großer Bedeutung: Die Religionskriege waren in erster Linie kein Klassenkonflikt, sondern ein Konflikt zwischen zwei rivalisierenden, aristokratisch geführten Parteien.

Nach dem Tod Heinrichs II. begann eine Zeit der Unsicherheit. Das Schicksal des Königreichs lag anfangs in den Händen Franz' II., der damals erst fünfzehn war. Im Dezember 1560 folgte ihm sein jüngerer Bruder Karl IX. auf den Thron. Da er noch nicht volljährig war (nach französischem Recht wurde man mit vierzehn volljährig), riß Katharina von Medici die Macht an sich und ließ sich zur Regentin ausrufen. Die Zentralregierung war zu schwach, um die Politik Heinrichs II. fortzusetzen und die Calvinisten in Frankreich zu verfolgen. Das Edikt von Amboise (März 1560) kann in dieser Hinsicht ebenso als stillschweigende Anerkennung gewertet werden[45] wie die *lettres de cachet* Katharinas vom 28. Januar 1561.[46] Danach sollten diejenigen freigelassen werden, die wegen ihrer religiösen Überzeugung im Gefängnis saßen. Verfahren wegen Ketzerei sollten eingestellt werden. Das Edikt von Saint-Germain-en-Laye vom 17. Januar 1562 gestattete den Calvinisten, wenn auch mit gewissen Einschränkungen,[47] sich zum Gottesdienst zu versammeln. In dieser Zeit versuchten Calvin und seine Anhänger, die Entwicklung so gut wie möglich unter Kontrolle zu halten. Es gibt jedoch reichlich Anhaltspunkte dafür, daß es ihnen nicht gelang, die Lage in Frankreich voll auszunutzen. Dies mag zum Teil auf unzureichende Planung zurückzuführen sein. Es kann aber auch daran liegen, daß Calvin und sein Kreis von dem Erfolg ihres Unternehmens überrascht wurden. Sie hatten nicht im großen Maßstab geplant und Vorsicht walten lassen, wo Wagemut gefordert war. Zwischen 1555 und 1562 bot sich der Genfer Kirche die Möglichkeit, das Gesetz des Handelns an sich zu reißen. Sie war dazu nicht in der Lage. Calvin selbst verharrte in einer politisch unrealistischen Betrachtungsweise der französischen Situation und rechnete fast in gleichem Maße auf den französischen Hof, den Kurfürsten von der Pfalz, den Herzog von Württemberg und die göttliche Vorsehung.[48] Es gibt eindeutige Hinweise, wonach Calvin glaubte, der französische König lasse sich dazu bestimmen, die französische Kirche nach annehmbaren Richtlinien zu reformieren. Deshalb soll er die Zunahme und Entstehung evangelischer Kirchen absichtlich eingeschränkt haben.[49] Die Entscheidung, den Gemeinden eine konsistoriale Ordnung zu geben, kann als Versuch gewertet werden, die Ausbreitung von *églises plantées* aus politischen Gründen zu verhindern. Sollte das der Fall gewesen sein, war das eine schlimme Fehleinschätzung, die auf gutgläubigem Optimismus hinsichtlich der Absichten des französischen Monarchen beruhte.

Dieselbe Haltung nahm Calvin zu der Veröffentlichung eines Glaubensbekenntnisses der reformierten Kirche in Frankreich ein. Offenbar wurde über die Festigung der Position der reformierten Kirche in Frankreich erstmals Ende 1558 in Poitiers gesprochen, als eine Versammlung aller Vertreter der reformierten Kirche einberufen wurde. Antoine de la Roche-Chandieu wurde damit beauftragt, die notwendigen Vorkehrungen zu treffen. Der Pariser Pfarrer François de Morel bat Calvin in einem Schreiben um Rat, wie man vorgehen solle. Offensichtlich hat Calvin diesen Brief nie erhalten.[50] Seine ablehnende Haltung gegenüber einer solchen Versammlung, auf der ein Glaubensbekenntnis herausgegeben werden sollte, war bekannt, und zweifellos spiegelt diese Haltung seine vorsichtige Einschätzung der Situation in Frankreich wider. Ein öffentliches Glaubensbekenntnis herauszugeben hieß, die Verfolgung regelrecht herauszufordern. Wir besitzen einen Brief des englischen Botschafters in Frankreich, Nicholas Throckmorton, vom 15. Mai 1559, worin auf diese Möglichkeit ausdrücklich hingewiesen wird:

> Wie ich erfuhr, haben etwa 15 000 Menschen in den Provinzen Gascogne, Guyenne, Anjou, Poitou, Normandie und Maine ein Bekenntnis unterzeichnet, das dem Genfs ähnlich ist. Dieses Bekenntnis wollen sie in Kürze dem König unterbreiten. Unter ihnen sind viele bedeutende Persönlichkeiten. In denselben Kreisen wird gemunkelt, sobald sie dem König dieses Bekenntnis vorgelegt haben, werde die Kirche königliche Zusicherung erhalten, daß sie vollständig ausgerottet werden.[51]

Calvins Wünsche wurden jedoch ignoriert. Die erste Nationalsynode der reformierten Kirche wurde zwischen dem 25. und 29. Mai 1559 heimlich in Paris abgehalten.[52] Auf dieser Synode wurde ein Glaubensbekenntnis ausgearbeitet, das 35 Artikel umfaßte. Es wurde als *Confession de foy faicte d'un commun accord par les églises qui sont dispersées en France* veröffentlicht und im darauffolgenden Jahr Franz II. unterbreitet. Die befürchtete Verfolgung blieb jedoch aus.

Trotz seiner übertriebenen Vorsicht hatte Calvins Einfluß in Frankreich im Jahr 1562 größere Ausmaße angenommen. Die calvinistischen Gemeinden und sein Einfluß hatten sich explosionsartig vermehrt. Die völlige Reformation Frankreichs schien nun möglich zu sein. Ungefähr ein Drittel des Adels hatte seine religiösen Ideen übernommen. Einer Liste zufolge, die für Admiral de Coligny im März 1562 erstellt wurde, gab es zu diesem Zeitpunkt 2 150 hugenottische Kirchengemeinden in Frankreich. Es ist schwer, diese Zahlen nachzuprüfen. Man kann jedoch mit Recht davon ausgehen, daß es mindestens 1 250 solcher Kirchengemeinden mit über zwei Millionen Mitgliedern gab, gemessen an einer Gesamtbevölkerung von 20 Millionen.[53] Die protestantischen Gemeinden sind in Frankreich ungleichmäßig verteilt, was darauf hindeutet, daß die politische Geographie, das lokale Patronat sowie kulturelle und sprachliche Faktoren nur zum Teil berücksichtigt wurden. Von besonderem Interesse ist der sogenannte »hugenottische Halbmond«, der sich von La Rochelle an der Atlantikküste bis ins Dauphiné im Osten erstreckte, wobei die hugenottischen Kirchen im Süden besonders stark vertreten waren.

Soweit reichte Calvins Einfluß am Vorabend der Religionskriege. Wenn Calvin sich je mit dem Gedanken getragen hatte, Frankreich könne sich unter seiner Auffassung des christlichen Glaubens vereinen, so wurde dieser Wunsch zunichte gemacht, als er mit der Realität konfrontiert wurde. Im April 1562 brach wegen der »Religionsfrage« in Orléans ein Krieg aus. Die Hugenottenkriege (1562-1598) machten deutlich, daß Frankreich durch den Calvinismus – regional, sozial und politisch – gespalten war. Die Risse innerhalb der französischen Gesellschaft wa-

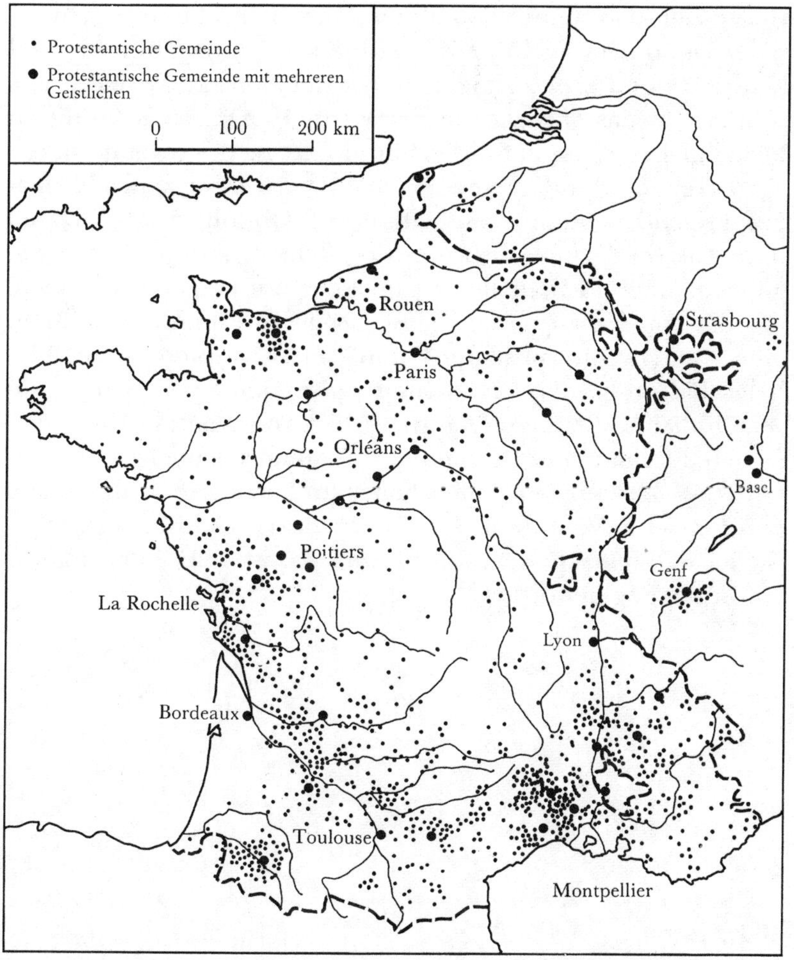

Calvinistische Kirchengemeinden in Frankreich, 1562

ren so tief, daß sie mit den althergebrachten Mitteln pragmatischer Diplomatie nicht mehr zu kitten waren. Die bitteren und bedrückenden Erinnerungen an die Religionskriege und insbesondere an das Massaker in der Bartholomäusnacht[54] – die in bedrohlicher Weise auf die späteren Exzesse des revolutionären Terrorregimes hindeuteten – verhalfen Calvin in seiner Heimat Frankreich zu einem zweifelhaften Ruf. Obwohl gewiß auch andere Faktoren zum Ausbruch der Religionskriege beitrugen, ging es dabei doch zuallererst um religiöse Fragen – vor allem um das von Calvin in Genf ausgearbeitete Programm. Binnen einer Generation wurde der Kampf der Calvinisten um die Vorherrschaft in Frankreich zu einer verlorenen Sache. Unter den versöhnlichen Bedingungen des Edikts von Nantes (1598) entsprach der Status des Calvinismus bestenfalls dem eines tolerierten *imperium in imperio,* eines Staats im Staate. Aber inzwischen hatte er seine Verluste in Frankreich durch Gewinne anderswo wieder wettgemacht. Der Calvinismus war zu einer internationalen Bewegung geworden.

10

Die Entstehung einer Bewegung

Zu Beginn des Frühjahrs 1564 gab es deutliche Anzeichen, daß Calvin schwer erkrankt war. Im Winter 1563/64 hatte er immer seltener an den wöchentlichen Versammlungen des Konsistoriums teilgenommen[1] – ein Zeichen für seinen schlechten Gesundheitszustand. Aus einer Reihe von Symptomen, die er einer Gruppe von Ärzten in Montpellier im gleichen Jahr schilderte, läßt sich schließen, daß Calvin an Migräne, Gicht, Lungentuberkulose, Eingeweidewürmern, Hämorrhoiden-Venenthrombose und Darmreizungen litt. Am Sonntag, dem 6. Februar, predigte er zum letzten Mal auf der Kanzel von Saint-Pierre. Im April war klar, daß er nicht mehr lange zu leben hatte. Das Atmen fiel ihm schwer, ständig litt er unter Atemnot.[2] Trotzdem empfing er am Freitag, dem 28. April, die Pfarrer von Genf, um von ihnen Abschied zu nehmen.[3]

Der *Discours d'adieu aux ministres* ist ein bewegendes, manchmal fast pathetisch wirkendes Dokument. Calvin bekannte, daß er stets ein armseliger und furchtsamer Gelehrter gewesen sei,[4] der in den Dienst für das christliche Evangelium berufen wurde. Ein Abschnitt des Dokuments ist von besonderer Bedeutung. Was auf den ersten Blick wie eine Abschweifung vom Thema aussieht, entpuppt sich als Aufzählung etlicher schlimmer Dinge, die ihm während seiner Zeit in Genf zugestoßen waren. Leute hatten ihre Arkebusen vor seiner Tür abgefeuert und ihre Hunde auf ihn gehetzt. Die Bedeutung dieses Teils des *Discours d'adieu* ist nicht vollständig erkannt worden. Calvin hat sich eindeutig von den »Leiden, Johann vonskatalogen« beeinflussen lassen, die er in antiken Schriften fand.[5] Er kannte diese Literaturgattung aus zwei Quellen: aus den Korintherbriefen im Neuen Testament – Rudolf Bultmann bezeichnete 1. Korinther 4, 9-13 und 2. Korinther 4, 8-9, 6, 4-10 als *Peristasenkataloge* (Aufzählung von Bedrängnissen) – und aus den Schriften antiker Moralisten wie Seneca. Leiden ist offenbar ein wesentliches Element in Calvins Vorstellung von seiner Berufung.

Calvin starb am 27. Mai um acht Uhr abends. Auf seinen eigenen Wunsch wurde er in einem anonymen Gemeinschaftsgrab bestattet, kein Grabstein bezeichnet seine letzte Ruhestätte. In Genf sollte kein Personenkult um ihm getrieben werden. Im Tod wie im Leben blieb Calvin bescheiden. Doch mit seinem Tod begann erst sein Einfluß auf die Welt.

Urbi et Orbi: Die Ausdehnung der Kirche Calvins

Am Ende des dritten Viertels des 16. Jahrhunderts hatte sich der Calvinismus international als Religion Geltung verschafft. Bei seinen Anhängern wuchs die Überzeugung, daß sie in der Lage waren und das Recht hatten, der Gesellschaft eine neue Form zu geben.[6] Sie hielten es nicht für nötig, Kompromisse zu schließen und ihre Grundsätze der sozialen Wirklichkeit anzupassen. Theoretisch – und oft auch in der Praxis, wie angesichts der Erfahrungen in Amerika gesagt werden darf – konnte die Gesellschaft so verändert werden, daß sie den Anforderungen der neuen Religion entsprach. In gewisser Weise hat Emile G. Léonard Recht, wenn er behauptet, Calvins größte Leistung sei die Schaffung eines neuen Menschentyps gewesen [7] – des Calvinisten, dessen positive Lebenseinstellung sich auf das Bewußtsein göttlicher Berufung und Vollmacht gründet.

Die Situation in Europa in den dreißiger und frühen vierziger Jahren ließ nicht vermuten, daß Calvins Denken in der zweiten Hälfte des 16. Jahrhunderts einmal solche Beachtung finden und solchen Einfluß haben sollte. In der ersten Hälfte des Jahrhunderts griff Luthers Reformation auf ganz Europa über. Nach der Leipziger Disputation mit Johannes Eck (Juni-Juli 1519) fanden seine Ideen viel Beachtung. In der Folge wurde Luther überall als Verfechter liberaler humanistischer Werte betrachtet. Sein Einfluß in Paris geht auf das Jahr 1519 zurück, als die dortige Theologische Fakultät gebeten wurde, seine Leipziger Vorschläge zu bewerten. Mitte der zwanziger Jahre war sein Einfluß bereits in der ganzen Stadt spürbar; sowohl Akademiker und Geistliche als auch gewöhnliche Bürger gerieten in seinen Bann. Der erste Lutheraner wurde 1524 öffentlich verbrannt. Während Franz I. nach seiner Niederlage in der Schlacht von Pavia in Madrid im Gefängnis saß, ordnete die Königinmutter 1525 die völlige Ausmerzung der »gottlosen und abscheulichen Sekte und Ketzerlehre Luthers« im Königreich ihres Sohnes an. Luther erregte bereits in Wien Aufmerksamkeit. Unmittelbar nach der Leipziger Disputation entwarf die Theologische Fakultät in Wien einen Sechs-Punkte-Plan, um seinen schändlichen Einfluß auf die Universität möglichst in Grenzen zu halten.[8] Aber trotz derartiger Maßnahmen nahm Luthers Einfluß auf die Religion Westeuropas in den zwanziger und frühen dreißiger Jahren immer mehr zu. Selbst in der Erbauungsliteratur, die in den dreißiger Jahren in Frankreich Verbreitung fand, vermischte sich eine katholische Geisteshaltung mit Elementen lutherischer Theologie.

In England fanden Luthers Schriften seit den zwanziger Jahren reißenden Absatz. Englische Reformatoren wie William Tyndale und Robert Barnes schlossen sich öffentlich den Ansichten des Mannes aus Sachsen an (das ging so weit, daß sie seine Universität in Wittenberg besuchten).[9] Erst heute wird sichtbar, in welchem Maße Luthers Ideen in den zwanziger Jahren auch die evangelischen Bewegungen in den Niederlanden prägten.[10] Trotz des schlechten Starts gewann das Luthertum in den zwanziger und dreißiger Jahren auch in Schottland allmählich an Einfluß und erreichte 1543 schließlich seinen (verfrühten) Höhepunkt.[11] Ähnlich sah es in Spanien und Frankreich aus. Das Konzil von Trient, das in den vierziger Jahren einberufen wurde, um der Reformation entgegenzuwirken, fuhr gegen Luther und seinen Kreis schweres theologisches Geschütz auf. Offenbar verdiente niemand sonst Beachtung. Der Augsburger Religionsfriede (1555), der die religiöse Frage in Deutschland durch die Annahme des Grundsatzes *cuius regio eius religio* (»wessen das Land, dessen die Religion«) regeln sollte, hielt es nicht einmal für notwendig, die Existenz Calvins oder seiner Bewegung zur Kenntnis zu nehmen. Luthertum oder Katholizismus hieß die Alternative im Werben um die christliche Loyalität. Kurzum, Luther wurde allgemein mit der Sache der Reformation gleichgesetzt. Reformator zu sein hieß Lutheraner zu sein.

Mit dem Tode Luthers (1546) und der Zerschlagung des Schmalkaldischen Bundes (1547) war das Luthertum intellektuell dem Untergang geweiht. Ernste interne Meinungsverschiedenheiten schwächten es zusehends, und es blieb auf die deutschen Gebiete beschränkt. Luthers System hatte seine Glanzzeit bereits überschritten, und die anfängliche Dynamik der lutherischen Reformation war verbraucht. Die erste Welle der Reformation hatte sich an ihrem Gestade gebrochen und verebbte; nun folgte eine zweite. Calvins Stern ging auf, und bald gewann er an Einfluß. Offenbar haben mehrere Faktoren zu dieser Entwicklung beigetragen.

Calvins *Institutio* wurde in weiten Kreisen gelesen und geschätzt; sie wurde sogar oft in anderen Werken ausgiebig zitiert. Die anonyme italienische Abhandlung *Il Beneficio di Cristo* von 1541 – die sich rasch zum religiösen Bestseller entwickelte, bevor sie von der Inquisition verboten wurde – stützt sich weitgehend auf die *Institutio* von 1539,[12] ohne dieser Tatsache Tribut zu zollen. Offenbar war Calvins Werk Ende der fünfziger Jahre auch führenden protestantischen Theologen in den Niederlanden bekannt.[13] Sein Werk galt rasch als gelungene und elegante, eigenständige Einführung in die Ideen der zweiten Welle der Reformation. Wie bereits erwähnt, erlebte die französische Übersetzung von 1541 eine Auflage nach der anderen, um die Nachfrage des Publikums zu befriedigen. Von der innerlichen Verarbeitung der Ideen bis zu der Forderung geeigneter Maßnahmen war es nur ein kleiner Schritt.

Wie bereits erwähnt, propagierte Genf das Reformprogramm der *Institutio,* indem es französischsprachige Pfarrer entsandte, deren Einfluß sich bald über Frankreich hinaus ausweitete. Die

Anfänge von Calvins Einfluß in den französischsprachigen Provinzen der Niederlande gehen auf das Jahr 1550 zurück. Andere calvinistisch Gesinnte reisten ins Ausland, um seine Ideen zu verbreiten. In England hatten sie vermutlich den größten Erfolg. Zur Zeit Eduards VI. wurden führende Theologen – entweder Calvinisten oder Anhänger des Calvinismus – ermutigt, sich in England niederzulassen und der im Entstehen begriffenen reformierten Kirche theologische Orientierungshilfe zu leisten. Männer wie Martin Bucer, Pietro Martire Vermigli (wohl besser bekannt als Petrus) und Johann a Lasco gaben der Kirche von England neuen Auftrieb. Nachdem sie früher mit dem Luthertum geliebäugelt hatte, wurde sie nun mit Ideen vetraut gemacht, die mit Calvins Genf verknüpft waren. Im Mai 1559 kehrte John Knox aus seinem Genfer Exil in seine Heimat Schottland zurück. Kurz nach seiner Ankunft brachen in Perth Aufstände los und stürzten die Reformation in eine Krise.[14]

Glaubensflüchtlinge und Zufluchtsorte spielten bei der Verbreitung des Calvinismus keine geringe Rolle. Genf war nur eines von vielen europäischen Zentren (wie Frankfurt, Emden und Straßburg), das verbannten Protestanten Zuflucht gewährte. Zum Ärger der Einheimischen, denen die Anwesenheit von Fremden mißfiel (und die deshalb Anfang der fünfziger Jahre die Perrinisten unterstützten), bewahrte Calvin Genf als Zufluchtsort für Leute reformierten Glaubens. Während ihres Exils nahmen diese Flüchtlinge Calvins Ideen auf, und nach der Rückkehr in ihre Heimat propagierten sie den Calvinismus. Die meisten Verbannten waren französischer Abstammung. Dazu kamen noch andere, wie zum Beispiel englische Protestanten, die sich der Verfolgung Marias entzogen hatten. (Zwölf der achtzehn Bischöfe, die von Elisabeth I. nach der kollektiven Abdankung von 1559 ernannt wurden, hatten während Maria Stuarts Regierung in Europa Zuflucht gesucht.) Indem andere Länder calvinistische Flüchtlinge aufnahmen, stärkten sie die Zentren calvinistischer Aktivitäten, die ihren Einfluß über ihre Gemeinden hinaus ausweiten konnten.[15]

Hinzu kommen noch eine Reihe anderer Faktoren – soziale, politische und wirtschaftliche –, die weniger das historische Mittel als vielmehr das Wesen von Calvins Denken betreffen, mit dessen Hilfe Calvins Ideen Verbreitung fanden. Wir werden an gegebenem Ort darauf zurückkommen. An dieser Stelle ist jedoch zu beachten, daß der Calvinismus oft als progressiv betrachtet wurde. Viele dachten dabei sofort an einen entscheidenden Bruch mit veralteten Institutionen, Sitten und Gebräuchen, die die Menschen an das Erbe des Feudalismus banden. Während Luther vorsichtig und konservativ war, erschien Calvin wagemutig und fortschrittlich (ein Eindruck, der zumindest teilweise durch die fortschrittlichen politischen Grundsätze und Strukturen der Stadt Genf verstärkt wurde). Die Zukunft schien ihm zu gehören. Die Übernahme des Calvinismus durch die Pfalz und die Abfassung des außerordentlich bedeutenden Heidelberger Katechismus (1563)[16] symbolisierten den neuen Einfluß des französischen Reformators auf die Deutschen selbst in ihrem eigenen Land.

Im Jahr 1591 hatte der Calvinismus in ganz Europa unwiderruflich an Boden gewonnen. Der deutsche Calvinist Abraham Scultetus (1566-1624) beschrieb das Gefühl des Erfolgs, ja sogar des Schicksals (calvinistische Autoren achteten darauf, nur im Sinne der göttlichen Vorsehung davon zu sprechen), von dem die Bewegung durchdrungen war:

> Ich muß immer daran denken, wie hoffnungsvoll ich und viele andere waren, als wir uns 1591 die Situation der reformierten Kirchen vergegenwärtigten. In Frankreich regierte der tapfere König Heinrich IV., in England die mächtige Königin Elisabeth, in Schottland der erfahrene König Jakob, in der Pfalz der kühne Held Johann Casimir, in Sachsen der tapfere und mächtige Kurfürst Christian I. und in Hessen der kluge und besonnene Landgraf Wilhelm. Sie alle neigten dem reformierten Glauben zu. In den Niederlanden nahmen die Dinge die Wendung, die Prinz Moritz von Oranien wünschte, als er Breda, Zutphen, Hulst und Nijmegen einnahm ... Wir glaubten, ein *aureum seculum,* ein goldenes Zeitalter, habe begonnen.[17]

Diese rasche internationale Ausbreitung des Calvinismus in der zweiten Hälfte des 16. Jahrhunderts und seine beachtlichen Erfolge in der Neuen Welt in der ersten Hälfte des 17. Jahrhunderts sollten im Zusammenhang mit der Aushöhlung seiner ursprünglichen Machtbasis, der Stadt Genf, gesehen werden.[18] Bereits 1575 wurden Gerüchte über den Niedergang Genfs laut.[19] Dies ist zum Teil auf die ernste wirtschaftliche Lage der Stadt zurückzuführen: Der Genfer Florin verlor gegenüber dem französischen *écu d'or* rasch an Wert. In einer Studie aus dem Jahr 1934 behauptete der Schweizer Historiker Charles Gilliard, in der zweiten Hälfte des 16. Jahrhunderts sei es in der Westschweiz zu einem ernst zu nehmenden Währungsverfall gekommen. Dies wurde jetzt anhand von eingehenden Untersuchungen über Währungsschwankungen in dieser Region bestätigt. Die festgestellten Wertminderungen stimmten unmittelbar mit der politischen Geographie überein.[20] Die Währungen der Städte in der Ostschweiz und im Rheintal (wie St. Gallen und Basel) blieben in dieser Zeit relativ stabil, während die Währungen der Städte in der Zentralschweiz (wie Zürich, Schaffhausen, Luzern und Bern) leicht an Wert verloren. In den Städten der Westschweiz dagegen verlor die Währung bedenklich an Wert. Freiburg und Lausanne waren stark betroffen, aber als westlichste Stadt traf es Genf am schlimmsten. Während der Wert des St. Galler Florin gegenüber dem französischen *écu d'or* in den kritischen Jahren zwischen 1550 und 1590 im Grunde konstant blieb, verlor der Genfer Florin allein zwischen 1570 und 1577 30 Prozent an Wert.

In dieser sich verschlechternden wirtschaftlichen Lage schrumpfte auch das Vermögen der Genfer Kirche. Da der Stadtrat nicht mehr gegen die beträchtliche Autorität Calvins ankämpfen mußte, konnte er allmählich seine Kontrolle auf bestimmte Lebensbereiche ausdehnen, für die bislang die Pfarrer zuständig waren. Der Säkularisationsprozeß, der 1535 eingesetzt hatte und der durch den Einfluß Calvins in eine neue Richtung gelenkt (aber nicht beendet) worden war, weitete sich jetzt aus, da die weltliche Macht ihre Autorität ausdehnte und die Stellung der Pfarrer in der Stadt untergrub. Obwohl die Gesellschaft der Pastoren unter Theodor Beza zumindest in bestimmtem, wenn auch begrenztem Maße Einfluß auf die öffentlichen Angelegenheiten der Stadt nehmen konnte, war es damit im Grunde vorbei, als Beza 1580 von seinem Amt als Vorsitzender zurücktrat. Es wurde immer offensichtlicher, daß die Pfarrer lediglich über moralische Autorität verfügten und keine rechtlichen oder verfassungsmäßigen Befugnisse hatten. Ab 1580 fehlte ihnen ein Vertreter, der auch nur annähernd die Autorität Bezas besaß, von Calvin selbst ganz zu schweigen.

Genfs internationaler Ruf beruhte zum Teil auf der von Calvin im Jahr 1559 gegründeten Akademie. Aber auch diese berühmte Akademie verlor bald ihre Anziehungskraft. Als sich der Calvinismus zu einer internationalen Bewegung entwickelte, standen immer mehr Universitäten der neuen Religion wohlwollend gegenüber. Die Universitäten Leiden und Heidelberg erwarben sich rasch einen internationalen Ruf als Zentren der Gelehrsamkeit und als Hochburgen des Calvinismus. Dagegen hatte Calvins Akademie einen eher bescheidenen Ruf. Neben diesen neuen Stätten der Gelehrsamkeit wurden neue calvinistische Akademien an strategisch günstig gelegenen Orten wie Herborn bei Hanau (dem Ort der berühmten Wechsel-Drucke)[21] gegründet. Erwähnenswert sind vor allem die nach dem Edikt von Nantes in Frankreich gegründeten Akademien in Die, Montauban, Saumur und Sedan. Mit der Gründung der Harvard University (1636) wurde die geistige Hegemonie des Calvinismus in New England begründet und damit das Überleben des mittlerweile nicht mehr so neuen Glaubens in der Neuen Welt gesichert.

Nachdem Genf sein Monopol für die Ausbildung von Geistlichen verloren hatte, sank sein Stern. Für calvinistische Pfarrer waren Bildungseinrichtungen an Orten wie Heidelberg, Saumur und Sedan attraktiver als die Genfer Akademie trotz der nach wie vor bestehenden starken und beziehungsreichen Verbindung zu Calvin.[22] Obwohl Genf in der Darstellung des Calvinismus weiterhin eine bedeutende Rolle spielte, hatte das zum Teil mythische Gründe.[23] Die verlockende (und, das muß hinzugefügt werden, nicht ganz exakte) Erinnerung an eine »goldene Zeit« unter Calvins Führung verdeckte in zunehmendem Maße die härtere Realität der religiösen Situation in Genf. Im Jahr 1585 war Genf nur noch ein Symbol für die neue Religion, obwohl sie dort einmal ihren Ausgang genommen hatte.

Es ist eine bedenkliche Vereinfachung, sich ein Ereignis herauszugreifen und es als Wendepunkt in der Entwicklung einer Bewegung zu betrachten. Doch offenbar ist der Gedanke zu verlockend. Calvins Tod im Jahr 1564 kann als Wendepunkt in der Geschichte des Calvinismus betrachtet werden. Nach dem Tod seines Gründers konnte der Calvinismus seine ursprünglichen – und seinen Einfluß äußerst einschränkenden – Verbindungen zu einer Kleinstadt abbrechen und seinen Platz auf dem internationalen Forum einnehmen. Die institutionellen Verbindungen zu Genf blieben, wie theoretisch sie in der Praxis auch sein mochten. Aber die persönlichen Verbindungen zu Calvin waren endgültig abgebrochen. Nach Calvins Tod konnte die immer schwächer und nutzloser gewordene Beziehung zwischen einer internationalen Kirche und ihrer Ausgangsbasis beendet werden. Wichtiger ist jedoch, daß die Kirche sich jetzt unabhängig von ihrem Gründer entwickeln konnte. Nach dem Tode Calvins entwickelte der Calvinismus einen eigenständigen Charakter. Dieser Übergang ist von so großer Bedeutung, daß man ihm mehr Beachtung schenken sollte.

Von Calvin zum Calvinismus

In den sechziger Jahren des 16. Jahrhunderts tauchte in der polemischen Literatur der Kirchen der Reformation ein neuer Begriff auf. Offenbar hatte der deutsche lutherische Polemiker Joachim Westphal den Begriff »Calvinismus« eingeführt, um damit auf die theologischen und vor allem auf die sakramentalen Ansichten der Schweizer Reformatoren im allgemeinen und Johann Calvins im besonderen hinzuweisen.[24] Einmal eingeführt, wurde der Begriff in der deutschen lutherischen Kirche bald allgemein gebräuchlich. Zum Teil spiegelte die rasche Übernahme des neuen Begriffs die große Sorge der Lutheraner über den wachsenden Einfluß der reformierten Theologie in Gegenden Deutschlands wider, die historisch gesehen bislang als lutherisch galten.[25] Gemäß dem Augsburger Religionsfrieden vom September 1555 wurde die speziell in den deutschen Gebieten anerkannte Form des Protestantismus als Luthertum bezeichnet. Die Ausweitung des calvinistischen Einflusses in der Pfalz gab Anlaß zu besonderer Sorge, vor allem, nachdem Kurfürst Friedrich III. 1563 den berühmten Heidelberger Katechismus eingeführt hatte. Der Übertritt des Kurfürsten vom Luthertum zum Calvinismus wurde allgemein als Verstoß gegen den Augsburger Religionsfrieden und als destabilisierender Faktor in der Region gewertet. Mit der Einführung der Bezeichnung »calvinistisch« versuchten die besorgten deutschen Lutheraner, Calvins Ideen als ausländischen Einfluß in Deutschland zu brandmarken und zu diskreditieren. Calvin selbst mißfiel der Gebrauch des Wortes. Er betrachtete es mit Recht als unverhohlenen Versuch, die Annahme des reformierten Glaubens durch den Kurfürsten in ein schlechtes Licht zu rücken.[26] Aber mittlerweile hatte Calvin nur noch wenige Monate zu leben, und sein Protest nützte nichts. Der Begriff »Calvinismus« wurde also von den *Gegnern* der Anhänger Calvins im Hinblick auf deren religiöse Auffassung eingeführt. Heutige Studenten der Reformationsgeschichte sind unfreiwillige Erben dieses höchst zweifelhaften Vermächtnisses früher protestantischer Vernichtungspolitik. Insbesondere nach Calvins Tod ist das Verhältnis zwischen ihm und der reformierten Religions- und Staatsauffassung erheblich komplizierter als angenommen, und die Verwendung des Begriffs »Calvinismus« zur Kennzeichnung seiner Theologie birgt mögliche Gefahren in sich. Geschichte läßt sich jedoch nicht in einem psychologischen Vakuum betreiben, wo Worte und damit verbundene Erinnerungen außer acht gelassen werden. Der Begriff »Calvinismus« bleibt fester Bestandteil des Wortschatzes des Historikers.

Trotzdem ist der Begriff verschwommen und unklar. Dem Begriff kann die nötige Schärfe verliehen werden, indem er im Sinne der religiösen Orthodoxie gebraucht wird, die durch die Dordrechter Synode (1618/19) oder den *Consensus Helveticus* (1675) festgelegt wurde. Obwohl solche Feinheiten vom Standpunkt religiöser Genauigkeit wünschenswert sind, zwingen sie uns, die Zahl der Calvinisten erheblich einzuschränken und einen Keil zwischen einen idealen »Calvinisten« und all diejenigen zu treiben, die sich, historisch gesehen, für Calvinisten halten.

Beispielsweise hatten die hugenottischen Pfarrer, die nach der Aufhebung des Edikts von Nantes im Oktober 1685 in der Schweiz Zuflucht suchten, wenig Verständnis für die angeblich calvinistischen Bedingungen des *Consensus Helveticus.* Die Calvinisten der Vergangenheit waren – trotz aller Bemühungen der Prediger, trotz Glaubensbekenntnissen und Katechismen – nicht unbedingt loyale und feste Anhänger strenger Lehrmethoden. Sie verkörperten vielmehr einen allgemeinen sozialen Typus. Obwohl ihr Charakter von den Überzeugungen und Wertvorstellungen Calvins und seiner Erben geprägt war, konnten sie sich letztlich von den theologischen Wurzeln lösen. Um den Calvinismus als historische Kraft zu verstehen, die in so großem Maße zur Entwicklung der Kultur Westeuropas und Nordamerikas beitrug, muß man die moralischen und sozialen Ablagerungen des Glaubens betrachten, die, obgleich ursprünglich durch den Glauben *geformt,* am Ende übrig bleiben. Die amerikanische Kulturlandschaft ist übersät mit solchen Ablagerungen. Dort entwikkelte sich ein weltlicher Calvinismus, der zwar seine ursprüngliche religiöse Dynamik verlor, aber seine moralische und soziale Weltanschauung weitgehend beibehielt und schließlich die Oberhand gewann.

Unser Interesse gilt zunächst der Beziehung zwischen Calvin und dem Calvinismus. Die Untersuchung über die Beziehung von Menschen und ihren Bewegungen hat einen der anregendsten Aspekte der Geistesgeschichte zutage gefördert. Obwohl gegen die Behauptung, »die Weltgeschichte« sei »lediglich die Biographie berühmter Männer« (Thomas Carlyle), gewisse Einwände erhoben werden können, steht außer Zweifel, daß bestimmte Persönlichkeiten der Geschichte einen wichtigen Impuls gaben und damit die Grundlage für eine mehr oder minder einheitliche Bewegung schufen. Jesus von Nazareth und Karl Marx können für dieses Phänomen als Beispiele dienen. In Zusammenhang mit diesen beiden historischen Gestalten taucht eine wichtige Frage auf, die der Historiker, der sich mit dem Calvinismus befaßt, beachten muß: In welchem Verhältnis steht die Bewegung, die von einer bestimmten Person ausgeht, zu dieser Person?

Die vorläufige Antwort auf diese Frage könnte lauten: Der Calvinismus bildet die Gesamtheit der Ideen, die, historisch gesehen, mit Johann Calvin in Zusammenhang stehen. Allerdings ist diese Behauptung auch anfechtbar. Die umstrittene Frage läßt sich anhand einiger Bemerkungen J. L. Austins zum Begriff »Faschismus« in seinem Essay »The Meaning of a Word« veranschaulichen.[27] Der Begriff »Faschismus« bezeichnet in der Regel Staatsformen, die sich historisch von den politischen Ideen und Unternehmungen Mussolinis ableiten lassen. Dennoch können bestimmte politische Ideen, die bereits vor Mussolini Verbreitung fanden (zum Beispiel die Charles Maurras' und der *action française*),[28] trotz der fehlenden historischen Ursache, mit Recht als »faschistisch« bezeichnet werden, da sie dem Muster von Mussolinis Bewegung entsprechen. So, wie die Bezeichnung »faschistisch« sich nicht einfach »historisch von Mussolini ableitet«, kann sich die Bezeichnung »calvinistisch« durchaus auch auf Personen oder Ideen beziehen, die Calvin historisch vorausgingen. Zum Beispiel wurden die radikalsten Verfechter der Hussitenbewegung in Böhmen, die *Jednota bratrská,* aus eben diesen Gründen als *Calviniani ante Calvinum* bekannt.[29] In der Praxis ist allerdings klar, daß der Calvinismus einen festumrissenen Ideenkomplex bezeichnet, der sich zumindest teilweise von Calvin selbst herleiten läßt. Trotz deutlicher Parallelen zwischen bestimmten Aspekten seines Denkens und dem früherer Autoren stellt Calvins System (wir gebrauchen die Bezeichnung ganz frei) als Ganzes eine originäre und kreative Synthese dar. Es gibt eine eindeutige historische Ursache, die Calvin mit den Autoren verbindet, die normalerweise als »Calvinisten« bezeichnet werden, und mit der Bewegung, die als »Calvinismus« bekannt ist.

»Berühmt sein heißt mißverstanden werden« (Ralph Waldo Emerson). Bei der Betrachtung des Verhältnisses zwischen dem Gründer und der entstandenen Bewegung ist dem Übergang vom einzelnen zur Bewegung besondere Bedeutung beizumessen. Als Einleitung sollen einige Bemerkungen des Literaturkritikers C. S. Lewis aus Oxford dienen:

> Die liberale Theologie vertritt an mancher Stelle – oft sogar durchweg – den Standpunkt, Christi Verhalten, Absicht und Lehre seien von seinen Anhängern rasch mißverstanden und falsch dargestellt worden, und erst moderne Gelehrte hätten ihn neu entdeckt oder wieder ausgegraben. Lange bevor ich mich für Theologie zu interessieren begann, war ich schon an anderer Stelle auf diese Theorie gestoßen. Das Studium der antiken Philosophen wurde noch von der Tradition Jowetts beherrscht, als ich mich mit den Klassikern [*literae humaniores*] beschäftigte. Es wurde einem weisgemacht, die wahre Bedeutung Platos sei von Aristoteles mißverstanden und von den Neuplatonikern völlig ins Lächerliche gezogen worden, um erst vom modernen Menschen wiederentdeckt zu werden. Dabei stellte sich (zum Glück) heraus, daß Plato eigentlich immer ein englischer Hegelianer war, wie T. H. Green.[30]

Lewis drängt uns geradezu die Frage auf, ob Calvin von seinen Anhängern mißverstanden oder falsch dargestellt wurde.

Es ist wohl unvermeidlich, daß ein fein abgestimmtes und komplexes Gedankengebäude wie dasjenige Calvins zumindest bis zu einem gewissen Grad für Spannungen und Entstellungen anfällig ist, wenn die Ideen von späteren Anhängern weitergeführt werden. Die rasche Spaltung des Hegelianismus in einen Rechts- und einen Linkshegelianismus in den dreißiger Jahren des 19. Jahrhunderts veranschaulicht dieses Phänomen besonders gut. Was Hegel zusammengehalten hatte, rissen seine Anhänger auseinander. Vielleicht ahnte Calvin diese Gefahr, als er auf seinem Sterbebett ausrief: »Ne changer rien, ne innover!«[31] Aber wenn Calvins Erben die Worte ihres Meisters nicht nur nachbeten wollten, waren einige Änderungen unausweichlich, da sie auf bestimmte Bedürfnisse, Situationen und Gelegenheiten reagierten. Viele Calvin-Forscher lassen solche Änderungen nur ungern zu, weil sie der Ansicht sind, daß jede Abweichung von Calvins ursprünglichen Ideen eine gewisse Entartung darstellt. Aber Entwicklung – das muß betont werden – ist ein historischer Begriff, frei von jedem Werturteil. Keine Bewegung von dem Format und der Dynamik des internationalen Calvinismus könnte überleben, geschweige denn Erfolg haben, ohne sich angesichts der gegebenen Situation, mit der sie konfrontiert wird, zumindest bis zu einem gewissen Grad zu verändern. Der Historiker hat die Aufgabe, solche Veränderungen zu erkennen, und dem Theologen obliegt es, ihre Bedeutung einzuschätzen. Die strikte Ablehnung solcher Veränderungen ist historisch untragbar.

Die Bedeutung der Frage, wie und in welchem Umfang eine Bewegung den Ideen ihres Gründers entspricht, läßt sich anhand der Beziehung zwischen Marx und dem Marxismus veranschaulichen.[32] Der Begriff »Marxismus« bezeichnet eine weitreichende Bewegung, die zwar auf Marx' Schriften basiert, aber dennoch eine Entwicklung und Verfeinerung seiner Ideen darstellt. Marxismus kann nicht mit den »Ideen des Karl Marx« gleichgesetzt werden, als hätten sich Marx' Anhänger seine Ideen auf simple, konservative Weise zu eigen gemacht. Der Begriff bezeichnet vielmehr das breite Spektrum der Aneignung, Neugestaltung und Anwendung von Marx' Ideen angesichts der Bedürfnisse und Möglichkeiten sozioökonomischer Verhältnisse.[33] Um die Entstehung und Entwicklung, die Erfolge und Mißerfolge des Marxismus zu erklären, muß man den gedanklichen Ursprung der Bewegung betrachten und feststellen, wie dieses Erbe auf Situationen angewandt wurde, die nicht unbedingt dieselben waren wie zu Marx' Zeiten. Die Debatte zwischen Karl Kautsky und Eduard Bernstein spiegelt eine Auffassung wider, wonach der Marxismus infolge der wirtschaftlichen Entwicklung für die Bedürfnisse westlicher Gesellschaften belanglos werden konnte,[34] weil der Marxismus die spezielle sozio-ökonomische Situation, wie sie von Marx dargestellt wird, überbetont. Wenn diese ursprüngliche Situation durch die historische Entwicklung überholt wurde, konnte der Marxismus nach Bernsteins Ansicht bedeutungslos werden, wenn er sich nicht der neuen Situation anpaßte.

Ebenso muß zur Klärung von Ursprung und Entwicklung, Erfolgen und Mißerfolgen des Calvinismus gefragt werden, wie und in welchem Umfang Calvins Ideen von seinen Anhängern verwendet wurden. Wie waren diese Ideen auf soziale, politische und wirtschaftliche Verhältnisse anwendbar, die kaum etwas mit den Genfer Verhältnissen im 16. Jahrhundert gemein hatten, aber auf die sie sich ursprünglich bezogen? Leichte Gewichtsverlagerungen zeigen, daß Calvins Vertreter und Anhänger die Notwendigkeit erkannten, unter seinen Ideen auszuwählen, um neuen Situationen und Möglichkeiten begegnen zu können. Zum Beispiel blieb Calvin unnachgiebig in seiner Ablehnung des bewaffneten Widerstands gegen rechtmäßig eingesetzte Regierungen (zum Beipiel *Institutio* IV,20,25). Viele französische Calvinisten ignorierten oder übersahen diesen Aspekt einfach und unterstützten unverhohlen die *conjuration d'Amboise* (1560) – ein erfolgloser Versuch, die französische Reformation durch die gewaltsame Beseitigung einiger ihrer Gegner voranzutreiben.[35] Vor allem im politischen Bereich[36] entwickelte der Calvinismus Ideen und Ansichten, die weit über die bescheidenen Empfehlungen aus Genf hinausgingen, auch wenn sie letztlich durch Calvins Vorschläge angeregt wurden. Der außergewöhnliche Erfolg des Calvinismus läßt darauf schließen, daß Calvins Erbe in dieser Hinsicht besonders fruchtbar war.

Ein weiteres Problem entsteht durch den Einfluß derjenigen, die zwar theologische Methoden vertreten, die eindeutig mit Calvins Denken in Zusammenhang stehen, aber im strengen Sinn des Wortes nicht als »Calvinisten« bezeichnet werden können. Dazu gehören beispielsweise Pietro Martire Vermigli und Girolamo Zanchi, die aufgrund ihrer italienischen Abstammung eine ganz andere Einstellung zur theologischen Lehre haben als Calvin.[37] Obwohl ihre Ideen denen Calvins in mancherlei Hinsicht ähnlich waren, beruhten sie auf einer ganz anderen theologischen Methode. Offenbar griff der späte Calvinismus dankbar auf die Schriften dieser beiden Theologen zurück, ohne die feinen Unterschiede zwischen ihnen und Calvin in vollem Umfang und ihrem Wesen nach zu erkennen. Der »Calvinismus« umfaßte somit vor allem in der theologischen Methodik zahlreiche Elemente, die als echt calvinistisch galten, aber ihren Ursprung paradoxerweise nicht Calvin selbst verdankten. Die ganze Tragweite dieser Assimilation wird vielleicht in der spätcalvinistischen Diskussion über die Prädestination am deutlichsten, wo der Einfluß Vermiglis und Zanchis offenbar mehr Gewicht hatte als derjenige Calvins.

Die Bezeichnung »Calvinismus« kann also irreführend sein, da sie auf eine geistige Strömung hindeutet, der es in erster Linie um die Übernahme des geistigen Erbes Calvins geht. Dennoch wird deutlich, daß auch Theologen, die ihren Ansichten nach als »Calvinisten« galten, sich die Freiheit nahmen, auf andere theologische und methodologische Quellen zurückzugreifen als auf Calvins Schriften. Obwohl Calvin sicherlich der bedeutendste Stern am calvinistischen Firmament war, gab es auch andere, deren Ideen und Methoden ihn in gewisser Weise beeinflußten. Deshalb wäre die Bezeichnung »reformiert« der Bezeichnung »calvinistisch« eigentlich vorzuziehen, da sie keine *ausschließliche* Abhängigkeit von Calvin impliziert.

Der internationale Calvinismus war kein abstrakter Begriff, sondern nahm – wie jede andere internationale Bewegung – ganz präzise Formen an, die einer Reihe von historischen Bedingungen unterlagen. Er war in ganz unterschiedlichen Gesellschaften auf regionale Kräfte festgelegt und wurde von ihnen geprägt. Jede dieser Gesellschaften hatte ihre eigene Geschichte, ihre eigenen Interessen und Traditionen, ihre internen Spannungen und eigenen Bedürfnisse.[38] Wir haben bereits gesehen, wie der französische Calvinismus in den siebziger Jahren des 16. Jahrhunderts als Reaktion auf lokale Gegebenheiten politische Ideen entwickelte, die denen Calvins kaum ähnelten. »Calvinismus« bedeutete daher überall, wo er auftrat, etwas anderes; er spiegelte die spezifischen Gegebenheiten wider, die ihm an den verschiedenen Orten jeweils eine andere Form und Gestalt gaben. Die amerikanischen Kolonien, Stadtstaaten wie Genf oder La Rochelle, europäische Staaten wie die Niederlande, Fürstentümer wie die Pfalz: alle können ganz allgemein als »calvinistisch« bezeichnet werden – aber der betreffende »Calvinismus« war für jede Situation spezifisch. Der Historiker muß diese Vielfalt innerhalb der Bewegung erklären und ihre Bedeutung einschätzen.

Der Calvinismus besaß einen unerbittlichen inneren Drang nach Systematisierung, der angesichts der Notwendigkeit, sich vor der römisch-katholischen Opposition verteidigen zu müssen, noch verstärkt und durch einschneidende Veränderungen im geistigen Klima Westeuropas angeregt wurde.[39] Als der Einfluß der Renaissance nachließ, wurde auch die Systematisierung nicht mehr rundweg abgelehnt. Die neuen Einsichten der humanistischen Aristoteliker von Padua fanden immer mehr Zuspruch, da man merkte, wie wichtig die Entwicklung einer allgemeingültigen Methode war, die auf alle Wissenschaften – einschließlich der Theologie – angewendet werden konnte. Calvinistische Autoren, die auf ihre geistige Umgebung schon immer empfindlicher reagierten als ihre Gegner, entwickelten komplexe theologische Systeme, mit denen sie die neuen Erkenntnismittel des veränderten akademischen Klimas ausschöpften. Damit waren sie dem Luthertum ungefähr eine Generation voraus und trugen zu dessen Niedergang außerhalb der deutschen Hochburgen bei. Mitte des 17. Jahrhunderts hatte sich der Calvinismus an vielen europäischen Universitäten, wie auch am Harvard College in Massachusetts, als führende akademische Bewegung etabliert.[40] Die Frage, wie sich diese oft als »calvinistische Scholastik« bezeichnete akademische Form des Calvinismus entwickelte, ist außerordentlich wichtig.

Schon als Calvin starb (1564), war der Calvinismus in Westeuropa die bedeutendste Alternative zum Katholizismus. Das ist weitgehend darauf zurückzuführen, daß Calvin erkannte, wie wichtig kirchliche Zucht und Ordnung für das Überleben einer Kirche waren. Seine Nachfolger dehnten dieses Verfahren auf sein religiöses Denken aus, um calvinistische kirchliche Institutionen durch ebenso widerstandsfähige geistige Strukturen zu ergänzen. Im Verlauf dieses Prozesses wurde wieder besonderer Wert auf die Prädestinationslehre gelegt. Ausmaß und Intensität der Kontroversen über diese Lehre innerhalb des Calvinismus (besonders anschaulich ist dafür die Arminianische Kontroverse) zeigten, wie wichtig diese Lehre für Calvins Anhänger war.

Der Calvinismus mißt der Prädestinationslehre größeres Gewicht bei als Calvin selbst. Diese Entwicklung hat zwei Ursachen, eine soziologische und eine theologische.

Die soziale Funktion der Prädestinationslehre

Neuere Untersuchungen über den Ursprung, das Wesen und die Funktion christlicher Lehre haben sich mit der Frage beschäftigt, in welcher Weise Lehren als soziale Abgrenzungen fungieren.[41] Offenbar muß eine religiöse Gruppe sich selbst im Hinblick auf andere religiöse Gruppen und die Welt im allgemeinen genau abgrenzen. Das allgemeine Phänomen der »Lehre« – wenn auch nicht spezieller *Lehren* – hängt mit dem Bedürfnis nach sozialer Definition zusammen, vor allem wenn sich eine Gruppe durch andere Faktoren nicht angemessen definieren läßt. Es bedarf einer Ideologie, die die Existenz dieser Gruppe legitimiert. Niklas Luhmann – vielleicht der bedeutendste moderne Autor, der sich mit der Frage der sozialen Funktion christlicher Lehre befaßte – betont, daß die Entstehung einer Lehre zum Teil die Reaktion auf eine spürbare Bedrohung der unverkennbaren religiösen Identität einer Gruppe ist, die durch Begegnungen oder Konflikte mit anderen religiösen Systemen zustande kommt. Lehre ist nach Luhmann die Selbstreflexion einer religiösen Gemeinschaft, durch die sie ihre Identität bewahrt und ihr Verhältnis zu anderen Gemeinschaften und dem ganzen sozialen System regelt. Die soziale Funktion der Lehre wird vor allem in solchen Fällen offensichtlich und bedeutsam, wo eine religiöse Gruppe durch den Bruch mit einer älteren Gruppierung entsteht (das ist der Fall beim Christentum, das aus dem Judentum hervorging, oder bei der Entstehung der Kirchen der Reformation aus der mittelalterlichen katholischen Kirche).

In der Anfangsphase der Reformation erkannte vor allem Martin Luther die soziale Bedeutung der Lehre. Die Lutheraner in Wittenberg zogen es vor, sich in bezug auf ein ausgesprochen dogmatisches Kriterium abzugrenzen: die Lehre von der Rechtfertigung durch den Glauben. Auf der Grundlage dieser Lehre vertrat die lutherische Partei, aus der bald die lutherische Kirche entstehen sollte, ihren Standpunkt gegenüber der Welt und dem Papsttum. Als sich die lutherische Kirche zu einer ernst zu nehmenden und möglicherweise glaubwürdigen Alternative zur mittelalterlichen Kirche entwickelte, erlangte die Selbstabgrenzung durch dogmatische Formulierungen für die katholische Kirche noch einmal entscheidende Bedeutung. Die Bedeutung des Konzils von Trient liegt in der Erkenntnis, daß sich die katholische Kirche auf dogmatischer Ebene *selbst* abgrenzen muß, anstatt Menschen als *Ketzer* zu bezeichnen. Frühmittelalterliche Konzilien hatten ketzerische Ansichten einfach verurteilt und damit diejenigen, die diese Ansichten vertraten (oder bereitwillig zugaben, sie zu vertreten), als Ketzer hingestellt, die außerhalb der Kirche standen. Mit anderen Worten: Sie bestimmten, wer sich *außerhalb* der Grenzen der Kirche bewegte, in der Annahme, daß alle anderen, deren Ansichten keiner Erklärung bedurften, sich *innerhalb* der Grenzen bewegten. Bei der Erörterung der Rechtfertigungslehre sah sich das Konzil von Trient gezwungen, mehr zu tun, als nur lutherische Ideen zu kritisieren. Die geistigen (und folglich auch die sozialen) Bereiche der Kirche wurden genau festgelegt.

Diese Entwicklung im 16. Jahrhundert spiegelte das wachsende Bedürfnis wider, in Europa, insbesondere in umkämpften Gegenden wie Deutschland, Katholiken von Evangelischen abzugrenzen. Die katholische Kirche mußte sich legitimieren, damit ihre Grenzen angesichts der Bedrohung durch den Protestantismus abgesteckt werden konnten. Daher kann unterstellt werden, daß die Reformation die Wiedergewinnung der Lehre als Merkmal sozialer Abgrenzung beschleunigte – eine Funktion, die im Mittelalter keine entscheidende Bedeutung hatte.

Wie wichtig die Lehre als Merkmal sozialer Abgrenzung in bestimmten Regionen Europas im 16. Jahrhundert war, zeigen die Ereignisse in Deutschland während der sogenannten »Zweiten Reformation«.[42] Lutherische und reformierte Gemeinden erlebten in den sechziger und siebziger Jahren eine Zeit wachsender Spannungen, weil sich die reformierte Kirche auf Gebiete ausdehnte, die bislang als rein lutherisch galten. Der Grundsatz *cui-*

us regio eius religio – »dein Land entscheidet über deine Religion« – der im Augsburger Religionsfrieden (1555) festgelegt wurde, ermöglichte die religiöse Abgrenzung durch die politische Geographie. Diese Möglichkeit wurde durch den Calvinismus (der im Augsburger Religionsfrieden nicht berücksichtigt wurde) ausgeräumt. Die soziale Abgrenzung mußte sich wieder auf dogmatische Kriterien stützen. Das Phänomen der »Konfessionalisierung« im ausgehenden 16. Jahrhundert, wo sich Lutheraner und Reformierte durch klare und umfassende dogmatische Formulierungen abgrenzten, ist das zwangsläufige Ergebnis des Strebens nach Selbstdefinition seitens zweier kirchlicher Gruppen in derselben Region, die sich beide als legitime Ableger der Reformation verstanden. Auf sozialer und politischer Ebene waren die Gemeinden nur schwer zu unterscheiden. Daher war die Lehre das zuverlässigste Mittel, um sich voneinander abzugrenzen.

Luthertum und Calvinismus waren sich jedoch auf dogmatischer Ebene in vielerlei Hinsicht recht ähnlich. Beide legten besonderen Wert auf die Priorität der Heiligen Schrift, auf den Gottesdienst in der Landessprache und auf die positive Funktion des Gebets. Beide lehnten die päpstliche Autorität, das Abendmahl unter einer Gestalt (das heißt, die Laien empfangen beim Abendmahl nur Brot, keinen Wein) und die geistliche Ordnung der römisch-katholischen Kirche ab. Was ihre religiösen Bräuche betraf, waren sich die beiden Gruppen außerordentlich ähnlich. Sicher gab es auch Unterschiede in der Lehre. Aber die meisten Unterschiede zwischen Luthertum und Calvinismus waren so fein, daß ein Nichttheologe sie nur schwer erkennen konnte. Die Prädestinationslehre machte den großen (und leicht verständlichen) theologischen Unterschied zwischen den beiden Gruppen aus.[43] Und die Notwendigkeit, sie als soziale Einheiten zu unterscheiden, führte unwillkürlich dazu, daß dieser Lehre in gewisser Weise Vorrang eingeräumt wurde – nicht etwa, weil die Calvinisten besonderen Wert darauf legten, sondern weil sie es möglich machte, zwei ansonsten ähnliche Gruppen voneinander zu unterscheiden.

Wie bereits erwähnt, ist die Behauptung falsch, Calvin habe im strengen Sinn des Wortes ein »System« entwickelt. Seine religiösen Ideen, wie sie sich in der *Institutio* von 1559 präsentieren, sind aufgrund pädagogischer Überlegungen *systematisch angeordnet,* aber nicht auf der Basis eines theoretischen Prinzips *systematisch abgeleitet.*[44] Calvin kennt keinen grundlegenden methodologischen Unterschied zwischen Bibelauslegung und systematischer Theologie, die das spätere reformierte Denken kennzeichnete.

Nach Calvins Tod erwachte jedoch ein neues Interesse an der Methode. Reformierte Theologen, die Erben der religiösen Ideen Calvins, sahen sich dem Druck ausgesetzt, ihre Ideen sowohl gegen ihre lutherischen als auch gegen ihre katholischen Gegner zu verteidigen. Dieser Kampf spielte eine so große Rolle, daß Theologen wie Theodor Beza, Lambert Daneau, Pietro Martire Vermigli und Girolamo Zanchi bereitwillig jedes ihnen zur Verfügung stehende Mittel einsetzten, um angesichts einer so starken Opposition wenn schon nicht den völligen Sieg, so doch zumindest ihr Überleben sicherzustellen. Die Vernunft, der Calvin einen gewissen Argwohn entgegenbrachte, wurde jetzt zur Verbündeten.[45] Es wurde immer wichtiger, die Festigkeit und den inneren Zusammenhalt des Calvinismus zu demonstrieren. Deshalb griffen viele calvinistische Autoren auf Schriften zur Methodik aus der Spätrenaissance zurück in der Hoffnung, darin Hinweise zu finden, wie ihre Theologie eine festere, vernünftige Grundlage bekommen könne.

Vier Merkmale kennzeichnen diese neue Einstellung zur Theologie.[46] Erstens wird die Theologie als logisch zusammenhängendes und rational vertretbares System dargestellt, das sich aus logischen Schlußfolgerungen herleitet, die auf anerkannten Grundsätzen beruhen. Zweitens wird der menschlichen Vernunft bei der Erforschung und Verteidigung der christlichen Theologie eine wichtige Rolle zugewiesen. Drittens wird davon ausgegangen, daß die Theologie auf der aristotelischen Philosophie und vor allem auf dem aristotelischen Methodenverständnis beruht. Spätere reformierte Autoren sind wohl eher als philosophische denn als biblische Theologen zu bezeichnen. Viertens befaßt sich die Theologie mit metaphysischen und theoretischen Fragen, insbesondere mit dem Wesen Gottes, seiner Einstellung gegenüber den Menschen und der Schöpfung und vor allem mit der Prädestinationslehre.

Aber wie kam es dazu? Wie konnte eine Bewegung, die anfangs die Scholastik im allgemeinen und den Aristotelismus im besonderen ablehnte, so bald nach dem Tod ihres Gründers eine aristotelische Scholastik entwickeln? Und warum wurde gerade die Prädestinationslehre so stark betont? Zur Klärung dieser Fragen ist es notwendig, die Theorien zu betrachten, auf die sich calvinistische Autoren wie Beza und Zanchi stützten.

In der Spätrenaissance tat sich die Universität Padua gegenüber anderen humanistischen Einrichtungen als Hochburg des Aristotelismus hervor. Hierbei handelte es sich allerdings nicht um den Aristotelismus der mittelalterlichen Scholastiker, bei dem es in erster Linie um metaphysische Fragen ging, sondern um eine aristotelische Methodologie.[47] Autoren der Schule von Padua – der bekannteste war Giacomo Zabarella (1532-1589) – gelang es, eine allgemeine Methode zu entwickeln, die generell auf alle Wissenschaften anwendbar war. Diese Methode war im Prinzip mit Logik gleichzusetzen.[48] Die aristotelische Logik, in der die syllogistischen Figuren eine entscheidende Rolle einnehmen, erlangte somit zwangsläufig große Bedeutung. Wenn die Theologie eine Wissenschaft war, wie die Mehrheit der Lehrenden dieser Disziplin im späten 16. Jahrhundert glaubte, sollte sie theoretisch in der Lage sein, sich den allgemeinen Regeln der Methodik anzupassen, die die Schule von Padua für alle Wissenszweige festgelegt hatte. In seiner Antrittsvorlesung in Heidelberg betonte Zanchi, die Theologie müsse imstande sein, ihre Grundlagen und Prinzipien mit der gleichen, wenn nicht noch größeren Strenge festzulegen wie die Logik oder Mathematik.[49]

In den sechziger Jahren des 16. Jahrhunderts hatte sich der Aristotelismus an allen Universitäten Europas Geltung verschafft, darunter auch in vielen großen Zentren, die bislang mit der Reformation in Verbindung gebracht wurden. Wie Beza in

Genf, so hatte Philipp Melanchthon in Wittenberg Aristoteles auf den Lehrplan gesetzt.[50] Mögliche Konkurrenten – wie das System von Pierre Ramus – waren ausgeschaltet worden. An den lutherischen Universitäten wollte man Aristoteles allerdings nur ungern wieder zulassen. Erst in den zwanziger Jahren des 17. Jahrhunderts wurde der Aristotelismus auch dort akzeptiert.

Aristoteles' Einfluß auf die reformierte Theologie des späten 16. Jahrhunderts ist offenkundig: Überall sind formale Syllogismen zu finden, vor allem in den Schriften Zanchis. Ausgangspunkt der Theologie sind allgemeine Prinzipien, kein bestimmtes historisches Ereignis.[51] Diese allgemeinen Prinzipien dürfen jedoch nicht rein rational verstanden werden; sie sind vielmehr die Äußerungen göttlicher Offenbarung. Diese Entwicklung ermöglicht es uns, die neue Bedeutung zu verstehen, die der Prädestinationslehre beigemessen wurde.

Während Calvin die Theologie induktiv und analytisch betrachtet, wobei er sich auf die Gestalt Jesu Christi konzentriert und deren Bedeutung untersucht,[52] geht Beza deduktiv vor, indem er von allgemeinen Prinzipien ausgeht und ihre Folgen für die christliche Theologie ableitet.[53] (Möglicherweise hat Beza diese Ideen direkt von den Schriften des Aristotelikers Pietro Pomponazzi aus Padua übernommen.[54] Dennoch bleibt die Möglichkeit offen, daß diese Methodik durch Vermigli oder Zanchi vermittelt wurde.) Diese allgemeinen Grundsätze – die göttlichen Ratschlüsse – sind im Hinblick auf die Prädestinationslehre festgelegt. Diese erhält somit Kontrollfunktion hinsichtlich der systematischen Einordnung und Erörterung solch verschiedener Dogmen wie der Trinitätslehre, der Lehre von den zwei Naturen Christi, von der Rechtfertigung durch den Glauben und vom Wesen der Sakramente.[55] Das Wirken der Prädestination beinhaltet eine Entscheidung oder einen Ratschluß Gottes, etwas vorherzubestimmen. Dieser göttliche Ratschluß der Prädestination nimmt im Zusammenhang mit Bezas Lehre von Gott eine wichtige Stellung ein. (Es ist interessant, daß Calvin die Prädestination zusammen mit der Heilslehre behandelt, während Beza Thomas von Aquin folgt und die Prädestination als Aspekt der Lehre von Gott betrachtet.) Beza betont, die göttlichen Ratschlüsse seien keine theoretischen Gebilde der menschlichen Phantasie, sondern ließen sich aus der Heiligen Schrift ableiten. In diesem Zusammenhang müsse die Schrift als eine Ansammlung von Aussagen angesehen werden, aus denen man die göttlichen Ratschlüsse ableiten könne, und nicht als Zeugnis der zentralen Erlösungstat Jesu Christi, die Aufschluß über das Wesen der Prädestination geben könnte.

Die zentrale Bedeutung der Prädestinationslehre wird deutlich, wenn man sich Bezas berühmte *ordo rerum decretarum* betrachtet. Anhand einer graphischen Darstellung erläutert er sein Verständnis des Wesens und der Erfüllung der göttlichen Ratschlüsse hinsichtlich der Erlösung. In der Heilsgeschichte erweist sich alles als logische Erfüllung des »ewigen und unwandelbaren Vorsatzes Gottes« (*propositum eius aeternum et immutabile*).

Eine wichtige Konsequenz dieser Entwicklung verdient Beachtung. Für wen ist Christus gestorben? Diese Frage war bei dem großen Meinungsstreit um die Prädestination im 9. Jahrhundert aufgeworfen worden. Der Benediktinermönch Godescalc von Orbais entwickelte damals eine Lehre von der doppelten Prädestination, die der Lehre Calvins und seiner Anhänger glich.[56] Mit schonungsloser Logik beharrte Godescalc auf seiner Behauptung, Gott habe manche Menschen zur ewigen Verdammnis bestimmt. Daher sei die Behauptung falsch, Christus sei für solche Menschen gestorben. Verhielte es sich so, wäre er umsonst gestorben, denn ihr Schicksal wäre davon unberührt geblieben. Godescalc war sich über die Folgen dieser Behauptung nicht im klaren und erklärte weiter, Christus sei *nur für die Erwählten* gestorben. Sein Erlösungswerk beschränke sich auf diejenigen, denen es bestimmt sei, durch seinen Tod gerettet zu werden. Die meisten Autoren des 9. Jahrhunderts zweifelten an dieser Behauptung. Im späten Calvinismus tauchte sie jedoch wieder auf.

Eine Untersuchung der von Beza verfaßten »Beschreibung und Verteilung der Ursachen für die Erlösung der Erwählten und die Vernichtung der Verworfenen« läßt den strittigen Punkt erkennen. Nur die Erwählten ziehen aus dem Tod Christi Nutzen. Tatsächlich ist Christus auf der graphischen Darstellung nur auf der linken Seite zu finden, wo es um das Schicksal der Erwählten geht. Auf der rechten Seite, wo der Weg der Verworfenen in die ewige Verdammnis aufgezeigt wird, bleibt er unerwähnt. Obwohl Vermigli und Zanchi ihren Lesern keine graphischen Darstellungen lieferten, auf denen diese ihren Weg zur Erlösung verfolgen konnten, vertreten sie in ihren veröffentlichten Werken denselben Standpunkt: Nur die Erwählten dürfen darauf hoffen, durch die Menschwerdung, den Tod und die Auferstehung Jesu Christi zum Heil zu gelangen.[57] Es muß betont werden, daß Calvin zu keinem Zeitpunkt behauptete, Christus sei nur für die Erwählten gestorben. Die calvinistische Lehre von dem begrenzten Sühneopfer resultiert wohl zumindest teilweise aus dem Einfluß dieser beiden italienischen Autoren und dem gewachsenen Bewußtsein für die Notwendigkeit, noch offene theologische Probleme zu lösen. Man denke nur an die vielen Quellen, auf die sich der Calvinismus stützen konnte, und an das subtile Verhältnis zu Calvin selbst.

Die Lehre von der absoluten doppelten Prädestination und deren logische Folge des begrenzten Sühneopfers spalteten den Calvinismus, vor allem in den Niederlanden, in zwei feindliche Lager. Arminius trat aus seelsorgerlichen und methodologischen Gründen für die Abwandlung von Bezas Auffassung von Wesen und Funktion der Prädestination ein. Seine Kommentare haben besondere Bedeutung, da sie zeigen, wie er die Rolle methodologischer Erwägungen bei der Meinungsbildung über die Prädestination sieht. Für Arminius ist Bezas Zugang zur Theologie auf dem Weg über die Prädestination das Ergebnis der Anwendung einer deduktiven und synthetischen Methode. Die korrekte theologische Methode, argumentiert er, sei induktiv und analytisch:

> Es war lange ein Grundsatz der Philosophen, die Meister der Methode und Ordnung waren, daß die theoretischen Wissenschaften synthetisch [*ordine compositivo*], aber die praktischen analytisch [*vero resolutivo*] betrieben werden sollten, und weil die Theologie eine praktische Wissenschaft ist, muß mit ihr nach der analytischen Methode [*methodo resolutiva*] verfahren werden.[58]

Summa totius Christianismi, sive descriptio et distributio causarum salutis electorum, et exitii reproborum, ex sacris literis collecta.

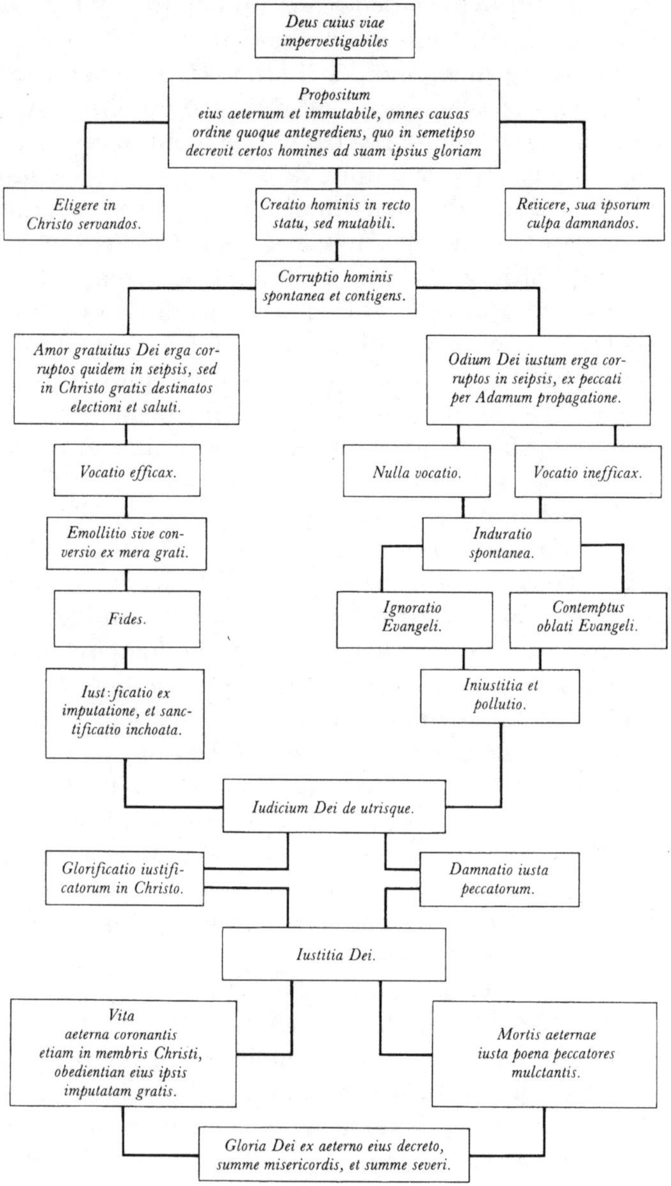

Arminius zufolge geziemt es sich nicht, Theologie als theoretische Wissenschaft zu betreiben – wie Beza es im Gefolge von Zabarella tut.

Ähnliche Reaktionen im Hinblick auf Bezas Prädestinationslehre gab es – wieder aus methodologischen Gründen – im 17. Jahrhundert innerhalb der protestantischen Akademie von Saumur. Unter dem Einfluß Bezas wurde die aristotelische Syllogistik zu einer wesentlichen Komponente des Lehrplans der Genfer Akademie.[59] Bezas Weigerung, Pierre Ramus die Lehrbefugnis an der Akademie zu erteilen, beruhte auf seiner ablehnenden Haltung gegenüber Ramus' antiaristotelischem Programm, das in seiner Logik zutage trat.

Obwohl viele reformierte Akademien in ganz Europa das aristotelische Modell Genfs übernommen hatten, wurde an der protestantischen Akademie von Saumur Ramus' Logik gelehrt. Da diese Logik es ablehnte, das Besondere aus dem Allgemeinen abzuleiten, stellten spätere Mitglieder der Akademie wie Moise Amyraut die Grundlagen der orthodoxen Prädestinationslehre in Frage.[60] Den Angriffen auf die Lehre Bezas lag die Kritik an den methodologischen Voraussetzungen der Schule von Padua zugrunde, auf denen die Lehre offensichtlich beruhte.

Die Remonstranten, die Arminius' Ansichten teilten, erklärten, Christus sei für alle gestorben und ihre Erlösung sei völlig verdient. Aber nur diejenigen, die an ihn glauben, werden der Erlösung teilhaftig.[61] Mit anderen Worten: Christus ist für alle gestorben, und sein Tod ist für jeden hinreichend wirksam, der an ihn glaubt. Die Prädestinationslehre wurde neu ausgelegt und auf ein allgemeines Prinzip der Treue bezogen. Gott hat jeden, der an Christus glaubt, zur Erlösung erwählt. Für die Mehrheit aber hatte die Prädestination einen individuellen Bezug. Es war Gottes Entscheidung, ob er einen Menschen zum Leben oder zum Tod erwählte.[62]

Linke Seite: Theodor Bezas Diagramm veranschaulicht die logische Reihenfolge der menschlichen Erlösung und die göttlichen Ratschlüsse der Erwählung

Auf der Dordrechter Synode (1618-1619) ging es darum, die Auseinandersetzungen innerhalb der reformierten Kirche der Niederlande über die Prädestinationslehre und das begrenzte Sühneopfer zu schlichten.[63] Das Ergebnis wird allgemein als Sieg der Anhänger Bezas gewertet. Die »Fünf Artikel« der Synode lassen sich folgendermaßen zusammenfassen:

1. Der Mensch ist von Natur aus verderbt.
2. Die Erwählung des einzelnen erfolgt bedingungslos.
3. Christus starb nur für die Erwählten (begrenztes Sühneopfer).
4. Gott kann alles vollbringen, was er will (die Gnade Gottes kennt keine Grenzen).
5. Diejenigen, die Gott erwählt, werden sich ihrer Berufung nicht entziehen (Beharren in der Gnade).

Obwohl diese Auffassungen nicht mit denen Calvins identisch sind, bedeutet dies keineswegs, daß der Calvinismus die Auffassungen seines Begründers entstellt hat. Vielmehr gilt es, die Aufmerksamkeit auf die unterschiedlichen Quellen zu lenken, auf die sich der Calvinismus stützen konnte. Historisch betrachtet ist die Behauptung unzulässig, der Calvinismus sei einfach die Übernahme von Calvins Erbe. Auf andere Autoren wie Vermigli und Zanchi wurde ebenfalls Bezug genommen. Der späte Calvinismus ist eine komplexe Mischung von Elementen aus zahlreichen Quellen, von denen Calvin nur eine ist. Nach gängiger Auffassung gilt der Calvinismus als Bewegung, die sich einzig und allein auf Calvin stützt und sich mit der Fortführung seiner Lehren begnügt. Der Historiker aber kennt noch ein ganz anderes Phänomen – eine dynamische und kreative geistige Strömung, die auf die neuesten Entwicklungen in intellektuellen Kreisen empfindlich reagierte, sich auf die Lehren anderer reformierter Autoren stützte und Vorstellungen von Systemen, Methoden und Argumentationsweisen übernahm (es ist nicht klar, ob direkt von Autoren wie Pomponazzi oder indirekt durch Schriftsteller wie Zanchi), um ein einheitliches System der christlichen Lehre zu entwickeln.[64]

Das allgemeine Thema der Prädestination, das im späten Calvinismus so viel Beachtung fand, scheint für weltliche Belange vollkommen irrelevant zu sein. Wie, so könnte man vernünftigerweise fragen, konnte ein derart abstrakter und ätherischer Begriff Einfluß auf weltliche Angelegenheiten nehmen? Die übermäßige Beschäftigung mit der Prädestination könnte zu einem mangelnden Engagement für die Belange der hiesigen Welt zugunsten eines ausschließlichen Interesses für die rätselhaften Mechanismen der Ewigkeit führen. In Wirklichkeit aber diente der calvinistische Begriff der Prädestination zur Ausbildung von Alltagsverhaltensweisen, die offenbar von großer sozialer und ökonomischer Relevanz waren. Möglicherweise ist Calvins Prädestinationslehre in der von seinen Nachfolgern modifizierten Form zumindest teilweise dafür verantwortlich, daß sich Einstellungen zur Arbeit entwickelten, die für das Verständnis von Sinn und Zweck menschlicher Erwerbsarbeit von entscheidender Bedeutung waren. Und vielleicht hat Calvins Lehre auch etwas mit der Entstehung des modernen Kapitalismus zu tun. Um diese Wechselwirkung von religiösem, sozialem und ökonomischem Verhalten geht es im folgenden Kapitel.

11

Hinwendung zur Welt: Calvinismus, Arbeit und Kapitalismus

Der Gelehrte Roland H. Bainton erklärte im 16. Jahrhundert, wenn sich das Christentum wirklich ernst nehme, müsse es entweder der Welt entsagen oder sie beherrschen.[1] Für beide Haltungen bietet der große Umbruch der europäischen Reformation bedeutende Beispiele. Viele radikale Reformer lehnten die Zwang ausübenden Strukturen der damaligen Gesellschaft ab und weigerten sich, Eide abzulegen, ein hoheitliches Amt zu bekleiden, Militärdienst zu leisten oder Waffen zu tragen.[2] Eine derart apolitische und weltabgewandte Haltung hatte unausweichlich die Absonderung von der Welt zur Folge. Möglicherweise mit der vorkonstantinischen Kirche als Vorbild – die zwar innerhalb des Römischen Reiches existierte, aber kein Teil davon war – begriffen die Radikalen ihre Gemeinschaften oft als »alternative Gesellschaft« innerhalb der sie umgebenden größeren Gesellschaft.

Der Kontrast zum Calvinismus könnte nicht schärfer sein. Wenn eine religiöse Bewegung des 16. Jahrhunderts weltbejahend war, dann der Calvinismus. Doch der Calvinismus bejahte die Welt, um sie zu beherrschen, er stellte sich auf historische Situationen ein, anstatt in abstrakter Theorie zu schwelgen. In seiner Theologie wie auch in seinem geistlichen Denken lehnte Calvin es immer wieder ab, sich in Abstraktionen zu ergehen. In einem äußerst scharfsinnigen Vergleich von Karl Barths *Kirchlicher Dogmatik* und Anthony Trollopes *Doctor Wortle's School* weist Stanley Hauerwas auf den besonders abstrakten Charakter der Ethik Karl Barths hin, die seiner Darstellung des sittlichen Lebens einen Hauch von Unwirklichkeit verleiht. Diese Abstraktheit sticht im Vergleich mit Trollopes Lebensnähe noch viel mehr hervor, da sich Trollopes Darstellung der Moral auf einzelne Personen und Gesellschaften gründet und nicht auf unpersönliche Prinzipien.[3] Kurzum, Barths Ethik orientiert sich nicht genügend an den Realitäten menschlichen Daseins.

Diese Schwäche ist bei Calvin nicht zu entdecken. Überall in seinen Schriften wird die Entschlossenheit deutlich, sich mit dem objektiven sozialen Dasein des Menschen sowie mit den damit verbundenen Problemen und Möglichkeiten auseinanderzusetzen. Offenbar gewann Calvin in Straßburg die Einsichten, die Reinhold Niebuhr in den zwanziger Jahren des 20. Jahrhunderts in Detroit kamen. In seinen *Leaves from the Notebook of a Tamed Cynic* (1929) schrieb Niebuhr:

> Wenn ein Geistlicher ein Mensch unter Menschen sein will, muß er nur aufhören, eine Ergebenheit gegenüber abstrakten Idealen zu predigen, die jeder in der Theorie akzeptiert, aber in der Praxis ablehnt, und er muß aufhören, sich über deren Gültigkeit und Anwendbarkeit in sozialen Fragen, die sich ihm und anderen in unserer gegenwärtigen Zivilisation stellen, den Kopf zu zerbrechen. Das verleiht seinem Amt sogleich eine Spur von Realität und Stärke.

Eben dieses Muster kommt in Calvins geistlichen und homiletischen Schriften zum Vorschein. Calvin widmet sich realen und ganz menschlichen Situationen – sozialen, politischen und wirtschaftlichen – mit all den Risiken, die eine solche Genauigkeit mit sich bringt. Selbst seine Analyse der Angst – ein wichtiges Element im Denken des 16. Jahrhunderts[4] – veranlaßte seine Anhänger dazu, die Überwindung der Angst als eine weltliche und nicht als eine auf das Jenseits gerichtete Bemühung zu verstehen.[5] Es ist vollkommen berechtigt, Calvins Denken als »antitheologische Theologie«[6] zu bezeichnen, wenn man darunter nicht das *Fehlen* einer Theologie, sondern die Betonung der eindeutig weltbejahenden und praktischen Zielrichtung seiner Ideen versteht. Calvins »Säkularisierung der Frömmigkeit« (Henri Hauser) hatte zur Folge, daß das menschliche Dasein in seiner

Gesamtheit in das Feld göttlicher Heiligung und menschlicher Hingabe verlagert wurde. Diese Heiligung des Lebens – wobei die Heiligung der Arbeit der Grundpfeiler ist – beeindruckte Calvins Anhänger.

Wie sich noch zeigen wird, verspürten auch Calvins Erben diesen anhaltenden Drang, Theorie und Praxis miteinander zu verbinden, und zogen daraus Nutzen. Es wurde oft darauf hingewiesen, daß sich Theodor Beza in seinen Schriften allzu sehr mit weltlichen Dingen beschäftigt, was ihnen einen seltsam unreligiösen Ton verleiht. Indes ist leicht nachzuweisen, daß diese Beschäftigung direkt von Bezas weltbejahender Theologie herrührt.[7] Der politische Philosoph Leo Strauss erklärte, die Beschäftigung der späten Calvinisten mit weltlichen Angelegenheiten sei eine nachträgliche Entwicklung des Calvinschen Denkens, eine »sinnliche Auslegung einer geistigen Lehre«.[8] Diese Behauptung ist unhaltbar: Calvins Theologie ist völlig auf weltliches Handeln ausgerichtet.[9] Seine Nachfolger entwickelten diese Neigung weiter und gaben ihr eine strengere ideologische Basis. Der calvinistische Hang zu entschlossenem Handeln im weltlichen Bereich hat tiefgreifende theologische Ursachen, die von den Historikern nur allzu leicht übersehen werden.

Doch etwas sollte beachtet werden. Diejenigen, die die Welt zu beherrschen scheinen, werden oft von ihr beherrscht. Die Christen, die als erfolgreich gelten, haben nur allzu oft vor den Anforderungen der Welt kapituliert. Die positive Haltung, die der calvinistischen Lebensanschauung zugrunde liegt, ist ständig bedroht. Das empfindliche Gleichgewicht zwischen Kirche und Welt kann leicht gestört werden, was zur völligen Trennung oder – und darin liegt wohl die größere Gefahr – zur Verschmelzung beider Bereiche führen würde. Denn unterschwellig hat der Calvinismus eine rein weltliche Einstellung zum Leben, weil aufgrund der fehlenden Dialektik zwischen Gott und der Welt das Göttliche ins Weltliche abgleitet. Obwohl die moralischen, wirtschaftlichen, sozialen und politischen Strukturen und Werte des Calvinismus schlüssig in der Theologie *begründet* sind, konnten sie sich leicht von den theologischen Grundlagen lösen und ein unabhängiges Dasein führen. Die Loslösung solcher Strukturen und Werte vom Glauben durch einen Prozeß kultureller Aushöhlung gehört zu den wichtigsten Aspekten der Verbreitung des Calvinismus im Westen, insbesondere in Nordamerika.

Calvin selbst entwickelte eine komplizierte Dialektik zwischen Glaube und Welt, die Raum für konkretes Handeln in der Welt ließ, während die damit verbundenen Risiken erkannt und abgewendet wurden.[10] Vor Gott findet die Lebensform am meisten Anerkennung, die der Gesellschaft nützt: »Wie sehr wir auch den Zölibat oder ein vom alltäglichen Leben abgeschiedenes Dasein bewundern mögen«, so sind doch diejenigen am besten geeignet, Kirche und Gesellschaft gleichermaßen zu führen, die sich im Alltag Erfahrung und Praxis erworben haben.[11] Christen werden dazu ermutigt, ja sogar aufgefordert, sich zur Welt zu bekennen. In Calvins Denken ist kein Platz für die mönchische Haltung des Mittelalters gegenüber der Gesellschaft, die dazu führte, daß einzelne der Welt entsagten, während die Institutionen, denen sie dienten, sie bejahten (*Institutio* III,11,3-4). Doch der Christ muß in seinem Ringen mit den Angelegenheiten und Ängsten der Welt lernen, kritische Distanz zur Welt zu halten. Äußeres Engagement für die Welt muß mit innerer Distanz und einer kritischen Haltung gegenüber weltlichen Dingen einhergehen. Gläubige müssen sich aktiv mit weltlichen Dingen auseinandersetzen, ohne sich von ihnen erdrücken zu lassen. »Wir müssen lernen, diese Welt wie ein fremdes Land zu betrachten, alle irdischen Dinge leicht zu nehmen und nicht unser Herz daran zu hängen.«[12]

Bei einer derartigen Einstellung war zu erwarten, daß der Calvinismus Theorien zu Gesellschaft, Kapital und politischer Autorität entwickelte, die dasselbe Format und denselben Umfang hatten wie sein religiöses System. Wir wenden deshalb unsere Aufmerksamkeit dem umfassenden Thema »Calvinismus und Kapitalismus« zu, um die wirtschaftliche Bedeutung dieser Bewegung zusammenzufassen. Der Calvinismus gilt allgemein als kapitalismusfreundlich. Bevor wir die Ursachen und charakteristischen Merkmale der Haltung Calvins und seiner Erben gegenüber dem Kapitalismus eingehend untersuchen, ist es angebracht, die Theorie vorzustellen, die die wissenschaftliche Diskussion über dieses Thema beherrschte – Max Webers These.

MAX WEBERS THESE

Im *Kapital* erklärte Karl Marx, die Ursprünge des Kapitalismus lägen im 16. Jahrhundert. Amintoni Fanfani machte seiner Abneigung gegenüber Protestantismus und Kapitalismus in der Behauptung Luft, der mittelalterliche Katholizismus sei von Grund auf antikapitalistisch.[13] Bei sachkundiger Betrachtung erweist sich diese Behauptung als falsch. Die Finanzgeschäfte mittelalterlicher Bankiers, wie der Medici oder der Fugger, sind ein eindeutiger Beweis dafür, daß bereits vor der Reformation kapitalistische Methoden angewandt wurden. Am Vorabend der Reformation waren Städte wie Antwerpen, Augsburg, Liège, Lissabon, Lucca und Mailand Überreste des Kapitalismus in seiner mittelalterlichen Form. Auch darf die religiöse Bedeutung des Kapitalismus vor der Reformation nicht außer acht gelassen werden. Die Tatsache, daß sich die Medici die Papstwürde erkaufen und die Fugger im Grunde jede wichtige Bischofswahl in Deutschland, Polen und Ungarn beeinflussen konnten (während sie gleichzeitig die Wahl Karls V. zum Kaiser finanzierten), beweist, wie wichtig der Kapitalismus als religiöse Kraft am Vorabend der Reformation war. Der Papst (Leo X.), der Luther 1520 exkommunizierte, war ein Medici. Er hatte seine Bank aufgelöst, um Papst zu werden. Wie die bahnbrechenden Studien Raymond de Roovers – ein Buchhalter, der Historiker wurde – gezeigt haben, waren kapitalistische Methoden tief in der mittelalterlichen Gesellschaft verwurzelt und spielten nicht nur beim Erwerb von kirchlichen Ämtern eine Rolle.[14] Neuere Untersuchungen haben bestätigt, daß der Kapitalismus ein integraler Bestandteil des mittelalterlichen Lebens war, sowohl im sozialen als auch im intellektuellen Bereich.[15] Die Annahme, der Kapitalismus sei eine Erfindung des Protestantismus oder in irgendeiner Weise auf ihn zurückzuführen, ist also absurd.

Max Weber stellte keine derartige Behauptung auf. Die landläufige Version der Weberschen These – wonach der Kapitalismus eine unmittelbare Folge der protestantischen Reformation sei – ist historisch ebenso unhaltbar, wie sie Webers erklärten Zielen zuwiderläuft. Weber betonte, er habe »keineswegs die Absicht, eine derart alberne und engstirnige These aufrechtzuerhalten, daß der Kapitalismus ... nur aufgrund bestimmter Einflüsse der Reformation entstanden sein konnte. An sich genügt schon die Tatsache, daß wichtige Formen kapitalistischer Unternehmen bereits lange vor der Reformation existierten, um eine solche Behauptung zu widerlegen.«[16] Webers These ist viel subtiler und verdient es, näher betrachtet zu werden.

Nach Weber hat es den Kapitalismus schon lange vor der Reformation gegeben.[17] Das Verlangen nach Reichtum oder Besitz ist für die mittelalterlichen Handelsfürsten ebenso charakteristisch wie für die traditionellen bäuerlichen Gesellschaften. Was erklärt werden muß, ist ein neuer »Geist des Kapitalismus«, der sich nach Webers Erkenntnis zu Beginn des modernen Zeitalters entwickelte. Es ist nicht so sehr der *Kapitalismus,* der nach Webers Ansicht der Erklärung bedurfte, sondern der *moderne* Kapitalismus. Weber bestimmte die Merkmale des »modernen Kapitalismus«, indem er ihn mit dem sogenannten »Abenteurer-Kapitalismus« des Mittelalters verglich. Der Abenteurer-Kapitalismus war opportunistisch und skrupellos; die Kapitalgewinne wurden für einen pompösen und dekadenten Lebensstil vergeudet. Der moderne Kapitalismus hingegen war rationell und hatte eine starke ethische Grundlage. Im Hinblick auf materielle Güter übte er sich in Askese. Der moderne Kapitalismus, erklärte Weber (obwohl zur Unterstützung seiner Behauptungen ziemlich fadenscheinige Beweise angeführt werden),[18] sei frei von Hedonismus, ja es werde sogar bewußt die ummittelbare Freude am Leben vermieden. Wie, so fragte Weber, war eine derart dramatische Wende zu erklären?

Eine religiöse Erklärung schien sich anzubieten. Obwohl die Gesellschaft im Mittelalter gewinnbringende Geschäfte tolerierte, wurden sie, laut Weber, dennoch allgemein als unmoralisch betrachtet. Weber stützt seine Analyse auf die Verhältnisse in Florenz im 14. und 15. Jahrhundert und beruft sich gelegentlich auf die Geschichte des Bankhauses Fugger in Augsburg. Dabei bemerkte er das deutlich gespannte Verhältnis zwischen Kapitalbildung und Seelenrettung derer, die das Kapital ansammelten. Jakob Fugger war sich beispielsweise der Kluft zwischen seinen Bankgeschäften und den Tätigkeiten bewußt, die die katholische Kirche üblicherweise als für die Erlangung des Heils förderlich erachtete.

Mit der Entstehung des asketischen Protestantismus entwickelte sich jedoch eine neue Einstellung gegenüber der Kapitalbildung. Weber stellte fest, daß diese Haltung bei vielen calvinistischen Autoren des 17. und 18. Jahrhunderts wie Benjamin Franklin besonders deutlich zutage trat. Einerseits lobten sie in ihren Schriften die Kapitalbildung über die Beschäftigung mit der Welt, andererseits kritisierten sie den Konsum. Das Kapital sollte vermehrt, aber nicht vergeudet werden. Christopher Hill faßt den Unterschied zwischen protestantischer und katholischer Haltung folgendermaßen zusammen: »Im Mittelalter starben erfolgreiche Geschäftsleute mit Schuldgefühlen und hinterließen ihr Geld der Kirche für unrentable Zwecke. Erfolgreiche protestantische Geschäftsleute schämten sich zu Lebzeiten nicht länger ihrer rentablen Geschäfte, und nach ihrem Tod hinterließen sie ihr Geld anderen, damit sie es ihnen gleichtaten.«[19] Der Protestantismus schaffte die notwendigen psychologischen Voraussetzungen für die Entwicklung des modernen Kapitalismus. Es ist mit Recht anzunehmen, daß Weber den grundlegenden Beitrag des Calvinismus darin sah, daß er aufgrund seines Glaubenssystems psychologische Impulse gab. Weber betonte vor allem den Begriff der »Berufung«, den er mit der calvinistischen Idee der Prädestination in Verbindung brachte.[20] Trotz seiner weltlichen Aktivitäten war sich der Calvinist seiner Erlösung so sicher, wie es sein katholischer Zeitgenosse unmöglich sein konnte. Das Kapital wurde weder mit unlauteren Mitteln beschafft noch leichtsinnig vergeudet; beim Kapitalzuwachs gab es keine moralischen Probleme.

Die Entstehung des modernen Kapitalismus ist für die Entwicklung der westlichen Zivilisation von so großer Bedeutung, daß, sollte eine Verbindung zu Johann Calvin bestehen, es dem

Reformator – in der einen oder anderen Hinsicht – zugeschrieben werden kann, den grundlegenden Impuls für die moderne Welt gegeben zu haben.

Aber kann man das? Besteht eine solche Verbindung? Webers Analyse bezieht sich in erster Linie auf das 17. Jahrhundert. Seine Hauptgewährsmänner – John Bunyan und Richard Baxter – waren englische Calvinisten, die ihre Schriften ein Jahrhundert nach Calvins Tod in einem völlig anderen sozialen Kontext verfaßten.[21] Besteht ein Zusammenhang zwischen Calvins Einstellung und der späterer Calvinisten, die – wenn Weber recht hat – die Entstehung des modernen Kapitalismus erklärt? Wir nehmen diese Frage zum Anlaß, um Calvins Einstellung gegenüber dem Kapitalismus zu untersuchen und festzustellen, inwieweit seine Haltung in den Schriften seiner späteren Anhänger verändert wurde.

Genfer Frühkapitalismus

Zu Beginn des 16. Jahrhunderts kam es in vielen Städten zu ernsten Auseinandersetzungen infolge des gespannten Verhältnisses zwischen dem Patriziat, dessen soziale Stellung auf Tradition, Immobilität, ererbtem Reichtum und politischen Strukturen beruhte, die den Status quo begünstigten, und der aufstrebenden Schicht der Kaufleute und Handwerker, die das Kommen ihrer eigenen Zeit spürten. Um nur ein Beispiel zu nennen: Der Reformationsstreit in Zürich kann im Lichte dieses gespannten Verhältnisses zwischen den traditionsgebundenen Kräften des Patriziats und der neuen Macht der wirtschaftlich und politisch fortschrittlichen Handwerker betrachtet werden.[22] Aus dieser Beobachtung ergibt sich eine wichtige Frage: Konnte es nicht sein, daß Reformation und Kapitalismus die gleiche Wirkung auf die aufstrebenden städtischen Eliten hatten?

Wenn das der Fall ist, wird die Behauptung sinnlos, der Protestantismus habe einen neuen kapitalistischen Geist »hervorgebracht«. Vielleicht hat eine bestimmte soziale Schicht mit einer Neigung zu wirtschaftlicher Dynamik, die Weber als »modernen

Kapitalismus« bezeichnet, die Reformation als Mittel eingeführt, um ihre politischen und wirtschaftlichen Interessen durchzusetzen. Mit anderen Worten, es besteht möglicherweise ein historischer Zusammenhang zwischen Kapitalismus und Protestantismus, aber man kann nicht behaupten, daß der Protestantismus den Kapitalismus hervorgerufen hat; vielmehr hängen beide mit Veränderungen innerhalb der Machtstrukturen der städtischen Gesellschaft in der frühen Neuzeit zusammen. Offenbar ging man davon aus, daß Kapitalismus und Protestantismus wirtschaftlich und religiös eng mit der aufstrebenden Schicht der Handwerker und Kaufleute verbunden waren. Dadurch konnten sie sich in gewisser Weise selbst darstellen und verwirklichen, was bislang aufgrund der begrenzten wirtschaftlichen und religiösen Möglichkeiten des Spätmittelalters unmöglich war.

Im Falle Genfs ist der Streit zwischen den prosavoyischen Mamelucken und den schweizerisch gesinnten Eidgenossen als Konflikt zwischen Tradition und Fortschritt zu werten. Die Mamelucken mit ihren alten, traditionellen familiären Verbindungen zu Savoyen sprachen sich für den Verbleib Genfs in der Abhängigkeit des Herzogtums aus. Die Eidgenossen waren allgemein die fortschrittlichere Partei. Für sie war ihre persönliche politische und wirtschaftliche Zukunft mit den Freiheiten verknüpft, die ihnen das Bündnis mit den Schweizer Städten in Aussicht stellte.[23] Die wirtschaftlich dynamischen Kräfte der Stadt hielten den Ausbau der Beziehungen zu Bern und Freiburg in den zwanziger Jahren des 16. Jahrhunderts für außerordentlich wünschenswert. Zu diesem Zeitpunkt deutete jedoch noch nichts auf eine Übernahme des Protestantismus hin. Bern und Freiburg waren noch katholisch. Ihr Reiz lag darin, daß sie Schweizer Städte waren und ein Bündnis wirtschaftliche und politische Vorteile versprach. Als Bern Zwinglis Reformation einführte, wurde der Protestantismus zu einem religiösen – aber nicht unbedingt *konstitutiven* – Faktor in einer bereits komplizierten wirtschaftlichen und politischen Gleichung.

Wie bereits erwähnt, konnte sich Genf 1535 schließlich politisch von dem benachbarten Herzogtum Savoyen lösen und zu einem unabhängigen protestantischen Stadtstaat entwickeln.

Genf erlangte praktisch gleichzeitig religiöse und politische Unabhängigkeit. Politische Unabhängigkeit war jedoch ohne wirtschaftliche Basis nicht möglich. Damit Genf seine hart erkämpfte Unabhängigkeit behalten konnte, mußte es bis zu einem gewissen Grad wirtschaftlich selbständig werden. Seit dem 13. Jahrhundert war die Wirtschaft Genfs von den Handelsmessen abhängig, die der Stadt internationalen Ruhm eingebracht hatten.[24] Da Genf an der Kreuzung mehrerer wichtiger Handelsstraßen lag, konnte sich die Stadt zu Beginn des 15. Jahrhunderts als führende Handelsmetropole Westeuropas behaupten. Einflußreiche italienische Bankiersfamilien – darunter die Medici – hielten es für profitabel, in der Stadt Filialen zu eröffnen.[25] Mitte des 15. Jahrhunderts war Genf ein bedeutendes Zentrum des, wie Weber es nennen würde, »Kapitalismus alten Stils«.

Im Laufe des Jahrhunderts verschlechterte sich die Situation Genfs. Zwischen 1464 und 1466 besuchten italienische Kaufleute immer häufiger die Messen im benachbarten Lyon.[26] Zwischen den beiden Städten begann ein »wirtschaftlicher kalter Krieg« (Bruno Caizzi). Die italienischen Bankiers spürten, woher der Wind wehte, und schlossen ihre Genfer Filialen. Obwohl italienische Kaufleute Genf noch immer häufig besuchten, hatten die Schließung der Banken und die zunehmende politische Instabilität zwischen 1520 und 1535 zur Folge, daß Genf seinen begehrten Status als Handelszentrum verlor.[27] Paradoxerweise trug der Zustrom der Händler zu dieser Instabilität bei. Deutsche Kaufleute, die in der Stadt Handel trieben, brachten lutherische Schriften mit, die anscheinend ebenso raschen Absatz fanden wie ihre herkömmlichen Waren.[28] Obwohl zwischen 1518 und 1523 ein erheblicher wirtschaftlicher Aufschwung festzustellen ist, schlug die Situation aufgrund politischer Ungewißheit bald ins Gegenteil um. Zwischen 1524 und 1534 kam es zu einer Wirtschaftskrise.[29] Obwohl lokale Probleme die Situation in Genf noch verschlimmerten, hatten die Schweizer Städte im allgemeinen ähnliche wirtschaftliche Schwierigkeiten.[30]

Nachdem Genf seiner traditionellen wirtschaftlichen Rolle als Handelszentrum größtenteils beraubt worden war, sah sich die

Stadt im Jahr ihrer Unabhängigkeit (1535) in ihrer Existenz bedroht. Eine verarmte Stadt, die sich in einem Teufelskreis von Stagnation und Depression befand, konnte sich nicht selbst helfen, geschweige denn ihre Festungsanlagen (mit erheblichem Kostenaufwand) gegen die drohende Invasion räuberischer Nachbarn verstärken. Trotz einer beginnenden Rezession in mehreren Schweizer Städten[31] erholte sich Genf allmählich. Die wirtschaftliche Gesundung kam zwischen 1540 und 1559 weiter voran, da in der gesamten Region eine zunehmende wirtschaftliche Aktivität zu verzeichnen war.[32] Wie ist das zu erklären?

Zum Teil trug die Entschlossenheit der Stadt, ihre Unabhängigkeit zu sichern, zu dem wirtschaftlichen Erfolg bei.[33] Man war sich darin einig, die im Kampf um die Unabhängigkeit erlangte Freiheit zu bewahren. In jüngster Zeit hat sich die Aufmerksamkeit auf den entscheidenden Beitrag zur Überlebensfähigkeit der Republik Genf in ihrer kritischen Phase konzentriert – die finanzielle Unterstützung durch die Schweizer Protestanten.[34] Die Entstehung des modernen Schweizer Bankensystems, insbesondere die rege Beteiligung an internationalen Geldgeschäften, geht auf das vierte Jahrzehnt des 16. Jahrhunderts zurück. Wie bereits erwähnt, trug die Bildung von *combourgeoisies* zwischen Städten der Schweizer Eidgenossenschaft und anderen Städten wesentlich zu dieser Entwicklung bei: Die *combourgeoisie* von 1519 zwischen Lausanne und Bern und die von 1526 zwischen Genf und Bern sind eindrucksvolle Beispiele für diesen Trend.

Anfangs sollten die *combourgeoisies* wohl in erster Linie den verbündeten Städten in Notzeiten politische und militärische Unterstützung gewähren. In den Jahren 1530 und 1531 wurde diese Hilfe auf den finanziellen Bereich ausgedehnt. Nach dem 1. Kappeler Landfrieden geriet Zürich in eine politische und wirtschaftliche Krise. Um die Integrität ihres protestantischen Verbündeten vor seinen katholischen Gegnern zu schützen, stellte die Stadt Basel 14 300 Taler zur Verfügung. Nach weiteren Rückschlägen für die protestantische Bewegung innerhalb der Schweizer Eidgenossenschaft Ende 1531 und Anfang 1532 konnte die Stadt Bern mit Hilfe Basels eine Anleihe von 12 750 Talern aufnehmen.[35] Die Schweizer Religionskriege zu Beginn der dreißiger Jahre des 16. Jahrhunderts markieren damit die Entstehung eines Finanzsystem, das protestantischen Städten in schwierigen Zeiten Unterstützung zu gewähren vermochte, sowie die Entwicklung Basels zum Zentrum dieses Systems.

Bis zur Einführung der Reformation konnte Genf nicht auf solche finanziellen Ressourcen zurückgreifen. Von 1536 an konnte die Stadt für Befestigungsanlagen, für die Verteidigung und so weiter finanzielle Hilfe aus Basel in Anspruch nehmen. Der *trésor de l'Arche* wurde nach der Revolution von 1536 geschaffen, um Anleihen der Verbündeten zu koordinieren.[36] Von 1567 an griff Genf ausgiebig auf fremdes Kapital zurück. Bis zum Jahr 1590 hatte die Stadt von verschiedenen protestantischen Geldgebern in England, Frankreich, Deutschland, Ungarn, den Niederlanden und von Schweizer Städten insgesamt 211 000 Taler erhalten.[37] Dank dieser Gelder konnte Genf seine wirtschaftliche Unabhängigkeit gegenüber seinen katholischen Nachbarn bewahren. Die Gründung neuer Geldinstitute in Genf – wie die Schaffung der *change public* im Jahr 1567[38] – ermöglichte es der Stadt, als unabhängige Einheit zu überleben.

Trotzdem sah man in Genf bald die Notwendigkeit, unabhängige Kapitalquellen zu schaffen. Eine Notiz im Finanzbericht von 1551 weist darauf hin, daß Genf »seine Abhängigkeit von Basel vermindern« müsse (*se débasler*). Die Entwicklung der Manufaktur in Genf trug als Fremdkapitalquelle in großem Maße zu diesem Prozeß bei. Obwohl dieser Trend bereits zu Beginn der vierziger Jahre spürbar war, fiel der entscheidende Zeitpunkt der Entwicklung mit dem massiven Zustrom ausländischer Flüchtlinge zusammen. Zwischen 1549 und 1560 kamen 4776 Flüchtlinge aus Frankreich nach Genf. Von ihnen waren 1536 Handwerker,[39] die zweifellos durch die allgemeine anti-aristokratische Haltung der Genfer Behörden zur Flucht ermutigt wurden.[40] Die meisten Flüchtlinge hatten in ihrer Heimat Frankreich in kleinen Fabrikations- und Handwerksbetrieben gearbeitet oder Handel getrieben. Daher bereitete es vielen kaum Schwierigkeiten, ihre Tätigkeit nach ihrer Niederlassung in Genf wiederaufzunehmen.[41]

Das Wachstum der verarbeitenden Industrie in Genf soll anhand einiger Beispiele veranschaulicht werden. Innerhalb kürzester Zeit entwickelte sich Genf zu einem Zentrum der Uhrenherstellung, ein Spezialgebiet französischer Flüchtlinge.[42] Neben bedeutenden Verlagen entstanden auch Zulieferbetriebe wie Papierfabriken und Druckereien.[43] Da viele französische Tuchhändlerfamilien nach Genf kamen – wie die Bordiers und die Mallets[44] –, weitete sich auch dieser Fertigungszweig aus. Die Seidenindustrie entwickelte sich im wesentlichen zu einer Exportbranche. Sie stützte sich auf die Sachkenntnis französischer und italienischer Flüchtlinge und nahm das Kapital italienischer Handelsbanken in Anspruch.[45] Nach der Abschaffung der alten feudalherrschaftlichen Kirchen- und Zunftordnung – das letzte weltliche Hindernis für den »modernen Kapitalismus« – konnten Neuankömmlinge ein eigenes Geschäft aufmachen, mit der Herstellung beginnen und ohne ernste Beschränkungen Handel treiben.

Infolgedessen siedelten sich in der Stadt ungewöhnlich viele Fachbetriebe an, und da genügend Kapital zur Verfügung stand, entwickelte sich Genf zu einem Zentrum wirtschaftlicher Dynamik, was Weber als »modernen Kapitalismus« bezeichnet. Die Genfer Handelsmessen, einst Umschlagplatz italienischer Waren in Westeuropa, wurden nun Mittelpunkt eines Vertriebsnetzes für in Genf gefertigte Waren. Der Schweizer Wirtschaftshistoriker Jean-François Bergier weist darauf hin, daß sich drei für die Entwicklung einer modernen kapitalistischen Gesellschaft wesentliche Faktoren – Kapital, Produktionskenntnisse und -kapazitäten sowie ein Vertriebsnetz – in Genf praktisch gleichzeitig ergaben.[46]

Dennoch ist es nicht ganz korrekt, Genf als kapitalistische Gesellschaft im *modernen* Sinn zu bezeichnen. Wenn der Kapitalismus mit dem System wirtschaftlicher Beziehungen gleichgesetzt werden soll, das sich im Gefolge der Industriellen Revolution entwickelte,[47] ist es problematisch, Genf als kapitalistisch anzusehen. Zum Beispiel wurde der zentrale kapitalistische Grundsatz des *laissez-faire* vom Genfer Stadtrat strikt abgelehnt. Kein Geschäft in der Stadt war vor Kontrollen und Einmischungen sicher. Das beweisen die erheblichen Beschränkungen, die den

Druckern Henri Estienne und François Estienne in jeder Beziehung auferlegt wurden.[48] Wirtschaftliche Transaktionen wurden vom Stadtrat überprüft und unterlagen einer Reihe strenger Beschränkungen. Die strikte Kontrolle des Stadtrats über jeden Bereich des öffentlichen Lebens in Genf – moralisch, wirtschaftlich und politisch – verhinderte die Entwicklung einer von Grund auf kapitalistischen Gesellschaft. Es besteht ein erheblicher Unterschied zwischen dem Kapitalismus des 16. Jahrhunderts und demjenigen des 19. Jahrhunderts; aber trotz allem ist es Kapitalismus.

Auf welche Weise könnte Calvin diese Entwicklungen beeinflußt haben? In gewisser Hinsicht scheinen sie zufällig zu sein, eine bloße Verkettung von historischen Ereignissen, die für die Entwicklung eines dynamischen Kapitalismus günstig sind. Der Genfer Kapitalismus entstand und entwickelte sich als Reaktion auf Faktoren, die in erster Linie *indirekt* mit Calvins religiösen Ideen zusammenhingen. Zum Beispiel ist die Anwesenheit der vielen wirtschaftlich aktiven Einwanderer in Genf in den vierziger und fünfziger Jahren eindeutig auf Calvins religiöse Ideen zurückzuführen, denn diese Ideen waren der Grund, weshalb jene ihre Heimat Frankreich verließen und sich in Genf ansiedelten. Hugh Trevor-Roper hob die bedeutende Rolle dieser Einwanderer, ungeachtet ihres religiösen Bekenntnisses, bei der Verbreitung des europäischen Kapitalismus hervor.[49] Calvins Bedeutung liegt zumindest teilweise darin, daß er die Abwanderung von Leuten aus einer wirtschaftlich dynamischen Schicht der französischen Gesellschaft beschleunigte.

Ebenso geht die Entwicklung der konfessionellen Finanzhilfe in der Schweiz Calvin voraus. Die Finanzsysteme und -mechanismen, die wesentlich zur Kapitalansammlung in der Stadt zur Zeit Calvins beitrugen, hatten nichts mit ihm zu tun. Auch die Entscheidung Genfs, die Reformation einzuführen und damit Zugang zu solchem Kapital zu erhalten, ist nicht auf Calvins Einfluß zurückzuführen. Viele gute Gründe sprechen also für die Annahme, daß sich die anfängliche Verbindung von Kapitalismus und Calvinismus auf die Stadt Genf selbst bezieht, die etwa zur selben Zeit zum Mittelpunkt wirtschaftlicher und religiöser Dynamik wurde. Diese Verbindung ist jedoch weitgehend zufällig; zwischen Kapitalismus und Calvinismus besteht kein zwingender historischer oder ideologischer Zusammenhang.

Zudem ist die Annahme berechtigt, daß die Entwicklung eines kapitalistischen Wirtschaftssystems in Genf in erster Linie auf dem Bestreben der Stadt beruhte, ihre politische Unabhängigkeit – zuerst von Savoyen und später von Bern – zu bewahren, und nicht auf ihrer Entscheidung, die Reformation einzuführen. Sofern die historische Entwicklung der Republik Genf dergestalt verlief, daß sich religiöse und politische Entwicklungen miteinander verflochten, lassen sich beide Bereiche tatsächlich nicht völlig voneinander trennen. Dennoch war es wohl eher das deutliche Bedürfnis, Genfs wirtschaftliche und damit politische Autonomie zu bewahren, das die Stadt veranlaßte, vor allem in den fünfziger Jahren eindeutig kapitalistische Strategien anzuwenden. Obwohl die Religion unausweichlich in diesen Prozeß verstrickt wurde, spielte sie im großen und ganzen eine untergeordnete Rolle.

Trotzdem muß eingeräumt werden, daß Calvins positive Einstellung gegenüber der Entwicklung des Kapitalismus einer der Gründe war, warum der Kapitalismus in Genf florierte. Ein Vergleich mit Luther wird einen strittigen Punkt herausheben. Luthers Ansichten über die Wirtschaft sind – wie sein soziales Denken im allgemeinen – von den sozialen Realitäten der unentwickelten ländlichen Gebiete in Deutschland geprägt, die er reformieren wollte. Es war eine Welt, in der es um die ständigen Probleme des spätmittelalterlichen Landlebens wie etwa das gespannte Verhältnis zwischen Bauern und Adligen ging. Obwohl Luther die wirtschaftlichen Streitfragen seiner Zeit kennt – zum Beispiel, ob Geld zu einem bestimmten Zinssatz verliehen werden sollte[50] –, weiß er von den städtischen Finanzproblemen offenbar nichts. Er hatte keinen Begriff von den wirtschaftlichen Kräften, die Deutschland allmählich von einem auf bäuerlicher Landwirtschaft beruhenden Feudalstaat in eine Gesellschaft mit einer aufstrebenden kapitalistischen Wirtschaft verwandelten. In seiner Abhandlung *Von Kaufshandlung und Wucher*, die er im Sommer 1524 schrieb, nimmt er eine äußerst kritische Haltung jenen gegenüber ein, die sich in irgendeiner Form geschäftlich betätigen. Für Luther hatte der deutsche Begriff *Fynanzte* keine neutrale Bedeutung, sondern einen durchaus negativen Beigeschmack von Schwindel, Betrug und Profitgier. Die Tatsache, daß Luthers wirtschaftliches Denken – wenn man es überhaupt als solches bezeichnen kann – jede Form von Kapitalismus ablehnte, spiegelt sein Nichtvertrautsein mit dem komplizierten Finanzsystem wider, das sich damals in den freien Großstädten entwickelte.

Calvin dagegen war mit der finanziellen Realität Genfs und deren Folgen vertraut.[51] Obwohl er keine »wirtschaftliche Theorie« im eigentlichen Sinn entwickelte, kannte er offenbar die Grundlagen des Kapitals. Die Produktivität von Kapital und menschlicher Arbeit wird voll anerkannt.[52] Die Arbeitsteilung wird wegen ihres wirtschaftlichen Nutzens gelobt und weil sie die gegenseitige Abhängigkeit der Menschen und die Bedeutung der sozialen Existenz hervorhebt. Das Recht des einzelnen auf Eigentum, das der radikale Flügel der Reformation bestritt, bleibt gewahrt. Einzelne Abschnitte im Fünften Buch Mose, die sich mit der Geschäftsmoral befassen, beziehen sich offenkundig auf die sozialen Gegebenheiten einer vergangenen Epoche: Calvin verwahrt sich dagegen, daß bestimmte Verbote einer primitiven jüdischen Agrargesellschaft für eine fortschrittliche, moderne städtische Gesellschaft wie die Genfs im 16. Jahrhundert Rechtsgültigkeit besitzen sollen.[53] Zum Beispiel kam das völlige Verbot des Geldverleihens zu einem bestimmten Zinssatz (bekannt als Zinswucher) den speziellen Bedürfnissen der primitiven jüdischen Gesellschaft entgegen; es besteht aber keinerlei Ähnlichkeit zwischen einer solchen Gesellschaft und Genf. Zins ist nur die Gebühr, die für Kapital entrichtet wird.[54] Calvin befürwortet einen variablen Zinssatz. Das zeigt, daß er den Druck kannte, der auf einem mehr oder minder freien Markt auf dem Kapital lastete. Die moralischen Interessen, denen ein solches Verbot nützte, konnten jedenfalls auch anders geschützt werden. Zudem wußte Calvin, wie wichtig es war, mit Hilfe von Finanzspritzen neue Industrien aufzubauen. Das wurde deutlich, als er sich in den vierziger Jahren für eine staatlich finanzierte Tuchindustrie stark machte.[55]

Calvin beseitigte nicht nur solche religiösen Hindernisse für den Kapitalismus, sondern entwarf zusätzlich eine Arbeitsethik, die die Entwicklung des Kapitalismus stark beeinflußte. Der Gläubige wird aufgefordert, Gott in der Welt zu dienen. Calvins nachdrückliche Behauptung, der Gläubige könne von Gott berufen werden, ihm in jedem Bereich des irdischen Daseins zu dienen, verlieh der Arbeit neues Ansehen und neue Bedeutung. Die Welt soll geringgeachtet werden, da sie nicht Gott ist und allzu leicht mit Gott verwechselt wird; aber da sie Gottes Schöpfung ist, soll sie bejaht werden. »So sollen sich die Gläubigen an die Verachtung des gegenwärtigen Lebens gewöhnen, aber doch so, daß daran weder ein Haß gegen dies Leben entsteht, noch auch Undankbarkeit gegen Gott« (*Institutio* III,9,3). »Was an und für sich weder glücklich noch begehrenswert ist, kann doch den Frommen zum Besten dienen« (*Institutio* III,9,4). Christen sollen in Freude und Dankbarkeit auf der Erde wohnen, ohne in ihr gefangen zu sein. Um einen modernen existentiellen Begriff zu benutzen: die Welt muß als unser *Spielraum* betrachtet werden. Die christliche Bejahung der Welt als Gottes Schöpfung und Geschenk muß mit einer gewissen kritischen Distanz verbunden sein. Christen sollen zwar in der Welt leben, aber es vermeiden, ihr zu verfallen und von ihr verschlungen zu werden.

Calvin betrachtet das »kontemplative Leben« mit einem gewissen Zynismus. Er beharrt darauf, daß Meditation und Gebet inmitten der Sorgen und Nöte des täglichen Lebens stattfinden müssen und nicht losgelöst von ihnen (*Institutio* IV,12,10,16). Der Gläubige wird nicht aufgefordert, der Welt zu entsagen und in ein Kloster einzutreten, sondern er soll ganz am Leben teilhaben und es so verändern. Insofern war diese Lehre anti-aristokratisch, da sie indirekt diejenigen tadelte, die sich für körperliche Arbeit zu fein waren.[56] Anerkennend zitiert Calvin Paulus: »So jemand nicht will arbeiten, der soll auch nicht essen« (2. Thessalonicher 3,10). Kritiker seiner Arbeitsethik, die vielleicht an die Arbeitslosigkeit in den zwanziger Jahren unseres Jahrhunderts dachten, waren der Meinung, Calvin nehme keine Rücksicht auf die Situation der Arbeitslosen. Calvins Äußerungen richteten sich vor allem gegen den Adel, womit auch die französischen Adligen gemeint waren, die in Genf im Exil lebten und sich gemeinhin für körperliche Arbeit zu gut waren.[57] Wenn Calvin die Würde der menschlichen Arbeit betont und die Trägheit kritisiert, zielt er damit auf die Prachtentfaltung und den Besitz der Kirchenfürsten und auf das ungeheure tote Kapital des Adels ab. Obwohl Calvins Kollege Theodor Beza aus einer französischen Adelsfamilie stammte, hatte die Genfer Gesellschaft für die altmodischen sozialen Ansichten seiner Klasse nur wenig übrig. Wir besitzen einen interessanten zeitgenössischen Bericht darüber, wie der französische Adel auf den Umstand reagierte, daß ehemalige Aristokraten, die in Genf Zuflucht gefunden hatten, plötzlich zur Arbeit gezwungen waren. Der französische Adlige Pierre de Bourdeille Brantôme brachte seine Erschütterung zum Ausdruck, als er bei einem Besuch in Genf erleben mußte, wie der ehemalige Adlige François d'Aubeterre seinen Lebensunterhalt als *faiseur de boutons* verdiente. Warum, so fragte er, sollte jemand aus einer solch vornehmen Familie sich dazu erniedrigen, Knöpfe zu machen? Der Bericht veranschaulicht die völlig unterschiedliche Einstellung des alten französischen Adels und der neuen Genfer Unternehmer gegenüber der Arbeit im allgemeinen und der körperlichen Arbeit im besonderen.[58] Offenbar war die Arbeit in Genf der große soziale Gleichmacher.

Angesichts der Unmöglichkeit, Calvins umfassende Arbeitsethik in einem Satz zusammenzufassen, sei auf Paulus' Mahnung an die Korinther verwiesen, die einen Wesenszug dieser Ethik zum Ausdruck bringt: »Doch wie einem jeglichen Gott hat ausgeteilt, wie einen jeglichen der Herr berufen hat, also wandle er« (1. Korinther 7,17). Jedem Gläubigen wird eine *vocation juste et approuvée* zuteil (*Institutio* IV,10,16).[59] Weltliche Arbeit war ein integraler Bestandteil von Calvins Geistigkeit;[60] durch sie erlangte der mittelalterliche Spruch *laborare est orare* (»arbeiten heißt beten«) eine neue Bedeutung.[61] Körperliche Arbeit war in Genf nicht einfach die Regel; sie war das durch die Religion sanktionierte Ideal. Zum ersten Mal erhielt die ganz gewöhnliche Alltagsarbeit selbst des unbedeutendsten Handwerkers religiöse Bedeutung. Dem Arbeitsfleiß wurde Würde und Weihe verliehen. Es sei dem englischen Dichter George Herbert gestattet, Calvins

Gedanken einen überzeugenderen Ausdruck zu geben, als der Genfer Reformator selbst es vermochte:

> Lehr mich, mein Gott und Herr,
> in allen Dingen Dich zu sehen,
> und alles so zu tun,
> als tät ich es für Dich.
> Ein Knecht, der solch Gesetz erfüllt,
> wird Plackerei zur milden Fron;
> und fegt er Stuben, als sei's Dein Wille,
> so macht er seine Arbeit gut.

Obwohl diese Ansichten nicht ausdrücklich kapitalistisch sind, förderten sie im Gemeinschaftsverband die Entwicklung des Kapitalismus, vor allem in der Form, wie sie historisch mit Genf in Verbindung gebracht wird. Calvins Beitrag beschränkte sich auf zwei Dinge: Zum einen wurden leistungshemmende Faktoren beseitigt (wie die soziale und religiöse Ächtung, die der Bildung von Kapital im Mittelalter anhing); und zum anderen wurden durch positive Anreize Verhaltensweisen und soziale Praktiken gefördert, die die Entwicklung des Kapitalismus begünstigten. Konventionelle Werte – Sparsamkeit, Fleiß, Ausdauer, Leistungsfähigkeit und Hingabe – wurden durch Calvins Theorien religiös sanktioniert. Der Kapitalismus ist allerdings eher eine Begleiterscheinung als ein beabsichtigtes Produkt seiner religiösen Ansichten. (Übrigens hat Weber nie behauptet, der Calvinismus habe die Ansammlung und Neuanlage von Kapital ausdrücklich unterstützt; dies sei vielmehr unbeabsichtigt geschehen als Folge der calvinistischen Betonung des Eifers bei der Berufung und der weltlichen Askese.)

Allerdings spielt diese religiöse Sanktionierung von Verhaltensweisen, die dem Kapitalismus förderlich sind, bei der Entstehung dieser Wirtschaftsordnung in der Republik Genf keine große Rolle. Der Kapitalismus entwickelte sich in Genf aus wirtschaftlicher Notwendigkeit und nicht aus religiösem Anlaß. Das Überleben der Stadt hing von ihrer Wirtschaft ab. Politische Autonomie beruhte auf wirtschaftlicher Unabhängigkeit. Die Entwicklung der Genfer Wirtschaft war in erster Linie auf einen noch elementareren Impuls als Calvins starke religiöse Dynamik zurückzuführen – auf den primitiven, seit Urzeiten wirkenden menschlichen Selbsterhaltungstrieb. Vielleicht hat Calvin dazu beigetragen, religiöse und soziale Haltungen zu fördern, die der Entwicklung einer bestimmten Form des Kapitalismus dienlich waren. Aber hauptsächlich war es Genf selbst, das dem Kapitalismus Form und Gestalt gab und Calvins in mancher Hinsicht vage Ansichten mit ganz bestimmten Gesetzesanträgen, Regierungsgrundsätzen und Institutionen anreicherte. Tatsächlich sanktionierte Calvin bestehende oder im Entstehen begriffene Genfer Haltungen und Institutionen, was wieder einmal beweist, welch entscheidende Rolle die Stadt bei der Gestaltung der Konturen des internationalen Calvinismus spielte.

Calvins wirtschaftliche Ansichten waren jedoch nicht nur kapitalismusfreundlich; sie waren auch vollkommen antifeudalistisch. Dieser Aspekt des Calvinschen Denkens ist maßgebend für seinen Einfluß in Frankreich – womit wir uns nun beschäftigen wollen.

Calvinismus und Kapitalismus in Frankreich

Die Hochburgen des Calvinismus in Frankreich zur Mitte des 16. Jahrhunderts waren die Städte. Zu den Anhängern gehörten vor allem erfahrene Handwerker und Kaufleute. Zwar unterstützten auch Angehörige des französischen Adels Calvins Reformprogramm. Doch bei näherer Betrachtung stellt sich oft heraus, daß es sich bei den Adligen meist um Kaufleute handelte, die ihren Titel erst später erwarben. Die Barone von Anduze und Barroux zum Beispiel – beide bedeutende Anhänger der calvinschen Reformation – waren bis 1535 beziehungsweise 1545 Kaufleute gewesen.[62] Somit waren die Adligen, die die Reformation förderten, eher dem »neuen« als dem »alten« Adel zuzurechnen (obwohl dieser feine Unterschied sehr anfechtbar ist). Sie kamen oft aus den Reihen des Bürgertums. Doch die meiste Unterstützung erhielt Calvin von den Handwerkern – eine gemischte, heterogene soziale Schicht, der Gesellen, Ladenbesitzer, Lehrlinge, Fabrikbesitzer und Landarbeiter angehörten. Florimond de Raemond, ein Katholik, der zum Calvinismus übertrat und später wieder seinen alten Glauben annahm, schrieb herablassend von den »Goldschmieden, Steinmetzen, Zimmerleuten und anderen erbärmlichen Arbeitern, die über Nacht hervorragende Theologen wurden«. Eingehende Untersuchungen über die zwischen 1540 und 1560 in Frankreich der Ketzerei beschuldigten Personen haben gezeigt, daß eine große Mehrheit – etwa 70 Prozent – dieser Gesellschaftsschicht angehörte.[63] Dies ist zum Teil Ausdruck der allgemeinen Erkenntnis, daß die katholische Kirche Frankreichs von ihrer Führung her aristokratische Interessen vertrat und zu den unteren Schichten der Bevölkerung keinen richtigen Kontakt hatte. Viele Angehörige des dritten Standes waren damals antiklerikal eingestellt, lehnten es aber ab, zum Calvinismus überzutreten. Offenbar ruhte ihre Hoffnung auf einer Reformierung der französischen Kirche. Die calvinistischen Gruppen in den französischen Städten waren wie die Spitze eines riesigen antiklerikalen Eisbergs.

Mehr noch, die Handwerker bildeten eine unausgereifte Mittelschicht, deren Werten und Ambitionen Calvins religiöse Ideen Würde und religiöses Gewicht verliehen und deren wirtschaftliche Zukunft in einer wirtschaftlich dynamischen Politik nach dem Vorbild der Stadt Genf zu liegen schien. In einer Gesellschaft, die noch immer vom Feudalismus geprägt und von einer Kirche beherrscht wurde, deren soziale Vorstellungen der Vergangenheit angehörten, galten die neuen Ideen aus Genf als progressiv und befreiend. Der Kapitalismus schien der Schlüssel zur Befreiung der französischen Wirtschaft und damit zur Emanzipation der *petits gens* zu sein, auf die der Calvinismus so große Anziehungskraft ausübte.

Wie die Zeitgenossen in Frankreich auf eine solche Politik reagierten, zeigt Bernard Palissys *Recepte véritable,* worin ein Programm zur Umgestaltung der französischen Landwirtschaft und zur Vermeidung von Ernährungskrisen – ähnlich denen, die Frankreich im Laufe des 16. Jahrhunderts heimgesucht hatten – entworfen wurde.[64] Eine Studie über die Weizenpreise in Paris zwischen 1560 und 1580 zeigt, wie häufig es damals zu Krisen kam. Palissy lobte nicht nur die Vorzüge systematischer Düngung, sondern er nannte auch ein zentrales Problem, das der wirtschaftlichen Misere Frankreichs im allgemeinen und der Landwirtschaft im besonderen zugrunde lag: Die Landwirtschaft war dermaßen unterentwickelt und schlecht organisiert, daß sie der Ausdehnung des verarbeitenden Gewerbes nicht gewachsen war. Die Situation konnte nur durch die Kapitalisierung der Landwirtschaft verändert werden.[65] Investition und Produktivitätssteigerung waren die Lösung des Problems, das durch die falsche Nutzung des Landes und seiner Bodenschätze entstand. Land galt als bequeme Einnahmequelle in Form von Pacht, und nicht als etwas, das man intensiv nutzen konnte. Kapital war in Frankreich genug vorhanden; es wurde nur für unproduktive Zwecke verwendet. Zudem war eine neue Einstellung gegenüber der landwirtschaftlichen Arbeit vonnöten. Arbeit sollte nicht den Bauern überlassen bleiben; arbeiten sollten auch die vornehmen Bürger, die Grundbesitzer.

Die Bedeutung von Palissys Arbeit liegt in der Befürwortung produktiver Investitionen und einer Arbeitsethik, die bereits mit Genf verknüpft ist. Außerdem weist sie auf ein ebenso wirtschaftliches wie religiöses oder soziales Element hin, das für französische Handwerker den Reiz des Calvinismus ausmachte. Der Calvinismus galt nicht nur als anti-aristokratisch und antiklerikal gegenüber der französischen Kirche. Mehr noch, er hatte auch ein Programm, das bei seiner Anwendung in Frankreich die französische Wirtschaft verändern konnte.

Die französischen Handwerker – eine große und amorphe Gruppe, die man als die »Hersteller und Dienstleister« Frankreichs im 16. Jahrhundert bezeichnen könnte – erkannten im Calvinismus ein Glaubenssystem, das die Werte und Ambitionen der arbeitenden Klassen der französischen Gesellschaft billigte und sanktionierte. Ihre gegenwärtige Situation und ihre Zukunftsaussichten wurden von dem feudalistisch-kirchlichen Establishment rigoros eingeschränkt, was ihr wirtschaftliches und soziales Fortkommen behinderte. Genf hatte während der Revolution von 1535 ein solches Establishment abgeschafft und damit die Befreiung dieser sozialen Schicht ermöglicht. Calvin spielte bei dieser Entwicklung nur eine Nebenrolle. Trotzdem wurde Genfs religiöses, politisches und wirtschaftliches System in den fünfziger und sechziger Jahren von denjenigen als Einheit betrachtet, die voller Neid von Frankreich nach Genf blickten. Da sie nicht in Genf Zuflucht suchen wollten, versuchten sie, ihre Wertvorstellungen in ihrem eigenen Einflußbereich durchzusetzen. Die Wirkung des Calvinismus auf Frankreich ist zumindest zum Teil auf Calvins religiöse Ideen zurückzuführen. Sie verdankt sich aber auch dem neuen politischen und wirtschaftlichen System, das durch die Genfer Revolution von 1535 entstand – ein System, das im Grunde nichts mit den Ideen und Maßnahmen Calvins zu tun hatte, auch wenn es von Außenstehenden allgemein als integraler Bestandteil des Calvinismus betrachtet wurde. Man kann mit Recht behaupten, daß das Thema »Calvinismus und Kapitalismus« eigentlich eine historisch bedingte Mischung aus Calvins religiösen Ideen und bestehenden wirtschaftlichen Praktiken und Einrichtungen Genfs ist. In der Vorstellung der Öffentlichkeit verschmolzen Calvin und Genf miteinander, wobei der »Calvinismus« wesentliche wirtschaftliche Elemente (von den politischen ganz zu schweigen) umfaßte, die auf Genf und nicht auf Calvin zurückgingen.

Die calvinistische Arbeitsethik und der Kapitalismus

Mitte des 17. Jahrhunderts waren Kapitalismus und Calvinismus praktisch bedeutungsgleich. Dieses Phänomen weckte das Interesse von Gesellschaftstheoretikern. Um nur ein Beispiel zu nennen: Das bislang kulturell homogene Flandern wurde durch protestantische Aufstände und die Rückeroberung durch das katholische Spanien zerrissen. Zweihundert Jahre lang herrschten in dem protestantischen Gebiet geschäftiges Treiben und Wohlstand, während das katholische Gebiet von Not und Unfruchtbarkeit heimgesucht wurde. Selbst in katholischen Ländern wie Frankreich oder Österreich bauten die Calvinisten ihr industrielles und finanzielles Potential aus. Nicht die Protestanten generell, sondern die Calvinisten förderten den Kapitalismus. Als die beiden großen Verfechter des Luthertums im 17. Jahrhundert, Christian IV. von Dänemark und Gustav Adolf von Schweden, die finanziellen und industriellen Ressourcen ihrer jeweiligen Länder aktivieren wollten, baten sie die niederländischen Calvinisten um Unterstützung. Das Ergebnis war so überzeugend, daß sich in Skandinavien bald eine niederländisch-calvinistisch-kapitalistische Aristokratie etablierte.[66] Es ließen sich noch zahllose andere Beispiele nennen: zwischen Nord- und Südeuropa, zwischen dem Norden und dem Süden Irlands oder zwischen Nord- und Südamerika. Wo der Calvinismus gedieh, florierte auch der Kapitalismus.

Der Reiz der Weberschen These liegt teilweise in ihrer evidenten Übereinstimmung mit dem Wahrnehmbaren. Die nachweisbare Verwandtschaft von Calvinismus und Kapitalismus dient in Webers Analyse eher als Prämisse denn als Schlußfolgerung. Es ist etwas, das erklärt und nicht bewiesen werden muß. Es besteht kaum ein Zweifel daran, daß die wirtschaftliche Elite Europas zu Beginn des 17. Jahrhunderts – sowohl in katholischen als auch in protestantischen Ländern – calvinistisch war. Offenbar war einzig und allein der Calvinismus imstande, Industrie und Finanzen zu mobilisieren und dem kommerziellen Leben von Städten und Ländern einen wesentlichen Impuls zu geben. Die Vermutung, der Calvinismus habe irgendwie – wenn auch indirekt – die Entwicklung von Bedingungen verursacht, unter denen der Kapitalismus gedeihen konnte, ist äußerst einleuchtend. Dem Theologen bereitet jedoch die *religiöse* Erklärung dieser Tendenz Probleme. Genauer gesagt, einem christlichen Theologen, der mit dem religiösen Denken dieser Zeit vertraut ist, fällt es schwer, den engen Zusammenhang zwischen calvinistischem Geist und dem von Weber entdeckten »Geist des modernen Kapitalismus« zu erkennen.

Die umfangreiche Literatur über die Beziehung von Calvinismus und Kapitalismus fordert in einem Punkt Kritik heraus: die Arbeiten stammen durchweg von Autoren, denen das nötige *theologische* Rüstzeug fehlt, um die Bedeutung bestimmter religiöser Lehren und Haltungen richtig einzuschätzen. Weber selbst ist ein Beispiel für dieses Problem: In all seinen Schriften neigt er dazu, willkürlich von der »kapitalistischen Denkweise« zur calvinistischen Lehre von der »Berufung« überzugehen. Häufig wird ein Zusammenhang zwischen beiden festgestellt, der nur selten erklärt und nie *theoretisch* gerechtfertigt wird. Die neue *Betonung* der göttlichen Prädestination durch Calvins Anhänger wurde oft fälschlicherweise als neue *Lehre* verstanden, als sei der Gedanke der göttlichen Erwählung eine vor der Reformation unbekannte theologische Neuerung – und auch dann nur in einem Bereich des Protestantismus. Wie bereits erwähnt, weist die zentrale Beschäftigung mit Problemen der »Berufung« – wie Prädestination, Erwählung und Vorsehung – im späten calvinistischen Denken sowohl auf ein neues Interesse an theologischer Systematisierung und Methode (um ein System von gleicher Schlüssigkeit zu entwickeln, wie das der katholischen Theologen vom Schlage eines Thomas von Aquin) als auch auf die Erkenntnis der Notwendigkeit, wegen der Rivalität der beiden reformatorischen Bewegungen in Deutschland den Calvinismus als soziales Ganzes vom Luthertum (das in dieser speziellen Frage einen etwas anderen Standpunkt vertrat) zu unterscheiden. Herbert Lüthy hat mit Recht die Neigung von Historikern beklagt, »überstürzt den plumpen Versuch zu unternehmen, den calvinschen Begriff der Prädestination psychoanalytisch als Weg zum Erfolg zu betrachten«[67] und den spezifisch calvinistischen Begriff von seinem theologischen Nährboden im Spätmittelalter und zu Beginn der Reformation zu isolieren. Calvins Lehre von der doppelten Prädestination hat ihren Ursprung in einer augustinischen Renaissance im 14. Jahrhundert[68] und kann nicht als theologische Neuerung angesehen werden, die irgendwie mit dem Erwachen des »Geistes des modernen Kapitalismus« zusammenhängt. Gregor von Rimini und Hugolino von Orvieto – um nur zwei Theologen des 14. Jahrhunderts zu nennen, die eine ebenso strenge Lehre von der doppelten Prädestination vertraten wie Calvin – neigen trotz ihrer Prädestinationslehre offensichtlich nicht zu wirtschaftlichem Aktivismus oder zu vorkapitalistischen Ansichten.

Zudem unterscheidet Weber nicht die verschiedenen Ebenen des calvinistischen Verständnisses von der Lehre der unbedingten doppelten Prädestination. Die Arminianer verwarfen die Lehre, während der orthodoxe Calvinismus an ihr festhielt und sie sogar noch bekräftigte. Doch das arminianische Amsterdam sorgte für den beachtlichen Reichtum der Vereinigten Provinzen, während das calvinistische Geldern wirtschaftlich rückständig blieb. Nach Webers Theorie hätte es genau umgekehrt sein müssen.

Es ist wichtig, den Begriff »Arbeitsethik«, auf den Weber so großen Wert legt, genauer zu untersuchen. Der Ursprung der calvinistischen Arbeitsethik ist gleichzeitig pastoral und theologisch. Eine der zentralen Fragen zu Beginn der Reformation betraf das Verhältnis zwischen der Gnade Gottes und dem sittlichen Verhalten des Menschen. War Gottes Gnade abhängig vom früheren Verhalten oder Verdienst des Menschen? Und wenn die Gnade dem menschlichen Handeln vorausging, wie konnte dann die Gefahr des »Antinomismus« – geistige Anarchie, in Ermangelung eines treffenderen Ausdrucks – gebannt werden? Wie konnte der Geschenkcharakter der Gnade aufrechterhalten werden, ohne den entscheidenden Zusammenhang zwischen der Gnade und dem moralischen Verhalten des Menschen zu zerstören?

In der frühen Reformation wurde in dieser Frage Übereinstimmung erzielt, und Calvin übernahm dieses Erbe.[69] Gottes Gnade war ein bedingungsloses Geschenk und unabhängig von den Werken oder dem Verdienst des Menschen. Trotzdem besaß die Gnade eine erneuernde Dimension, die Fähigkeit, in dem Empfänger zu wirken. Der Gnade teilhaftig werden heißt, durch die Gnade erneuert werden. Ein wesentlicher Bestandteil dieser Erneuerung und Besserung (der zu Calvins Zeit als »Heiligung« bekannt war) war der Ansporn und die Befähigung des Gläubigen zu guten Werken. Gute Werke galten als äußeres und sichtbares Zeichen der Gegenwart und des Wirkens der Gnade im Gläubigen.

Wie vor ihm Luther betont Calvin die Unbedingtheit der Gnade. Gnade ist ein Geschenk, keine Belohnung. Gott ist zu diesem Geschenk nicht verpflichtet. Das Gnadengeschenk ist ein Zeichen seiner Großzügigkeit und keine Verpflichtung seinerseits.

Gnade wird nur einigen zuteil, nicht allen. Laut Calvin betont die Prädestinationslehre den Geschenkcharakter der Gnade (*Institutio* III,21,1):

> Wir werden nie und nimmer so klar, wie es sein sollte, zu der Überzeugung gelangen, daß unser Heil aus dem Brunnquell der unverdienten Barmherzigkeit Gottes herfließt, ehe uns nicht Gottes ewige Erwählung kundgeworden ist; denn diese verherrlicht Gottes Gnade durch die Ungleichheit, daß er ja nicht unterschiedslos alle Menschen zur Hoffnung auf die Seligkeit als Kinder annimmt, sondern den einen schenkt, was er den anderen verweigert.

Mit anderen Worten: Gnade wird nur den Erwählten zuteil. Wenn das der Fall ist, ergibt sich daraus eine naheliegende Frage. Wie kann jemand wissen, ob er zu den Erwählten gehört? Wenn die Gnade unsichtbar ist und jenseits menschlicher Wahrnehmung liegt, wird dann ihre Gegenwart an ihrer Wirkung erkennbar?

Obwohl Weber erklärte, Calvin halte solche Fragen nicht für problematisch, beweisen die Tatsachen genau das Gegenteil. Der Kampf gegen den Unglauben, so Calvin, ist ein permanenter Bestandteil des christlichen Lebens (*Institutio* III,2,17-18). Obwohl er auf bestimmte theologische oder geistige Mittel verwies, mit denen solchen Zweifeln begegnet werden kann – zum Beispiel, indem man sich auf die Verheißungen Gottes verläßt, wie sie in Jesus Christus offenbar werden (III,24,5) –, wandte er sich auch praktischeren Gesichtspunkten zu: den guten Werken. Calvin betonte zwar, gute Werke seien nicht die Grundlage der *Erlösung*, räumte jedoch ein, daß sie die Grundlage des *Vertrauens* bildeten. Die Werke können als »Zeugnisse« betrachtet werden, »daß Gott in uns wohnt und regiert« (III,14,18). Die Gläubigen werden nicht durch ihre Werke errettet (III,14,6-11); vielmehr wird die Erlösung durch die Werke offenbar (III,14,18). »Die Gnadengabe der guten Werke ... beweist, daß er uns den Geist der Kindschaft gegeben hat« (III,14,18). Die Tendenz, die Werke als Beweis für die Erwählung zu betrachten, ist der erste Schritt zur Formulierung einer Arbeitsethik mit merklich pastoralem Unterton: Durch weltlichen Aktivismus kann der Gläubige sein unruhiges Gewissen davon überzeugen, daß er zu den Erwählten gehört.

Die Sorge um die Erwählung ist später ein beherrschendes Merkmal calvinistischer Denkungsart und wird von calvinistischen Predigern und religiösen Autoren durchweg ausführlich behandelt. Die Antwort bleibt im wesentlichen immer dieselbe: Der Gläubige, der gute Werke vollbringt, ist in der Tat auserwählt. Theodor Beza formuliert es folgendermaßen:

> Aus diesem Grund ermahnt uns der heilige Petrus, uns unsere Berufung und Erwählung durch gute Werke zu sichern. Nicht, daß sie der Grund unserer Berufung und Erwählung sind ... Aber insofern, als die guten Werke unserem Gewissen beweisen, daß Jesus Christus in uns wohnt, können wir nicht zugrunde gehen und sind zur Erlösung auserwählt.[70]

Wieder wird auf dieselbe Weise argumentiert: Werke sind Zeugnisse, aber nicht Ursache der Erlösung; sie sind die Folge, nicht die Voraussetzung der Erlösung. Durch Rückschlüsse (*a posteriori*) kann der Gläubige von den Folgen (gute Werke) auf seine Erwählung schließen. Zusätzlich zum Lobpreis Gottes und zur Dankbarkeitsbezeigung des Gläubigen übt ein solch moralisches Handeln eine psychologische Wirkung auf das unruhige Gewissen des Christen aus, indem es dem Gläubigen die Gewißheit verleiht, daß er tatsächlich zu den Erwählten gehört.

Dieser Gedanke wurde oft im Sinne des »praktischen Syllogismus« angeführt, der auf einem Argument beruht, das in den folgenden Zeilen entworfen wird:

> Alle, die erwählt sind, tragen bestimmte Zeichen als Folge dieser Erwählung.
> Ich trage diese Zeichen.
> Also gehöre ich zu den Erwählten.

Dieser *syllogismus practicus* sieht die Gründe für die Gewißheit der Erwählung in der Präsenz bestimmter Zeichen (*signa posteriora*) im Leben des Gläubigen.[71] Folglich bestand ein merklicher psychologischer Zwang, sich und der Welt seine Erwählung durch die Zurschaustellung der Zeichen zu beweisen. Eines dieser Zeichen war die aufrichtige Bereitschaft, Gott durch die Arbeit zu dienen und zu preisen.

Durch die Einführung einer »Bündnistheologie« erhielt dieser Gedanke eine festere Grundlage.[72] Dieser Begriff, der großes politisches Gewicht hatte, verhalf dem calvinistischen Denken und der pastoralen Theologie zu einer solideren theoretischen Basis. Der Schriftsteller William Perkins aus Cambridge (1558-1602) erklärte – insbesondere in seinem Werk mit dem bezeichnenden Titel *A treatise tending unto a declaration whether a man may be in the estate of damnation or in the estate of grace* [Eine Abhandlung, die zur Klärung beitragen soll, ob sich ein Mensch im Zustand der Verdammnis oder der Gnade befindet] (1589) –, der Erwählte stünde im Bund mit Gott:

> Gottes Bund ist sein Vertrag mit dem Menschen über die Erlangung des ewigen Lebens unter einer bestimmten Bedingung. Dieses Bündnis besteht aus zwei Teilen: aus Gottes Versprechen gegenüber dem Menschen und aus dem Versprechen des Menschen gegenüber Gott. Mit seinem Versprechen verpflichtet sich Gott gegenüber dem Menschen, sein Gott zu sein, wenn dieser die Bedingung erfüllt. Mit seinem Versprechen gegenüber Gott gelobt der Mensch, seinem Herrn treu zu sein und die zwischen ihnen vereinbarte Bedingung zu erfüllen.[73]

Gott hat mit den Gläubigen einen Vertrag geschlossen, durch den ihnen die Erlösung unter der Bedingung zugesichert wird, daß sie bestimmte sittliche Verhaltensweisen berücksichtigen. Wenn sich der Gläubige daran hält, kann er sicher sein, daß er zu den Erwählten zählt.

Der frühcalvinistische Hang zu moralischem, wirtschaftlichem und politischem Aktivismus beruhte somit auf bedeutenden theologischen Grundlagen. Durch rege Beteiligung am Weltgeschehen unter Anleitung der Heiligen Schrift konnte der Gläubige seine Berufung sichern und hinsichtlich seiner Erwählung Seelenfrieden finden (welcher in puritanischen Kreisen stets geschätzt wurde, aber schwer zu erlangen war). Der Begriff »Berufung« (*vocatio*) muß unter diesem Aspekt gedeutet werden: Das

Gebot, gute Werke zu vollbringen, ist nicht unbedingt mit einer speziell weltlichen Berufung verbunden (zum Beispiel, ein Metzger, Bäcker oder Hersteller von Kerzenleuchtern zu sein), sondern mit der Notwendigkeit, sich und der Welt seine *göttliche* Berufung zu beweisen. Die Grundlagen dieser Arbeitsethik lassen sich anhand der Schriften des schottischen Theologen John Davidson (1549-1603) erklären, dessen *Katechismus* folgende Feststellung enthält:

LEHRER: Wie können wir bezeugen, daß wir wirklich erlöst sind?

SCHÜLER: Durch den Lobpreis Gottes und unsere und unserer Nachbarn Erbauung, indem wir die Früchte unserer Wiedergeburt in der Heiligung vorweisen.[74]

Mitte des 17. Jahrhunderts war klar, daß zwischen den europäischen Kirchen, ob protestantisch oder römisch-katholisch, im Hinblick auf die Alltagsethik Einigkeit herrschte. Wie unterschiedlich ihre Auffassungen in bezug auf Lehre und Kirchenordnung auch sein mochten, alle Kirchen – ob römisch-katholisch, lutherisch oder calvinistisch – hoben dieselben, für das tägliche Leben notwendigen Eigenschaften hervor: moralischen Ernst, Hingabe und Gewissenhaftigkeit.[75] Was den Calvinismus zu diesem Zeitpunkt kennzeichnet, ist weniger sein moralischer Ernst als vielmehr die theologische und geistige Funktion, die dieser erfüllen soll. Der Gedanke der »Berufung« blieb für den Calvinismus charakteristisch, und seine besondere existentielle Bedeutung hing mit den Ängsten zusammen, die die calvinistische Prädestinationslehre hervorrief. Es ist zweifellos richtig, daß diese Lehre den Keim des weltlichen Aktivismus in sich trug. Theoretisch könnte die Prädestination eine quietistische Haltung fördern: Wenn man erwählt ist, warum soll man dann in das Treiben der Welt eingreifen? Doch in Wirklichkeit war genau das Gegenteil der Fall: Um sicherzustellen, daß man erwählt *ist,* muß man sich aus ganzem Herzen mit dem rechten Tun in der Welt einsetzen.

Im 16. Jahrhundert zählten die Calvinisten mit dieser positiven und dynamischen Einstellung zur Arbeit zu den Fortschrittlichen. Doch Mitte des 17. Jahrhunderts wurde diese Eigenart des Calvinismus historisch ausgehöhlt. Andere protestantische Gruppierungen – wie Arminianer, Mennoniten, Independenten, Pietisten und Quäker –, die die orthodoxen calvinistischen Ansichten über die Prädestination und die Ängste, die diese angeblich hervorrief, nicht teilten, hatten sich ebenfalls voll und ganz der weltlichen Tätigkeit zugewandt. Obwohl ohne den theoretischen Rahmen, der die Notwendigkeit nach sich zog, die Erwählung durch Arbeit zu bekräftigen, hatten sie doch Muster sozialer Aktivität übernommen, die denen des Calvinismus ähnelten. Es ist, als sei die typische Hinwendung des Calvinismus zu weltlicher Tätigkeit und Einsatzfreude von ihrer theologischen Basis losgelöst und *unabhängig* von ihrem religiösen Ursprung von der Gesellschaft Westeuropas übernommen worden. Was im 16. oder frühen 17. Jahrhundert für den Calvinismus bezeichnend war, scheint um 1650 für die Bürger Nordeuropas ganz selbstverständlich geworden zu sein.

Diese Aushöhlung der theologischen Basis der calvinistischen Arbeitsethik wird durch Trevor-Ropers Beobachtung glaubhaft, wonach viele bedeutende calvinistische Unternehmer Mitte des 17. Jahrhunderts alles andere als orthodoxe religiöse Ansichten vertraten.[76] Ihr »Calvinismus« entsprach nur selten den strengen dogmatischen Kriterien, die zur Betonung der Prädestinationslehre und der von ihr erzeugten Existenzängste führten. Gerade die Prädestinationslehre betrachtete Weber als die Grundlage der calvinistischen Hinwendung zu weltlichem Aktivismus. Übrig blieb nur das Engagement, während die religiösen Überlegungen, die ursprünglich den Anstoß dazu gegeben hatten, weitgehend außer acht gelassen wurden. Die weltlichen Haltungen blieben bestehen, während ihre religiösen Grundlagen abgelehnt, vergessen oder einfach übergangen wurden. Es läßt sich mit einiger Sicherheit behaupten, daß im späten 17. Jahrhundert die allgemeine Einstellung zur Arbeit und zum weltlichen Aktivismus – worauf der Calvinismus mittlerweile kein Monopol mehr hatte – ein Überbleibsel der früheren *Angst* angesichts der Frage der göttlichen Erwählung ist. Die Art der Überwindung dieser Angst brachte den Calvinismus zunächst an die Spitze der wirtschaftlichen Aktivität Westeuropas. Im Laufe des 17. Jahrhunderts zogen andere gleich und übernahmen die Haltungen und Methoden des Calvinismus, ohne die religiösen Zwänge hinzunehmen, die ursprünglich zu den Ergebnissen dieser Entwicklung geführt hatten.

In Zusammenhang mit Webers These ergibt sich ein grundlegendes Problem: Sie schafft keine spezielle Verbindung zwischen der Arbeitsethik auf der einen und der Bildung und Neuinvestition von Kapital auf der anderen Seite. In der Tat besteht kein bestimmter Zusammenhang mit der *wirtschaftlichen* Aktivität im allgemeinen. Wenn es überhaupt eine spezifische wirtschaftliche Anwendung der calvinistischen Arbeitsmoral gibt, dann liegt sie laut Weber in der Askese, die anfänglich ein beherrschendes und charakteristisches Merkmal des orthodoxen calvinistischen Geistes ist. Wenn es dem Gläubigen untersagt ist, die finanziellen Früchte seiner Arbeit zu genießen (und die soziale Überwachung solchen Genusses war in frühen calvinistischen Gesellschaften oft beträchtlich), bleibt ihm kaum eine andere Wahl, als das erworbene Kapital anzuhäufen oder neu zu investieren.[77]

Obwohl der Calvinismus das Gebot beinhaltete, das Erwähltsein zu bewahren und es sich und der Welt durch eine angemessene weltliche Tätigkeit zu beweisen, wurde die spezielle Art dieser Tätigkeit offengelassen. Historische Untersuchungen deuten darauf hin, daß die Art der Tätigkeit von den historischen Gegebenheiten abhing und von Zeit zu Zeit und von Land zu Land verschieden war. Zum Beispiel charakterisierte den englischen Calvinismus (oder Puritanismus, wie er allgemein genannt wird) zwischen 1603 und 1640 ein reger politischer Aktivismus, der im Bürgerkrieg, in der Vertreibung Karls I. und der Bildung des puritanischen Commonwealth gipfelte. Wie Michael Walzer bemerkt, wurde Politik »zu so etwas wie Arbeit«.[78] Nach dem Scheitern der Republik und der Thronbesteigung Karls II. im Jahr 1660 bildeten die Puritaner in der englischen Politik nur noch eine Randgruppe. Deshalb konzentrierten sie sich auf Bereiche, die ihnen noch offenstanden. Die freiwillige Entscheidung, sich aus der Politik zurückzuziehen, führte innerhalb des Puritanismus zu wirtschaftlicher Dynamik. Bezeichnenderweise stützt sich Webers Argument für die Verbindung zwischen Calvinismus und wirtschaftlichem Aktivismus weitgehend auf die englischen Puritaner Richard Baxter und John Bunyan, die ihre Schriften nach 1660 verfaßten.[79] Das könnte bedeuten, daß Weber seine weitgehend theoretische Konstruktion auf einer bloßen historischen Zufallsgegebenheit aufgebaut hat.

Dennoch ist ein Zusammenhang zwischen Calvins weltbejahender Theologie und dem Kapitalismus nicht zu leugnen. Der englische Prediger und Theologe John Wesley setzte im 18. Jahrhundert einen solchen Zusammenhang voraus. Er schrieb: »Ich weiß nicht, wie nach Lage der Dinge eine Wiederbelebung der Religion von Dauer sein kann. Denn die Religion wird notwendigerweise zu Fleiß und Sparsamkeit anhalten, und dies wiederum kann nur zu Reichtum führen. Aber wenn der Reichtum zunimmt, wachsen auch überall Stolz, Zorn und die Liebe zur Welt.« Obwohl Wesley der Ansicht ist, der Wohlstand ziehe religiöse Probleme nach sich, ist er offensichtlich davon überzeugt, daß der evangelische Glaube »notwendigerweise zu Fleiß und Sparsamkeit«, diesen Eckpfeilern des Kapitalismus, »anhalten muß«.

Wie auch immer das Verhältnis zwischen Calvinismus und Kapitalismus letztlich aussehen mag, man kann mit Recht behaupten, daß die neue Einstellung zur Arbeit, und vor allem zur körperlichen Arbeit, eines der größten Vermächtnisse des Calvinismus an die westliche Kultur ist.[80] Arbeit ist keineswegs nur ein unumgängliches und kräftezehrendes Mittel zur Bestreitung des Lebensunterhalts, sondern vielleicht die lobenswerteste aller menschlichen Tätigkeiten, ja in dieser Hinsicht übertrifft sie alle anderen. Von Gott »berufen« zu sein, bedeutet nicht, sich von der Welt zurückzuziehen, sondern erfordert kritische Auseinandersetzung mit jedem Lebensbereich. Von einer »protestantischen Arbeitsethik« zu sprechen, heißt nicht, diejenigen herabzusetzen, die nicht arbeiten können, sondern diejenigen zu tadeln – wie etwa die französischen Adligen, die in Genf Zuflucht suchten –, die nicht arbeiten *wollen*. »Arbeit«, so dürfen wir hinzufügen, ist nicht als »Tätigkeit gegen Entlohnung« zu verstehen, sondern als gewissenhafter und produktiver Einsatz aller einem zur Verfügung stehenden Mittel und Fähigkeiten.

Arbeit wird daher als durchaus geistliche Tätigkeit betrachtet, als produktive und sozial nützliche Form des Gebets. Körperliche und geistige Betätigung sind in dieser einen Handlung verbunden, wodurch sozial nützliche Aufgaben erfüllt und persönliche Sicherheit hinsichtlich der Erlösung erlangt werden können. Es kann durchaus sein, daß diese neue Einstellung zur Arbeit der Entwicklung des Kapitalismus förderlich ist. Aber sie verleiht auch der täglichen Arbeit der *petits gens* eine neue tiefe Bedeutung. Soziale Unterschiede (gegen die der Calvinismus eine innere Abneigung hatte) werden durch das allgemeine Gebot, »die Zeit zu heiligen« (Richard Baxter), ausgeglichen.

Die Umwandlung des Status der Arbeit von einer unangenehmen und entwürdigenden Tätigkeit, die man möglichst vermied, zu einem würdigen und ehrenvollen Mittel, Gott und die von ihm geschaffene Welt anzunehmen, ist einer der wichtigsten Beiträge des Calvinismus zur westlichen Kultur. Aber welche anderen Aspekte der modernen westlichen Kultur können dem Vermächtnis Calvins und seiner Stadt noch zugeschrieben werden? In welchem Umfang hat der Calvinismus die Haltungen und Wertvorstellungen der modernen Welt geformt oder zu ihrer Entwicklung beigetragen? Zum Abschluß dieser Untersuchung wollen wir einige Aspekte des Einflusses Calvins auf die moderne westliche Kultur betrachten.

12

Calvin und die Herausbildung der modernen westlichen Kultur

In der vorliegenden Arbeit haben wir versucht, einen Überblick über Calvins Leben und Denken zu geben und die Entwicklung der reformatorischen Bewegung zu verfolgen, die ihren Ursprung und ihre Form weitgehend seiner Inspiration verdankt. Außerdem haben wir uns um eine Darstellung der Wirkung bemüht, die diese Bewegung auf das späte 16. Jahrhundert und darüber hinaus hatte. Diese Wirkung verdankte sich teils dem Reiz des Neuen, teils der geistigen Strenge der Bewegung und teils ihrer offenkundigen Anziehungskraft auf all jene, deren Kreativität und Leistungsfähigkeit durch die Restriktionen einer halbfeudalen Gesellschaft unterdrückt wurden. Als sich der Calvinismus zu einem internationalen Phänomen entwickelte, glaubten viele, daß eine Veränderung bevorstünde. Offensichtlich war die religiöse Bewegung imstande, Westeuropa von den letzten Fesseln des Mittelalters zu befreien. C. S. Lewis betont diesen Aspekt und verweist nachdrücklich auf die Notwendigkeit, »die Neuheit, die Kühnheit und (bald auch) die Modernität des Calvinismus« im 16. Jahrhundert zu begreifen.[1] Wie wir immer wieder betont haben, war der Calvinismus weit mehr als eine reformatorische Theologie; er war eine fortschrittliche Weltanschauung, die die Welt im Sturm zu erobern schien und die Kultur der damaligen Zeit stark beeinflußte.

Auf den ersten Blick mag die Behauptung unpassend sein, der Calvinismus habe die westliche Kultur geprägt – außer im durchaus negativen Sinn. Denn steht der Calvinismus der Kultur nicht feindlich gegenüber? Zum Beispiel wurde der Calvinismus oft als Feind der Kunst dargestellt. In einer Hinsicht stimmt diese Behauptung. Calvins Theologie ähnelt dem Islam in einem Punkt, nämlich in seiner Einstellung zur Innendekoration von Gebäuden, die für den Gottesdienst bestimmt sind. In Kirchen waren keine Darstellungen Gottes in menschlicher Gestalt erlaubt. Nur allzu leicht werde ein derartiges Werk mit dem Schöpfer verwechselt, hieß es.[2] Es sei Abgötterei, »anstatt des einigen wahren Gottes, der sich in seinem Wort hat offenbaret, oder neben demselbigen etwas anderes zu dichten oder zu haben, darauf der Mensch sein Vertrauen setzt«.[3]

Dieses Verbot hat jedoch einen gewichtigeren Grund: Gott soll und kann nicht abgebildet werden.[4] Unmittelbar nach dem Konzil von Trient übernahmen die römisch-katholischen Kirchen – denen in Kürze die lutherischen folgen sollten – eine barocke Ornamentik und bedienten sich ausgiebig visueller Hilfen in Form von religiösen Bildnissen und Darstellungen. Diese wurden jedoch aus calvinistischen Kirchen rigoros verbannt. Im Heidelberger Katechismus von 1563 finden sich nicht wenige Spuren dieser geistigen Überlegenheit: Calvinisten brauchen keine fremden Bilder von Gott; sie verfügen über ein lückenloses Verständnis der vielen verbalen Bilder der Heiligen Schrift, die sie in vollem Umfang benutzen:

FRAGE: Mögen aber nicht die Bilder als der Laien Bücher in den Kirchen geduldet werden?

ANTWORT: Nein; denn wir sollen nicht weiser sein denn Gott, welcher seine Christenheit nicht durch stumme Götzen, sondern durch die lebendige Predigt seines Worts will unterwiesen haben.[5]

Abgesehen von kirchlichem Schmuck waren dem Schaffen calvinistischer Künstler jedoch keine Grenzen gesetzt. Der wachsende Wohlstand calvinistischer Gemeinden, der auch mit ihrer Verbindung zum Kapitalismus zusammenhing, führte zur Entwicklung eines ähnlichen Mäzenatentums wie dem der italienischen Renaissance. Die wohlhabenden Bürger Flanderns waren sich der Bedeutung der Ausschmückung von Häusern und Gebäuden ebenso bewußt wie ihre Vorgänger zur Zeit der Renaissance.

Zudem war die ablehnende Haltung der Calvinisten gegenüber bildlichen Darstellungen Gottes im wesentlichen theologisch begründet und bezog sich nicht auf andere Bildthemen. Calvinistischen Malern war zwar die Darstellung Gottes auf ihren Bildern verboten, aber nicht das Malen an sich (in diesem Zusammenhang sei daran erinnert, daß zu den frühesten Anhängern der calvinistischen Reformation in den Niederlanden auch Künstler zählten).[6] Zum Glück waren ihre Möglichkeiten durch dieses Verbot nicht erschöpft, wie das neue Interesse an Landschaften, Stadtansichten, häuslichen Szenen und Porträts zeigt, das für die flämische Kunst des 17. Jahrhunderts charakteristisch war. Ebenso gab der neue puritanische Schwerpunkt der »sachlichen Darstellung göttlicher Verheißungen in Biographien und Erzählungen, oder ihres natürlichen Umfelds«[7] calvinistischen Künstlern Anlaß zu Themen, die ein ideales Material für sie bildeten. Sie durften Gott zwar nicht malen, aber da Gott in seiner Schöpfung erfahrbar war, erhielt die Darstellung von Natur und Geschichte eine neue religiöse Motivation. (Dieser Anreiz, Natur bildlich darzustellen, hängt auch mit dem calvinistischen Interesse an den Naturwissenschaften zusammen, mit dem wir uns noch beschäftigen werden.)

Selbst in katholischen Ländern waren calvinistische Künstler tätig und erfreuten sich allgemeiner Anerkennung. In Frankreich starteten die Bourbonen in Paris und anderswo ein kühnes Stadtentwicklungsprogramm im Renaissancestil. Ein günstiges Steuersystem unter Richelieu verschaffte den Finanziers ein Vermögen. Sie suchten nach sozial vertretbaren Möglichkeiten, die angehäuften Summen auszugeben. Die prächtigen *hôtels* der Ile Saint-Louis und ein umfassendes Förderprogramm für die Kunst waren ein spürbarer Ausdruck dieses neuen Wohlstands.[8] Obwohl der Calvinismus nach dem Edikt von Nantes (1598) als Religion geduldet wurde, galt er dennoch allgemein als abweichlerisch und als Gefahr für die nationale Sicherheit. Diese Haltung verstärkte sich während des englischen Bürgerkriegs und veranlaßte Mazarin und seine Berater, in den Calvinisten potentielle Revolutionäre zu sehen.[9] Doch sogar in dieser Zeit genossen calvinistische Architekten und Maler weit über ihre Zahl hinaus Ansehen und Erfolg, was sowohl auf ein gewisses Maß an religiöser Toleranz seitens der französischen Gesellschaft als auch auf das echte künstlerische Engagement und Talent der Calvinisten hindeutet. Die Tatsache, daß von den dreiundzwanzig Gründungsmitgliedern der 1648 gegründeten *Académie royale de peinture* sieben (30,5 Prozent) Calvinisten waren, spricht für ihren Erfolg.[10] Louis Testelin, der erste Syndikus der Akademie, war bekanntermaßen Calvinist, obwohl – wie es in einer späteren Rede hieß – »er nicht so halsstarrig war, wie sonst bei jenen üblich ist, die diesem Irrglauben verhaftet sind. Außerdem vermied er aufrührerische Streitgespräche.«

Der Begriff »Kultur« umfaßt jedoch mehr als nur die schönen Künste. Im weitesten Sinne bezeichnet er eine Reihe von Haltungen, Ansichten, Sitten und Überzeugungen, die das menschliche Dasein in bestimmten geschichtlichen Zeiträumen prägen. Wenn wir den Einfluß des Calvinschen Erbes auf die westliche Kultur betrachten, müssen wir uns auch mit seinem Beitrag zur Gestaltung und Entwicklung einer Weltanschauung befassen. Im Laufe ihrer Untersuchung über zeitgenössische Wertvorstellungen im modernen Amerika führten Robert Bellah und seine Kollegen Interviews mit über zweihundert Bürgern. Sie kommentierten diese Gespräche folgendermaßen: »Indem wir mit unseren Zeitgenossen sprachen, hielten wir auch Zwiesprache mit unseren Vorfahren. Bei unseren Unterhaltungen lauschten wir nicht nur den Stimmen der Gegenwart, sondern auch denen der Vergangenheit. In den Worten unserer Gesprächspartner wurde Johann Calvin lebendig.«[11] Doch keiner der Interviewten erwähnte Calvin oder war sich seines Einflusses bewußt. Dieser Einfluß ist kaum merklich und unbenannt. Am Ende unserer Darstellung halten wir es für angebracht, einige Bereiche der modernen westlichen Kultur hervorzuheben, in denen der Calvinismus einen wichtigen Beitrag geleistet hat – sei dieser nun ausdrücklich anerkannt oder nicht. Uns geht es nicht so sehr um die Bewertung als um die Identifikation des Beitrags.

Drei Dinge sind für das Verständnis des Nachwirkens des Calvinschen Erbes auf den Westen von Bedeutung:

1. Der *internationale* Charakter des Calvinismus, der sich rasch aller Merkmale entledigte, die ihn mit der ursprünglichen Genfer Situation verbanden. Der Calvinismus verstand sich höchst geschickt den örtlichen Gegebenheiten anzupassen, ein Merkmal, das Theoretiker christlicher Missionen im 20. Jahrhundert für die Einführung des christlichen Glaubens in fremden Kulturen als wesentlich erachteten.[12] Der Calvinismus konnte sich in verschiedene kulturelle Kontexte – europäische und amerikanische – einfügen, die kaum etwas mit der Situation Genfs im 16. Jahrhundert zu tun hatten, und sich innerhalb dieser Gesellschaften unmittelbar auf bestimmte Probleme – politische, wirtschaftliche und religiöse – einstellen.

2. Der entschieden *weltbejahende* Charakter des Calvinschen Denkens, vor allem in der Ausprägung seiner späteren Anhänger. Der Calvinismus ist keine Ansammlung abstrakter und belangloser religiöser Prinzipien, sondern eine fest in die konkrete Wirklichkeit des menschlichen Daseins (insbesondere des städtischen Lebens) eingefügte Religion. Selbst die Prädestinationslehre, die wohl abstrakteste aller calvinistischen Ideen, zielt auf das Engagement des einzelnen in der Alltagswelt. Der Calvinismus vermochte sich in einem Maße mit der westlichen Kultur auseinanderzusetzen – vielleicht mehr als irgendeine andere moderne Form des christlichen Glaubens –, daß er sie letztlich von innen heraus verändern konnte. Der Calvinist befaßte sich unmittelbar mit der Welt und zog sich nicht aus ihr zurück.

3. Der Calvinismus war der *Säkularisierung* ausgesetzt: Ohne den religiösen Kern blieb ein ganz bestimmter Rest an politischen, sozialen und ökonomischen Werten übrig. Nach Hugh Trevor-Roper ist es für den Calvinismus kennzeichnend, daß er leichter aufgegeben werde als der Katholizismus.[13] Einmal vergessen, zeigte sich dennoch, daß er die Ansichten derer beeinflußt hat, die ihn zuvor übernommen hatten. Obwohl der ursprüngliche Einfluß des Calvinismus nachließ, prägte er dennoch in unverwechselbarer Weise die westliche Weltanschauung.

Einer Anekdote nach soll ein Engländer in Nordirland, das für seinen Konfessionsstreit zwischen Katholiken und Protestanten bekannt ist, auf der Straße einer Gruppe von Jugendlichen begegnet sein. »Bist du Protestant oder Katholik?«, fragten sie mit drohendem Unterton. »Ich bin Atheist«, antwortete er nach kurzem Zögern. Worauf die Jugendlichen schlagfertig konterten: »Ja, aber bist du *protestantischer* oder *katholischer* Atheist?« In dieser Frage liegt viel Wahres. Atheismus entsteht, wenn eine Bewegung wie der Calvinismus ihren religiösen Kern verliert und nur ein bestimmter Rest übrigbleibt. Dieser Rest besteht aus einem Gemenge von sozialen, politischen, moralischen und wirtschaftlichen Ansichten, die ursprünglich mit dem Glauben in Zusammenhang standen, aber offensichtlich auch ohne ihn fortbestehen können. Obwohl es auf den ersten Blick absurd erscheinen mag, von »calvinistischem Atheismus« zu sprechen, gelangt man durch diese Bezeichnung zu einer wichtigen Erkenntnis über den Einfluß des Calvinismus auf die westliche Kultur: Wenn die Wucht der Explosion vorbei ist, bleibt in der Kulturlandschaft ein Krater zurück.

Nunmehr wollen wir uns einigen Bereichen zuwenden, in denen der Calvinismus die moderne westliche Kultur, insbesondere in Nordamerika, geprägt hat. Die einzelnen Aspekte sind repräsentativ, aber nicht erschöpfend. Um den gesamten Einfluß des Calvinschen Erbes auf den Westen zu untersuchen, müßte man ein ganz neues Buch schreiben.

Die religiöse Legitimation des wirtschaftlichen Aktivismus

Im vorhergehenden Kapitel haben wir die Entwicklung wirtschaftlich dynamischer – heterodoxer und orthodoxer – Einstellungen innerhalb des Calvinismus, insbesondere im 17. Jahrhundert, aufgezeigt. Die calvinistische Arbeitsethik ist jetzt weitgehend säkularisiert. Die Einstellungen bleiben, während die eigentlichen religiösen Ursachen in Vergessenheit geraten. Die Tendenz zu einer weltlichen Arbeitsethik innerhalb des Calvinismus ist bereits zwischen 1550 und 1680 erkennbar. Für frühe calvinistische Autoren, zu denen auch Calvin selbst zählt, bedeutet

»Berufung« in erster Linie die Erwählung des einzelnen durch Gott; die weltliche Berufung (*une vocation juste et approuvée*), in der sich die göttliche Berufung äußert, ist zweitrangig. Im England der Restauration (nach Cromwells Tod 1658) wird in erster Linie die Berufung in der Welt betont und nicht die ewige Berufung durch Gott. Obwohl letztere nicht an Bedeutung verliert, ist dennoch eine deutliche Tendenz spürbar, weltliches Handeln über seine theologischen Grundlagen zu stellen. Daraus ergibt sich der moderne Trend, den Begriff »Berufung« zu säkularisieren. Für die meisten Angehörigen der modernen westlichen Kultur ist es nicht *Gott,* der sie zu einer bestimmten Tätigkeit berufen hat. Die Gesellschaft oder die innere Entschlußkraft bestimmen, welche Tätigkeit man ausübt. Die Neigung vieler im Westen, sich in irgendeine Arbeit zu stürzen,[14] ist wohl teilweise auf die Einstellung ihrer puritanischen Vorfahren zurückzuführen. Stephen Foster weist darauf hin, wie viele wirtschaftliche Ansichten der Puritaner, die den Aufschwung New Englands im ersten Jahrhundert der Besiedlung erklären, auf der calvinistischen Arbeitsethik beruhen.[15] Und Robert Bellah ist in seiner Untersuchung zu Individualismus und Engagement im modernen Amerika der Meinung, daß eine »Wiederaufnahme des Berufungsgedankens«[16] der Schlüssel zur Umgestaltung der amerikanischen Kultur sei. Der calvinistische Gedanke der Berufung lebt weiter, wenn auch in einem neuen weltlichen Gewand. Und er lebt in einer für Calvin selbst wohl kaum vorstellbaren Form weiter – in der nordamerikanischen »Wohlstandstheologie«, mit der wir uns kurz beschäftigen wollen.

Der Einfluß der calvinistischen Arbeitsethik auf die nordamerikanische Kultur war offenbar enorm. Im Jahr 1831 bemerkte Alexis de Tocqueville, es sei oft schwer zu sagen, ob amerikanische Prediger bemüht seien, »im Jenseits ewige Glückseligkeit zu erlangen oder es in diesem Leben zu Wohlstand zu bringen«. In seiner meisterhaften Studie zur Religionsgeschichte der Vereinigten Staaten machte Sidney Ahlstrom auf die Entwicklung eines bestimmten Trends im 19. Jahrhundert aufmerksam, der sich im 20. Jahrhundert noch verstärkte – Reichtum wird nun als Zeichen göttlicher Erwählung verstanden.[17] So betrachtete

John D. Rockefeller sen. seinen Reichtum als eine Art göttliche Belohnung für seinen Glauben, während Andrew Carnegie von dem »Evangelium des Wohlstands« sprach – um nur zwei Persönlichkeiten zu nennen, die im späten 19. Jahrhundert die amerikanische Finanzwelt beherrschten. Persönlicher und nationaler Wohlstand galten als Zeichen besonderer göttlicher Gnade. Die Entstehung der »Wohlstandstheologie« in den USA in den siebziger Jahren des 20. Jahrhunderts kann als zwangsläufiges Resultat dieser verdrehten Version der calvinistischen Arbeitsethik verstanden werden. Frederick Price unterstützt diese Bewegung, wenn er behauptet, daß »wir erkennen müssen, daß Wohlstand der Wille Gottes ist. Es ist Gottes Wille, daß alle in jedem Lebensbereich Erfolg haben. In erster Linie geht es uns um materiellen und finanziellen Wohlstand.«[18]

Denselben Standpunkt vertreten Gloria Copeland in ihrem Werk mit dem bezeichnenden Titel *God's Will is Prosperity* (1978) und Norval Hayes in seinem Buch *Prosperity now!* (1986). Der enge Zusammenhang zwischen individuellem und nationalem Wohlstand beruht nach allgemeiner Auffassung auf einer Verbindung zwischen der »Wohlstandstheologie« und einem wiederauflebenden amerikanischen Nationalismus. Obwohl das Ausmaß des calvinistischen Einflusses auf diese bedeutende und noch expandierende Entwicklung innerhalb der religiösen Kultur Amerikas umstritten ist, gibt es auf den ersten Blick genügend Anhaltspunkte für ein Nachwirken Calvins. Man könnte behaupten, Calvin habe das religiöse und soziale Stigma des Wohlstands beseitigt.

Doch manchem gilt wohl immer noch Genf als das bedeutendste Denkmal calvinistischer Arbeitsethik. Dem gelegentlichen Besucher wird kaum entgehen, daß das Zentrum der Stadt von Banken und anderen Geldinstituten beherrscht wird. Wie bereits erwähnt, ist die Beziehung zwischen Calvin und dem Kapitalismus nuancierter und mehr historisch bedingt als angenommen und eher auf die Bedürfnisse, Institutionen und politischen Grundsätze der Republik Genf zurückzuführen als auf Calvin selbst. Wahrscheinlich hat er den Kapitalismus gar nicht gefördert, sondern nur bestehende oder sich entwickelnde wirtschaftliche Haltungen, Institutionen und Praktiken in Genf sanktioniert. Es besteht jedoch Grund zu der Annahme, daß der neue Aufschwung des Kapitalismus und seiner Unternehmenskultur ein wesentliches – wenn auch ungewolltes – Ergebnis seines Denkens war und der allgemeinen Auffassung über Wesen und Wirkung des Calvinismus entsprach. Wenn dies der Fall ist, hat die westliche Kultur – direkt oder indirekt – durch diesen religiösen Denker eine unauslöschliche Prägung erfahren.

Calvin und die Naturwissenschaften

Der Ursprung der modernen Naturwissenschaft ist komplex und umstritten. So hat beispielsweise Lewis S. Feuer nachdrücklich behauptet, die moderne Wissenschaft sei die unmittelbare Folge eines »hedonistisch-libertinistischen Geistes«.[19] Theorien, die die stürmische Entwicklung der Naturwissenschaften einem einzelnen Umstand zuschreiben wollen, sind jedoch überzogen und wenig überzeugend. Es steht fest, daß mehrere Faktoren daran beteiligt sind. Einer davon ist zweifellos religiöser Natur und steht in Zusammenhang mit Johann Calvin.

Soziologische Untersuchungen, die mehr als ein Jahrhundert zurückreichen, zeigen signifikante Unterschiede zwischen Protestantismus und Katholizismus bei der Ausbildung von naturwissenschaftlichem Spitzennachwuchs. Diese länderübergreifenden Unterschiede lassen sich unter einem Gesichtspunkt zusammenfassen: Die Protestanten fördern die Naturwissenschaften offenbar viel mehr als die Katholiken. In seiner wichtigen Studie über auswärtige Mitglieder der Pariser *Académie des Sciences* zwischen 1666 und 1883 stellte Alphonse de Candolle fest, daß die Protestanten den Katholiken zahlenmäßig weit überlegen waren. Ausgehend von der Gesamtzahl schätzte Candolle, daß 60 Prozent der Mitglieder Katholiken und 40 Prozent Protestanten waren; in Wirklichkeit waren es 18,2 und 81,8 Prozent.[20] Obwohl die Calvinisten im 16. Jahrhundert im Süden der Niederlande erheblich in der Minderheit waren, kam die große Mehrheit der Naturwissenschaftler dieser Gegend aus diesem Kreis. Die frühen Mitglieder der Royal Society in London waren zumeist Puritaner.[21] Wie Untersuchungen beweisen, standen im 16. und 17. Jahrhundert die Calvinisten sowohl in der Physik als auch in der Biologie an der Spitze. Diese bemerkenswerte Tatsache bedarf einer Erklärung.

Calvin hat zu dieser Debatte in zweierlei Hinsicht beigetragen. Zum einen unterstützte er ausdrücklich das wissenschaftliche Studium der Natur, zum anderen beseitigte er ein Haupthindernis für die Entwicklung dieses Studiums. Sein erster Beitrag hängt im wesentlichen mit seiner Betonung der Schöpfungsordnung zusammen. Welt und Mensch zeugen von der Weisheit und dem Wesen Gottes.

> Niemandem sollte der Zugang zur Seligkeit verschlossen bleiben; deshalb hat Gott nicht nur dem Menschenherzen das geschenkt, was wir den Keim der Religion nannten. Er hat sich auch derart im ganzen Bau der Welt offenbart und tut es noch heute, daß die Menschen ihre Augen nicht aufmachen können, ohne ihn notwendig zu erblicken ... Deshalb nennt der Verfasser des Hebräerbriefs die Welt sehr schön ein Sichtbarwerden der unsichtbaren Dinge; denn die schöne Ordnung der Welt dient uns als Spiegel, in dem wir allenthalben den unsichtbaren Gott erschauen können ... Im Himmel und auf Erden sind unzählige Zeugnisse, die seine wunderbare Weisheit beweisen. Ich denke nicht bloß an verborgenere Dinge, deren genauerer Erforschung die Sternkunde, die Medizin und die gesamte Naturwissenschaft dient. Vielmehr habe ich solche Zeugnisse im Auge, die sich dem Blick auch des Unkundigsten aufdrängen, so daß sich die Augen nicht auftun können, ohne notwendig Zeugen dafür zu sein (*Institutio* I,5,1-2).

Calvin lobt sowohl die Astronomie als auch die Medizin – ja, er gesteht sogar seinen Neid auf sie –, da sie tiefer in die Natur eindringen und somit weitere Beweise für die Weltordnung und die Weisheit ihres Schöpfers entdecken können. (Wie bereits erwähnt, ist der Gedanke, daß Calvin sich verächtlich über Kopernikus äußerte, völlig abwegig.)

Mithin gab Calvin der wissenschaftlichen Erforschung der Natur einen grundlegenden religiösen Impuls und legitimierte sie, weil er in ihr ein Mittel sah, die Weisheit Gottes in der Schöpfung zu erkennen und somit den Glauben an seine Existenz und die Achtung vor ihm zu fördern. Wie es in der *Confessio Belgica* (1561) heißt, einem calvinistischen Glaubensbekenntnis, das vorwiegend die Niederlande beeinflußte (die besonders für ihre Botaniker und Physiker bekannt werden sollten), liegt die Natur »vor unseren Augen ausgebreitet wie das schönste Buch, in dem alle Geschöpfe, ob groß oder klein, wie Buchstaben sind, die uns die unsichtbaren Dinge Gottes zeigen«.[22] Durch die eingehende Beschäftigung mit seiner Schöpfung wird Gott sichtbar. Perry Miller machte darauf aufmerksam, auf welche Weise die Natur zum »Altar Gottes« werden konnte, die tatsächliche Offenbarung des Göttlichen im »unermeßlichen Ozean und den tiefen Wäldern«.[23] Im 17. Jahrhundert wurden innerhalb der Royal Society ähnliche Ansichten vertreten.[24] Richard Bentley (1662-1742) hielt im Jahr 1692 eine Reihe von Vorlesungen, die auf Newtons *Principia Mathematica* (1687) basierten. Darin wird die Weltordnung Newtons als Beweis der Zweckmäßigkeit gedeutet. Während Bentley seine Vorlesungen vorbereitete, schrieb ihm Newton in einem Brief: »Als ich meine Abhandlung über unser Sonnensystem verfaßte, war mir an solchen Prinzipien gelegen, die den Glauben des Menschen an eine Gottheit bestärken; nichts freut mich mehr, als wenn es diesem Zweck dient.« Das sind eindeutige Hinweise auf Calvin, der die Welt als »wunderherrliches Schauspiel Gottes« bezeichnet, in dem die Menschen verständnisvolle Zuschauer sind (*Institutio* I,6,2).

Außerdem hat Calvin ein Haupthindernis für die Entwicklung der Naturwissenschaften ausgeräumt – die allzu strenge Auslegung der Bibel. Diese Emanzipation der wissenschaftlichen Beobachtung und Theorie von der wörtlichen Auslegung der Schrift fand auf zwei verschiedenen Ebenen statt: erstens durch die Ansicht, der eigentliche Inhalt der Heiligen Schrift sei nicht die Weltordnung, sondern die göttliche Offenbarung und Erlösung in Jesus Christus; und zweitens durch die Betonung auf der dem Menschen angepaßten biblischen Sprache. Wir werden diese beiden Punkte im einzelnen betrachten.

Calvin weist darauf hin (obwohl er in dieser Hinsicht nicht ganz konsequent ist), daß es in der Bibel in erster Linie um die Erkenntnis Jesu Christi gehe. Die Bibel sei kein astronomisches, geographisches oder biologisches Lehrbuch. Die wohl eindeutigste Aussage zu diesem Grundsatz ist in einem Abschnitt enthalten, der 1543 Calvins Vorwort zu Pierre Olivétans Übersetzung des Neuen Testaments (1534) hinzugefügt wurde: Ziel der Heiligen Schrift ist es, uns zur Erkenntnis Jesu Christi zu führen – und wenn wir zu der Erkenntnis Christi (und allem, was daraus folgt) gelangt sind, sollen wir innehalten und nicht darauf hoffen, noch mehr zu erfahren.[25] Die Schrift ist wie eine Brille (I,5,8; 6,1), durch die wir die Welt als *Gottes Schöpfung und Offenbarung* erkennen können. Sie ist keine zuverlässige Fundgrube für astronomisches und medizinisches Wissen. Somit sind die Naturwissenschaften frei von allen theologischen Beschränkungen.

Am 4. Juni 1539 äußerte sich Luther sarkastisch über Kopernikus' Theorie – die 1543 veröffentlicht wurde –, wonach sich die Erde um die Sonne drehte. Behauptete die Schrift nicht genau das Gegenteil? Der heliozentrischen Theorie des Sonnensystems wurde eine schroffe Abfuhr erteilt. Solch eine simple, allzu wörtliche Auslegung der Bibel war für den deutschen Reformator offenbar typisch. Bei der Auseinandersetzung mit Zwingli über die Bedeutung der berühmten Worte Jesu, als er beim Abendmahl das Brot brach – »das ist mein Leib« (Matthäus 26,26) –, erklärte Luther, das Wort »ist« könne nur als »ist buchstäblich identisch mit« verstanden werden. Zwingli hielt das für religiösen und sprachlichen Unsinn, da hier die verschiedenen Ebenen des Sprechens völlig verkannt würden. In diesem Fall hieß »ist« soviel wie »bedeutet«.[26]

Wie wir gesehen haben, entwickelt Calvin eine komplexe Theorie der »Anpassung«. Indem Gott sich uns offenbart, begibt er sich auf unsere Verstehensebene und paßt sich unserer angeborenen Vorliebe für bildliche Darstellungen an. Gott offenbart sich nicht als der, der er ist, sondern in einer Form, die unserer menschlichen Auffassungsgabe angepaßt ist. Deshalb ist in der Schrift die Rede von Gottes Armen, seinem Mund usw. – aber das sind nur lebendige und einprägsame Metaphern, die unseren geistigen Fähigkeiten angemessen sind. Gott offenbart sich in einer Weise, die den Fähigkeiten und Situationen derer angepaßt ist, für die die Offenbarung ursprünglich gedacht war. Die biblischen Geschichten von der Schöpfung und dem Sündenfall (Genesis 1-3) sind auf die Fähigkeiten und den geistigen Horizont relativ einfacher und ungebildeter Menschen zugeschnitten.[27] Sie sollen nicht als *wahrheitsgetreue* Darstellungen der Realität verstanden werden.

Der Einfluß dieser Ideen auf die englische Wissenschaftstheorie war insbesondere im 17. Jahrhundert beträchtlich. Edward Wright zum Beispiel verteidigte Kopernikus' heliozentrische Theorie des Sonnensystems gegen diejenigen, die die Bibel allzu wörtlich nahmen. Erstens befasse sich die Heilige Schrift nicht mit Physik, und zweitens sei ihre Sprache »dem Verstand und der Sprechweise des gemeinen Volkes angepaßt, wie Ammen die Sprache kleiner Kinder benutzen«.[28] Beide Argumente lassen sich direkt von Calvin ableiten.

Seit dem 19. Jahrhundert sah es oft so aus, als würden sich Religion und Wissenschaft in der westlichen Kultur einen erbitterten Kampf liefern. Manche Autoren behaupteten, dies sei dem übermäßigen Einfluß Calvins auf das Christentum zuzuschreiben. Doch paradoxerweise liegt der Grund gerade darin, daß Calvin *zu wenig* Einfluß auf seine späten Anhänger hatte. Der berüchtigte Scopes-Prozeß (1925), bei dem es um den angeblich nichtbiblischen Charakter der Evolutionstheorie ging, zeugt von den Unzulänglichkeiten einer wörtlichen Auslegung der Schöpfungsgeschichte. Für Calvin war selbst die Idee von der »Schöpfung in sechs Tagen« ein Zeichen für die Anpassung Gottes an die kognitiven Fähigkeiten des Menschen;[29] sie war nicht wortwörtlich zu nehmen. Hätte Calvin mehr Einfluß auf seine zeitgenössischen Anhänger gehabt, wäre vielleicht einer der zentralen Aspekte der modernen westlichen Kultur – das gespannte Verhältnis zwischen Religion und Wissenschaft – weggefallen. Die ganze Debatte um die Evolution hätte einen völlig anderen Verlauf genommen, wenn Calvin mehr Einfluß auf seine späten Anhänger gehabt hätte.

Das ist jedoch alles Spekulation; uns geht es darum, festzustellen, wie es wirklich war. Ganz offensichtlich ist die rasche Entwicklung der Naturwissenschaften im 16. Jahrhundert und darüber hinaus auf einen grundlegenden religiösen Impuls zurückzuführen, der sich zumindest teilweise den Ideen und dem Einfluß Johann Calvins verdankt.

Die amerikanische bürgerliche Religion

Die calvinistische Betonung der Prädestination hängt vor allem mit dem Gedanken der »Erwählung« – von Gott auserwählt sein – zusammen. Während die wichtigste protestantische Gegenströmung des Calvinismus, das Luthertum, den Begriff der Prädestination bagatellisierte und ihn lediglich als Bestätigung der Standhaftigkeit und Treue Gottes betrachtete, sah der Calvinismus in der Prädestinationslehre eine religiöse Inspiration und eine moralische und soziale Legitimation für die internationale Ausbreitung der Bewegung. Die Erwählung bezog sich nicht nur auf den einzelnen, sondern auch auf die Gemeinschaft, der er angehörte. Die calvinistischen Gemeinden waren von Gott auserwählt, um Gottes Zwecken zu dienen. Deshalb war es nur natürlich, daß die Calvinisten die offenkundigen Parallelen zwischen ihrer eigenen Situation und der des alten Israel erkennen und daraus Nutzen ziehen sollten. Im Altertum war Israel das erwählte Volk Gottes, und die Calvinisten waren seine Nachfolger in der frühen Neuzeit. Wie ihre israelitischen Vorfahren sahen sie dem triumphalen Einzug in das neue Gelobte Land erwartungsvoll entgegen. Menna Prestwich konstatiert diese Entwicklung und die in ihr angelegte Bedeutung:

> Die Prädestinationslehre, die mit Calvins Nachfolger Beza in den Vordergrund trat, veranlaßte die Calvinisten, sich mit den Auserwählten und den Kindern Israels zu identifizieren. Das Alte Testament diente ihnen als Spiegel und Leitfaden; sie fanden darin Inspiration für ihre Siege über die babylonischen Truppen und Trost für ihre Leiden in der Wüste oder Wildnis

auf ihrem Weg in das Gelobte Land. Vorsehung und göttliche Fügung waren für sie unmittelbare Gegebenheit und Realität. Als Coligny 1568 in einer Furt die Loire durchquerte, wurde das sogleich mit dem Zug durch das Rote Meer verglichen.[30]

Als Elisabeth I. den Thron bestieg, betrachteten viele calvinistische Autoren England, als habe es von Gott die »Meistbegünstigungsklausel« erhalten. Diese Meinung war allerdings recht kurzlebig. Kurz darauf richteten die puritanischen Schriftsteller ihren Blick nach Amerika.

Die Frühgeschichte der Besiedlung Nordamerikas, ob durch englische oder niederländische Calvinisten, wurde allgemein als Einzug des verbannten Gottesvolks in ein neues Gelobtes Land betrachtet. Wie Perry Miller gezeigt hat, war die oberste und unbestrittene Voraussetzung der ersten Neuengländer, daß sie mit Gott einen Bund geschlossen hatten, um ein frommes Gemeinwesen zu schaffen.[31] Das wahre Amerika war das Modell des neuen Jerusalem, die »Stadt auf dem Hügel«, deren Verwirklichung in Neuengland von Ewigkeit her bestimmt war. Diese Ansicht verstärkte sich durch die religiöse Erweckungsbewegung und den Pariser Vertrag (1763), der die riesigen katholischen Gebiete Frankreichs und Spaniens in Nordamerika wieder in protestantische Hände gab. Am bedeutsamsten ist wohl die Tatsache, daß während der amerikanischen Revolution der Zusammenhang zwischen der Unabhängigkeit und der göttlichen Berufung Amerikas immer größer wurde. Robert Smiths Erklärung in Pennsylvania – »die Sache Amerikas ist die Sache Jesu Christi« – spiegelt eine in der damaligen amerikanischen Gesellschaft weitverbreitete Ansicht wider. Der Gemeindepfarrer John Devotion erklärte, Gott habe Amerika zu seinem auserwählten Volk bestimmt: »Alle Völker vernehmen den Willen des großen Jehova; Amerika wird, fortan gesondert, als Königin unter den Völkern thronen.«

Wie Sidney Ahlstrom bemerkte, taucht von diesem Zeitpunkt an in der amerikanischen Geschichtsschreibung immer wieder ein Thema auf: die göttliche Führung und Stärkung Amerikas.

> Nur ein ausnehmend exzentrischer Amerikaner zweifelte je daran, daß das Sternenbanner über Gottes auserwähltem Volk wehte. Viele betrachteten den Amerikaner als neuen Adam in einem neuen Garten Eden und die amerikanische Nation als zweite große Chance der Menschheit. Nichts veranschaulicht den Fortbestand dieser Tradition besser als die patriotischen Hymnen, die in den nationalen Psalter aufgenommen wurden – angefangen von *America,* eine Hymne, die in einem Augenblick der Erleuchtung von einem Seminaristen aus Andover im Jahr 1832 für das Fest des 4. Juli verfaßt wurde, über *The Battle Hymn of the Republic,* im Jahr 1861 von Julia Ward geschrieben, als habe ihr Gott selbst die Hand geführt, bis hin zu *America the Beautiful,* veröffentlicht im *Congregationalist* im Jahr 1893. Diese mythische Darstellung Amerikas als Leuchtfeuer auf einem Hügel und als Beispiel für die Welt wurde zu einem festen Bestandteil historischer Deutungen des religiösen Lebens dieser Nation.[32]

Der Begriff der Prädestination wird leicht verweltlicht und als »Schicksal« wiedergegeben. Calvin selbst wies auf die enge Verwandtschaft der Begriffe Vorsehung und Prädestination hin. In einer frühen Ausgabe der *Institutio* behandelte er die beiden Themen in einem Kapitel. Als der Calvinismus im späten 19. und frühen 20. Jahrhundert in Teilen der amerikanischen Gesellschaft allmählich seinen religiösen Kern verlor, trat an die Stelle des religiösen Gedankens der Prädestination eine weltliche Vorstellung von Vorsehung oder Schicksal. Auch ein säkularisiertes Amerika konnte sich immer noch als auserwähltes Volk betrachten; seine Institutionen (zum Beispiel das Präsidentenamt) und Symbole (zum Beispiel die Flagge) erhielten gewissermaßen göttliche oder sakramentale Bedeutung. Der Ursprung dieses Gedankens des nationalen Schicksals liegt in der puritanischen Vergangenheit Amerikas, die – zumindest für manche – noch immer lebendig ist.

Die Auswirkung des Calvinismus auf die Entwicklung des Begriffs der natürlichen Menschenrechte in Europa und Nordamerika wurde in einigen neueren Studien hervorgehoben.[33] Die feindselige Haltung französischer Monarchen gegenüber ihren calvinistischen Untertanen im 16. Jahrhundert warf die drängende Frage auf, ob der königlichen Autorität Grenzen gesetzt waren und inwieweit Untertanen sich ihr fügen mußten. Das Massaker in der Bartholomäusnacht (1572) sorgte in calvinistischen Kreisen für heftige Debatten über den angemessenen Einsatz von Gewalt, die Gehorsamspflicht und die Grenzen staatlicher Autorität. Nach dem Erfolg der calvinistischen Reformation in Schottland stellte man sich vor allem nach der Entmachtung Maria Stuarts (1567) auch dort dieselbe Frage.[34] Das Ergebnis war eine Mischung aus biblischen Begriffen von Gerechtigkeit und Treue (die das Alte Testament mit der Vorstellung von einem Bund zwischen Gott und seinem Volk verknüpfte) und den Ideen spätmittelalterlicher Autoren, die um den Begriff der rechtmäßigen, nicht auf Unterdrückung beruhenden Regierung zentriert sind. Zwar entwickelten sich diese Ideen im späten 16. Jahrhundert in Europa, aber sie wurden von amerikanischen Revolutionären begeistert aufgenommen, die entschlossen waren, die Tyrannenherrschaft der britischen Monarchie über ihr Leben zu beenden. Jonathan Mayhew (1720-1766) verband seine Politik mit seiner Religion, als er erklärte, daß »das ererbte, unhaltbare, göttliche Recht der Könige und die Lehre von der Widerstandslosigkeit, die auf der Voraussetzung eines solchen Rechts beruht, insgesamt ebenso unglaublich und phantastisch ist wie die Transsubstantiation«. Als Folge dieser Debatte in Nordamerika entwickelte sich eine auf dem Vertragsbegriff fußende Menschenrechtsauffassung, die in Verbindung mit Calvins Berufung auf das Naturrecht zu der Anschauung führte, alle Menschen seien gleich und hätten ein unveräußerliches Recht auf Leben, Freiheit und das Streben nach Glück.[35]

Diese Auffassung der Menschenrechte, die für die amerikanische Revolution und die Zeit danach charakteristisch war, wurde nicht von allen calvinistischen Autoren geteilt. Zwei wichtige Ausnahmen sollen hier genannt werden. Während die calvinistischen Autoren Nordamerikas behaupteten, alle Menschen seien mit den gleichen Rechten ausgestattet, erklärten mehrere calvinistische Autoren aus dem Süden – wie Robert Lewis Dabney, Benjamin Morgan Palmer und James Henley Thornwell –, Gott habe zwischen den Menschen ethnische und soziale Unterschiede gemacht. Während sich die Theologen aus dem Norden auf das Naturrecht beriefen, gingen ihre Kollegen aus dem Süden von einem Recht aus, das einen ganz anderen Ursprung und Schwerpunkt hatte.[36] Von daher konnten die Calvinisten aus dem Süden sowohl die Lehre von der getrennten rassischen Entwicklung von Weißen und Schwarzen als auch den Fortbestand der bestehenden Sklaverei rechtfertigen. Am Vorabend des amerikanischen Bürgerkriegs prallten zwei ganz unterschiedliche calvinistische Auffassungen der Menschenrechte hart aufeinander. Die Südstaatler verloren zwar die Schlacht, aber ihre Ideen leben andernorts weiter. Bis vor kurzem beriefen sich die niederländisch-reformierten Kirchen in Südafrika auf eine ähnliche Auffassung, wenn sie die Apartheid verteidigten, ebenso wie einige Protestanten in Ulster aus demselben Grund das Vorhandensein der Grenze zwischen dem vorwiegend protestantischen Norden Irlands und dem vorwiegend katholischen Süden rechtfertigen. Die Unterschiede innerhalb des Calvinismus treten bei wichtigen politischen Debatten zutage, die ein integraler Bestandteil der Kontroversen der modernen Geschichte sind.

Die vollständige Geschichte des Einflusses, den der Calvinismus auf die westliche Kultur ausgeübt hat, muß erst noch geschrieben werden. Die oben erwähnten Punkte weisen nur behutsam auf Ausmaß und mögliche Bedeutung hin. Dennoch lassen die bescheidenen Erkenntnisse dieses letzten Kapitels einen wesentlichen Schluß zu: Wer sich mit Calvin beschäftigt, studiert nicht nur die Vergangenheit – sondern gewinnt auch ein tieferes Verständnis der Gegenwart. Die moderne westliche Kultur wird auch weiterhin von Erinnerungen an die Vergangenheit geprägt. Obwohl Calvin irgendwo in Genf in einem namenlosen Grab ruht, leben seine Ideen und sein Einfluß in den Anschauungen der Kultur weiter, an deren Entstehen er mitgeholfen hat.

Anhang 1

Glossar theologischer und historischer Begriffe

In einem Werk wie diesem ist die Verwendung gewisser theologischer und historischer Begriffe, die möglicherweise unklar bleiben, wohl unvermeidlich. Da dem Durchschnittsleser viele dieser Begriffe nicht vertraut sein werden, soll der nachfolgende Anhang für Verständlichkeit sorgen, ohne daß im Werk selbst auf Genauigkeit verzichtet wird.

ADIAPHORA

Wörtlich »Dinge ohne Belang«. Glaubensinhalte oder Bräuche, die von den Reformatoren toleriert wurden, da sie in der Heiligen Schrift weder ausdrücklich abgelehnt noch vorgeschrieben sind. Beispielsweise wurde die Kleidung von Pfarrern bei Gottesdiensten oft als »Belanglosigkeit« betrachtet; Abweichungen wurden toleriert, ohne dabei grundlegende Glaubenssätze zu verletzen. Das Konzept ist deshalb wichtig, weil es den Reformatoren erlaubt, gegenüber vielen Anschauungen und Bräuchen eine pragmatische Haltung einzunehmen und somit unnötige Auseinandersetzungen zu vermeiden. Calvin zum Beispiel nahm diese Haltung gegenüber Bischöfen ein.

Allgemeiner Rat (*Conseil Général*)

Der größte Genfer Rat, der im Mittelalter ursprünglich das Wahlkomitee der Stadt bildete. Zu Calvins Zeit hatte der *Conseil des Deux Cents* diese Funktion übernommen; der *Conseil Général* wurde nur noch zweimal im Jahr einberufen: im Februar zur Wahl der Bürgermeister und im November zur Festsetzung der Getreide- und Weinpreise.

Amyraldianismus

Eine calvinistische Irrlehre, die auf Moise Amyraut zurückgeht; Amyraut lehrte an der protestantischen Akademie von Saumur, einem sogenannten *place de sûrté* im Sinne des Edikts von Nantes. Ebenso wie der Arminianismus beinhaltete der Amyraldianismus Kritik an dem calvinistischen Prädestinationsgedanken und plädierte für ein Konzept, das Calvins eigenem ähnlicher war als dem seiner späteren Deuter.

Anpassung

Der Grundsatz – der vor allem mit Calvin in Zusammenhang steht –, wonach Gott sich in Worten und Bildern offenbart, die dem menschlichen Vorstellungsvermögen und Verständnis angemessen sind. Die Heilige Schrift soll nicht in jeder Hinsicht wörtlich genommen werden, da sie oft übertragen gemeinte Ideen und Bilder benutzt. Dieser Grundsatz ist wichtig, um zu verstehen, warum der Calvinismus den neuen Naturwissenschaften, insbesondere der Astronomie, so wohlwollend gegenüberstand. Die buchstabengetreue Bibelauslegung wurde als Hindernis für dieses neue menschliche Forschungsfeld erkannt und verbannt.

Antipelagianische Schriften

Die Schriften des Augustinus zur pelagianischen Kontroverse, in denen er seine Ansichten über Gnade und Rechtfertigung verteidigte. Siehe »Pelagianismus«.

Apostolisches Zeitalter

Die für Humanisten und Reformatoren gleichermaßen von der Auferstehung Jesu Christi (ca. 35 n.u.Z.) und dem Tod des letzten Apostels (ca. 90 n.u.Z.?) bestimmte Zeit des Urchristentums. Die Vorstellungen und Bräuche dieser Zeit galten in humanistischen und reformierten Kreisen allgemein als normativ.

Arminianismus

Eine calvinistische Irrlehre des Jakob Arminius. Entgegen Theodor Bezas Behauptung, jeder einzelne sei zum ewigen Leben oder zum Tod bestimmt, lehrte Arminius, die Prädestination beziehe sich auf den allgemeinen göttlichen Ratschluß, wonach jeder, der glaubt, auch erlöst wird. Auf der Dordrechter Synode (1618/19) wurde der Arminianismus ausdrücklich verurteilt.

Artikulanten

Die Partei in Genf, die vor allem zwischen 1535 und 1538 gegen Guillaume Farel Front machte (auch bekannt als Artichauds).

Augustinismus

Der Begriff hat zwei Bedeutungen. Zum einen bezieht er sich auf die Lehrmeinungen des Augustinus von Hippo über die Heilslehre, die die Notwendigkeit der göttlichen Gnade betonen. In diesem Sinn steht der Begriff im Widerspruch zum Pelagianismus. Zum anderen bezeichnet er für gewöhnlich die Gesamtheit der Lehren des Augustinerordens im Mittelalter, unabhängig davon, ob diese Ansichten von Augustinus stammen oder nicht. Im vorliegenden Werk wird der Begriff vorwiegend im ersten Sinn gebraucht.

Bürgermeister

Die vier führenden Mitglieder des *Petit Conseil* von Genf.

Calvinismus

Ein doppeldeutiger Begriff, der im doppelten Sinne gebraucht wird. Erstens bezieht er sich auf die religiösen Ideen von Glaubensgemeinschaften (wie die reformierte Kirche) und einzelnen (wie Theodor Beza), die von Johann Calvin oder von seinen Schriften stark beeinflußt wurden. Da sich der »Calvinismus« nicht nur auf Calvin, sondern auch auf andere theologische Quellen stützte, ist der Gebrauch des Wortes ein wenig verwirrend; viele Autoren ziehen die Bezeichnung »reformierte Theologie« vor. Zweitens bezieht sich der Begriff auf die religiösen Ideen Calvins. Oft wird dem ungelenken Ausdruck »calvinisch« der Vorzug gegeben, wenn es um letztere Bedeutung geht.

Christologie

Der Teil der christlichen Theologie, der sich mit der Person Jesu Christi, insbesondere mit der Frage nach dem Verhältnis von göttlicher und menschlicher Natur, befaßt. Abgesehen davon, daß zwischen Luther und Zwingli 1529 in Marburg in dieser Frage Unstimmigkeit herrschte, war die Christologie ebenso wie die Trinitätslehre für die Reformation kaum von Belang, da sie im Reformationsstreit keine zentrale Rolle spielte.

Donatisten

Eine nordafrikanische Sekte in der späten Antike, die von Augustinus von Hippo abgelehnt wurde. An die Sektenmitglieder wurden strenge Forderungen gestellt; unter anderem mußten sie sich nochmals taufen lassen.

Église dressée, église plantée

Die beiden Hauptformen calvinistischer Gemeinden in Frankreich Mitte der fünfziger Jahren des 16. Jahrhunderts. Eine *église plantée* war kaum mehr als eine strukturlose Gemeinschaft, die heimlich zum Bibelstudium und zum Gebet zusammenkam. Eine *église dressée* besaß eine konsistoriale Struktur mit Ältesten und Diakonen (seit 1555 obligatorisch).

Eidgenossen

Die Partei in Genf, die vor der Revolution von 1536 für Bern eintrat. Der Begriff leitet sich von dem schweizerisch-deutschen Wort *Eidgnoss* (»Verbündete«) ab.

Ekklesiologie

Die theologische Lehre von der Kirche (griechisch: *ekklesia,* »Kirche«). Zur Zeit der Reformation war die Frage umstritten, ob die protestantischen Kirchen der Hauptrichtung des Christentums angehörten – mit anderen Worten: waren sie eine reformierte Form des Christentums, oder etwas völlig Neues, das mit der Geschichte des Christentums in den vorangegangenen 1500 Jahren nur wenig oder gar nichts zu tun hatte?

*État*s

Bezeichnung für die oberen Schichten der französischen Gesellschaft: der erste (der Klerus), der zweite (der Adel) und der dritte Stand (die Bourgeoisie) bildeten zusammen die *États généraux* (die Generalstände).

Évangéliques

Ein oft verwendeter Begriff, der sich auf die französische Reformbewegung der zwanziger und dreißiger Jahre des 16. Jahrhunderts bezieht; zentrale Gestalten sind Margarete von Navarra und Guillaume Briçonnet. Die Bewegung tritt für ein gemäßigtes Reformprogramm nach dem Vorbild Lefèvre d'Étaples' ein.

Evangelisch

Der Ausdruck bezieht sich auf die in den beiden ersten Jahrzehnten des 16. Jahrhunderts entstehenden Reformbewegungen, insbesondere in Deutschland und der Schweiz. Nach dem Reichstag zu Speyer (1529) wurde er durch die Bezeichnung »protestantisch« ersetzt, obwohl letztere mit Assoziationen verbunden war, die speziell mit der damaligen Situation in Deutschland zusammenhingen.

Exegese

Die Wissenschaft der Textauslegung, insbesondere der Bibel. Die Bezeichnung »biblische Exegese« bedeutet im Grunde »die Auslegung der Bibel«. Die besonderen Methoden der Schriftexegese werden normalerweise als »Hermeneutik« bezeichnet.

FABRISTISCH

Die Reformvorstellungen des Jacques Lefèvre d'Étaples, die in den zwanziger Jahren des 16. Jahrhunderts in Paris und anderen Orten in Frankreich besondere Bedeutung gewannen. Obwohl Lefèvres Vorstellungen, vor allem über die Autorität und die Auslegung der Heiligen Schrift, die der Reformatoren ahnen ließen, bedeuteten sie seiner Ansicht nach keinen Bruch mit der katholischen Kirche. Es war eine Reformbewegung *innerhalb* der Kirche.

GNADENSTAND

Ein von Autoren des 13. Jahrhunderts wie Thomas von Aquin eingeführter Begriff, der beim Heilsprozeß als Bindeglied zwischen Gott und Menschen dienen soll. Da Gott sich nicht *direkt* mit dem gefallenen Menschen befassen könne, müsse ein zwischen Gottheit und Menschheit vermittelndes Zwischenstadium geschaffen werden, von dem aus der Heilsprozeß vorangehen könne. Dieses Zwischenstadium wurde als »Gnadenstand« bezeichnet.

GUILLERMINS

Die Anhänger Guillaume Farels in Genf (insbesondere zwischen 1535 und 1538).

HERMENEUTIK

Die Grundlagen der Interpretation oder Exegese eines Textes, vor allem der Heiligen Schrift. In der ersten Phase der Reformation entwickelten sich zahlreiche Interpretationsverfahren, die sich sowohl vom Humanismus als auch von der Scholastik ableiten lassen. Zwingli benutzte zu Anfang eine vom Humanismus des Erasmus von Rotterdam abgeleitete hermeneutische Methode, während sich Luther an der scholastischen Theologie orientierte.

Hugenotten

Bezeichnung für die französischen Calvinisten, insbesondere während der Religionskriege.

Humanismus

Die vor allem in der Renaissance aufkommende Geisteshaltung, den klassischen Stil als Norm und das Studium der klassischen Literatur als Mittel zu betrachten, um einen solchen Stil in der Gegenwart zu fördern. Der Renaissance-Humanismus war keine säkulare oder atheistische Bewegung, wie der moderne Gebrauch des Wortes vermuten läßt.

Intellektualismus

Die im mittelalterlichen Denken vorherrschende Überzeugung, daß der göttliche Geist Vorrang vor dem göttlichen Willen hat. Die intellektualistische Auffassung vom Verdienst des Menschen beruht auf der Überzeugung, daß der göttliche Intellekt den moralischen Wert einer menschlichen Handlung erkennt und ihr das entsprechende Verdienst beimißt. Diese Auffassung steht im Gegensatz zum *Voluntarismus,* der dem göttlichen Willen Vorrang einräumt.

Katechismus

Ein Leitfaden der christlichen Glaubenslehre in Frage und Antwort zur religiösen Unterweisung. Zur Zeit der Reformation, als auf religiöse Erziehung besonderer Wert gelegt wurde, erschienen zahlreiche wichtige Katechismen, allen voran Luthers Kleiner Katechismus (1529), Calvins Genfer Katechismus (1545) und der berühmte Heidelberger Katechismus (1563).

Ketzerei

Das förmliche Abstreiten eines der zentralen Dogmen des christlichen Glaubens. Historisch betrachtet haben Ketzereien nicht nur einen intellektuellen Ursprung; oft waren sie die Reaktion auf bestimmte soziale und politische Zwänge. Der Donatismus war zum Teil eine Reaktion der nordafrikanischen Berber auf die römischen Siedler, während die Hussitenbewegung eng mit der Entwicklung des böhmischen Nationalismus verbunden war.

Kirchenväter

Andere Bezeichnung für »patristische Autoren«.

Konfession, Konfessionalismus

Obwohl sich der Begriff in erster Linie auf das Sündenbekenntnis bezieht, erlangte er im 16. Jahrhundert eine ganz andere Bedeutung. Er bezeichnete ein Dokument, das die Glaubenslehren einer protestantischen Kirche enthält. Das Augsburger Bekenntnis (1530) umfaßt die Ideen des frühen Luthertums, die Erste Helvetische Konfession (1536) die der frühen reformierten Kirche. Der Begriff »Konfessionalismus« bezeichnet oft die Verhärtung der religiösen Ansichten im späten 16. Jahrhundert während der sogenannten »Zweiten Reformation«, als sich die lutherischen und die reformierten Kirchen in Deutschland einen Machtkampf lieferten.

Konsistorium

Die von Calvin in seinen *Ordonnances* von 1541 geschaffene Genfer Institution, die wohl auf die mittelalterlichen Ehegerichte zurückging und für die Einhaltung der Kirchenzucht verantwortlich war. Der Kompetenzbereich dieses Gremiums war zu Beginn der vierziger und fünfziger Jahre des 16. Jahrhunderts in Genf Gegenstand heftiger Debatten.

Liturgie

Der geschriebene Text öffentlicher Gottesdienste, insbesondere der Eucharistie. Da die Liturgie in der Reformation von der Theologie im voraus festgelegt war, wurde der Reform der Liturgie besondere Bedeutung beigemessen.

Luthertum

Die religiösen Vorstellungen Martin Luthers, wie sie vor allem im Kleinen Katechismus (1529) und im Augsburger Bekenntnis (1530) ihren Niederschlag finden. Interne Meinungsverschiedenheiten innerhalb des Luthertums nach Luthers Tod (1546) zwischen Erzkonservativen (den sogenannten »Gnesiolutheranern« oder »Flacianisten«) und Gemäßigten (»Philippisten«) wurden durch die Konkordienformel (1577) beigelegt, die allgemein als maßgebliche Darlegung der lutherischen Theologie gilt.

Mamelucken

Die prosavoyische Partei in Genf vor der Revolution von 1536.

Messieurs de Genève

Bezeichnung für den *Petit Conseil* und die Bürgermeister der Stadt Genf – mit anderen Worten: das Regierungsgremium der Stadt.

Nikodemiten

Abschätzige Bezeichnung für die Evangelischen in einem katholischen Umfeld, vor allem in Frankreich, die aus Angst vor etwaigen Folgen zögerten, sich öffentlich zu ihrem Glauben zu bekennen.

Nominalismus

Genaugenommen die Lehre von der Erkenntnis im Gegensatz zum Realismus.

Patristisch

Das Adjektiv bezieht sich auf die ersten Jahrhunderte in der Geschichte der Kirche nach der Abfassung des Neuen Testaments (das »patristische Zeitalter«) oder auf die Denker, die in dieser Zeit ihre Schriften verfaßten (die »patristischen Autoren«). Für die Reformatoren reicht diese Zeit offenbar von ca. 100 bis 451 (mit anderen Worten: die Zeit zwischen der Redaktion des Neuen Testaments und des Konzils von Chalkedon). Die Reformatoren betrachteten das Neue Testament und in geringerem Maße auch das patristische Zeitalter als Norm für den christlichen Glauben.

Pelagianismus

Lehre von der Erlangung des Heils, die der des Augustinus von Hippo genau entgegengesetzt ist; sie betont insbesondere die Rolle und den Wert der menschlichen Werke der Barmherzigkeit und spielt den Gedanken der göttlichen Gnade herunter.

Petit Conseil

Der Kleine Rat der Stadt Genf – oft nur als »Rat« bezeichnet –, der für nahezu jeden Lebensbereich zuständig war.

Prädestination

Die Lehre, daß Gott das Schicksal jedes einzelnen in irgendeiner Weise vorherbestimmt hat. In der häufigsten Form der Lehre – *praedestinatio ad vitam* oder »Vorherbestimmung zum Leben« – wurde die Prädestination als Geheimnis betrachtet, bei dem Gott aktiv an der Erlösung des Gläubigen beteiligt war, noch bevor er zum Glauben kam. Die radikalere Form der Lehre, die mit der *schola Augustiniana moderna,* Calvin und dem späten Calvinismus in Zusammenhang steht, wurde als *praedestinatio gemina* oder »doppelte Prädestination« bezeichnet. Dieser Lehre zufolge hat Gott das Schicksal aller, ganz gleich, ob Gläubige oder Nichtgläubige, in einem souveränen Willensentscheid vorherbestimmt. Viele calvinistische Autoren betrachteten dies als eindrucksvollen Beweis der Souveränität Gottes über seine Schöpfung.

Protestantismus

Nach dem Reichstag zu Speyer (1529) bezeichnete der Begriff diejenigen, die gegen die Bräuche und Überzeugungen der römisch-katholischen Kirche »protestierten«. Vor 1529 hatten sich solche Personen und Gruppen selbst als »Evangelische« bezeichnet.

Puritanismus

Dieser etwas ungenaue Begriff bezeichnet im allgemeinen die Form des Calvinismus, wie sie im späten 16. und zu Beginn des 17. Jahrhunderts in England und später auch in Amerika anzutreffen ist.

Radikale Reformation

Dieser Begriff wird immer häufiger benutzt, wenn es um die Wiedertäufer geht – mit anderen Worten: um den Flügel der Reformation, der eine negative Haltung gegenüber der weltlichen Autorität einnahm und im Hinblick auf das gemeinschaftliche Vermögen radikale Ansichten vertrat. Dieser radikale Flügel wurde von Stadträten, insbesondere in Zürich und Straßburg, als destabilisierender Faktor betrachtet.

Rat der Zweihundert

Der Genfer Rat (*Conseil des Deux Cents*) wurde nach dem Vorbild vergleichbarer Institutionen in Bern und Zürich geschaffen; er bildete das Wahlgremium für den *Petit Conseil*.

Rechtfertigung durch den Glauben, Lehre von der

Der Teil der christlichen Theologie, der sich mit der Frage befaßt, wie der Sünder zur Gemeinschaft mit Gott gelangen kann. Obwohl die Lehre für Martin Luther und seine Kollegen in Wittenberg von großer Bedeutung war, stieß sie bei den Schweizer Reformatoren wie Zwingli und später Calvin auf wenig Interesse.

Während sich die erste Phase der Reformation (die weitgehend von Luther bestimmt wurde) auf diese Lehre konzentrierte, befaßte sich die zweite Phase (die vor allem mit Calvin verbunden war) in erster Linie mit Fragen der Kirchenordnung und Kirchenzucht.

Sakrament

Rein historisch gesehen ein Gottesdienst oder Ritus, der der Überlieferung nach von Jesus Christus selbst eingesetzt worden sein soll. Obwohl die mittelalterliche Theologie und Kirchenordnung sieben Sakramente kannte, behaupteten die Reformatoren, daß im Neuen Testament nur zwei (Taufe und Eucharistie) zu finden seien. Die Lehre von den Sakramenten stiftete Unfrieden, da Luther und Zwingli sich über die eigentliche Funktion der Sakramente nicht einigen konnten. Calvins Lehre von den Sakramenten galt allgemein als irenisch, da er zwischen beiden Positionen zu vermitteln suchte.

Schisma

Vorsätzliche Aufhebung der Kirchengemeinschaft, die von einflußreichen Autoren der frühen Kirche wie Cyprianus und Augustinus nachdrücklich verurteilt wurde. Die Donatisten-Kontroverse drehte sich um die Frage, ob es legitim sei, wenn eine Gruppe, die mit dem Verhalten der Kirche oder deren Führer unzufrieden war, sich von ihr lossagte und eine eigene Religionsgemeinschaft gründete. Die Reformatoren wurden von ihren Gegnern als »Schismatiker« oder »Sektierer« gebrandmarkt. Sie befanden sich in einer schwierigen Lage: Einerseits verteidigten sie Augustinus' Ansichten über die Gnade, andererseits aber mißachteten sie seine Vorstellungen von der Einheit der Kirche.

Schola Augustiniana moderna

Eine Form der mittelalterlichen Scholastik, die die augustinische Heilslehre betonte, in der Frage der Universalien aber einen nominalistischen Standpunkt vertrat.

Scotismus

Die scholastische Philosophie des Johannes Duns Scotus.

Schriftprinzip

Eine Theorie, die vor allem von reformierten Theologen wie Calvin vertreten wurde; danach sollten die Bräuche und Glaubenslehren der Kirche auf der Schrift gründen. Was nicht auf der Schrift gründet, kann für den Gläubigen nicht bindend sein. Die Wendung *sola scriptura,* »allein durch die Schrift«, faßt dieses Prinzip zusammen.

Septuaginta

Die griechische Übersetzung des Alten Testaments aus dem 3. Jahrhundert vor Christus.

Sorbonne

Genaugenommen ist damit das *Collège de la Sorbonne* gemeint, eines der wichtigsten und ältesten Kollegien der Universität von Paris. Im 16. Jahrhundert wurde das Wort abfällig gebraucht und bezog sich auf die Theologische Fakultät der Universität Paris.

Soteriologie

Die Lehre von der Erlösung durch Jesus Christus (griechisch: *soteria*).

Terminismus

Präzisere Bezeichnung für »Nominalismus«.

Thomismus

Die scholastische Philosophie des Thomas von Aquin.

Transsubstantiation

Mittelalterliche Lehre, wonach Brot und Wein bei der Eucharistie in Leib und Blut Christi verwandelt werden, während sie ihre äußere Form beibehalten.

Universalien

Ein abstrakter oder allgemeiner Begriff (zum Beispiel »Weiß«), dem eine reale oder mentale Existenz beigemessen wird (vgl. Realismus). Ein zentraler Grundsatz des Nominalismus ist die Ablehnung solcher Allgemeinbegriffe.

Via antiqua

Der Begriff bezeichnet Formen scholastischer Philosophie, wie Thomismus und Scotismus, die in der Frage der Universalien einen realistischen Standpunkt vertraten.

VIA MODERNA

Der Begriff wird allgemein in doppeltem Sinn gebraucht: Erstens bezeichnet er Formen scholastischer Philosophie, die in der Frage der Universalien – im Gegensatz zum Realismus der *via antiqua* – einen nominalistischen Standpunkt vertraten. Zweitens bezeichnet er – und das ist entscheidender – die Form der Scholastik (früher bekannt als »Nominalismus«), die auf den Schriften Wilhelm von Ockhams und seiner Anhänger, wie Pierre d'Ailly und Gabriel Biel, basiert.

VOLUNTARISMUS

Mittelalterliche Lehre, wonach der göttliche Wille Vorrang vor dem göttlichen Intellekt hat. Hinsichtlich des menschlichen Verdiensts wird argumentiert, daß Gott durch Willensentscheid den Wert einer menschlichen Handlung festlegt. Der moralische Wert der Handlung an sich ist irrelevant; von zentraler Bedeutung ist nur der Wert, den Gott der Handlung beimißt. Diese Auffassung steht im Gegensatz zum Intellektualismus, der dem göttlichen Intellekt Vorrang einräumt. Wie die meisten seiner Generation neigte Calvin zum Voluntarismus.

VULGATA

Die von Hieronymus erarbeitete lateinische Bibelübersetzung, die der mittelalterlichen Theologie als Grundlage diente. Genaugenommen bezeichnet die »Vulgata« Hieronymus' Übersetzung des Alten Testaments (außer den Psalmen, die dem gallikanischen Psalter entnommen wurden), die Apokryphen (außer dem Buch der Weisheit, Jesus Sirach, dem 1. und 2. Buch der Makkabäer und Baruch, die der alten lateinischen Fassung entnommen wurden) und das ganze Neue Testament. Das Erkennen der vielen Ungenauigkeiten war für die Reformation von grundlegender Bedeutung.

Wiedertäufer

Radikaler Flügel der Reformation, der auf Denker wie Menno Simons und Balthasar Hubmaier zurückgeht. Die Wiedertäufer verteidigten allgemein das Recht des einzelnen, die Heilige Schrift für sich auszulegen, sie lehnten jegliche Einmischung des Staates im Bereich der Religion ab und nahmen gegenüber den meisten bestehenden sozialen, religiösen und politischen Einrichtungen eine kritische Haltung ein.

Zwinglianismus

Der Begriff bezeichnet im allgemeinen das Gedankengut Huldrych Zwinglis. Oft bezieht er sich aber auch auf Zwinglis Auffassung der Sakramente, vor allem hinsichtlich der »Realpräsenz« (die für Zwingli eher eine »Realabsenz« war).

Anhang 2

Hinweise zu Calvins Werken

Im vorliegenden Werk wurde vor allem auf zwei Hauptquellen umfassend Bezug genommen: auf die *Institutio* von 1559 und auf die im *Corpus Reformatorum* enthaltenen Werke Calvins. Letzteres ist vor allem als Quelle für seine Bibelkommentare, seine Predigten und seine Korrespondenz von Nutzen; außerdem dokumentiert es Calvins Verhältnis zu den Genfer Behörden. Im folgenden Anhang soll die Benutzung dieser Werke erklärt werden.

DER *UNTERRICHT IN DER CHRISTLICHEN RELIGION*

In diesem Werk wird fast ausschließlich auf Calvins *Institutio* von 1559 Bezug genommen. Die Ausgabe ist in vier Bücher unterteilt, wobei sich jedes Buch mit einem allgemeinen Thema beschäftigt. Die Bücher sind in einzelne Kapitel untergliedert, welche sich wiederum aus verschiedenen Abschnitten zusammensetzen. Eine Quellenangabe zur Ausgabe von 1559 setzt sich demnach aus *drei* Zahlen zusammen, die das *Buch,* das *Kapitel* und den *Abschnitt* markieren. Die Nummer des Buches wird üblicherweise in großen römischen Ziffern angegeben, und das Kapitel und der Abschnitt werden mit arabischen Ziffern gekennzeichnet. Die Angabe zweites Buch, Kapitel zwölf, Abschnitt eins sieht dann so aus: II,12,1.

Außerdem gibt es noch Verweise auf eine bestimmte Ausgabe (zum Beispiel auf das *Corpus Reformatorum* oder die *Opera Selecta*). Die Quellenangabe *Institutio* III,11,1 bezieht sich auf das dritte

Buch, Kapitel elf, Abschnitt eins der *Institutio* von 1559; *OS* 4.193.2-5 bezieht sich auf die Zeilen 2-5 auf Seite 193 des vierten Bandes der *Opera Selecta.*

DAS *CORPUS REFORMATORUM*

Angaben zu Calvins Kommentaren und Predigten beziehen sich normalerweise auf das *Corpus Reformatorum,* das einfach durch Bandangabe und Seitenzahl gekennzeichnet wird. OC 50.437 verweist demzufolge auf Seite 437 in Band 50. Die Bände reichen von 1 bis 59. Besteht ein Band aus mehreren Teilen, werden diese durch Kleinbuchstaben gekennzeichnet – so verweist OC 10a.160-165 auf die Seiten 160 bis 165 des ersten Teils von Band 10.

Gelegentlich kann eine irritierende Praxis Verwirrung schaffen, die sich im allgemeinen auf ältere Calvin-Studien beschränkt. Das *Corpus Reformatorum* umfaßt die Werke Melanchthons (Bände 1-28), Calvins (Bände 29-87) und Zwinglis (Band 88-Ende). Band eins der Werke Calvins entspricht demnach Band 29 des *Corpus Reformatorum.* Ältere Studien benutzen manchmal die höheren Bandnummern, wenn sie auf Calvins Werke verweisen. Liegt bei einer Quellenangabe die Nummer des Bandes zwischen 60 und 87, muß man 28 abziehen, um den richtigen Band zu bekommen. Stößt man, insbesondere in einem älteren Werk, auf einen einzelnen Hinweis auf Calvin, der keinerlei Sinn ergibt, sollte man von der Nummer des angegebenen Bandes 28 abziehen und es noch einmal versuchen.

Abkürzungen

Annales ESC	Annales économies, societés et civilisations
ARG	Archiv für Reformationsgeschichte
BSHPF	Bulletin de la société d'histoire du protestantisme française
BHR	Bibliothèque d'histoire de la Renaissance
HThR	Harvard Theological Review
JHI	Journal of the History of Ideas
NAK	Nederlands Archief voor Kerk Geschiedenis
OC	Ioannis Calvini opera quae supersunt omnia (Corpus Reformatorum)
RHR	Revue d'Humanisme et Renaissance
RHPhR	Revue d'histoire et de philosophie religieuse
RThAM	Recherches de théologie ancienne et médiévale
SCJ	Sixteenth-Century Journal
SJTh	Scottish Journal of Theology
WA	D. Martin Luthers Werke: Kritische Gesamtausgabe
Z	Huldreich Zwinglis Sämtliche Werke (Corpus Reformatorum)

Anmerkungen

Vorwort

1 Dufour, »Le mythe de Genève au temps de Calvin«.
2 Morgan, *The Puritan Family*, S. 16. Das konventionelle puritanische Klischee ist »weitgehend nach der Restauration entstanden«: C. Hill, *The Intellectual Origins of the English Revolution*, S. 293.
3 Rosen, »Calvin's Attitude towards Copernicus«.

Kapitel 1 – Einleitung

1 Zur Frühgeschichte Genfs siehe Martin, »Les origines de la civitas et de l'évêché de Genève«; idem, *Histoire de Genève des origines à 1798;* Broise, *Genève et son territoire dans l'antiquité.* Zur Geschichte der Diözese Genf siehe Baud, *Le diocèse de Genève-Annecy.*
2 D. Hay, *Europe: The Emergence of an Idea* (Edinburgh, 2. Auflage 1968).
3 Siehe zum Beispiel J. Toussaert, *Le sentiment religieux en Flandre à la fin du Moyen Age* (Paris, 1963).
4 Siehe P. Saenger, »Silent Reading: Its Impact on Late Medieval Script«, *Viator* 13 (1982), S. 367-414, insbesondere S. 408-413.
5 P. Imbart de la Tour, *Origines de la Réforme* (4 Bände: Melun, 2. Auflage 1946), Band 3, S. 127, 324, 335f.
6 A. Labarre, *Le livre dans la vie amiénoise au XVIe siècle* (Paris, 1971).
7 Siehe R. Stupperich, »Das Enchiridion Militis Christiani des Erasmus von Rotterdam«, *ARG* 69 (1978), S. 5-23.
8 Siehe zum Beispiel G. Strauss, *Manifestations of Discontent in Germany on the Eve of the Reformation* (Bloomington, Ind., 1971).
9 Siehe B. Moeller, »Piety in Germany around 1500«, in S. Ozment (Hg.), *The Reformation on Medieval Perspective* (Chicago, 1971), S. 50-75.
10 Siehe dazu K. Stendahl, »The Apostle Paul and the Introspective Con-

science of the West«, in *Paul among Jews and Gentiles* (Philadelphia, 1976), S. 78-96.

11 B. Collett, *Italian Benedictine Scholars and the Reformation* (Oxford, 1985), S. 1-76.

12 R. Lecotte, *Recherches sur les cultes populaires dans l'actuel diocèse de Meaux* (Paris, 1953), S. 260.

13 Zu den Bräuchen in Frankreich siehe S. Lebecq, »Sur la mort en France et dans les contrées voisines à la fin du Moyen Age«, *Information Historique* 40 (1978), S. 21-32.

14 A. E. McGrath, *Reformation Thought* (Oxford/New York, 1988), S. 78-82.

15 Clerval, *Registre des procès-verbaux,* S. 237.

16 D. Hay, *Geschichte Italiens in der Renaissance* (Stuttgart, 1962), S. 49-56.

17 M. Venard, »Pour une sociologie du clergé du XVIe siècle: recherches sur le recrutement sacerdotal dans la province d'Avignon«, *Annales ESC* 23 (1968), S. 987-1016.

18 H. Heller, *The Conquest of Poverty: The Calvinist Revolt in Sixteenth-Century France* (Leiden, 1986), S. 11f., 53f.

19 E. Le Roy Ladurie, *Les paysans de Languedoc* (2 Bände: Paris, 1966), Band 1, S. 320-326.

20 T. Boutiot, *Etudes historiques: recherches sur les anciennes pestes de Troyes* (Troyes, 1857), S. 15-23; A. Croix, *Nantes et pays nantais au XVIe siècle* (Paris, 1974), S. 109f.; H. Heller, »Famine, Revolt and Heresy at Meaux, 1521-25«, *ARG* 68 (1977), S. 133-157.

21 M. M. Edelstein, »Les origines sociales de l'épiscopat sous Louis XII et François Ier«, *Revue d'histoire moderne et contemporaine* 24 (1977), S. 239-247.

22 E. Marcel, *Le Cardinal de Givry, évêque de Langres, 1529-1561* (2 Bände: Dijon, 1926), Band 1, S. 69-109.

23 P. Benedict, *Rouen during the Wars of Religion* (Cambridge, 1981), S. 10.

24 Lefranc, *Jeunesse de Calvin,* S. 34.

25 Der Beginn der Reformation in Straßburg spiegelt diese Spannung wider: F. Rapp, *Réformes et réformation à Strasbourg* (Paris, 1979).

26 A. E. McGrath, *The Intellectual Origins of the European Reformation* (Oxford/New York, 1987), S. 12-28.

27 A. E. McGrath, *Luther's Theology of the Cross* (Oxford/New York, 1985), S. 8-12.

28 E. Droz, »Fausses adresses typographiques«, *BHR* 23 (1961), S. 380-386, 572ff.

29 Desmay, »Remarques sur la vie de Jean Calvin«, S. 388 (1621). Andere Bräuche, die alle aus dem frühen 17. Jahrhundert stammen, sind erhalten in Le Vasseur, *Annales* (1633), und Masson, *Elogia varia* (1638).

30 Walzer, *Revolution of the Saints,* S. 310, 313f.

31 G. Berthoud, *Antoine Marcourt, réformateur et pamphlétaire du ›Livre des Marchands‹ aux placards de 1534* (Genf, 1973), S. 157-222. Zum Text der Plakate siehe S. 287ff.

32 Siehe *Ordonnance du Roy François contre les imitateurs de la secte Luthérienne*

(1. Februar 1535), Bibliothèque Nationale *F.* 35149, Zitat aus *Recueil général des anciennes lois françaises*, herausgegeben von F. Isambert, A. Jourdain und A. Recosy (20 Bände: Paris, 1821-33), Band 12, S. 50-75.

33 Siehe Colladons Bericht, *OC* 21.56. Vergleiche Doumergue, *Jean Calvin*, Band 1, S. 354.

34 Ibd., Band 1, S. 127.

35 Siehe McGrath, *Luther's Theology of the Cross*, S. 95-181.

36 *OC* 5.411-413.

37 *OC* 31.21-24.

38 Stauffer, »Le discours à la première personne dans les sermons de Calvin«.

39 Wie Pfeilschifter im Fall moderner französischer, römisch-katholischer Schriften zu Calvin gezeigt hat: Pfeilschifter, *Das Calvinbild bei Bolsec*.

40 *OC* 31.26.

41 Calvin bemerkte, er habe sich in seiner Jugend zum Ziel gesetzt, ein abgeschiedenes Leben zu führen und sich dem öffentlichen Interesse zu entziehen: *OC* 31.19-34.

42 Siehe Hall, »The Calvin Legend«; idem, »Calvin against the Calvinists«; Stauffer, *L'humanité de Calvin*, S. 9-17.

Kapitel 2 – Paris: Die geistige Entwicklung

1 Wendel, *Calvin*, S. 5f; Stauffer, »Calvin«, S. 16.

2 Desmay, »Remarques sur la vie de Jean Calvin«, S. 388.

3 Thurot, *Organisation de l'enseignement dans l'université de Paris*, S. 94; Dupon-Ferrier, »Faculté des arts dans l'université de Paris«, S. 70f. In anderen Quellen wird jedoch behauptet, normalerweise habe man das Studium der freien Künste mit fünfzehn begonnen: Farge, *Orthodoxy and Reform*, S. 11.

4 Lefranc, *Jeunesse de Calvin*, S. 195. Damals hieß es, Calvin sei zwölf, dabei war er erst elf. Lefranc führt eine Reihe relevanter Auszüge aus dem Register von Noyon an, die Calvin betreffen: S. 193-201.

5 OC 21.36. In seiner Studie über Sainte-Barbe bezeichnet Quicherat Calvin aufgrund von Bezas Behauptung als ehemaligen Schüler: Quicherat, *Histoire de Sainte-Barbe*, Band 1, S. 203-218.

6 Ménager, »Théodore de Bèze, biographe de Calvin«.

7 OC 21.54.

8 OC 21.56.

9 OC 21.121: »... In Gymnasio Marchiano Mathurinum Corderium.«

10 Siehe C. E. Delormeau, *Un maître de Calvin: Mathurin Cordier, l'un des créateurs de l'enseignement secondaire moderne* (Neuchâtel, 1976), S. 24-29. Eine Liste der Pariser Kollegien, an denen Cordier lehrte, findet sich in den *Colloquia* vom 6. Februar 1564, nachgedruckt bei Delormeau, S. 122-126, vor allem S. 122.

11 Zum Beispiel Quicherat, *Histoire de Sainte-Barbe,* Band 1, S. 206.

12 Farge, *Orthodoxy and Reform,* S. 88.

13 Bibliothèque Nationale MS Lat 5657A. Rashdall, *Universities of Europe,* Band 1, S. 528f.

14 Archives de l'Université MSS Reg 89 fol. 41v; Reg 90 fols. 33v, 43r. Einschlägiges Material findet sich außerdem in der Bibliothèque Nationale MS Lat 12846 (z. B. fol. 161r-v); es bestätigt, daß eine Anzahl genannter Personen in den zwanziger Jahren des 16. Jahrhunderts an verschiedenen Schulen Theologie unterrichtet haben, mit Ausnahme der Sorbonne und Navarre. Dieses Dokument stammt aus dem 17. Jahrhundert; darin sind die heute verlorenen Originale des 16. Jahrhunderts zusammengefaßt. Offensichtlich dient die vorliegende Information ausschließlich der Veranschaulichung des ursprünglichen Archivmaterials und läßt den Schluß zu, daß an der Universität Thelogie umfassender gelehrt wurde als selbst in dieser bedeutenden Quelle beschrieben.

15 Zum theologischen Lehrplan von Paris siehe Farge, *Orthodoxy and Reform,* S. 16-28.

16 Es könnte noch ein dritter Grund angeführt werden, der Anlaß zu der Vermutung gab, daß Calvin in Paris mehr als ein Kolleg besucht hat, aber er ist nicht von Belang. Damals war es nicht ungewöhnlich, daß Angehörige einer Fakultät, wie etwa Studienleiter, mehreren Schulen angehörten, was zeigt, daß sie an einer Reihe von Schulen unterrichteten.

17 Godet, *Congrégation de Montaigu;* Féret, *Faculté de théologie,* Band 1, S. 3ff.

18 Nähere Einzelheiten siehe A. Renaudet, »Jean Standonck, un réformateur catholique avant la Réforme«, *Humanisme et Renaissance, Travaux* 30 (1958), S. 114-161. Die damals eingeführten Statuten sind aufgeführt bei Godet, *Congrégation de Montaigu,* S. 143-170.

19 Zum Beispiel A. Renaudet, *Préréforme et l'humanisme à Paris pendant les premières guerres de l'Italie (1496-1517),* (Paris, überarbeitete Auflage, 1953), S. 26; Wendel, *Calvin et l'humanisme,* S. 13.

20 Siehe R. R. Post, *The Modern Devotion,* (Leiden, 1968), S. 13ff.

21 Renaudet, »L'humanisme et l'enseignement de l'université«, S. 153; Garcia Villoslada, *Universidad de Paris durante los estudios de Francisco de Vitorio,* S. 87, 106-126.

22 OC 21.54.

23 Basierend auf Thurot, *Organisation de l'enseignement dans l'université de Paris,* Anhang 3-5. Zu Schätzungen von Studentenzahlen zwischen 1500 und 1550 siehe Matos, *Les Portugais à l'université de Paris,* S. 111 Nr. 1.

24 Beachte den Hinweis von Goulet zum »cingulum super vestem«: Quicherat, *Histoire de Sainte-Barbe,* S. 331; Reformvorschläge werden 1539 vermerkt: Du Boulay, *Historia Universitatis Parisiensis,* Band 6, S. 334f.

25 Berty, *Topographie historique du vieux Paris: région centrale de l'université,* passim, ergänzt durch Sammlungen der Archives Nationales S 6211, S 6482-3.

26 Siehe Godet, *Congrégation de Montaigu,* S. 34.

27 Godet, *Congrégation de Montaigu,* S. 33 Nr. 5. Einzelheiten über die Grün-

dung und das Eigentum des Kollegs finden sich in den Manuskripten der Archives Nationales S 6211 und S 6482-3.

28 J. Verger, »Le rôle social de l'université d'Avignon au XVe siècle«, BHR 33 (1971), S. 489-504.

29 Le Goff, »La conception française de l'université à l'époque de la Renaissance«, S. 94-100.

30 Beachte Calvins Erinnerung: OC 31.22. Vergleiche den Kommentar von Beza: »son coeur tendit entièrement à la Théologie« (OC 21.29).

31 Ganoczy, *The Young Calvin,* S. 174.

32 Thurot, *Organisation de l'enseignement dans l'université de Paris;* Cobban, *Medieval Universities.*

33 Eine kommentierte Liste findet sich bei J. M. Prat, *Maldonet et l'université de Paris* (Paris, 1856), S. 527-537.

34 OC 21.121.

35 Dazu siehe Kibre, *Nations in the Medieval Universities.*

36 Farge, *Orthodoxy and Reform,* S. 60, 72-75, 81. Die Zahlen beziehen sich auf Studenten, die das Studium der freien Künste absolvierten, um anschließend Theologie zu studieren, und von denen bekannt ist, welches Kolleg sie besuchten. Bei der Hälfte der Studenten ist nicht bekannt, welcher Schule sie angehörten.

37 Goulet, *Compendium.* Wir haben den Abschnitt aus Quicherat, *Histoire de Sainte-Barbe,* Band 1, S. 325-331 benutzt.

38 Thurot, *Organisation de l'enseignement dans l'université de paris,* S. 101.

39 Quicherat, *Histoire de Sainte-Barbe,* Band 1, S. 330.

40 Zur Verehrung für Aristoteles siehe Goulets Kommentar, »in logica summe colatur Aristoteles«: Quicherat, *Histoire de Sainte-Barbe,* Band 1, S. 330. Zu genauen Einzelheiten des Werks – per Statut für das Studium festgelegt – siehe Garcia Villoslada, *Universidad de Paris,* S. 74f.

41 Garcia Villoslada, *Universidad de Paris,* S. 133. Das soll jedoch nicht heißen, daß Mair einen ausschließlich aristotelischen Standpunkt vertrat: Er war zum Beispiel in Paris ein führender Vertreter anti-aristotelischer Ideen, wie die Leere außerhalb des Kosmos oder die Unendlichkeit der Welten: Kaiser, »Calvin's Understanding of Aristotelian Natural Philosophy«, S. 87.

42 Siehe zum Beispiel C. B. Schmidt, *Aristotle and the Renaissance* (Cambridge, Mass., 1983); E. F. Rice, »Humanist Aristotelianism in France: Jacques Lefèvre d'Etaples and His Circle«, in A. H. T. Levi (Hg.), *Humanism in France at the End of the Middle Ages and in the Early Renaissance* (Manchester 1970), S. 132-149.

43 Paris, Bibliothèque Nationale MS Lat 6535 fol. 228v.

44 Kaiser, »Calvin's Understanding of Aristotelian Natural Philosophy«.

45 Quicherat, *Histoire de Sainte-Barbe,* Band 1, S. 330.

46 Colladon verweist uns auf zwei Spanier (OC 21.54), und Beza bezieht sich auf einen, der ihn in Dialektik unterrichtete (OC 21.121): »translatus deinde in Gymnasium ab Acuto Monte cognominatum Hispanum habuit doctorem non indoctum: a quo exculto ipsius ingenio, quod ei iam tum erat acer-

rimum, ita profecit ut ... ad dialectices et aliarum quas vocant artium studium, promoveretur.«

47 Reuter, *Grundverständnis der Theologie Calvins,* S. 20f, 28. Eine Zusammenfassung findet sich bei A. E. McGrath, *Reformation Thought,* (Oxford/New York, 1988), S. 63f. Diese These findet sich in leicht abgewandelter Form in Reuters neuerer Studie, *Vom Scholaren bis zum jungen Reformator.* Seine frühere Position wird unkritisch übernommen von McDonnell, *John Calvin,* S. 7-13.

48 Torrance, »Intuitive and Abstractive Knowledge«. Vergleiche seine frühere Abhandlung »La philosophie et la théologie de Jean Mair ou Major«. Epistemologische Ähnlichkeiten werden ebenfalls festgestellt von Richard, *Spirituality of John Calvin,* S. 181.

49 Wendel, *Calvin,* S. 6f.

50 Dankbaar, *Calvin,* S. 5.

51 Ganoczy, *Young Calvin,* S. 168-178. Als umfassende Analyse der Verweise Calvins auf Petrus Lombardus und Gratian in den Ausgaben der *Institutio* von 1536, 1539, 1543 und 1559 siehe Smits, *Saint Augustin dans l'oeuvre de Jean Calvin,* S. 210.

52 Reuter, *Vom Scholaren bis zum jungen Reformator,* S. 6-12.

53 Goumaz, *Doctrine du salut,* S. 92.

54 C. G. Nauert, »The Clash of Humanists and Scholastics: An Approach to Pre-Reformation Controversies«, *SCJ* 4 (1973), S. 1-18; J. Overfield, »Scholastic Opposition to Humanism in Pre-Reformation Germany«, *Viator* 7 (1976), S. 391-420; A. H. T. Levi, »The Breakdown of Scholasticism and the Significance of Evangelical Humanism«, in G. R. Hughes (Hg.), *The Philosophical Assessment of Theology* (Georgetown, 1987), S. 101-128.

55 Erasmus, *Opera Omnia,* Band 6, 962D-967C.

56 Es gab einen ernsten Hintergrund! Die Frage, ob Gott eine Gurke (ein Esel oder ein Stein) werden könne, bezog sich auf die Gestaltwerdung bei der Inkarnation: A. E. McGrath, *«Homo Assumptus?* A Study in the Christology of the *Via Moderna, with Special Reference to William of Ockham«, Ephemerides Theologicae Lovanienses* 60 (1985), S. 283-297. Die Frage, ob Gott die Vergangenheit ungeschehen machen könne, bezog sich auf das Problem künftiger Ereignisse: W. J. Courtenay, »John of Mirecourt and Gregory of Rimini on whether God can undo the past«, *Recherches de Théologie ancienne et médiévale* 39 (1972), S. 244-256; 40 (1973), S. 147-174.

57 Als Einführung siehe McGrath, *Reformation Thought,* S. 50-66, insbesondere S. 53-61. Als ausführlichere Untersuchung siehe A. E. McGrath, *Intellectual Origins of the European Reformation* (Oxford/New York, 1987), S. 69-121, insbesondere S. 70-93.

58 Siehe E. Gilson, *History of Christian Philosophy in the Middle Ages* (London, 1978), S. 489-498.

59 A. L. Gabriel, »›Via Moderna‹ and ›Via Antiqua‹ and the Migration of Paris Students and Masters to the German Universities in the Fifteenth Century«, in A. Zimmermann (Hg.), *Antiqui und Moderni: Traditionsbewußtsein und Fortschrittsbewußtsein im späten Mittelalter* (Berlin/New York, 1974), S. 439-483.

60 Reuter stellt sechs Hauptberührungspunkte zwischen Calvin und dem Nominalismus John Mairs fest: Reuter, *Vom Scholaren bis zum jungen Reformator,* S. 6-12.

61 Diese Möglichkeit wurde das erste Mal erwähnt in McGrath, »John Calvin and Late Medieval Thought«.

62 Zur historischen Entwicklung der pelagianischen Kontroverse und den dazugehörigen Problemen siehe P. Brown, *Augustine of Hippo* (London, 1975), S. 340-407.

63 A. E. McGrath, *Iustitia Dei: A History of the Christian Doctrine of Justification* (2 Bände: Cambridge, 1986), Band 1, S. 163-179.

64 Scotus, *Opus Oxoniense* III dist. XIX q.1 Anm. 7: »dico, quod omne aliud a Deo, ideo est bonum, quia a Deo volitum, et non est converso: sic meritum illud tantum bonum erat, pro quanto acceptabatur.«

65 *Responsio ad aliquot Laelii Socini Senensis quaestiones*: OC 10a.160-5. In der Ausgabe der *Institutio* von 1554 wird die Frage ganz oberflächlich behandelt (VII, 18: OC 1.523-4).

66 *Institutio* II, 17,1.

67 Siehe zum Beispiel A. Gordon, »The Sozzini and their School«, *Theological Review* 16 (1879), S. 293-322.

68 Reuter, *Grundverständnis der Theologie Calvins,* S. 21.

69 Mair, *In I Sent.,* Vorwort (Paris, 1530).

70 Ein Exemplar dieses Werks (wenn auch nicht unbedingt Calvins persönliches Exemplar) wurde 1572 in die Bibliothek der Genfer Akademie aufgenommen: siehe Ganoczy, *La bibliothèque de l'Académie de Calvin,* S. 102-105.

71 Bezüglich des Universitätsstatuts, in dem Wilhelm von Ockham und Gregor von Rimini als Lehrer der *via nominalium* bezeichnet werden, siehe Garcia Villoslada, *Universidad de Paris,* S. 118.

72 Dankbaar, *Calvin,* S. 26.

73 Clerval, *Registre des procès-verbaux,* S. 370.

74 Paris, Archives Nationales X 1530, fols 33v-34r; Brief des Königs an das *Parlement* von Paris.

75 Näheres siehe Cristiani, »Luther et la faculté de théologie de Paris«.

76 Zum Beispiel die Sitzung vom 14. August: der Registereintrag lautet, daß »in materia de Leuter [sic] de qua fuerat articulus, non fuit conclusio pacifica.« Clerval, *Registre des procès-verbaux,* S. 273.

77 Text in Du Boulay, *Historia Universitatis Parisiensis,* Band 6, S. 116-127. Dieses Dokument ist keine wirkliche Antwort auf die Leipziger Thesen, wie Hempsall in »Luther and the Sorbonne« bemerkte.

78 Vergleiche A. E. McGrath, »Forerunners of the Reformation? A Critical Examination of the Evidence for Precursors of the Reformation Doctrines of Justification«, HThR 75 (1982), S. 221.

79 Eine vollständige Dokumentation gibt F. M. Higman, *Censorship and the Sorbonne: A Bibliographical Study of Books in French Censured by the Faculty of Theology of the University of Paris, 1520-1551* (Genf, 1979); Farge, *Orthodoxy and Reform,* S. 169-208.

Kapitel 3 – Die Wanderjahre: Orléans und die Begegnung mit dem Humanismus

1 Der Ausdruck stammt von Beza: OC 21.121-2. Zur Diskussion um den umstrittenen Zeitpunkt des Wechsels nach Orléans siehe Parker, *John Calvin,* S. 189-191.

2 OC 21.29, 54, 121.

3 A. E. McGrath, *Intellectual Origins of the European Reformation* (Oxford/New York, 1987), S. 125ff.

4 Einen Überblick über neuere Untersuchungen zum Wesen des Renaissance-Humanismus gibt McGrath, *Intellectual Origins of the European Reformation,* S. 32-68.

5 P. O. Kristeller, *La tradizione aristotelica nel Rinascimento* (Padua, 1972).

6 Idem, »The European Diffusion of Italian Humanism«, in *Renaissance Thought II: Humanism and the Arts* (New York, 1965), S. 69-88.

7 P. Bietenholz, *Der italienische Humanismus und die Blütezeit des Buchdrucks in Basel* (Basel, 1959).

8 R. Stupperich, »Das Enchiridion Militis Christiani des Erasmus von Rotterdam«, *ARG* 69 (1978), S. 5-23.

9 Zum Folgenden siehe McGrath, *Intellectual Origins of the European Reformation,* S. 122-139.

10 Hall, »Calvin, the Jurisconsults and the Ius Civile«.

11 G. Kisch, *Humanismus und Jurisprudenz: Der Kampf zwischen mos italicus und mos gallicus an der Universität Basel* (Basel, 1955), S. 9-76.

12 Zu möglichen Einflüssen siehe R. Abbondanza, »Premières considérations sur la méthodologie d'Alciat«, in *Pédagogues et Juristes* (Paris, 1963), S. 107-118.

13 Zu den Entwürfen siehe OC 10a.125-146.

14 Grislis, »Calvin's Use of Cicero in the Institutes I:1-5«.

15 Vergleiche OC 10b.16-17, 19-20.

16 OC 10b.19-20, 20f. Vergleiche Battles und Hugo, *Commentary on Seneca,* S. 387-391.

17 Beachte die kühne Behauptung (OC 5.32): »errat tamen Erasmus.«

18 J. Boisset, *Sagesse et sainteté dans la pensée de Calvin* (Paris, 1959), S. 248.

19 Calvin kann später ebenso Zitatensammlungen der Kirchenväter benutzt haben. Zum Beispiel wurde Hermann Bodius' *Unio Dissidentium* zwischen 1527 und 1602 häufig gedruckt, und möglicherweise hat Calvin einige seiner patristischen Quellenzitate diesem oder einem ähnlichen Werk entnommen.

20 Doinel, »Jean Calvin à Orléans«.

21 Lefranc, *La jeunesse de Calvin,* S. 200.

22 Zum Folgenden siehe Bourrilly und Weiss, »Jean du Bellay, les protestants et la Sorbonne, 1529-1535«.

23 Duplessis d'Argentré, *Collectio judiciorum* 2/1, S. 78.

24 Duplessis d'Argentré, *Collectio judiciorum* 2/1, S. 96f. »Broder« kann auch ebenso treffend »sticken« bedeuten.

25 Paris, BN MS N Acq Lat 1782 fols 259v-260r.

26 Paris, BN MS N Acq Lat 1782 fols 265v-269r zeigt die beharrliche Beteuerung der Fakultät, sie habe das Gedicht nicht offen verurteilt; die Zensur sei *ipso facto* erfolgt, wurde argumentiert, da sich ihr Verleger nicht an die bestehenden Vorschriften gehalten habe. Eine andere Interpretation dieser Ereignisse gibt F. M. Higman, *Censorship and the Sorbonne: A Bibliographical Study of Books in French Censured by the Faculty of Theology of the University of Paris, 1520-1551* (Genf, 1979).

27 OC 10b.25-26. »pridie Simonis« bedeutet »am Vorabend des Festes des heiligen Simon« – das heißt am 27. Oktober. Ein späterer Vermerk in Colladons Biographie (OC 21.123) deutet darauf hin, daß Calvin in dieser Zeit im Collège de Fortet gewohnt hat (*Gymnasium quod Fortretum vocant*).

28 Ganoczy, *The Young Calvin*, S. 77f.

29 A. Renaudet, *Préréforme et l'humanisme à Paris pendant les premières guerres de l'Italie 1496-1517* (Paris, überarbeitete Auflage, 1953), S. 210.

30 Laut Du Boulay, *Historia Universitatis Parisiensis* Band 6, S. 238 trat er sein Amt am 10. Oktober an.

31 Zum Beispiel Wendel, *Calvin*, S. 26.

32 H. de Vocht, *Monumenta humanistica Lovaniensia* (Löwen, 1934), S. 434-441, insbesondere S. 438.

33 Zum Text siehe Rott, »Documents strasbourgeois«, S. 43-49.

34 De Vocht, *Monumenta*, S. 430-458, gesamter Text des Briefes und ausgiebige Anmerkungen.

35 Das ergibt sich aus einem Brief vom 11. Dezember von Jacques Colin an Jean du Bellay; vergleiche Bourrilly und Weiss, »Jean du Bellay, les protestants et la Sorbonne«, S. 218f, Anmerkung 3.

36 Unsere Quelle ist Manrique: De Vocht, *Monumenta*, S. 440.

37 Paris, Archives Nationales MS X 1537 fol. 29r. (Es ist möglich, daß der König Cop mit Pierre Cornu verwechselt hat und daß es nicht »Recteur«, sondern »docteur« heißt: vergleiche Rott, »Documents strasbourgeois«, S. 35 Anmerkung 39.) Beachte auch die früheren Anweisungen an das *parlement*, energisch gegen die »verdammungswürdige lutherische Sekte« vorzugehen (fols 28v-29r); nach Ansicht des Königs gehört Cop eindeutig zu dieser Gruppe.

38 Näheres siehe Rott, »Documents strasbourgeois«.

39 Dies geht aus seinem Brief vom 18. Januar 1534 an François Daniel hervor: OC 10b.15-16 (das veröffentlichte Datum, 1532, ist eindeutig falsch).

40 Man denke an den Brief an Daniel vom 27. Dezember 1533: OC 10b.11-12.

Kapitel 4 – Vom Humanisten zum Reformator: Die Bekehrung

1 Siehe P. Fredricksen, »Paul and Augustine: Conversion Narratives, Orthodox Traditions and the Retrospective Self«, *Journal of Theological Studies* 37 (1986), S. 3-34.

2 Es muß betont werden, daß diese weitverbreitete Haltung auf Mißverständnissen hinsichtlich der Auffassungen des späten Judentums und des spätmittelalterlichen Katholizismus zur Lehre von der Rechtfertigung beruht: vergleiche A. E. McGrath, *Iustitia Dei: A History of the Christian Doctrine of Justification* (2 Bände, Cambridge, 1986), Band 1, S. 70-91; E. P. Sanders, *Paul, the Law and the Jewish People* (Philadelphia, 1983).

3 Es wurde gelegentlich behauptet, die *Antwort auf Sadolet* enthalte Hinweise auf Calvins Bekehrung. In diesem Werk beschreiben zwei Anhänger des evangelischen Glaubens – ein Pfarrer und ein Laie – ihre »Bekehrung«. Manche Autoren sind der Meinung, es handle sich dabei nicht um Klischees oder Beispiele, sondern um Calvins eigene persönliche Erfahrung: Doumergue, *Jean Calvin,* Band 1, S. 347; Wendel, *Calvin,* S. 24f. Als Antwort darauf muß festgestellt werden, daß es sich bei dem Werk um eine dramatische Erzählung handelt. Calvin wurde das literarische Modell durch Sadolets Original aufgezwungen, in dem ein Priester und ein »gemeiner Mann« sich über die Überspanntheiten und Abweichungen des evangelischen Glaubens beklagen. Ausgehend von dem, was wir über Calvins Werdegang wissen, liegt kein autobiographischer Hinweis vor, und es wird nichts unmittelbar ersichtlich: Ganoczy, *Young Calvin,* S. 254-259.

4 An dieser Stelle fassen wir zusammen OC 31.21-24.

5 Parker, *John Calvin,* S. 193. Aufgrund von Calvins Seneca-Kommentar schlägt Parker vor, *subita* mit »unerwartet« zu übersetzen. In dem Kommentar äußert sich Calvin folgendermaßen: »*subita* – nicht nur plötzlich (*repentina*), sondern auch unerwartet (*inconsiderata*)«. Vergleiche Battles und Hugo, *Commentary on Seneca,* S. 55f. Parker, *John Calvin,* S. 193f. Doch scheint Calvin an dieser Stelle nur auf eine ungewöhnliche Bedeutung des Wortes *subita* hinzuweisen, da Seneca das Wort eher im Sinne von »unbeabsichtigt« verstanden wissen will, als in seiner normalen Bedeutung »plötzlich«. Man darf wohl vernünftigerweise annehmen, daß die meisten Bekehrungen unbeabsichtigt und unerwartet sind, was Calvins *subita conversio* scheinbar tautologisch macht; trotzdem gehen Bekehrungen nicht unbedingt *plötzlich* vonstatten, da sie auch über einen längeren Zeitraum stattfinden können.

6 A. Rich, *Die Anfänge der Theologie Huldrych Zwinglis* (Zürich, 1949), S. 104-119.

7 Siehe Ganoczys ausgezeichnete Untersuchung zu Calvins Wissen um eine göttliche Berufung: *Young Calvin,* S. 287-307.

8 Ausgewiesen und analysiert von Sprenger, *Das Rätsel um die Bekehrung Calvins,* S. 36-41. Zu den Texten siehe OC 31.21 und 48.199-202.

9 McGrath, *Luther's Theology of the Cross* (Oxford/New York, 1985). Luthers Erinnerungem stammen aus dem Jahr 1545, dem Jahr vor seinem Tod; die geschilderten Ereignisse beziehen sich auf die Jahre 1513 bis 1519; wahrscheinlich konzentrieren sie sich auf das Jahr 1515.

10 Ganoczy, *Young Calvin,* S. 252-266.

11 De Raemond, *Historia,* S. 262.

12 OC 13.681. De Raemond listet eine Anzahl von Personen auf, mit denen Cal-

vin sich in dieser Zeit anfreundete (obwohl er fälschlicherweise behauptet, Calvin habe mehrere Jahre in Angoulême zugebracht): *Historia,* S. 260, 266.

13 De Raemond, *Historia,* S. 268.

14 Der Text des Dokuments wird zitiert bei Lefranc, *Jeunesse de Calvin,* S. 201.

15 Ibd., S. 201.

16 Vergleiche Doumergue, *Jean Calvin,* Band 7, S. 575.

17 OC 12.68. Die Behauptung, Calvin sei auf dem Rückweg von Italien im April 1536 im Aosta-Tal von der Inquisition verhaftet worden (z.B. Dankbaar, *Calvin,* S. 42f.) wird von keiner zeitgenössischen Quelle bestätigt.

18 OC 21.57.

19 Calvin verweist 1554 auf dieses mißlungene Treffen: OC 8.481.

20 G. Berthoud, *Antoine Marcourt, réformateur et pamphlétaire du »Lire des Marchands« aux placards de 1534* (Genf, 1973), S. 157-222. Zu Reproduktionen der Anschläge siehe S. 287ff.

21 D. R. Kelley, *The Beginning of Ideology: Consciousness and Formation in the French Reformation* (Cambridge, 1981), S. 13-19.

22 Zur Unterscheidung siehe R. O. Allen und B. Spilka, »Committed and Consensual Religion«, *Journal for the Scientific Study of Religion* 6 (1967), S. 191-206.

23 Vergleiche H. R. Guggisberg, *Basel in the Sixteenth Century* (St. Louis, 1982).

24 P. Wernle, *Calvin und Basel bis zum Tode des Myconius* (Tübingen, 1909), S. 4; weiteres Material dazu in Plath, *Calvin und Basel in den Jahren 1552-1556.*

25 Dieses Ereignis war ihm 1557 noch frisch im Gedächtnis: OC 31.24.

26 Siehe vor allem den Brief Franz I. vom 1. Februar 1535 an die deutschen protestantischen Fürsten: Herminjard, *Correspondance des réformateurs,* Band 3, S. 250-254.

27 OC 31.24 (der französische Text ist ausdrucksvoller als der entsprechende lateinische).

28 Der »einleitende Brief« stammt vom »10. Cal. Septembris«. Die Basler Drucker Thomas Platter und Balthasar Lasius wurden von Jean Oporin redaktionell unterstützt und ließen sich mit dem Drucken des Werkes Zeit: es wurde erst im März des darauffolgenden Jahres veröffentlicht.

29 OC 21.58.

30 N. M. Sutherland, *Huguenot Struggle for Recognition* (New Haven/London, 1980), S. 30f., 336.

31 Lefranc, *La jeunesse de Calvin,* S. 205.

Kapitel 5 – Genf: Der erste Aufenthalt

1 OC 8.416.

2 OC 48.117-118.

3 Kingdon, »Deacons of the Reformed Church«.

4 Siehe Kingdon, »Social Welfare in Calvin's Geneva«.

5 B. Moeller, *Reichsstadt und Reformation* (Gütersloh 1962).

6 T. A. Brady, *Ruling Class, Regime and Reformation at Strasbourg, 1520-1555* (Leiden, 1977).

7 S. E. Ozment, *The Reformation in the Cities: The Appeal of Protestantism to Sixteenth-Century Germany and Switzerland* (New Haven, 1975).

8 P. Broadhead, »Popular Pressure for reform in Augsburg, 1524-1534«, in W. J. Mommsen (Hg.), *Stadtbürgertum und Adel in der Reformation* (Stuttgart, 1979), S. 80-87; H. von Greyerz, *The Late City Reformation in Germany: The Case of Colmar* (Wiesbaden, 1980); W. Ehbrecht, »Verlaufsformen innerstädtischer Konflikte in nord- und westdeutschen Städten im Reformationszeitalter«, in B. Moeller (Hg.), *Stadt und Kirche im 16. Jahrhundert* (Gütersloh, 1978), S. 27-47; ders., »Köln, Osnabrück, Stralsund: Rat und Bürgerschaft hansischer Städte zwischen religiöser Erneuerung und Bauernkrieg«, in F. Petri (Hg.), *Kirche und gesellschaftlicher Wandel* (Köln, 1980), S. 32-64; Guggisberg, *Basel in the Sixteenth Century;* S. Jahns, *Frankfurt, Reformation und schmalkaldischer Bund* (Frankfurt, 1976); E. Naujoks, *Obrigkeitsgedanke, Zunftverfassung und Reformation: Studien zur Verfassungsgeschichte von Ulm, Esslingen und Schwäbisch Gmünd* (Stuttgart, 1958); H. -C. Rublack, *Die Einführung der Reformation in Konstanz* (Gütersloh, 1971); ders., »Forschungsbericht Stadt und Reformation«, in B. Moeller (Hg.), *Stadt und Kirche im 16. Jahrhundert* (Gütersloh, 1978), S. 9-26; R. W. Scribner, »Civic Unity and the Reformation in Erfurt«, *Past and Present* 66 (1975), S. 29-60; ders., »Why was there no Reformation in Cologne?«, *Bulletin of the Institute of Historical Research* 49 (1976), S. 217-241; H. Stratenwerth, *Die Reformation in der Stadt Osnabrück* (Wiesbaden, 1971); G. Strauss, *Nuremberg in the Sixteenth Century* (New York, 1966); W. Wettges, *Reformation und Propaganda: Studien zur Kommunikation des Aufruhrs in süddeutschen Reichsstädten* (Stuttgart, 1978).

9 A. E. McGrath, »Justification and the Reformation: The Significance of the Doctrine of Justification by Faith to Sixteenth-Century Urban Communities«, *ARG* 81 (1990), erscheint in Kürze.

10 Dieser Punkt wird besonders hervorgehoben von W. Becker, *Reformation und Revolution* (Münster, 1974).

11 Die Schweizer Städte wurden von den unterdrückten deutschen Städten oft unrealistisch als Muster städtischer Unabhängigkeit betrachtet: T. A. Brady, *Turning Swiss: Cities and Empire, 1450-1550* (Cambridge, 1985).

12 H. C. Peyer, *Leinwandgewerbe und Fernhandel der Stadt St. Gallen von den Anfängen bis 1520* (2 Bände: St. Gallen, 1959-60).

13 Scribner, »Civic Unity and the Reformation in Erfurt«.

14 N. Birnbaum, »The Zwinglian Reformation in Zurich«, *Past and Present* 15 (1959), S. 27-47.

15 Borel, *Les foires de Genève au XVe siècle.*

16 Bergier, *Wirtschaftsgeschichte der Schweiz,* S. 293-299.

17 Nützliche Informationen sind zu finden bei Monter, *Calvin's Geneva,* S. 29-63 sowie in den Anmerkungen.

18 Vergleiche W. Richard, *Untersuchungen zur Genesis der reformierten Kirchenterminologie der Westschweiz und Frankreichs* (Bern, 1959), S. 41-53.

19 Ammann, »Oberdeutsche Kaufleute und die Anfänge der Reformation in Genf«.
20 van Berchem, »Une prédication dans un jardin«.
21 Herminjard, *Correspondance des réformateurs,* Band 3, S. 125f.
22 Näheres zu den Feldzügen siehe *Histoire militaire de la Suisse* (4 Bände: Bern, 1913-17), passim.
23 F. J. C. Gingins la Sarra, *Histoire de la ville d'Orbe et son château* (Lausanne, 1855).
24 M. H. Körner, *Solidarités financières suisses au XVIe siècle* (Luzern, 1980).
25 Monter, *Genevan Government,* S. 11-14.
26 Näheres siehe OC 21.200-202.
27 OC 31.24 (folgt der längeren französischen Version des Texts). Der kürzere lateinische Text deutet darauf hin, daß die fraglichen »Studien« ein wenig ausgefallen waren.
28 OC 21.30.
29 *La Dispute de Lausanne 1536: La théologie réformée après Zwingli et avant Calvin* (Lausanne, 1988).
30 OC 9.701-2.
31 OC 9.877-884. Er meldete sich auch am 7. Oktober kurz zu Wort: OC 9.884-886.
32 OC 9.879, 890.
33 Siehe Calvins Brief vom 13. Oktober 1536 aus Lausanne an François Daniel: OC 10b.64.
34 Dankbaar, *Calvin,* S. 49.
35 Dieser Punkt findet besondere Erwähnung bei Kingdon, »Calvin and the Government of Geneva«, S. 58.
36 OC 1.369f.
37 OC 1.372f.
38 OC 21.222.
39 Die Berner Riten verlangten die Beibehaltung des Taufbeckens, der Trauungszeremonie und des ungesäuerten Brots sowie mehrerer religiöser Feste (Weihnachten, Ostern und Pfingsten), die Farel abgeschafft hatte.
40 OC 10b.185f.
41 Die Briefe an du Tillet vom 10. Juli und 20. Oktober 1538 sind in dieser Hinsicht äußerst aufschlußreich: OC 10b.201, 221.
42 Brief vom 7. September 1538: OC 10b.242ff.
43 Man beachte den Brief an Farel vom September 1538, in dem er auf seine eigene »Unerfahrenheit, Sorglosigkeit, Nachlässigkeit und Fehler« verweist: OC 10b.246. Fast derselbe Vermerk ist in einem Brief an »die Gläubigen von Genf« vom 1. Oktober zu finden: OC 10b.253.
44 OC 10b.270ff.
45 Näheres siehe Brady, *Ruling Class, Regime and Reformation at Strasbourg;* M. U. Chrisman, *Strasbourg and the Reformation: A Study in the Process of Change* (New Haven/London, 1967); ders., *Lay Culture, Learned Culture: Books and Social Change in Strasbourg, 1480-1599* (New Haven/London, 1982).

46 Man beachte den Brief an Farel in der Anfangsphase seines neuen geistlichen Amtes: OC 10b.247.
47 Pannier, *Calvin à Strasbourg,* S. 39f.
48 OC 6.336.
49 Höpfl, *Christian Polity of John Calvin,* S. 129ff.

Kapitel 6 – Genf: Die Festigung der Macht

1 In »The Calvin Legend« beschreibt Hall den maßgeblicheren dieser Mythen und zweifelt ihn an. Aber die Wissenschaft hat noch einen langen Weg vor sich, ehe solche Märchen die allgemeine Vorstellung von dem Reformator nicht mehr beeinflussen.
2 A. Huxley, *Proper Studies* (London, 1949), S. 287.
3 Chenevière, *La pensée politique de Calvin,* S. 178. Vergleiche Mercier, »L'esprit de Calvin«, S. 32-37; Choisy, *La théocratie à Genève.*
4 Siehe insbesondere Chenevière, *La pensée politique de Calvin,* S. 244.
5 Später wurde Calvin gelegentlich von seinen Gegnern verspottet, weil er keine Kinder hatte. Calvin entgegnete dann, das stimme zwar, aber dennoch habe er unzählige Kinder in der ganzen christlichen Welt: OC 9.576.
6 Calvins Äußerungen zum Tod seiner Frau, die in eine Predigt über einen Abschnitt aus dem ersten Brief des Apostels Paulus an Timotheus einfließen, zählen zu den wenigen Zeugnissen, bei denen der Reformator seine eigenen Gefühle öffentlich preisgibt: OC 53.254.
7 R. Doucet, *Les institutions de la France au XVIe siècle* (Paris, 1948), S. 37-56.
8 Monter, *Studies in Genevan Government,* S. 85-89.
9 *Le livre des bourgeois,* S. 266.
10 N. Z. Davis, »The Sacred and the Body Social in Sixteenth-Century Lyon«, *Past and Present* 90 (1981), S. 40-70, insbesondere S. 62.
11 OC 21.547.
12 Höpfl, *Christian Polity of John Calvin,* S. 90-102.
13 Zu der Vermutung, die Reformation in Genf könne als Revolution angesehen werden, siehe Kingdon, »Was the Protestant Reformation a Revolution?«
14 W. Köhler, *Zürcher Ehegericht und Genfer Konsistorium* (2 Bände: Leipzig, 1932-1942).
15 Höpfl, *Christian Polity of John Calvin,* S. 94f.
16 H. Morf, »Obrigkeit und Kirche in Zürich bis zu Beginn der Reformation«, *Zwingliana* 13 (1970), S. 164-171; R. C. Walton, »The Institutionalization of the Reformation at Zurich«, *Zwingliana* 13 (1972), S. 497-515.
17 Dieses Thema wird ausführlich erörtert bei J. W. Baker, *Heinrich Bullinger and the Covenant: The Other Reformed Tradition* (Athens, Ohio, 1980), S. 55-140. Im Jahr 1553 erklärten jedoch die Zürcher Behörden, Genfs Kirchenzucht sei unter den gegebenen Umständen vielleicht nicht ganz unangemessen:

OC 14.699f. Ein früherer Brief Bullingers an Calvin läßt allerdings den Schluß zu, daß Bullinger den Rat drängte, das Genfer Modell nicht allzu kritisch zu betrachten: OC 14.697f.

18 Siehe den Brief Sulzers an den Klerus in Genf: OC 14.711ff.

19 Siehe den Brief der Berner Stadtherren von 1553: OC 14.691.

20 Näheres siehe J. W. Baker, »Church Discipline or Civil Punishment: On the Origins of the Reformed Schism, 1528-1531«, *Andrews University Seminary Bulletin* 23 (1985), S. 3-18.

21 Z 11.199.

22 Siehe K. Deppermann, *Melchior Hoffmann* (Edinburgh, 1987), S. 279-281.

23 Chrisman, *Strasbourg and the Reform,* S. 220-226, 229-232; Deppermann, *Melchior Hoffmann,* S. 296-311.

24 Courvoisier, *La notion d'église chez Bucer,* S. 137ff.

25 Von den »Ältesten« ist auch noch nicht die Rede: zur Vier-Ämter-Lehre bei Bucer siehe H. Strohl, »La théorie et la pratique des quatre ministères à Strasbourg avant l'arrivée de Calvin«, *BSHPF* 84 (1935), S. 123-140.

26 Monter, »Consistory of Geneva«, S. 479.

27 Ein wichtiger zeitgenössischer Beleg für diese Kontroverse ist der Brief Johann Hallers an Bullinger (September 1553), worin die ablehnende Haltung führender Genfer Bürger gegenüber der Kirchenzucht zum Ausdruck kommt: OC 14.625.

28 Im 16. Jahrhundert wurde die richterliche Autorität in den französischen Städten immer mehr ausgehöhlt, als der Absolutismus an Boden gewann. Siehe Doucet, *Institutions de la France,* S. 45-55.

29 Damals war es das Amt des Generalstaatsanwalts, dessen Aufgabenbereich in etwa dem eines amerikanischen Staatsanwalts entsprach. Man könnte sagen, daß die grundlegende Struktur der Genfer Rechtsprechung am 28. November 1529 festgelegt wurde, die – trotz geringfügiger Änderungen im Jahr 1563 – bis zum Ende des 18. Jahrhunderts der Eckpfeiler des Rechtssystems der Stadt blieb. Siehe Monter, *Studies in Genevan Government,* S. 61-67.

30 Das wird besonders deutlich in Guggisbergs großartiger Analyse über die Beurteilung Sebastian Castellios – der Calvins Rolle im Fall Servet kritisierte – insbesondere zur Zeit der Aufklärung: H. Guggisberg, *Sebastian Castellio im Urteil seiner Nachwelt vom Späthumanismus bis zur Aufklärung* (Basel, 1956).

31 R. Mentzer, *Heresy Proceedings in Languedoc, 1500-1560* (New York, 1984), S. 100f.

32 *Summa Theologiae* IIaIIae q. 11 a. 3.

33 Siehe P. E. Sigmund, *St. Thomas Aquinas on Politics and Ethics* (New York, 1988), S. XXVI.

34 Siehe W. H. F. Frend, »Heresy and Schism as Social and National Movements«, *Studies in Church History* 9 (1972), S. 37-56.

35 J. M. Stayer, »Christianity in One City: Anabaptist Münster, 1534-35«, in H. J. Hillerbrand (Hg.), *Radical Tendencies in the Reformation* (Kirksville, Mo., 1988), S. 117-134.

36 Deppermann, *Melchior Hoffmann,* S. 296-311.

37 Bullinger erklärte, gemäß der göttlichen Vorsehung müsse Genf wieder in den Ruf gelangen, orthodox zu sein: OC 14.624.

38 Siehe Stayer, »Anabaptist Münster«, S. 130f.

39 Wie der Rat der Stadt gegen Personen vorging, die er für gefährlich hielt, beweist der Prozeß gegen George Battonat (1552), der der Fälschung angeklagt war. Der Prozeß wurde anhand von Archivmaterial von Naef in »Un alchimiste au XVIe siècle« vollständig dokumentiert.

40 OC 14.628.

41 OC 8.761, 783, 789f.

42 OC 8.789.

43 OC 8.808-823.

44 OC 36.830.

45 OC 14.656f. Man beachte die Schlußfolgerung von Höpfl, *Christian Polity of John Calvin,* S. 136: »Nichts läßt darauf schließen, daß Calvin zu irgendeiner Zeit etwas gegen rasche und wirksame Hinrichtungen einzuwenden hatte.«

46 Monter, *Genevan Government,* S. 57.

47 Die zunehmende Entfremdung Basels von Genf beschreibt Plath, *Calvin und Basel in den Jahren 1552-1556.*

48 Kingdon, »The First Expression of Theodore Beza's Political Ideas«.

49 OC 21.560.

50 Perrenaud, *La population de Genève,* S. 37.

51 Die Zahl der Flüchtlinge steht nicht fest. Zu der Annahme, daß die Einwohnerzahl korrigiert werden müsse, woraus sich eine erheblich größere Zahl an Flüchtlingen ergebe, siehe Monter: »Historical Demography and Religious History in Sixteenth-Century Geneva«.

52 Mandrou, »Les français hors de France«, S. 665.

53 OC 7.362.

54 Zu den Spannungen, die diese Flüchtlinge zwischen Calvin und den Genfer Nationalisten (die deren Aufenthalt in der Stadt mißbilligten) verursachten, siehe Biéler, *La pensée économique et sociale de Calvin,* S. 107ff.

55 *Livre des bourgeois,* S. 240.

56 Ibd., S. 241-244.

57 Zu St. Gallen siehe W. Ehrenzeller, *St. Gallische Geschichte im Spätmittelalter und in der Reformationszeit* (3 Bände: St. Gallen, 1931-1947).

58 K. Spillmann, *Zwingli und die zürcherische Politik gegenüber der Abtei St. Gallen* (St. Gallen, 1965).

59 Siehe C. Bonorand, »Joachim Vadian und Johannes Dantiscus: Ein Beitrag zu den schweizerisch-polnischen Beziehungen im 16. Jahrhundert«, *Zeitschrift für die Geschichte und Altertumskunde Ermlands* 35 (1971), S. 150-170; derselbe, »Joachim Vadians Beziehungen zu Ungarn«, *Zwingliana* 13 (1969), S. 97-131.

60 C. Bonorand, *Vadians Weg vom Humanismus zur Reformation* (St. Gallen, 1962).

61 Siehe W. Naef, *Die Familie von Watt. Geschichte eines St. Gallischen Bürgergeschlechtes* (St. Gallen, 1936).

62 E. Rüsch, »›Glücklich die Stadt, die einen solchen Bürgermeister hat.‹ Die Gratulationen zur Wahl Vadians als Bürgermeister von St. Gallen«, in *Vadian, 1484-1984: Drei Vorträge* (St. Gallen, 1985), S. 63-76.

63 Man denke nur an die Proteste vom Dezember 1537: E. Rüsch, »Politische Opposition in St. Gallen zur Zeit Vadians«, *Schriften des Vereins für die Geschichte des Bodensees und seiner Umgebung* 104 (1986), S. 67-113.

64 Was er mit den meisten Reformatoren der Ostschweiz gemein hat: E. Ziegler, »Zur Reformation als Reformation des Lebens und der Sitten«, *Rorschacher Neujahrsblatt* (1984), S. 53-71.

65 Diese Ausnahme ist MS 138, das in der Bürgerbibliothek Bern aufbewahrt wird. Es ist nicht ganz klar, wie dieses Manuskript – das aus dem Jahr 1548 stammt und sich mit der Reformation religiöser Orden befaßt – von St. Gallen nach Bern gekommen ist.

66 C. Bonorand, »Dolfin Landolfi von Poschiano: Der erste Bündner Buchdrucker der Reformationszeit«, in *Festgabe Leonhart von Muralt* (Zürich, 1970), S. 228-244.

Kapitel 7 – Der christliche Glaube nach Calvin: das Medium

1 Holl, »Johannes Calvin«, S. 267 (meine Hervorhebung).

2 Näheres siehe G. P. Norton, »Translation Theory in Renaissance France: Etienne Dolet and the Rhetorical Tradition«, *Renaissance and Reformation* 10 (1974), S. 1-13; L. A. Sonnino, *A Handbook to Sixteenth-Century Rhetoric* (London, 1968).

3 Eine brillante Analyse liefert Girardin, *Rhétorique et théologique.*

4 Zum Folgenden siehe Battles, »God was accommodating Himself to Human Capacity«.

5 A. N. Wilder, *Early Christian Rhetoric: The Language of the Gospel* (London, 1964).

6 OC 26.387f: »Dieu s'est fait quasi semblable à une nourrice, qui ne parlera point à un petit enfant selon qu'elle feroit à un homme ... nostre Seigneur s'est ainsi familièrement accommodé à nous.«

7 OC 29.70, 356; 36.134; 43.161.

8 OC 23.17, 20-23, 40.

9 OC 32.364f.

10 Battles, »God was accommodating Himself to Human capacity«, S. 20f.

11 *Institutio* I, 13, 1.

12 Balke, »The Word of God and Experientia according to Calvin«.

13 Die hier entwickelten Ideen sind zu finden bei F. M. Higman, »The Reformation and the French Language«, *L'Esprit créateur* 16 (1976), S. 20-36; derselbe, »Theology in French: Religious Pamphlets from the Counter-Reformation«, *Renaissance and Modern Studies* 23 (1979), S. 128-146; derselbe, »De Calvin à Descartes: la création de la langue classique«, *RHR* 15 (1986), S. 5-18.

14 Higman, »Theology in French«, S. 130.
15 Ibd., S. 138.
16 Näheres siehe Higman, *Style of John Calvin.*
17 Marmelstein, *Etude comparative,* passim.
18 Man beachte die zeitgenössischen Kommentare von Pasquier, *Recherches,* S. 1067: »Car aussi estoit il homme bien escrivant tant en Latin que François, & auquel nostre langue Françaïse est grandement redevable pour l'avoir enrichie d'une infinité de beaux traicts.«
19 *Vadianische Briefsammlung,* Brief Nr. 884.
20 Eine umfassende Analyse findet sich bei Ganoczy, *Young Calvin,* S. 137-168.
21 Näheres zu den verschiedenen Ausgaben und dazu, wie das Material darin umgestellt wurde, ist zu finden bei Autin, *L'Institution chrétienne de Calvin.* Ein Vergleich der verschiedenen lateinischen und französischen Ausgaben findet sich bei Marmelstein, *Etude comparative.*
22 OC 1.255.
23 Zum Beispiel Pannier, »Une première *Institution* française dès 1537«.
24 W. Maurer, »Melanchthons ›Loci Communes‹ von 1521 als wissenschaftliche Programmschrift«, *Luther Jahrbuch* 27 (1960), S. 1-50.
25 Fatio, »Présence de Calvin à l'époque de l'orthodoxie réformée«, enthält unschätzbares bibliographisches Material.
26 Parker, *Calvin's New Testament Commentaries;* derselbe, *Calvin's Old Testament Commentaries.*
27 McGrath, *The Intellectual Origins of the European Reformation* (Oxford/New York, 1987), S. 37f.
28 Heller, *The Conquest of Poverty: The Calvinist Revolt in Sixteenth-Century France* (Leiden, 1986), S. 121-125.

Kapitel 8 – Der christliche Glaube nach Calvin: die Botschaft

1 Zum Beispiel im Falle der Rechtfertigungslehre, der Anthropologie und der Kirchenlehre: Santmire, »Justification in Calvin's 1540 Romans Commentary«; Torrance, *Calvins Lehre vom Menschen;* Milner, *Calvin's Doctrine of the Church.* In seiner Studie über die Predigten Calvins hat Stauffer das Verhältnis von Calvins Predigten und seiner Theologie aufgezeigt und über die Folgen nachgedacht: Stauffer, *Dieu, la création et la providence dans la prédication de Calvin.*
2 Fatio, *Méthode et théologie,* S. 150-153. Die Tendenz des späten Calvinismus, Theologie und Schriftauslegung als zwei verschiedene Dinge zu betrachten, geht auf Lambert Daneaus Definition von Theologie in seinem *Compendium* zurück.
3 Rist, »Méthode théologique de Calvin«, S. 21.
4 Eine nützliche Darstellung bietet Selinger, *Calvin against Himself,* S. 72-84.
5 Zum allgemeinen Problem innerhalb der Geistesgeschichte (und nicht nur

in der historischen Theologie) siehe H. Kellner, »Triangular Anxieties: The Present State of European Intellectual History«, in D. LaCapra und S. L. Kaplan (Hg.), *Modern European Intellectual History* (Ithaca, New York, 1982), S. 116-131.

6 Dies wird mit Recht betont von Bouwsma, *John Calvin,* S. 4ff.

7 Näheres siehe Willis, »Rhetoric and Responsibility in Calvin's Theology«.

8 Schweizer, *Die protestantischen Centraldogmen,* S. 1-18, 150-179. Allgemeineres siehe L. Boettner, *The Reformed Doctrine of Predestination* (Grand Rapids, 1968).

9 Dowey, *Knowledge of God in Calvin's Theology,* S. 41-49.

10 Milner, *Calvin's Doctrine of the Church,* S. 1-5.

11 Partee, »Calvin's Central Dogma Again«.

12 Dieser Punkt findet besondere Erwähnung bei Bauke, *Die Probleme der Theologie Calvins,* S. 22,30f.

13 Milner, *Calvin's Doctrine of the Church,* S. 2f.

14 Siehe Niesel, *Die Theologie Calvins,* S. 223ff; Milner, *Calvin's Doctrine of the Church,* S. 191.

15 Die Behauptung früherer Autoren, wie z.B. Ernst Troeltsch, Calvin sei weniger christozentrisch als Luther, beruht auf der damals herrschenden Meinung der Calvin-Forschung – vor allem im Hinblick auf die zentrale Stellung der Prädestination – die heute längst überholt ist.

16 Lane, »Calvin's Use of the Fathers and Medievals«, liefert eine hervorragende Analyse.

17 Siehe die Untersuchung von Smits, *Saint Augustin dans l'oeuvre de Jean Calvin.*

18 OC 8.266.

19 Lane, »Calvin's Sources of St. Bernard«.

20 Reuter, *Vom Scholaren bis zum jungen Reformator,* S. 6-12; McGrath, »John Calvin and Late Medieval Thought«.

21 Ganoczy, *The Young Calvin,* S. 137-151, 158-168.

22 Grislis, »Calvin's Use of Cicero in the Institutes I, 1-5«.

23 A. E. McGrath, »Some Observations concerning the Soteriology of the *Schola Moderna*«, *RThAM* 52 (1985), S. 182-193.

24 McGrath, »John Calvin and Late Medieval Thought«.

25 Niesel, »Calvin wider Osianders Rechtfertigungslehre«; Zimmermann, »Calvins Auseinandersetzung mit Osianders Rechtfertigungslehre«.

26 McGrath, *Luther's Theology of the Cross* (Oxford/New York, 1985); ders., *Iustitia Dei: A History of the Christian Doctrine of Justification* (« Bände: Cambridge, 1986), Band 2, S. 3-20.

27 A. E. McGrath, »Justification and the Reformation: The Significance of the Doctrine of Justification by Faith to Sixteenth-Century Urban Communities«, *ARG* 81 (1990).

28 McGrath, *Iustitia Dei,* Band 2, S. 3-39.

29 Die christologischen Aspekte der Prädestinationslehre Calvins wurden hervorgehoben von Jacobs, *Prädestination und Verantwortlichkeit bei Calvin.*

30 OC 14.417 ist hier von besonderer Bedeutung, vor allem die ausdrückliche

Frage, warum die Verheißungen Gottes nicht bei allen Menschen gleich wirksam sind.

31 Vergleiche McGrath, *Iustitia Dei,* Band 1, S. 128-145 als Analyse der mittelalterlichen Ansichten zur Prädestination.

32 I,5,5; III,21,5; 22,1, 5; 24,17.

33 Siehe Wendel, *Calvin,* S. 127.

34 McGrath, *Iustitia Dei,* Band 1, S. 119-128, erläutert die Gedanken und ihre theologische Bedeutung. Es sollte darauf hingewiesen werden, daß unsere Auffassung von diesen Ideen im letzten Jahrhundert fast vollständig korrigiert wurde.

35 McGrath, *Reformation Thought* (Oxford/New York, 1988), S. 117-130.

36 W. P. Stephens, *The Theology of Huldrych Zwingli* (Oxford, 1986), S. 206-211.

37 Es muß betont werden, daß Calvin den Begriff *substantia* nicht im aristotelischen Sinn gebraucht, wie er der mittelalterlichen Theorie der Transsubstantiation zugrunde liegt. Zu seiner Widerlegung dieser Theorie siehe *Institutio* IV,17,12-18.

Kapitel 9 – Die Strahlkraft der Ideen: Calvin und Frankreich

1 Desmay, »Remarques sur la vie de Jean Calvin«, S. 390.

2 Die beiden hervorragenden Studien Kingdons über den Einfluß Genfs auf die protestantische Bewegung in Frankreich sind eine unentbehrliche Lektüre: Kingdon, *Geneva and the Coming of the Wars of Religion in France 1555-1563;* ders., *Geneva and the Consolidation of the French Protestant Movement 1564-1572.*

3 Siehe Heller, »Famine, Revolt and Heresy at Meaux, 1521-1525«, *ARG* 68 (1977), S. 133-157.

4 Siehe zum Beispiel N. Z. Davis, *Society and Culture in Early Modern France* (London, 1975); G. Huppert, *Public Schools in Renaissance France* (Chicago, 1984).

5 Ein brauchbarer Überblick über neuere Literatur findet sich bei M. Greengrass, *The French Reformation* (Oxford, 1987), S. 1-20.

6 Siehe dazu Geisendorf, »Métiers et conditions sociales du premier refuge à Genève, 1549-1587«.

7 Geisendorf, »Lyon et Genève du XVIe siècle au XVIIIe siècle«.

8 Fast die gleiche Situation herrschte in England, wo das Luthertum zu Anfang die Oberhand gewonnen zu haben schien: B. Hall, »The Early Rise and Gradual Decline of Lutheranism in England«, in D. Baker (Hg.), *Reform and Reformation: England and the Continent* (Oxford, 1979), S. 103-131.

9 Zum Beispiel OC 4.70-73; E. Rott, *Histoire de la représentation diplomatique de la France auprès des cantons suisses I* (Bern, 1900), S. 456.

10 Rott, *Représentation diplomatique de la France,* S. 318-321.

11 Näheres über diese Gemeinschaften und ihre Aufnahme der Ideen und

Strukturen Calvins findet sich bei Audisio, *Les vaudois du Luberon: une minorité en Provence (1460-1560)* (Luberon, 1984).

12 H. Heller, *The Conquest of Poverty: The Calvinist Revolt in Sixteenth-Century France* (Leiden, 1986), S. 123.

13 Zum Text siehe N. Weiss, »Un arrêt inédit du parlement contre l'Institution chréstienne«, *BSHPF* 33 (1884), S. 16-21.

14 Heller, *Conquest of Poverty,* S. 116, 127.

15 Higman, »Genevan Printing and French Censorship«, in J.-D. Candaux und B. Lescaze (Hg.), *Cinq siècles d'imprimerie genevoise* (Genf, 1980), S. 31-53, insb. S. 36f. Weitere drei Titel können auch in Genf gedruckt worden sein, obwohl Neuchâtel auch in Frage kommt.

16 Bremme, *Buchdrucker und Buchhändler zur Zeit der Glaubenskämpfe.*

17 R. Mentzer, *Heresy Proceedings in Languedoc, 1500-1560* (New York, 1984), S. 163. Zweiundsechzig Personen wurden nach Gerichtsverfahren verbrannt.

18 Ibd., S. 152f.

19 Mandrou, »Les français hors de France«, S. 665. Diese Zahl basiert auf einer Untersuchung der 2 247 Personen, deren Berufe bekannt sind.

20 Vergleiche Dufour, »De la bourgeoisie de Genève à la noblesse de Savoie«.

21 Siehe R. Lecotte, *Recherches sur les cultes populaires dans l'actuel diocèse de Meaux* (Paris, 1953); R. Muchembled, *Culture populaire et culture des élites dans la France moderne, XVe-XVIIIe siècles* (Paris, 1978).

22 Siehe Eire, »Calvin and Nicodemitism«. Allgemeineres siehe A. Autin, *La crise du nicodémisme 1535-1545* (Toulon, 1917); P. Fraenkel, »Bucer's *Memorandum* of 1541 and a ›littera nicodemitica‹ of Capito's«, *BHR* 36 (1974), S. 575-587; C. Ginzburg, *Il Nicodemismo: simulazione e dissimulazione religiosa nell'Europa del'500* (Turin, 1970). Das Phänomen beschränkte sich keineswegs nur auf Frankreich.

23 Kingdon, *Geneva and the Coming of the Wars of Religion,* S. 2.

24 Ibd., S. 34f.

25 Prestwich, »Calvinism in France, 1559-1629«, S. 84f.

26 Zu ihrer Entwicklung von der *haute école* der Kirchenordnung von 1541 siehe Courvoisier, »La haute école de Genève au XVIe siècle«.

27 Näheres siehe Kingdon, *Geneva and the Coming of the Wars of Religion,* S. 54f, Anhang VI. Mehrere Personen mußten während der Zeit mehr als eine Mission erfüllen.

28 Zum Beispiel Q. Skinner, *Foundations of Modern Political Thought* (2 Bände: Cambridge, 1978), Band 2, S. 219-240.

30 Findet besondere Erwähnung bei Walzer, *Revolution of the Saints.*

31 Man beachte die Hervorhebung der Fähigkeit des Calvinismus, »Anhänger zu aktivieren und die Welt zu verändern«: Walzer, *Revolution of the Saints,* S. 27.

32 Vergleiche Skinner, *Foundations of Modern Political Thought,* Band 2, S. 227.

33 Siehe zum Beispiel R. M. Kingdon, »Problems of Religious Choice for Sixteenth-Century Frenchmen«, *Journal of Religious History* 4 (1966), S. 105-112.

34 Man beachte die Ansichten in *Histoire du tumulte d'Amboise* (1560).

35 Yardeni, »French Calvinist Political Thought«, S. 320-324; R. E. Giesey, »The Monarchomach Triumvirs: Hotman, Beza and Mornay«, *BHR* 32 (1970), S. 41-56.

36 *Institutio* IV,20,31. In seiner *Homilie über das Erste Buch Samuel* wird die Einmischung des untergeordneten Magistrats als Überprüfung des Monarchen betrachtet: siehe Skinner, *Foundations of Modern Political Thought*, S. 214.

37 Kingdon, *Geneva and the Coming of the Wars of Religion*, S. 7ff.

38 Ibd., S. 79-92.

39 Vergleiche Prestwich, »Calvinism in France, 1555-1629«.

40 L. Romier, *Royaume de Catherine de Médicis: la France à la veille des guerres de religion* (2 Bände: Paris, 1925), Band 2, S. 255-262.

41 Zum Beispiel M. Wolfe, *The Fiscal System of Renaissance France* (New Haven/London, 1972), insbesondere S. 112f; R. R. Harding, *Anatomy of a Power Elite: The Provincial Governors of Early Modern France* (New Haven/London, 1978), S. 46-49.

42 D. J. Nicholls, »Inertia and Reform in the pre-Tridentine French Church: The Response to Protestantism in the Diocese of Rouen, 1520-1562«, *Journal of Ecclesiastical History* 32 (1981), S. 185-197.

43 Heller, *Conquest of Poverty*, S. 234-246.

44 D. Richet, »Aspects socio-culturels des conflits religieux à Paris dans la seconde moitié du XVIe siècle«, *Annales ESC* 32 (1977), S. 764-783.

45 N. M. Sutherland, *The Huguenot Struggle for Recognition* (New Haven/London, 1980), S. 347f.

46 Ibd., S. 351f.

47 Ibd., S. 354ff.

48 Prestwich, »Calvinism in France«, S. 85-88.

49 E. Trocmé, »Une révolution mal conduite«, *RHPhR* 39 (1959), S. 160-168.

50 Das beweist sein Brief vom 17. Mai 1559: OC 17.525. Vergleiche J. Pannier, *Les origines de la confession de foi et la discipline des églises réformées de France* (Paris, 1936), S. 86f.

51 Zitiert in J. Poujol, »L'ambassadeur d'Angleterre et la confession de foi du synode de 1559«, *BSHPF* 105 (1959), S. 49-53.

52 Amyon, *Les synodes nationaux*, Band 1, S. 98.

53 J. Garrison-Estèbe, *Les Protestants du Midi* (Toulouse, 1980), S. 64-67; vergleiche Kingdon, *Geneva and the Comimg of the Wars of Religion*, S. 79f.

54 Wir benutzen den Plural absichtlich, in Anbetracht der Kette von Ereignissen, die durch die Morde in Paris ausgelöst wurden: siehe J. Garrison-Estèbe, *Tocsin pour un massacre* (Paris, 1973).

Kapitel 10 – Die Entstehung einer Bewegung

1 Monter, »Consistory of Geneva«, S. 470.
2 OC 8.837.
3 OC 9.891-894.
4 OC 9.892: »... un pauvre escholier timide comme ie suis, et comme ie l'ay tousiors esté ...«
5 Siehe dazu J. T. Fitzgerald, *Cracks in an Earthen Vessel: An Examination of the Catalogues of Hardships in the Corinthian Correspondence* (Atlanta, Ga., 1989).
6 Einen allgemeinen Überblick über diese Entwicklung gibt McNeill, *History and Character of Calvinism.*
7 E. G. Léonard, *Histoire générale du protestantisme* (2 Bände: Paris, 1961), Bd. 1, S. 307.
8 Wien, Universitätsarchiv, Mikrofilm 75 Th3, fols 64v; 65v-66r (das Protokoll der Verhandlung ist praktisch unleserlich).
9 B. Hall, »The Early Rise and Gradual Decline of Lutheranism in England«, in D. Baker (Hg.), *Reform and Reformation: England and the Continent* (Oxford, 1979), S. 103-131. Siehe ferner E. G. Rupp, *Studies in the Making of the English Protestant Tradition* (Cambridge, 2. Auflage, 1966); W. A. Clebsch, *England's Earliest Protestants 1520-35* (New Haven/London, 1964).
10 Duke, »Calvinism in the Netherlands, 1561-1618«, S. 113.
11 Lynch, »Calvinism in Scotland, 1559-1638«, S. 225.
12 T. Bozza, *Il Beneficio di Cristo e la Instituzione della religione christiana* (Rom, 1961), S. 4f.
13 Duke, »Calvinism in the Netherlands 1561-1618«, S. 120.
14 Lynch, »Calvinism in Scotland«, S. 227.
15 Collinson, »Calvinism with an Anglican Face«.
16 Siehe dazu Neuser, »Die Väter des Heidelberger Katechismus«.
17 Zitat Cohn, »Territorial Princes«, S. 135.
18 Siehe Lewis, »Calvinism in Geneva«.
19 Fatio, *Méthode et théologie,* S. 6, insbesondere Anmerkung 53.
20 Körner, *Solidarités financières suisses au XVIe siècle* (Luzern, 1980), S. 58-63, mit vollständigen Angaben auf S. 468f.
21 Evans, *The Wechsel Presses;* liefert unschätzbare Informationen hinsichtlich des Verhältnisses von Humanismus und Calvinismus in Zusammenhang mit dieser Entwicklung.
22 Siehe zum Beispiel Meylan, »Collèges et académies protestants«; Stauffer, »Calvinisme et les universités«.
23 Dufour, »Le mythe de Genève«.
24 Siehe zum Beispiel sein *Farrago confusanearum et inter se dissidentium opinionum de coena Domini ex sacramentariorum libris congesta* (Magdeburg, 1552). Siehe E. Bizer, *Studien zur Geschichte des Abendmahlstreits im 16. Jahrhundert* (Gütersloh, 1940); J. Cadier, *La doctrine calviniste de la sainte cène* (Montpellier, 1951). Zur Terminologie in bezug auf Calvin in der französischen po-

lemischen Literatur in den sechziger und siebziger Jahren des 16. Jahrhunderts siehe W. Richard, *Untersuchungen zur Genesis der reformierten Kirchenterminologie der Westschweiz und Frankreichs* (Bern, 1959), S. 37-40.

25 Siehe ferner H. Leube, *Kalvinismus und Luthertum im Zeitalter der Orthodoxie I: Der Kampf um die Herrschaft im protestantischen Deutschland* (Leipzig, 1928); H. Schilling (Hg.), *Die reformierte Konfessionalisierung in Deutschland: Das Problem der »Zweiten Reformation«* (Gütersloh, 1986).

26 Siehe die Widmung zum Jeremiaskommentar vom 23. Juli 1563, OC 20.73: »Dum ergo *Calvinismum* obiciendo aliqua infamiae nota tua, Celsitudinem aspergere conantur, nihil aliud quam suam privitatem cum stultitia frustra et magno suo cum dedecore produnt.«

27 J. L. Austin, »The Meaning of a Word«, in *Philosophical Papers* (Oxford, 2. Auflage, 1970), S. 23-43.

28 P. C. Capitan, *Charles Maurras et l'idéologie d'Action Française* (Paris, 1972).

29 Evans, »Calvinism in East Central Europe, 1540-1700«, S. 169.

30 C. S. Lewis, »Fern-seed and Elephants«, in *Christian Reflections* (London, 1981), S. 191-208, insb. S. 197.

31 OC 9.893f.

32 D. McLellan, *Marxism after Marx* (London, 1980).

33 Vergleiche L. Kolakowski, *Main Currents of Marxism* (3 Bände: Oxford, 1978), gründliche historische Analyse.

34 Siehe P. Gay, *The Dilemma of Democratic Socialism: Edward Bernstein's Challenge to Marx* (New York, 1962), ausgezeichnete Analyse.

35 Kingdon, *Geneva and the Coming of the Wars of Religion,* S. 68-78.

36 Yardeni, »French Calvinist Political Thought«.

37 Donnelly, »Italian Influences on Calvinist Scholasticism«.

38 Dieser Punkt wird besonders betont bei H. R. Trevor-Roper, »Religious Origins of the Enlightenment«, in *Religion, the Reformation and Social Change,* S. 193-236, 204f.

39 Muller, »Scholasticism Protestant and Catholic«, S. 194. Der Aufschwung des Calvinismus in Deutschland in den sechziger und siebziger Jahren des 16. Jahrhunderts machte auch die Beschäftigung mit dem Luthertum notwendig.

40 Costello, *Scholastic Curriculum in Early Seventeenth-Century Cambridge.*

41 Vgl. dazu A. E. McGrath, »Dogma und Gemeinde: Zur sozialen Funktion des christlichen Dogmas«, *Kerygma und Dogma (1991),* S. 24-43.

42 Siehe Schilling (Hg.), *Die reformierte Konfessionalisierung in Deutschland.*

43 Eine Zusammenfassung der Unterschiede in bezug auf diese Lehre findet sich bei A. E. McGrath, *Iustitia Dei: A History of the Christian Doctrine of Justification* (2 Bände: Cambridge, 1986), Bd. 2, S. 39-50.

44 Bauke, *Probleme der Theologie Calvins,* S. 22, 30f.

45 Eine Entwicklung, die von Platt in *Reformed Thought and Scholasticism* genau dokumentiert wird, wobei Argumente für die Existenz Gottes besonders berücksichtigt werden.

46 Wir folgen Armstrong, *Calvinism and the Amyraut Heresy,* S. 32.

47 P. O. Kristeller, *La tradizione aristotelica nel Rinascimento* (Padua, 1972); ders., *Aristotelismo e sincretismo nel pensiero di Pietro Pomponazzi* (Padua, 1983). B. Nardi, *Saggi sull'Aristotelismo padovana dal secolo XIV al XVI* (Florenz, 1958), ist immer noch hilfreich. Was die Bedeutung der aristotelischen Methode in bezug auf ethische Fragen betrifft, siehe A. Poppi, »Il problema della filosofia morale nella scuola padovana del Rinascimento: Platonismo e Aristotelismo nella definizione del metodo dell'ethica«, in *Platon et Aristote à la Renaissance* (XVIe Colloque Internationale de Tours: Paris, 1976), S. 105-146.

48 J. H. Randall, »The Development of Scientific Method in the School of Padua«, in *Renaissance Essays,* herausgegeben von P. O. Kristeller und P. P. Wiener (New York, 1968), S. 217-251.

49 Donnelly, »Italian Influences on Calvinist Scholasticism«, S. 90.

50 P. Petersen, *Geschichte der aristotelischen Philosophie im protestantischen Deutschland* (Leipzig, 1921), S. 19-108; G. Spini, »Riforma italiana e mediazioni ginevine nella nuova Inghilterra«, in D. Cantimori (Hg.), *Ginevra e l'Italia* (Florenz, 1959), S. 451-489.

51 Donnelly, »Italian Influences on Calvinist Scholasticism«, S. 90-99.

52 Jacobs, *Prädestination und Verantwortlichkeit bei Calvin.*

53 Kickel, *Vernunft und Offenbarung bei Theodor Beza.* Diese Haltung ist auch für Vermigli und Zanchi charakteristisch: Donnelly, »Italian Influences on Calvinist Scholasticism«, S. 89f; Gründler, *Die Gotteslehre Giralmo Zanchis.*

54 Man beachte seine Bitte an Grataroli vom 11. August 1563 um ein Exemplar von Pomponazzis *De naturalium effectuum causis,* veröffentlicht von Grataroli in Basel im Jahr 1556; *Correspondance de Théodore de Bèze,* Bd. 4, Brief Nr. 282, S. 182f. Dieser Eintrag wird von den Herausgebern als Beweis für Bezas scholastische Neigungen gewertet: *Correspondance,* Bd. 4, S. 9, 183, Anm. 5. Vergleiche P. Bietenholz, *Der italienische Humanismus und die Blütezeit des Buchdrucks in Basel* (Basel, 1959), S. 131f.

55 Kickel, *Vernunft und Offenbarung bei Beza,* S. 167ff.

56 Siehe McGrath, *Iustitia Dei,* Bd. 1, S. 130f.

57 Donnelly, »Italian Influences on Calvinist Scholasticism«, S. 98.

58 Arminius, »Private Disputation II«, in *Works,* Bd. 2, S. 319.

59 Siehe zum Beispiel Kingdon, *Geneva and the Consolidation of the French Protestant Movement,* S. 18, 120.

60 Moltmann, »Prädestination und Heilsgeschichte bei Moise Amyraut«; Laplanche, *Orthodoxie et prédication;* Armstrong, *Calvinism and the Amyraut Heresy.*

61 McComish, *The Epigones,* S. 86.

62 Zu den Ansichten puritanischer Autoren siehe McGrath, *Iustitia Dei,* Bd. 2, S. 111-121.

63 Einen Überblick über die Literatur zu dieser Synode gibt McComish, *The Epigones,* S. 46-125.

64 Vergleiche Muller, *«Vera philosophica cum sacra theologia numquam pugnat«;* ders., »Scholasticism Protestant and Catholic«.

Kapitel 11 – Hinwendung zur Welt: Calvinismus, Arbeit und Kapitalismus

1 R. H. Bainton, *The Medieval Church* (Princeton, N. J., 1962), S. 42.
2 R. Friedmann, »Das Täuferische Glaubensgut«, *ARG* 55 (1964), S. 145-161.
3 S. Hauerwas, »On Honour: By Way of a Comparison of Barth and Trollope«, in N. Biggar (Hg.), *Reckoning with Barth* (London, 1988), S. 145-169.
4 Siehe Bouwsma, *John Calvin,* S. 32-65.
5 Dieser Punkt wird besonders hervorgehoben von Walzer, *Revolution of the Saints,* S. 25.
6 Ibd., S. 24.
7 Ibd., S. 80.
8 L. Strauss, *Natural Right and History* (Chicago, 1950), S. 59.
9 Dieser Punkt findet besondere Erwähnung bei Hancock, *Calvin and the Foundations of Modern Politics.*
10 Diese Dialektik wurde von Hancock gut zusammengefaßt: »Calvin unterscheidet grundlegend zwischen Politik und Religion, um beide dann in weltlicher Tätigkeit zu vereinen«: Hancock, *Calvin and the Foundation of Modern Politics,* S. 163.
11 OC 46.570.
12 Genfer Katechismus (1545), 107. Frage; E. F. K. Müller (Hg.), *Die Bekenntnisschriften der reformierten Kirche* (Leipzig, 1903), S. 126, Zeile 38-40.
13 A. Fanfani, *Catholicism, Protestantism and Capitalism* (London, 1935).
14 Siehe zum Beispiel R. de Roover, *The Rise and Decline of the Medici Bank* (Cambridge, Mass., 1963); ders., *La pensée économique des scolastiques: doctrines et méthodes* (Montreal/Paris, 1971); ders., »The Scholastic Attitude towards Trade and Entrepreneurship«, *Explorations in Entrepreneurial History* 1 (1963), S. 76-87.
15 Siehe zum Beispiel M. Grice-Hutchinson, *The School of Salamanca: Readings in Spanish Monetary History, 1544-1605* (Oxford, 1952).
16 Weber, *Protestantische Ethik und der Geist des Kapitalismus.*
17 Wir folgen hier Marshall, *In Search of the Spirit of Capitalism.*
18 In seiner kritischen Untersuchung der historischen Grundlagen von Webers Hypothese weist Trevor-Roper auf den extravaganten Lebensstil vieler calvinistischer Finanziers hin: H. R. Trevor-Roper, »Religion, the Reformation and Social Change«, in *Religion, the Reformation and Social Change* (London, 1967), S. 1-45.
19 C. Hill, »Protestantism and the Rise of Capitalism«, in F. J. Fisher (Hg.), *Essays on the Economic and Social History of Tudor and Stuart England* (Cambridge, 1961), S. 19.
20 Marshall, *In Search of the Spirit of Capitalism,* S. 97-100.
21 Zu den Problemen, die sich durch den »Diaspora-Calvinismus« für Webers These ergeben, siehe Trevor-Roper, »Religion, the Reformation and Social Change«, S. 20. Es gibt hinreichend Gründe zu der Annahme, daß das Phä-

nomen der selektiven Einwanderung von Unternehmern ebenso wichtig ist wie ihre religiösen Bindungen.

22 Birnbaum, »The Zwinglian Reformation in Zurich«, *Past and Present* 15 (1959), S. 27-47. Man beachte den Hinweis auf die »geschlossene Front von Handwerkern und Kaufleuten hinter Zwingli«: S. 24.

23 Dieses Thema untersucht T. A. Brady, *Turning Swiss: Cities and Empire, 1450-1550* (Cambridge, 1985).

24 Borel, *Les foires de Genève.*

25 Zur Filiale der Medici siehe de Roover, *Rise and Decline of the Medici Bank,* S. 279-289.

26 Später fanden die Messen in Chambéry statt, dann in Montluel in Savoyen und schließlich ab 1535 in Besançon: Gioffré, *Gênes et les foires de change.*

27 Bergier, »Marchands italiens à Genève«.

28 Ammann, »Oberdeutsche Kaufleute und die Anfänge der Reformation in Genf«.

29 Siehe die sorgfältige Analyse von M. H. Körner, *Solidarités financières suisses au XVIe siècle* (Luzern, 1980), S. 79.

30 Ibd., S. 105.

31 Ibd., S. 105f.

32 Ibd., S. 81f.

33 Bergier, »Zu den Anfängen des Kapitalismus – Das Beispiel Genf«, S. 18.

34 Siehe Körner, *Solidarités financières suisses au XVIe siècle.*

35 Ibd., S. 388.

36 Ibd., S. 135.

37 Ibd., S. 390.

38 Monter, »Le change public à Genève, 1568-1581«.

39 Mandrou, »Les français hors de France«, S. 665. Von diesen 4 776 Flüchtlingen sind von 2 247 die Berufe bekannt; wenn dieser bekannte Bruchteil typisch ist, kann davon ausgegangen werden, daß in dieser Zeit 3 265 Handwerker nach Genf kamen.

40 Siehe dazu Dufour, »De la bourgeoisie de Genève à la noblesse de Savoie«.

41 Eine ausgezeichnete Analyse bietet Bürgli, *Kapitalismus und Calvinismus,* S. 108-122. Das Phänomen wiederholte sich, wenn auch vielleicht nicht ganz im selben Umfang, in allen protestantischen Städten der Schweizer Eidgenossenschaft: W. Bodmer, *Der Einfluß der Refugiantenwanderung von 1550-1700 auf die schweizerische Wirtschaft. Ein Beitrag zur Geschichte des Frühkapitalismus und der Textilindustrie* (Zürich, 1946).

42 Babel, *Histoire corporative de l'horlogerie.*

43 Chaix, *Recherches sur l'imprimerie à Genève de 1550 à 1564.*

44 Bürgli, *Kapitalismus und Calvinismus,* S. 189-194.

45 Bodmer, *Der Einfluß der Refugiantenwanderung von 1550-1700 auf die schweizerische Wirtschaft,* S. 22f.

46 Bergier, »Zu den Anfängen des Kapitalismus – Das Beispiel Genf«, S. 21.

47 G. V. Taylor, »Types of Capitalism in Eighteenth-Century France«, *English Historical Review* 79 (1964), S. 478-497. Taylor betont die Probleme bei der

Deutung des *ancien régime*-Kapitalismus hinsichtlich solcher Voraussetzungen.

48 Kingdon, »The Business Activities of Printers Henri and François Estienne«, S. 271-274.

49 Trevor-Roper, »Religion, the Reformation and Social Change«, S. 14-21.

50 Strohm, »Luthers Wirtschafts- und Sozialethik«, in H. Junghans (Hg.), *Leben und Werk Martin Luthers von 1526 bis 1546* (2 Bände: Berlin, 2. Auflage 1985), Bd. 1, S. 205-223, 214-219.

51 Siehe Bürgli, *Kapitalismus und Calvinismus,* S. 194-215.

52 Ibd., S. 201.

53 Ibd., S. 201-205, gibt eine Analyse des relevanten Texts. Eine ausführlichere Untersuchung findet sich bei Biéler, *La pensée économique et sociale de Calvin.*

54 Zu Calvins Ansichten über Zinssätze siehe Martin, »Calvin et le prêt à intérêt à Genève«.

55 Bodmer, *Der Einfluß der Refugiantenwanderung von 1550-1700 auf die schweizerische Wirtschaft,* S. 19.

56 Dufour, »De la bourgeoisie de Genève à la noblesse de Savoie«.

57 Zur damaligen sozialen Fürsorge in der Stadt siehe Kingdon, »Social Welfare in Calvin's Geneva«.

58 Heller, *The Conquest of Poverty: The Calvinist Revolt in Sixteenth-Century France* (Leiden, 1986), S. 240ff.

59 Zu dieser Auffassung im späten Calvinismus siehe Miegge, *Vocation et travail,* S. 11-30. Eine brauchbare Sammlung relevanter Texte findet sich bei Bouwsma, *John Calvin,* S. 198-201.

60 Biéler, *La pensée économique et sociale de Calvin,* S. 399-402.

61 Zur Bedeutung dieses Wahlspruchs in einem klösterlichen Kontext siehe E. Delaruelle, »Le travail dans les règles monastiques occidentales«, *Journal de psychologie normale et pathologique* 41 (1948), S. 51-62.

62 Heller, *Conquest of Poverty,* S. 242.

63 R. Mentzer, *Heresy Proceedings in Languedoc, 1500-1560* (New York, 1988), S. 152f.

64 Näheres über das Werk und eine Untersuchung zu seiner Bedeutung findet sich bei Heller, *Conquest of Poverty,* S. 247-251.

65 Die sich aus dem feudalen Erbe ergebenden Probleme schildert G. Bois, *La crise du féodalisme: économie rurale et démographie en Normandie orientale du début du XIVe siècle au milieu du XVIe siècle* (Paris, 1976).

66 Trevor-Roper, »Religion, the Reformation and Social Change«, S. 7f. Dieser Aufsatz enthält unschätzbares Material in Zusammenhang mit Webers Theorie.

67 Lüthy, »Variations on a Theme«, S. 377.

68 McGrath, »John Calvin and Late Medieval Thought«.

69 Näheres siehe A. E. McGrath, *Iustitia Dei: A History of the Christian Doctrine of Justification* (2 Bände: Cambridge, 1986), Bd. 2, S. 1-39.

70 Beza, *Brief and Pithie Summe,* S. 37f.

71 Zu dieser Devise in den Werken William Perkins' siehe Kendall, *Calvin and English Calvinism,* S. 69-72.
72 Näheres siehe McGrath, *Iustitia Dei,* Bd. 2, S. 111-121 sowie die dort enthaltenen Anmerkungen. Eine ausführlichere Untersuchung findet sich bei D. A. Weir, *The Origins of the Federal Theology in Sixteenth-Century Reformed Thought* (Oxford, 1989).
73 Perkins, *Workes,* Bd. 1, S. 32.
74 Eine ausgezeichnete Erörterung der schottisch-calvinistischen Einstellung zur Arbeit im 16. und 17. Jahrhundert bietet Marshall, *Presbyteries and Profits: Calvinism and the Development of Capitalism in Scotland, 1560-1707,* S. 39-112. Zitat auf S. 52.
75 Siehe Lehmann, *Zeitalter des Absolutismus,* S. 114-123; Zeller, *Theologie und Frömmigkeit,* Bd. 1, S. 85-116.
76 Trevor-Roper, »Religion, the Reformation and Social Change«, S. 14.
77 Obwohl die Ursachen dieses Phänomens in uralten Hoffnungen liegen, und nicht in der Prädestinationslehre: Lehmann, *Zeitalter des Absolutismus,* S. 123-135. Zu diesem Phänomen im englischen Puritanismus siehe Ball, *Great Expectation.*
78 Walzer, *Revolution of the Saints,* S. 318.
79 Miegge, *Vocation et travail,* S. 115-153. Miegge unterstellt, Baxter habe die traditionelle puritanische Einstellung zu Berufung und Arbeit verändert.
80 Brauchbares Material zu diesem Thema findet sich bei Tranquilli, *Il concetto di lavoro da Aristotele a Calvino.*

Kapitel 12 – Calvin und die Herausbildung der modernen westlichen Kultur

1 C. S. Lewis, *English Literature in the Sixteenth Century* (Oxford, 1954), S. 43.
2 Siehe C. M. N. Eire, *War against the Idols: The Reformation of Worship from Erasmus to Calvin* (Cambridge, 1986).
3 Heidelberger Katechismus, 95. Frage; E. F. K. Müller (Hg.), *Die Bekenntnisschriften der reformierten Kirche* (Leipzig, 1903), S. 709f.
4 Heidelberger Katechismus, 97. Frage; ibd., S. 710, Zeile 15-19.
5 Heidelberger Katechismus, 98. Frage; ibd., S. 710, Zeile 23-27.
6 Siehe Freeberg, *Iconoclasm and Painting in the Netherlands, 1566-1609.*
7 P. Miller, *Nature's Nation* (Cambridge, Mass., 1967), S. 22.
8 Prestwich, »Le mécénat et les protestants«.
9 Labrousse, »Calvinism in France, 1598-1685«, S. 304f.
10 Prestwich, »Le mécénat et les protestants«, S. 82.
11 R. Bellah u.a., *Habits of the Heart: Individualism and Commitment in American Life* (Berkeley, 1985), S. 306. Zwei andere Denker übten einen vergleichbaren heimlichen Einfluß auf moderne Amerikaner aus: Thomas Hobbes und John Locke.

12 Siehe H. M. Conn, *Eternal Word and Changing Worlds: Theology, Anthropology and Mission in Dialogue* (Grand Rapids, Mich., 1984).

13 Trevor-Roper, »Religious Origins of the Enlightenment«, in *Religion, the Reformation and Social Change* (London, 1967), S. 236.

14 Untersucht in H. Arendt, *The Human Condition* (Chicago, 1958).

15 Foster, *Their Solitary Way*, S. 99-126.

16 Bellah u.a., *Habits of the Heart*, S. 287-300.

17 Ahlstrom, *Religious History of the American People*, S. 789f.

18 F. K. C. Price, *High Finance: God's Financial Plan* (New York, 1984), S. 12.

19 L. S. Feuer, *The Scientific Intellectual* (New York, 1963).

20 A. de Candolle, *Histoire des sciences et des savants* (Genf/Basel, 2. Auflage, 1885), S. 329ff.

21 Näheres siehe R. Hooykaas, *Religion and the Rise of Modern Science* (Edinburgh, 1972), S. 98f.

22 Müller, *Bekenntnisschriften*, S. 233, Zeile 14-16.

23 Miller, *Nature's Nation*, S. 213.

24 Die religiösen Aspekte wurden untersucht von H. R. McAdoo, *The Spirit of Anglicanism* (London, 1965), S. 240-315.

25 OC 9.815: »Mais fault que nostre entendement soit du tout arresté à ce poinct, d'apprendre en l'Escriture à cognoistre Iesus Christ tant seulement«.

26 Siehe A. E. McGrath, *Reformation Thought: An Introduction* (Oxford/Cambridge, Mass., 1988), S. 117-130.

27 OC 23.9-10, 17-18, 20-23.

28 Hooykaas, *Religion and the Rise of Modern Science*, S. 122f.

29 OC 23.18.

30 M. Prestwich, »Introduction«, in *International Calvinism*, S. 7.

31 Miller, *Nature's Nation*, passim.

32 Ahlstrom, *Religious History of American People*, S. 7.

33 Zu diesem Thema siehe Ritschl, »Der Beitrag des Calvinismus für die Entwicklung des Menschenrechtsgedankens in Europa und Nordamerika«.

34 Vergleiche Torrance, »Covenant Concept in Scottish Theology and Politics«.

35 Als umfassende historische Analyse siehe J. Torrance, »Interpreting the Word by the Light of Christ«, in R. Schnucker (Hg.), *Calviniana* (Kirksville, Mo., 1989), S. 255-267.

36 Ibd., S. 262f.

Bibliographie

MANUSKRIPTE

Bern, Burgerbibliothek: MS 138.
Genf, Bibliothèque Publique et Universitaire: MSS Fr 145, 194.
Paris, Archives Nationales: MSS L 428; M 71; MM 247-8; S 6211; S 6482-3; XIa 1528-65.
Paris, Archives de l'Université: MSS Reg 13-14; Reg 63; Reg 89-90.
Paris, Bibliothèque Nationale (BN): MSS Lat 5657A; 6535; 9943; 9959-60; 12846-51; 13884; 15445-6; 16576; N Acq Lat 1782.
St. Gallen, Stadtbibliothek (Vadiana): MSS 59; 65.
Straßburg, Archives Saint-Thomas: MSS 155; 174.
Wien, Universitätsarchiv: Mikrofilm 65 Ph8; 66 Ph9; 75 Th3.

WERKE CALVINS

Eine vollständige Liste der Ausgaben der *Institutio Christianae Religionis* aus dem 16. Jahrhundert befindet sich in Tabelle 7.1.
Barth, P. und Niesel, W. (Hg.). *Ioannis Calvini Opera Selecta.* 5 Bde., München, 1926-62.
Battles, F. L. (Übers.). *Institution of the Christian Religion.* Atlanta, 1975.
– und Hugo, A. M. (Hg. und Übers.). *Calvin's Commentary on Seneca's »De Clementia«.* Leiden, 1969.
Benoit, J. D. (Hg.). *Institution de la religion chrestienne.* 5 Bde., Paris, 1957-63.
Ioannis Calvini opera quae supersunt omnia. 59 Bde., Braunschweig, 1863-1900.
McNeill, J. T. (Hg.) und Battles, F. L. (Übers.). *Institutes of the Christian Religion.* 2 Bde., Philadelphia/London, 1960.
Olin, J. C. (Hg.). *John Calvin and Jacopo Sadoleto: A Reformation Debate. Sadoleto's Letter to the Genevans and Calvin's Reply.* New York, 1966.
Unterricht in der christlichen Religion. Nach der letzten Ausgabe übersetzt von Otto Weber, Neukirchen 1988.

Weitere Quellen

Agricola, R. *De inventione dialectica.* Köln, 1527.

Amyon, J. *Tous les synodes nationaux des églises réformées de France.* 2 Bde., La Haye, 1710.

Arminius, J. *Works.* 3 Bde., London, 1825-75.

Beraldo, P. *Commentarii questionum Tusculanarum.* Paris, 1509.

Beza, T. *A Brief and Pithie Summe of the Christian Faith.* London, 1565(?).

– *Correspondance de Théodore de Bèze.* 11 Bde., Genf, 1960-83.

Bucer, M. *Metaphrases et enarrationes perpetuae epistolarum D. Pauli.* Straßburg, 1536.

Bullinger, H. *In Pauli ad Romanos epistolam ... commentarius.* Zürich, 1533.

Bunny, E. *Institutionis christianae religionis ... compendium.* London, 1576.

Caesarius, J. *Rhetorica ... in septem libros.* Lyon, 1539.

de Coulogne, D. (Colonius). *Analysis paraphrastica Institutionum theologicarum Ioh. Calvini.* Leiden, 1628.

d'Epense, C. *Consolation en adversité.* Lyon, 1547.

Erasmus. *Opera Omnia.* Herausgegeben von J. LeClerc. 12 Bde., Leiden, 1703; Neuauflage 1963.

– *Opus epistolarum D. Erasmi Roterodami.* Herausgegeben von P. S. Allen, H. M. Allen und H. W. Garrod. 11 Bde., Oxford, 1906-47.

– *Vertraute Gespräche.* 1947.

Histoire des églises réformées au Royaume de France. Genf, 1580.

Histoire du tumulte d'Amboise. Straßburg, 1560.

Launoy, J. *Opera Omnia.* 5 Bde., Köln, 1731-32.

Lawne (Delaune), W. *Institutionis Christianae religionis ... epitome.* London, 1584.

– *An Abridgement of the Institution of the Christian Religion.* Edinburgh, 1585.

Lefèvre d'Etaples, J. *Sancti Pauli epistolae XIV ex vulgata editione.* Paris, 1512.

Le livre de vraye et parfaicte oraison. Paris, 1528.

Mair, J. *Commentarius in III librum sententiarum.* Paris, 1528.

Masson, P. *Elogia varia.* Paris, 1638.

Olevianus, C. *Institutionis Christianae religionis epitome.* Herborn, 1586.

L'oraison de Jesuchrist. Paris, 1525 (?).

Pasquier, E. *Les recherches de la France.* Paris, 1607.

Perkins, W. *Works.* 3 Bde., Cambridge, 1608-9.

Piscator, J. *Aphorismi doctrinae christianae ex Institutione Calvini excerpti.* Herborn, 1589.

de Raemond, F. *Historia vom Ursprung und Auff- und Abnehmen der Ketzereyen.* Durch Aegidium Abbetinum verteutscht. München 1614.

Sadoleto, J. *Opera quae extant omnia.* Verona, 1737-38.

[Saunier, A.]. *L'ordre et manière d'enseigner en la ville de Genève au collège.* Genf, 1538.

Servetus, M. *De trinitatis erroribus libri septem.* Erscheinungsort unbekannt, 1531.

Biographien und biographische Quellen zu Calvin

Bouwsma, W.J. *John Calvin: A Sixteenth-Century Portrait.* Oxford, 1988.

Crottet, A. *Correspondance française de Calvin avec Louis de Tillet (1537-1538)*. Genf, 1850.

Desmay, J. »Remarques sur la vie de Jean Calvin, tirées des registres de Noyon, ville de sa naissance« (1621), in: Cimber (alias Lafait), L. und Danjou, F. *Archives curieuse de l'histoire de France depuis Louis XI jusqu'à Louis XVIII.* 15 Bde., Paris, 1834-37, Bd. 5, S. 387-398.

Doinel, J. »Jean Calvin à Orléans. Date précise de son séjour d'après des documents inédits.« *BSHPF* 26 (1877), S. 174-185.

Doumergue, E. *Jean Calvin: les hommes et les choses de son temps.* 7 Bde., Lausanne, 1899-1917.

Hall, B. *John Calvin.* London, 1956.

Herminjard, A. L. *Correspondance des réformateurs dans les pays de la langue française.* 9 Bde., Genf/Paris, 1866-97.

Lefranc, A. *La jeunesse de Calvin.* Paris, 1888.

Le Vasseur, J. *Annales de l'église cathédrale de Noyon.* Paris, 1633.

MacKinnon, J. *Calvin and the Reformation.* New York, 1962.

Ménager, D. »Théodore de Bèze, biographe de Calvin.« BHR 45 (1983), S. 231-255.

Pannier, J. *Calvin à Strasbourg.* Straßburg, 1925.

Parker, T. H. L. *John Calvin.* London, 1975.

Rott, E. »Documents strasbourgeois concernant Calvin. Un manuscrit autographe: la harangue du recteur Nicolas Cop«, in: *Regards contemporains sur Jean Calvin.* Paris, 1965, S. 28-43.

Stauffer, R. »Calvin«, in: Prestwich, M. (Hg.). *International Calvinism 1541-1715.* Oxford, 1985, S. 15-38.

Wallace, R. S. *Calvin, Geneva and the Reformation.* Edinburgh, 1988.

Wendel, F. *Calvin. Ursprung und Entwicklung seiner Theologie.* Neukirchen, 1968.

Universität von Paris

Bernard-Maitre, H. »Les ›théologastres‹ de l'université de Paris au temps d'Erasme et de Rabelais.« *BHR* 27 (1965), S. 248-264.

Berty, A. *Topographie historique du vieux Paris: région centrale de l'université.* Paris, 1897.

Bourrilly, V.-L. und Weiss, N. »Jean du Bellay, les protestants et la Sorbonne, 1529-1535.« *BSHPF* 52 (1903), S. 97-127, 193-231; 53 (1904), S. 97-143.

Chartularium Universitatis Parisiensis. Herausgegeben von H. Denifle und E. Chatelain. 4 Bde., Paris, 1889-97.

Clerval, J.-A. *Registre des procès-verbaux de la faculté de théologie 1503-23.* Paris, 1917.

Cobban, A. B. *The Medieval Universities: Their Development and Organization.* New York, 1975.

Crevier, M. *Histoire de l'Université de Paris.* Paris, 1761.

Cristiani, L. »Luther et la faculté de théologie de Paris.« *Revue de l'histoire de l'église de France* 32 (1946), S. 53-83.

Dubarle, E. *Histoire de l'Université de Paris.* Paris, 1844.

Du Boulay, C. E. *Historia Universitatis Parisiensis.* 6 Bde., Neuauflage, Frankfurt, 1966.

Duplessis d'Argentré, C. *Collectio judiciorum de novis erroribus.* 3 Bde., Paris, 1725-1736.

Dupon-Ferrier, G. »La faculté des arts dans l'université de Paris et son influence civilisatrice«, in: Calvet, J. (Hg.). *Aspects de l'Université de Paris.* Paris, 1949, S. 63-80.

Farge, J. K. *Biographical Register of Paris Doctors of Theology, 1500-1536.* Toronto, 1980.

– *Orthodoxy and Reform in Early Reformation France: The Faculty of Theology of Paris, 1500-1543.* Leiden, 1985.

Fechter, P. *La faculté de théologie de Paris et ses docteurs les plus célèbres.* 7 Bde., Paris, 1900-1910.

Fourier, M. *Les statuts et privilèges des universités de France.* Paris, 1890.

Garcia Villoslada, R. *La Universidad de Paris durante los estudios de Francisco de Vitorio O.P. (1507-1522).* Rom, 1938.

Godet, M. »Le collège de Montaigu.« *Revue des études rabelaisiennes* 7 (1909), S. 283-305.

– *La congrégation de Montaigu (1490-1580).* Paris, 1912.

Goulet, R. *Compendium de multiplici Parisiensis Universitatis magnificentia, dignitate et excellentia.* Paris, 1517.

Hempsall, D. »Martin Luther and the Sorbonne, 1519-21.« *Bulletin of the Institute of Historical Research* 46 (1973), S. 28-40.

Kibre, P. *The Nations in the Medieval Universities.* Cambridge, Mass., 1948.

Le Goff, J. »La conception française de l'université à l'époque de la Renaissance«, in: *Les universités européennes du XIVe au XVIIIe siècle: aspects et problèmes.* Genf, 1967, S. 94-100.

Matos, L. de. *Les Portugais à l'université de Paris entre 1500 et 1550.* Coimbra, 1950.

Paqué, R. *Das Pariser Nominalistenstatut: Zur Entstehung des Realitätsbegriffs der neuzeitlichen Naturwissenschaft (Ockham, Buridan und Petrus Hispanicus, Nikolaus von Autrecourt und Gregor von Rimini).* Berlin, 1970.

Quicherat, J. *Histoire de Sainte-Barbe: collège, communauté, institution.* 3 Bde., Paris, 1860-64.

Rashdall, H. *The Universities of Europe in the Middle Ages.* 2 Bde., Oxford, 2. Auflage, 1936.

Renaudet, A. »L'humanisme et l'enseignement de l'université de Paris au temps de la Renaissance«, in: Calvet, J. (Hg.). *Aspects de l'Université de Paris.* Paris, 1949, S. 135-155.

Thurot, C. *De l'organisation de l'enseignement dans l'université de Paris au Moyen Age.* Paris, 1850; Nachdruck 1967.

Genf

Ammann, H. »Oberdeutsche Kaufleute und die Anfänge der Reformation in Genf.« *Zeitschrift für württembergische Landesgeschichte* 13 (1954), S. 150-193.

Babel, A. *Histoire corporative de l'horlogerie, de l'orfèvrerie et des industries annexes.* Genf, 1916.

– *Histoire de Genève des origines au début du XVIe siècle.* Genf, 1963.

Baud, H. *Le diocèse de Genève-Annecy.* Histoire des diocèses de France 19, Paris, 1985.

van Berchem, V. »Une prédication dans un jardin (15 avril 1533). Episode de la Réforme genevoise«, in: *Festschrift Hans Nabholz.* Zürich, 1934, S. 151-170.

Bergier, J.-F. »Marchands italiens à Genève au début du XVIe siècle«, in: *Studi in onore di Armando Sapori.* Mailand, 1957, S. 883-896.

– *Genève et l'économie européenne de la Renaissance.* Paris, 1963.

– »Zu den Anfängen des Kapitalismus – Das Beispiel Genf.« *Kölner Vorträge zur Sozial- und Wirtschaftsgeschichte* 20 (1972), S. 3-29.

– *Wirtschaftsgeschichte der Schweiz.* Zürich, 1983, 2. Auflage 1990.

– und Kingdon, R. M. (Hg.). *Registres de la Compagnie des Pasteurs de Genève au temps de Calvin.* 2 Bde., Genf, 1962-64.

Blondel, L. *Le développement urbain de Genève à travers les siècles.* Genf/Nyon, 1946.

Borel, F. *Les foires de Genève au XVe siècle.* Genf/Paris, 1892.

Borgeaud, C. *Histoire de l'Université de Genève I: L'Académie de Calvin, 1559-1798.* Genf, 1900.

Bremme, H. J. *Buchdrucker und Buchhändler zur Zeit der Glaubenskämpfe: Studien zur Genfer Druckgeschichte 1565-1580.* Genf, 1969.

Broise, P. *Genève et son territoire dans l'antiquité.* Brüssel, 1974.

Bürgli, A. *Kapitalismus und Calvinismus: Versuch einer wirtschaftsgeschichtlichen und religionssoziologischen Untersuchung der Verhältnisse in Genf im 16. und beginnenden 17. Jahrhundert.* Winterthur, 1960.

Chaix, P. *Recherches sur l'imprimerie à Genève de 1550 à 1564.* Genf, 1954.

– Dufour, A. und Moeckli, G. *Les livres imprimés à Genève de 1550 à 1600.* Genf, 1966.

Choisy, E. *La théocratie à Genève au temps de Calvin.* Genf, 1897.

Courvoisier, J. *La notion d'église chez Bucer dans son développement historique.* Paris, 1933.

– »La haute école de Genève au XVIe siècle.« *Theologische Zeitschrift* 35 (1979), S. 169-176.

Delarue, H. »La première offensive évangélique à Genève, 1532-33.« *Bulletin de la société d'histoire et d'archéologie de Genève* 9 (1948), S. 83-102.

Dufour, A. »L'affaire de Maligny vue à travers la correspondance de Calvin et de Bèze.« *Cahiers d'histoire* 8 (1963), S. 269-280.
– »De la bourgeoisie de Genève à la noblesse de Savoie«, in: *Mélanges d'histoire économique et sociale en hommage Antony Babel.* Genf, 1963, S. 227-238.
– »Le mythe de Genève au temps de Calvin«, in: *Histoire politique et psychologie historique.* Genf, 1966, S. 63-95.
Ganoczy, A. *La bibliothèque de l'Académie de Calvin.* Genf, 1969.
Gauthier, J.-A. *Histoire de Genève des origines à l'année 1691.* 9 Bde., Genf, 1896-1914.
Gauthier, L. *L'hôpital général de Genève de 1535 à 1545.* Genf, 1914.
Geisendorf, P.-F. *Les annalistes genevois du début du XVIIe siècle.* Genf, 1942.
– *L'Université de Genève, 1559-1959.* Genf, 1959.
– »Lyon et Genève du XVIe siècle au XVIIIe siècle.« *Cahiers d'histoire* 5 (1960), S. 65-76.
– »Métiers et conditions sociales du premier refuge à Genève, 1549-87«, in: *Mélanges d'histoire économique et sociale en hommage Antony Babel.* Genf, 1963, S. 239-249.
Gioffré, D. *Gênes et les foires de change: de Lyon à Besançon.* Paris, 1960.
Guerdon, R. *La vie quotidienne à Genève au temps de Calvin.* Paris, 1973.
de Jussy, J. *Le levain du Calvinisme, ou commencement de l'hérésie de Genève.* Genf, 1865.
Kaden, E.-H. *Le jurisconsulte Germain Colladon, ami de Jean Calvin et de Théodore de Bèze.* Genf, 1974.
Kingdon, R. M. *Geneva and the Coming of the Wars of Religion in France, 1555-1563.* Genf, 1956.
– »The Business Activities of Printers Henri and François Estienne«, in: *Aspects de la propagande religieuse.* Genf, 1957, S. 258-275.
– *Geneva and the Consolidation of the French Protestant Movement 1564-1572.* Genf, 1967.
– »The Deacons of the Reformed Church in Calvin's Geneva«, in: *Mélanges d'histoire du XVIe siècle.* Genf, 1970, S. 81-89.
– »Social Welfare in Calvin's Geneva.« *American Historical Review* 76 (1971), S. 50-69.
– »The Control of Morals in Calvin's Geneva«, in: Buck, L. P. und Zophy, J. W. (Hg.). *The Social History of the Reformation.* Colombus, Ohio, 1972, S. 3-16.
– »Was the Protestant Reformation a Revolution? The Case of Geneva«, in: Kingdon, R. M. (Hg.). *Transition and Revolution: Problems and Issues of European Renaissance and Reformation.* Minneapolis, 1974, S. 53-76.
– »Calvin and the Government of Geneva«, in: Neuser, W. H. (Hg.). *Calvinus ecclesiae Genevensis custos.* Frankfurt/Bern, 1984, S. 49-67.
Labarthe, O. »En marge de l'édition des Registres de la Compagnie des pasteurs de Genève: le changement du mode de présidence de la Compagnie, 1578-1580.« *Revue d'histoire ecclésiastique suisse* 67 (1972), S. 160-186.
Mandrou, R. »Les français hors de France aux XVIe et XVIIe siècles. I: A Genève, le premier refuge protestant (1549-1560).« *Annales ESC* 14 (1959), S. 663-675.

Martin, P.-E. »Les origines de la civitas et de l'évêché de Genève«, in: *Mélanges d'histoire et de littérature offerts à Charles Gilliard.* Lausanne, 1944, S. 82-92.
– *Histoire de Genève des origines à 1798.* Genf, 1951.
– »Calvin et le prêt à intérêt à Genève«, in: *Mélanges d'histoire économique et sociale en hommage Antony Babel.* Genf, 1963, S. 251-263.
Monter, E. W. »Le change public à Genève, 1568-1581«, in: *Mélanges d'histoire économique et sociale en hommage Antony Babel.* Genf, 1963, S. 265-290.
– *Studies in Genevan Government (1536-1605).* Genf, 1964.
– *Calvin's Geneva.* New York/London: Wiley, 1967.
– »Crime and Punishment in Calvin's Geneva.« *ARG* 69 (1973), S. 281-287.
– »The Consistory of Geneva, 1559-1569.« *BHR* 38 (1976), S. 467-484.
– »Historical Demography and Religious History in Sixteenth-Century Geneva.« *Journal of Inter-Disciplinary History* 9 (1979), S. 399-427.
Naef, H. »Un alchimiste au XVIe siècle; ou Battonat, la Seigneurie de Genève, et le comte de Gruyère.« *Mémoires et documents de la société d'histoire de la Suisse Romande* 2 (1946), S. 7-304.
– *Les origines de la Réforme à Genève.* 2 Bde., Genf, 1968.
Olson, J. E. »La Bourse française de Genève: les années d'origine.« *Revue du vieux Genève* 17 (1987), S. 16-20.
Perrenaud, A. *La population de Genève, XVIe-XIXe siècles.* Genf, 1979.
Roget, A. *Histoire du peuple de Genève depuis la Réforme jusqu'à l'escalade.* 7 Bde., Genf, 1870-83.
Stadler, P. *Genf, die großen Mächte und die eidgenössischen Glaubensparteien 1571-1584.* Zürich, 1952.
Turchetti, M. *Concordia o tolleranza? François Badouin (1520-1573) e i »Moyenneurs«.* Genf, 1984.

Calvins Denken

Alting von Geusau, L. G. M. *Die Lehre von der Kindertaufe bei Calvin.* Bilthoven/Mainz, 1963.
Anderson, M. »Theodor Beza: Savant or Scholastic?« *Theologische Zeitschrift* 43 (1987), S. 320-332.
– »John Calvin: Biblical Preacher (1539-1564).« *SJTh* 42 (1989), S. 167-181.
Autin, A. *L'Institution chrétienne de Calvin.* Paris, 1929.
Babelotzky, G. *Platonische Bilder und Gedankengänge in Calvins Lehre vom Menschen.* Wiesbaden, 1977.
Balke, W. »The Word of God and Experientia according to Calvin«, in: Neuser, W. H. (Hg.). *Calvinus ecclesiae doctor.* Kampen, 1978, S. 19-31.
Barth, P. »Die fünf Einleitungskapitel von Calvins Institutio.« *Kirchenblatt für die reformierte Schweiz* 40 (1925), S. 41f., 45ff., 49f.
Battenhouse, R. W. »The Doctrine of Man in Calvin and in Renaissance Platonism.« *JHI* 9 (1948), S. 447-471.

Battles, F. L. »God was accommodating Himself to Human Capacity.« *Interpretation* 31 (1977), S. 19-38.

Bauke, H. *Die Probleme der Theologie Calvins.* Leipzig, 1922.

Biéler, A. *La pensée économique et sociale de Calvin.* Genf, 1959.

– *Calvin, prophète de l'ère industrielle.* Genf, 1964.

Blanke, F. »Calvins Urteil über Zwingli.« *Zwingliana* 11 (1959), S. 66-92.

Bohatec, J. *Calvin und das Recht.* Graz, 1934.

– »Calvin et la procédure civile à Genève.« *Revue historique de droit français et étranger* 17 (1938), S. 229-303.

– Budé und Calvin: Studien zur Gedankenwelt des französischen Frühhumanismus. Graz, 1950.

Breen, Q. »John Calvin and the Rhetorical Tradition.« *Church History* 26 (1957), S. 3-21.

– »Some Aspects of Humanist Rhetoric and the Reformation.« *NAK* 43 (1960), S. 1-14.

– *John Calvin: A Study in French Humanism.* Hamden, 2. Auflage, 1968.

Büsser, F. *Calvins Urteil über sich selbst.* Zürich, 1950.

– »Bullinger et Calvin.« *Etudes théologiques et religieuses* 63 (1988), S. 31-52.

Cadier, J. »Calvin et Saint Augustin«, in: *Augustinus Magister.* Paris, 1954, S. 1039-1056.

Calvetti, C. *La filosofia di Giovanni Calvino.* Mailand, 1955.

Chenevière, M. E. *La pensée politique de Calvin.* Paris, 1937.

Courvoisier, J. »Réflexions à propos de la doctrine eucharistique de Zwingli et Calvin«, in: *Festgabe für Leonhard von Muralt.* Zürich, 1970, S. 258-265.

– *De la Réforme au Protestantisme: essai d'écclesiologie réformée.* Paris, 1977.

Dankbaar, W. F. *Calvin. Sein Weg und sein Werk.* Neukirchen, 1959.

– »L'office des docteurs chez Calvin«, in: *Regards contemporains sur Jean Calvin.* Straßburg, 1964, S. 102-126.

Douglass, E. J. D. *Women, Freedom and Calvin.* Philadelphia, 1985.

Dowey, E. A. *The Knowledge of God in Calvin's Theology.* New York, 1952.

Eire, C. M. N. »Calvin and Nicodemitism: A Reappraisal.« *SCJ* 10 (1979), S. 45-69.

Engel, M. P. *Calvin's Perspectival Anthropology.* Atlanta, 1988.

Ganoczy, A. »Calvin als paulinischer Theologe. Ein Forschungsansatz zur Hermeneutik Calvins«, in: Neuser, W. (Hg.). *Calvinus Theologus.* Neukirchen, 1976, S. 39-69.

– *The Young Calvin.* Philadelphia, 1987.

– und Müller, K. *Calvins handschriftliche Annotationen zu Chrysostomus.* Wiesbaden, 1981.

– und Scheld, S. *Herrschaft, Tugend, Vorsehung: Hermeneutische Deutung und Veröffentlichung handschriftlicher Annotationen Calvins zu sieben Senecatragödien.* Wiesbaden, 1982.

Gerrish, B. A. »The Word of God and the Word of Scripture: Luther and Calvin on Biblical Authority«, in: *The Old Protestantism and the New: Essays on the Reformation Heritage.* Chicago, 1982, S. 51-68.

Girardin, B. *Rhéthorique et théologique: Calvin, le Commentaire de l'Epître aux Romains.* Paris, 1979.

Goumaz, I. *La doctrine du salut (doctrina salutis) d'après les commentaires de Jean Calvin sur le Nouveau Testament.* Lausanne/Paris, 1917.

Graham, W. F. *The Constructive Revolutionary: John Calvin and His Socio-Economic Impact.* Richmond, Va., 1971.

Grislis, E. »Calvin's Use of Cicero in the Institutes I:1-5 – A Case Study in Theological Method.« *ARG* 62 (1971), S. 5-37.

Hall, B. »The Calvin Legend«, in: Duffield, G. E. (Hg.). *John Calvin.* Abingdon, 1966, S. 1-18.

– »Calvin against the Calvinists«, in: Duffield, G. E. (Hg.). *John Calvin.* Abingdon, 1966, S. 19-37.

– »John Calvin, the Jurisconsults and the *Ius Civile*«, in: Cuming, G. J. (Hg.). *Studies in Church History.* Leiden, 1966, S. 202-216.

Hancock, R. C. *Calvin and the Foundations of Modern Politics.* Ithaca, N.Y., 1989.

Higman, F. M. *The Style of John Calvin in His French Polemical Treatises.* Oxford, 1967.

Holl, K. »Johannes Calvin«, in: *Gesammelte Aufsätze zur Kirchengeschichte.* 3 Bde., Tübingen, 1928, Bd. 3, S. 254-284.

Höpfl, H. *The Christian Polity of John Calvin.* Cambridge, 1985.

Jacobs, P. *Prädestination und Verantwortlichkeit bei Calvin.* Kassel, 1937.

Kaiser, C. B. »Calvin, Copernicus and Castellio.« *Calvin Theological Journal* 21 (1986), S. 5-31.

– »Calvin's Understanding of Aristotelian Natural Philosophy«, in: Schnucker, R. V. (Hg.). *Calviniana: Ideas and Influence of Jean Calvin.* Kirksville, Mo., 1988, S. 77-92.

Koch, E. »Erwägungen zum Bekehrungsbericht Calvins.« *NAK* 61 (1981), S. 185-197.

Lane, A. N. S. »Calvin's Sources of St. Bernard.« *ARG* 67 (1976), S. 253-283.

– »Calvin's Use of the Fathers and Medievals.« *Calvin Theological Journal* 16 (1981), S. 149-205.

McDonnell, K. *John Calvin, the Church and the Eucharist.* Princeton, 1967.

McGrath, A. E. »John Calvin and Late Medieval Thought: A Study in Late Medieval Influences upon Calvin's Theological Thought.« *ARG* 77 (1986), S. 58-78.

Marmelstein, J.-W. *Etude comparative des textes latins et français de l'Institution de la Religion chrestienne par Jean Calvin.* Paris/Groningen/The Hague, 1921.

Mercier, C. »L'esprit de Calvin et la démocratie.« *Revue d'histoire écclesiastique* 30 (1934), S. 5 -53.

Milner, B. C. *Calvin's Doctrine of the Church.* Leiden, 1970.

Niesel, W. »Calvin wider Osianders Rechtfertigungslehre.« *Zeitschrift für Kirchengeschichte* 46 (1928), S. 410-430.

– »Verstand Calvin deutsch?« *Zeitschrift für Kirchengeschichte* 49 (1930), S. 343-358.

– *Die Theologie Calvins.* München, 1957.

Pannier, J. *Calvin et l'épiscopat.* Straßburg, 1927.
– »Une première *Institution* française dès 1537.« *RHPhR* 8 (1928), S. 513-534.
Parker, T. H. L. *The Oracles of God: An Introduction to the Preaching of John Calvin.* London, 1962.
– *Calvin's Doctrine of the Knowledge of God.* Edinburgh, überarbeitete Auflage, 1969.
– *Calvin's New Testament Commentaries.* London, 1971.
– *Calvin's Old Testament Commentaries.* Edinburgh, 1986.
Partee, C. *Calvin and Classical Philosophy.* Leiden, 1977.
– »Calvin's Central Dogma Again.« *SCJ* 18 (1987), S. 191-199.
Peter, R. »Rhétorique et prédication selon Calvin.« *Revue d'histoire et de philosophie religieuses* 55 (1975), S. 249-272.
Pfeilschifter, F. *Das Calvinbild bei Bolsec und sein Fortwirken im französischen Katholizismus bis ins 20. Jahrhundert.* Augsburg, 1983.
Plath, U. *Calvin und Basel in den Jahren 1552-1556.* Basel/Stuttgart, 1974.
Reid, W. S. *John Calvin: His Influence in the Western World.* Grand Rapids, 1982.
Reuter, K. *Das Grundverständnis der Theologie Calvins.* Neukirchen, 1963.
– *Vom Scholaren zum jungen Reformator: Studien zum Werdegang Johannes Calvins.* Neukirchen, 1981.
Richard, L. J. *The Spirituality of John Calvin.* Atlanta, 1974.
Rist, G. »La modernité de la méthode théologique de Calvin.« *Revue de théologie et philosophie* 1 (1968), S. 19-33.
Rosen, E. »Calvin's Attitude towards Copernicus.« *JHI* 21 (1960), S. 431-441.
Ruff, H. *Die französischen Briefe Calvins: Versuch einer stilistischen Analyse.* Glarus, 1937.
Santmire, P. H. »Justification in Calvin's 1540 Romans Commentary.« *Church History* 33 (1964), S. 294-313.
Schellong, D. *Das evangelische Gesetz in der Auslegung Calvins.* München, 1968.
– *Calvins Auslegung der synoptischen Evangelien.* München, 1969.
Scholl, H. *Calvinus Catholicus: Die katholische Calvinforschung im 20. Jahrhundert.* Freiburg, 1974.
Selinger, S. *Calvin against Himself: An Inquiry in Intellectual History.* Hamden, Conn., 1984.
Smits, L. *Saint Augustin dans l'oeuvre de Jean Calvin.* Louvain, 1957.
Sprenger, P. *Das Rätsel um die Bekehrung Calvins.* Neukirchen, 1960.
Stauffer, R. *Calvins Menschlichkeit.* Zürich, 1964.
– »Le discours à la première personne dans les sermons de Calvin«, in: *Regards contemporains sur Jean Calvin.* Paris, 1965, S. 206-238.
– *Dieu, la création et la providence dans la prédication de Calvin.* Bern, 1978.
Steinmetz, D. C. »Calvin and the Absolute Power of God.« *Journal of Medieval and Renaissance Studies* 18 (1988), S. 65-79.
– »Calvin and Abraham: The Interpretation of Romans 4 in Sixteenth Century.« *Church History* 57 (1988), S. 443-455.
Thompson, J. L. »Creata ad imaginem Dei, licet secundo gradu: Woman as the Image of God according to John Calvin.« *HThR* 81 (1988), S. 125-143.

Torrance, T. F. *Calvins Lehre vom Menschen.* Zollikon-Zürich, 1951.
– »La philosophie et la théologie de Jean Mair ou Major (1469-1550).« *Archives de philosophie* 32 (1969), S. 531-547; 33 (1970), S. 261-294.
– »Intuitive and Abstractive Knowledge from Duns Scotus to John Calvin«, in: *De doctrina Ioannis Duns Scoti: Acta tertii Congressus Scotistici Internationalis.* Rom, 1972, S. 291-305.
– *The Hermeneutics of John Calvin.* Edinburgh, 1988.
Tranquilli, V. *Il concetto di lavoro da Aristotele a Calvino.* Neapel, 1979.
Trinkaus, C. »Renaissance Problems in Calvin's Theology«, in: Peery, W. (Hg.). *Studies in the Renaissance I.* Austin, 1954, S. 59-80.
Van't Spijker, W. »Prädestination bei Bucer und Calvin«, in: Neuser, W. (Hg.). *Calvinus Theologicus.* Neukirchen, 1976, S. 85-111.
Wallace, R. S. *Calvin's Doctrine of the Word and Sacrament.* Edinburgh, 1953.
– *Calvin's Doctrine of the Christian Life.* Edinburgh, 1959.
Warfield, B. B. *Calvin and Augustine.* Philadelphia, 1956.
– *Calvin et l'humanisme.* Paris, 1976.
Willis, E. D. *Calvin's Catholic Christology.* Leiden, 1966.
– »Rhetoric and Responsibility in Calvin's Theology«, in: McKelway, A. J. und Willis, E. D. (Hg.). *The Context of Contemporary Theology.* Atlanta, Ga., 1974, S. 43-63.
Zeeden, E. W. »Das Bild Luthers in den Briefen Calvins.« *ARG* 11 (1959), S. 66-92.
Zimmermann, A. »Calvins Auseinandersetzung mit Osianders Rechtfertigungslehre.« *Kerygma und Dogma* 35 (1989), S. 236-256.

CALVINISMUS

Ahlstrom, S. *A Religious History of the American People.* New Haven, 1972.
Armstrong, B. G. *Calvinism and the Amyraut Heresy: Protestant Scholasticism and Humanism in Seventeenth-Century France.* Madison, Wis., 1969.
Ball, B. W. *A Great Expectation: Eschatological Thought in English Protestantism to 1660.* Leiden, 1975.
Baron, H. »Calvinist Republicanism and Its Historical Roots.« *Church History* 7 (1939), S. 30-42.
Bercovitch, S. *The Puritan Origins of the American Self.* New Haven/London, 1975.
Besnard, P. *Protestantisme et capitalisme: la controverse post-wébérienne.* Paris, 1970.
Boettner, L. *The Reformed Doctrine of Predestination.* Grand Rapids, 1968.
Bohatec, J. »›Lutherisch‹ und ›Reformiert‹.« *Reformiertes Kirchenblatt für Österreich* 28 (Januar 1951), S. 1ff.
Bourchenin, D. *Etude sur les Académies Protestantes en France au XVIe et au XVIIe siècles.* Paris, 1882.
Cadix, M. »Le calvinisme et l'expérience religieuse«, in: *Etudes sur Calvin et le calvinisme.* Paris, 1936, S. 173-187.

Caldwell, P. *The Puritan Conversion Narrative: The Beginnings of American Expression.* Cambridge, 1986.

Cohn, H. J. »The Territorial Princes in Germany's Second Reformation«, in: Prestwich, M. (Hg.). *International Calvinism 1541-1715.* Oxford, 1985, S. 135-166.

Collinson, P. »Calvinism with an Anglican Face«, in: Baker, D. (Hg.). *Reform and Reformation: England and the Continent.* Oxford, 1979, S. 71-102.

– »England and International Calvinism, 1558-1640«, in: Prestwich, M. (Hg.). *International Calvinism 1541-1715.* Oxford, 1985, S. 197-224.

Costello, W. T. *The Scholastic Curriculum in Early Seventeenth-Century Cambridge.* Cambridge, Mass., 1958.

Donnelly, J. P. »Italian Influences on the Development of Calvinist Scholasticism.« *SCJ* 7/1 (1976), S. 81-101.

– *Calvinism and Scholasticism in Vermigli's Doctrine of Man and Grace.* Leiden, 1976.

– »Calvinist Thomism.« *Viator* 7 (1976), S. 441-445.

Duke, A. »The Ambivalent Face of Calvinism in the Netherlands, 1561-1618«, in: Prestwich, M. (Hg.). *International Calvinism 1541-1715.* Oxford, 1985, S. 109-135.

Evans, R. J. W. *The Wechsel Presses: Humanism and Calvinism in Central Europe 1572-1627 (Past and Present,* Anhang 2). London, 1975.

– »Calvinism in East Central Europe: Hungary and her Neighbours, 1540-1700«, in: Prestwich, M. (Hg.). *International Calvinism 1541-1715.* Oxford, 1985, S. 167-196.

Fatio, O. *Méthode et théologie: Lambert Daneau et les débuts de la scholastique réformée.* Genf, 1976.

– »Présence de Calvin à l'époque de l'orthodoxie réformée: les abrégés de Calvin à la fin du 16e et au 17e siècle«, in. Neuser, W. H. (Hg.). *Calvinus ecclesiae doctor.* Kampen, 1978, S. 171-207.

Foster, S. *Their Solitary Way: The Puritan Social Ethic in the First Century of Settlement in New England.* New Haven, 1971.

Freeberg, D. A. *Iconoclasm and Painting in the Netherlands, 1566-1609.* Oxford, unveröffentlichte Dissertation, 1972.

Goodzwaard, R. *Capitalism and Progress.* Grand Rapids, 1979.

Green, R. W. (Hg.). *Protestantism and Capitalism: The Weber Thesis and Its Critics.* Boston, Mass., 1959.

– (Hg.). *Protestantism, Capitalism and Social Science: The Weber Thesis Controversy.* Boston, Mass., 1973.

Greven, P. *The Protestant Temperament: Patterns of Child-Rearing, Religious Experience and the Self in Early America.* New York, 1977.

Gründler, O. *Die Gotteslehre Giralmo Zanchis.* Neukirchen, 1965.

Hill, C. *The Intellectual Origins of the English Revolution.* Oxford, 1965.

Jamieson, J. F. »Jonathan Edward's Change of Position on Stoddardeanism.« *HThR* 74 (1981), S. 79-99.

Kendall, R. T. *The Influence of Calvin and Calvinism upon the American Heritage.* London, 1976.

– *Calvin and English Calvinism to 1649.* Oxford, 1980.

Kickel, W. *Vernunft und Offenbarung bei Theodor Beza.* Neukirchen, 1967.

Kingdon, R. M. »The First Expression of Theodore Beza's Political Ideas.« *ARG* 46 (1955), S. 88-99.

– »Calvinism and Democracy: Some Political Implications of Debates on French Reformed Church Government, 1562-1572.« *American Historical Review* 69 (1964), S. 393-401.

Labrousse, E. »Calvinism in France, 1598-1685«, in Prestwich, M. (Hg.). *International Calvinism 1541-1715.* Oxford, 1985, S. 285-314.

Laplanche, F. *Orthodoxie et prédication: l'oeuvre d'Amyraut et la querelle de la grâce universelle.* Paris, 1965.

Lehmann, H. *Das Zeitalter des Absolutismus. Gottesgnadentum und Kriegsnot.* Stuttgart, 1980.

– »The Cultural Importance of the Pious Middle Classes in 17th-Century Protestant Society«, in: von Greyerz, H. (Hg.). *Religion and Society in Modern Europe.* London, 1984, S. 33-41.

Lewis, G. »Calvinism in Geneva in the Time of Calvin and Beza«, in: Prestwich, M. (Hg.). *International Calvinism 1541-1715.* Oxford, 1985, S. 39-70.

Liedtke, H. *Die Pädagogik der werdenden Orthodoxie. Ein Beitrag zur Bestimmung des Verhältnisses von Reformation und Humanismus.* Königsdorf, 1968.

Lüthy, H. »Variations on a Theme by Max Weber«, in: Prestwich, M. (Hg.). *International Calvinism 1541-1715.* Oxford, 1985, S. 369-390.

Lynch, M. »Calvinism in Scotland, 1559-1638«, in: Prestwich, M. (Hg.). *International Calvinism 1541-1715.* Oxford, 1985, S. 225-256.

McComish, W. A. *The Epigones: A Study of the Genevan Academy.* Allison Park, Pa., 1989.

McKim, D. K. *Ramism in William Perkin's Theology.* Bern, 1987.

McNeill, J. T. *The History and Character of Calvinism.* New York, 1954.

Marshall, G. *Presbyteries and Profits: Calvinism and the Development of Capitalism in Scotland, 1560-1707.* Oxford, 1980.

– *In Search of the Spirit of Capitalism: An Essay on Max Weber's Protestant Ethic Thesis.* London, 1982.

Meylan, H. »Collèges et académies protestants en France au XVIe siècle«, in: *Actes du 95e congrès national des sociétés savantes.* 2 Bde., Paris, 1971, Bd. 1, S. 301-308.

Miegge, M. *Vocation et travail: essai sur l'éthique puritaine.* Genf, 1989.

Moltmann, J. »Prädestination und Heilsgeschichte bei Moyse Amyraut.« *Zeitschrift für Kirchengeschichte* 65 (1954), S. 270-303.

Morgan, E. *The Puritan Family.* Boston, Mass., 1966.

Mosse, G. L. *Calvinism: Authoritarian or Democratic?* New York, 1957.

Muller, R. A. »*Vera philosophia cum sacra theologia nunquam pugnat:* Keckermann on Philosophy, Theology and the Problem of Double Truth.« *SCJ* 15 (1984), S. 341-365.

– »Scholasticism Protestant and Catholic: Francis Turretin on the Object and Principles of Theology.« *Church History* 55 (1986), S. 193-205.

Neuser, W. »Die Väter des Heidelberger Katechismus.« *Theologische Zeitschrift* 35 (1979), S. 177-194.

Nürnberger, R. *Die Politisierung des französischen Protestantismus: Calvin und die Anfänge des protestantischen Radikalismus.* Tübingen, 1948.

Platt, J. *Reformed Thought and Scholasticism: The Arguments for the Existence of God in Dutch Theology, 1575-1670.* Leiden, 1982.

Prestwich, M. »Le mécénat et les protestants en France, 1598-1661: architectes et peintres«, in: Mesnard, J. und Mousnier, R. (Hg.). *L'Age d'Or du mécénat.* Paris, 1985, S. 77-88.

– »Calvinism in France, 1559-1629«, in: Prestwich, M. (Hg.). *International Calvinism 1541-1715.* Oxford, 1985, S. 71-108.

– »Introduction«, in: Prestwich, M. (Hg.). *International Calvinism 1541-1715.* Oxford, 1985.

Ritschl, D. »Der Beitrag des Calvinismus für die Entwicklung des Menschenrechtsgedankens in Europa und Nordamerika.« *Evangelische Theologie* 40 (1980), S. 333-345.

Rüsch, E. G. »Eine private Bearbeitung der Institutio Calvins.« *Theologische Zeitschrift* 24 (1968), S. 427-434.

Schmidt, A.-M. *Jean Calvin et la tradition calvinienne.* Paris, 1957.

Schweizer, A. *Die protestantischen Zentraldogmen in ihrer Entwicklung innerhalb der reformierten Kirche.* 2 Bde., Zürich, 1854-56.

Skinner, Q. »The Origins of the Calvinist Theory of Revolution«, in: Malament B. C. (Hg.). *After the Reformation.* Philadelphia, 1980, S. 309-330.

Speck, W. A. und Billington, L. »Calvinism in Colonial North America, 1630-1715«, in: Prestwich, M. (Hg.). *International Calvinism 1541-1715.* Oxford, 1985, S. 257-284.

Stauffer, R. »Le Calvinisme et les universités.« *BSHPF* 126 (1980), S. 27-51.

Torrance, J. B. »Covenant or Contract? A Study of the Theological Background of Worship in Seventeenth-Century Scotland.« *SJTh* 23 (1970), S. 51-76.

– »The Covenant Concept in Scottish Theology and Politics and Its Legacy.« *SJTh* 34 (1981), S. 225-243.

Vahle, H. »Calvinismus und Demokratie im Spiegel der Forschung.« *ARG* 66 (1982), S. 181-212.

Wallace, D. D. *Puritans and Predestination: Grace in English Protestant Theology, 1525-1695.* Chapel Hill, 1982.

Walzer, M. *Revolution of the Saints.* New York, 1970.

Weber, Max. *Die protestantische Ethik und der Geist des Kapitalismus.* 1930.

Yardeni, M. »French Calvinist Political Thought, 1534-1715«, in: Prestwich, M. (Hg.). *International Calvinism 1541-1715.* Oxford, 1985, S. 315-338.

Zaret, D. *The Heavenly Contract: Ideology and Organization in Pre-Revolutionary Puritanism.* Chicago, 1985.

Zeeden, E. W. *Die Entstehung der Konfessionen. Grundlagen und Formen der Konfessionsbildung im Zeitalter der Glaubenskämpfe.* Freiburg, 1967.

Zeller, W. *Theologie und Frömmigkeit. Gesammelte Aufsätze.* 2 Bde., Marburg, 1971-78.

Register